南开大学"十四五"规划精品教材丛书

（第三版）

新编
房地产法学

陈耀东　主编

南开大学出版社
NANKAI UNIVERSITY PRESS

天津

图书在版编目(CIP)数据

新编房地产法学：第三版 / 陈耀东主编. -- 天津：南开大学出版社，2025.4. --（南开大学"十四五"规划精品教材丛书）. -- ISBN 978-7-310-06652-0

Ⅰ. D922.181.1

中国国家版本馆 CIP 数据核字第 202556RE04 号

新编房地产法学(第三版)

XINBIAN FANGDICHAN FAXUE (DI-SAN BAN)

南开大学出版社出版发行

出版人：王　康

地址：天津市南开区卫津路 94 号　　邮政编码：300071

营销部电话：(022)23508339　营销部传真：(022)23508542

https://nkup.nankai.edu.cn

天津创先河普业印刷有限公司印刷　全国各地新华书店经销

2025 年 4 月第 3 版　　2025 年 4 月第 1 次印刷

240×170 毫米　16 开本　29.25 印张　3 插页　509 千字

定价：99.00 元

如遇图书印装质量问题，请与本社营销部联系调换，电话：(022)23508339

前言
（第三版）

在中国式现代化建设的进程中，我国的房地产业亦在曲折中发展。与之相伴，直接或间接调整房地产关系的法律政策文件亦不断进行立、改、废、释。鉴此，房地产法教材实有修订之必要，如此方能与时俱进，及时回应我国房地产领域法律政策的不断变化，也能及时跟进房地产法理论的最新研究成果。

本教材第 3 版的修订中，我们秉承南开大学"允公允能""完全人格""学行合一"的办学理念，在阐析房地产法基本概念、基本知识、基本原理、基本技能的同时，力图将习近平法治思想、党的二十大报告的内容、社会主义核心价值观等思政元素融入本教材。

本教材第 3 版原则上在保留原有体例结构、行文风格之同时，一是对本书进行了全面修订，将最新的与房地产法相关的法律政策规定纳入本书，并从解释论的角度进行适当阐释；二是吸纳最新学术成果，力求对相关问题的说明、论证更为清晰、充实；三是删除了第 1 版、第 2 版下编第十章"房地产行政管理"，第 3 版减缩至 11 章。

本教材第 3 版的修订作者具体为：陈耀东（南开大学法学院教授：第一章、第二章、第三章、第五章、第八章）；杨雅婷（天津大学法学院副教授：第四章、第十章、第十一章）；王者洁（天津工业大学法学院教授：第六章、第七章、第九章）。最后，由陈耀东统一修改、定稿。

本教材第 1 版、第 2 版由北京大学出版社出版，第 3 版改由南开大学出版社出版。本教材修订得以顺利完成并出版，感谢"南开大学'十四五'规划精品教材丛书"项目的资助！感谢南开大学出版社王冰老师的悉心指导！

陈耀东

2024 年 3 月 13 日

前言
（第二版）

承蒙北京大学出版社相邀，《新编房地产法学》2009 年出版之后，北京大学出版社的编辑曾多次催促本人修改再版，由于本人的拖沓、懒惰，延至今日方修改完毕。实有愧于北京大学出版社诸编辑之厚爱！在此，亦真诚感谢北京大学出版社诸编辑之支持、鼓励及鞭策！

近些年来，伴随着我国市场经济的飞速发展，房地产业亦呈兴旺发达之态势。与之相伴，房地产领域的法律法规、司法解释、政策文件不断出台；直接或间接调整适用房地产关系的法律政策文件、相应条款亦不断涌现。法律者，如《民法总则》；行政法规者，如《房屋征收与补偿条例》《不动产登记暂行条例》；部门规章者，如《不动产登记条例细则》；司法解释者，如《房屋登记案件司法解释》《城镇房屋租赁合同司法解释》《物权法司法解释（一）》；国家政策者，如 2013 年 11 月 12 日《中共中央关于全面深化改革若干重大问题的决定》、2016 年 11 月 4 日《中共中央 国务院关于完善产权保护制度依法保护产权的意见》。此外，一些法律文件正在修改之中，如《土地管理法》《住房公积金管理条例》；一些法律文件虽依然有效，但实践中已被"架空"，如 2013 年 12 月，住建部、财政部、发改委联合发布了《关于公共租赁住房和廉租住房并轨运行的通知》，即从 2014 年起各地公租房和廉租房并轨运行，将廉租住房并入公共租赁住房，从而使《廉租住房保障办法》"名存实亡"。鉴于此，房地产法教材实有修订之必要，如此方能与时俱进，及时回应我国法律政策的不断变化，亦能及时跟进房地产法理论的最新研究成果。

《新编房地产法学》在得到肯定的同时，亦发现其中存在一些疏漏乃至错误，有些章节内容也较为单薄。借此再版之机，本书在保留原有体例结构、行文风格的同时，一是对本书进行了全面修订，力求减少瑕疵；二是或删减或增加了部分章节内容，通过吸纳最新学术成果，力求对问题的说明、论证更为清晰、充实；三是将最新的法律政策文件纳入其中，并从解释论的角度进行适当阐释，力求在全面把握现行房地产法的基础上，能够洞悉我国未来房地产法的发展方向。

在修订工作中，由于首版一些作者工作变动的原因，本书再版部分章节的修订撰写者有所调整，具体分工如下：

陈耀东（南开大学法学院），第一章、第二章、第五章、第八章。

吴彬（天津市高级人民法院民一庭），第三章、第十二章。

杨雅婷（天津大学法学院），第四章。

王者洁（天津工业大学法学院），第六章。

罗瑞芳（北京社会科学院法学研究所），第七章、第十章。

赵文聘（中共上海市委党校、上海发展研究院），第九章。

吴迪（南开大学法学院博士研究生），第十一章。

最后，由陈耀东统一修改定稿。南开大学民商法专业的硕士研究生孙雪雁同学对再版书稿进行了校对，在此一并表示感谢。

再版作者虽对修订本书临深履薄、精益求精，但疏漏、憾缺在所难免，尚祈读者斧正。

陈耀东

2018 年 1 月于南开大学

伴随着我国房地产业的发展，我国的房地产立法经历了一个从无到有，从不完善到逐步走向完善的过程。2007年《物权法》的出台，则昭示着我国未来的房地产立法将步入成熟发展阶段。

以房地产法为研究对象的房地产法学作为一门学科，与我国房地产业、房地产立法的发展走着同样的道路。作为法学、房地产经济、工程管理等专业的一门课程，房地产法学在高等院校愈来愈受重视，房地产法学教育呈现出一片繁荣景象。

房地产法学教育离不开房地产法教材。我国最早的以房地产法命名的教材应该出现在20世纪90年代初期。房地产法教材的编著经历了起步阶段、探索阶段并进入繁荣阶段，已经走过了近20年的历程。可以说，房地产法教材的编写与使用对繁荣房地产法教学与研究作出了很大贡献，也培养了大批的房地产法学人才，对房地产法实务亦产生了很好的指导作用。但客观来讲，目前的房地产法教材也存在一些缺陷。例如，现有教材多是章节的简单排列，未形成完整的、内在统一的体系；教材的内容、章节的安排缺乏严密的逻辑；对热点问题关注不够，缺乏应有的指导功能等等。为了弥补现有房地产法教材的一些遗憾，我们旨在以一种新思路来编写房地产法教材，并试图在教材的体例设计与章节内容等方面作些尝试与创新，故将书名谓之"新编房地产法学"。之所以称"新编"，主要基于以下几点：

第一，体例新。

本书分为三编，即上、中、下三编。

上编是对房地产法基本理论和内容的高度概括，是统领全书内容的部分，居于总论的地位。"房地产财产权"一章，以民事财产权理论为平台，梳理、建构了我国的房地产财产权体系；考虑到登记乃是房地产物权变动以及房地产利用的基础，没有登记则很多房地产法律制度就成了无源之水、无本之木，故"房地产登记"理当提领整个房地产法，置于上编部分合情合理。

房地产是一种财产，房地产关系是一种财产关系，而财产关系是人们在产品的生产、分配、交换和消费过程中形成的具有经济内容的关系，故中编原则上按照房地产这种产品从无到有，从有到交易，从交易到服务的运行过程进行的法律阐述。中编的体例在借鉴现行《城市房地产管理法》第二章、第三章、第四章的编排的基础上，吸纳了其他法律法规的规定，将中介服务与物业服务一并纳入"房地产服务"一章，并位于此编之内。

鉴于房地产法领域有些特殊问题既无法承载总论的作用，又难以融入房地产这种产品的财产关系的运行过程之中，故本书将其他比较重要的房地产法内容纳入下编之中，作为特殊法律问题进行撰写。

第二，内容新。

《物权法》的出台，既为《土地管理法》《城市房地产管理法》《物业管理条例》《城市房屋拆迁管理条例》等法律法规的修改带来了契机，也为房地产法教材的编写注入了新思想、新观念。现行房地产立法多是从行政管理的角度制定的，现出版的房地产法教材很多是将房地产法按照经济法或行政管理法的思路来撰写的。我们认为，房地产作为最重要的不动产，房地产法应以调整房地产民事关系为主，以调整房地产行政关系和房地产社会保障关系为辅。故此，本书基本上以民事理论，尤其是物权理论、债权理论为基础，更多从房地产民事权利的角度来撰写各章内容。

本书将房地产财产权、房地产登记、房地产征收、房地产社会保障等单独设计为独立各章，在现有房地产法教材中是比较独到的。

本书的一些具体内容也是比较新颖的，如集体建设用地使用权的出让、出租、流转，宅基地使用权的相关法律问题，农民集体土地与其上的房屋登记问题、房屋买卖中的"小产权房"问题，房地产合作开发，房屋反向抵押等，在现有版本的房地产法教材中鲜有涉及。

第三，有一定前瞻性。

我国践行的房地产制度改革长期以来局限于城市国有土地使用权的财产化以及城市房屋的商品化，这使得对房地产的理解更多地等同于城市房地产，现有房地产立法也多是城市房地产立法，缺乏对农村房地产的法律调整。近些年，随着城乡一体化以及农村城市化的发展，"农地入市"、集体建设用地使用权流转步伐加快，未来的房地产法必将朝着城乡一体化的方向设计。2008 年 10 月 12 日《中共中央关于推进农村改革发展若干重大问题的决定》中也指出："逐步建立城乡统一的建设用地市场，对依法取得的农村集体经营性建设用地，必须通过统一有形的土地市场、以公开规范的方式转让土地使用权，在符合规划的前提下与国有土地享有平等权益。抓紧完善相关法律法规和配套政策，规范推进农村土地管理制度改革。" 这就要求编写房地产法教材时应该适应这一发展方向，作出积极反应。故此，本教材在对现行房地产法进行整理和阐释的基础上，也反映了我们对未来房地产立法的前瞻性预判，以体现本书的学术价值。

当然，上述尝试和创新也许不是很成熟，甚至稚嫩，但毕竟是我们思考的结果，希望与各位读者分享，同时也期盼社会的检验和评判。

本书作为一部集体完成的作品，由南开大学法学院陈耀东教授任主编，由各位作者分工撰写、合作完成。具体分工如下：

陈耀东（南开大学），第一章、第二章、第五章（与李红娟合作编写）、第八章（与刘会玲合作编写）。

吴　彬（天津市高级人民法院），第三章、第十二章。

杨雅婷（南开大学博士研究生），第四章。

李红娟（天津汉镒资产管理股份有限公司），第五章。

王者洁（天津工业大学），第六章。

罗瑞芳（天津社会科学院、南开大学博士研究生），第七章、第十章。

刘会玲（广东商学院），第八章。

赵文聘（天津工程技术师范学院、南开大学博士研究生），第九章。

王岳龙（南开大学博士研究生），第十一章。

本书由陈耀东、罗瑞芳统稿、定稿。感谢南开大学民商法专业的硕士研究生窦维娟、董绍君、滕亮等同学在文字修改等方面付出的辛劳。

陈耀东

2008 年 3 月于南开大学

目录

上编

第一章

房地产与房地产法概说

[知识要求]

通过本章的学习，掌握：

● 不动产、房地产、房屋、土地、房地产业、房地产市场与房地产法的含义；

● 我国房地产法的特征、调整对象；

● 深入理解房地产法律关系并学会用法律关系理论分析房地产法律问题。

[技能要求]

通过本章的学习，能够了解：

● 我国房地产法的渊源；

● 我国现行房地产法的检视；

● 如何完善我国的房地产法。

第一节　房地产与房地产业

一、不动产与房地产

（一）不动产

1. 不动产与动产——物的二元划分

物，可以从不同角度进行分类。从权利主体对物的性质方面，可分为公物与私物；从有无形体、可否触及方面，可分为有体物与无体物；从能否自由流通的角度，可分为流通物、限制流通物和禁止流通物；从财产的移动性和是否附着于土地方面，可分为动产与不动产等等。

物最重要的分类是动产与不动产。其分类方法是先规定不动产，除此之外的物为动产。现在，几乎所有的国家都承认这种划分。而且，各国长期以来也都存在以这种划分为基础的法律规则。划分动产与不动产的主要目的在于：以它们为交易客体的规则因物之属性不同必然产生不同的公示方式，并进而成为民事立法在物的划分上的基本分类，其他分类均受到该分类的影响或制约；在程序法和国际私法上，不动产与动产的区分也是确定诉讼管辖与冲突规则的基础之一。

"不动产"于法律上是一个非常古老的术语。如果从动产与不动产并行出现的历史演进过程考察，古罗马《十二铜表法》中尚未出现不动产与动产的明确划分，而是采用"土地（包括房屋）"和"土地之外其他物品"的表达来说明土地、房屋与其他物存在的明显差异。后来，古罗马法学家莫德斯汀在其著作《论区别》中明确使用了"动产"与"不动产"的称谓，"被指派对全部财产进行管理的监护人，没有权利人的特别指派，不得转让物的所有权，无论是动产或不动产"[①]。古罗马主要根据物是否具有可移动性、不动产的整体性，以及物的用途和作用来判断该物是动产还是不动产。从罗马法的法律实践可以看出，不动产与动产划分的制度价值在于：可以根据不动产与动产的特性给予物在法律上的不同规制。这同样也是后世各国法律延续不动产与动产划分的制

---

① 费安玲.不动产与动产划分之罗马法与近现代法分析 [J].比较法研究，2007（4）.

度价值所在，例如法国民法在确定不动产与动产时就吸收了罗马法将物的作用、用途等纳入思考范围的综合分析方法，在判断不动产时，分别从自然性质、物的用途、是否附着于土地等不同角度进行综合判断。对此，《法国民法典》第517条作出了"财产之为不动产，或依其性质，或依其用途，或按其所附着的客体"的规定以高度概括这一基本判断思路。其中，"依其性质"为纯粹的物理标准；"依其用途，或按其所附着的客体"则是不完全的物理标准。再如，《意大利民法典》第812条规定，土地、泉水、河流、林木、房屋和其他建筑物，临时附着于土地的建筑物以及自然或是人为地与土地结为一体的物品是不动产。固定在河岸或者河床之上且永久使用而建造的磨坊、浴场，以及其他漂浮在水面上的建筑视为不动产。除此，所有其他财产则为动产。可见，动产与不动产的分类，其意义是巨大的，它对后世各国法律理论和立法都产生了深远影响。在美国，虽然不同州对"不动产"一词有不同的理解，但基本都包括土地、固定在土地上的定着物和附着于或者从属于土地的物。

目前，对不动产内涵的理解主要包括三项：第一，以物能否实现物理意义上的移动为标准，凡在空间上占有固定位置，不能移动或移动后会损害其经济价值的为不动产，如土地及其定着物等。第二，从属于或者附着于自然不动产的动产，因其用途而成为不动产，如耕作用的家畜、农具，出租房屋用的浴缸。第三，以不动产为标的的权利，如地上权、地役权等。

历史上，各国对动产和不动产概念的界定和范围的框定在不同时期并不相同，两者的内涵和外延在各国也不完全一致，经常随社会需求和经济的发展而产生变化，并不单纯从能否移动的角度对物或财产是动产还是不动产进行判别。近些年，很多国家对不动产的法律规定除了考虑财产的物理标准外，更加关注该财产的使用目的与用途、经济价值、社会意义等，采用整体确认、综合确认等思路来划定不动产的范畴。

2. 我国法的规定

动产与不动产的划分，在我国长期以来没有得到应有的重视。1922年《苏俄民法典》废弃动产与不动产的区分以后，我国曾长期仿效。改革开放以来，1982年3月我国《民事诉讼法》(试行)第30条中首次出现了"不动产"的表述。[①]自1986年的《民法通则》确认不动产与动产的划分之后，此种物的分类愈来愈

---

① 《民事诉讼法》（试行）第30条规定："下列案件，由本条规定的人民法院专属管辖：（一）因不动产提起的诉讼，由不动产所在地人民法院管辖……"

受到重视，比如原《民法通则若干问题的意见》第186条将不动产规定为："土地、附着于土地的建筑物及其他定着物、建筑物的固定附属设备为不动产"。1992年7月17日国家税务总局颁布的《土地使用权转让及出售建筑物和经济权益转让征收营业税具体办法》第8条第1款第4项规定："不动产，是指不能移动，移动后会引起性质、形状改变的财产。"1995年的《担保法》第92条规定为："本法所称不动产是指土地以及房屋、林木等地上定着物。本法所称动产是指不动产以外的物。"2007年的《物权法》虽然未规定不动产的范围，但第2条第2款将动产与不动产明确规定为物的主要分类。① 2015年施行的《不动产登记暂行条例》第2条第2款规定："本条例所称不动产，是指土地、海域以及房屋、林木等定着物。"2015年公布的《不动产登记条例细则》在起草过程中曾细化了不动产的范围，② 但最终该条被删除。从我国《宪法》《民法典》《土地管理法》《不动产登记暂行条例》等现行法的规定来看，我国的不动产有如下几类：①土地；②建筑物、林木等定着物；③矿藏；④水流；⑤海域；⑥森林；⑦山岭；⑧草原；⑨荒地；⑩滩涂等。③ 显然，在《不动产登记暂行条例》扩张了不动产客体的基础上，我国采用的是"大不动产"的概念。

从上述有关规定来看，我国法对不动产的范围框定渐趋拓宽，但主要采行的依然是罗马法标准，关注的也是物的物理属性，同时也考虑物的价值，采用了物的不可移动性和不动产整体确认的思考方法。

3. 对不动产的进一步理解

关于对不动产的理解与界定，我们认为：第一，不动产概念的表述应综合采用列举式与概括式，以使对不动产的认识处于一种开放状态。这样，富有弹性的不动产概念可以更好地适应社会经济生活的变化。第二，在坚持按物理标

---

① 我国《物权法》第2条第2款规定："本法所称物，包括不动产和动产。法律规定权利作为物权客体的，依照其规定。"

② 2015年《不动产登记条例细则》（征求意见稿）第2条规定："依照本细则登记的不动产包括：（一）耕地、林地、草地、水域、滩涂、建设用地以及因自然淤积和人工填海、填湖形成的土地等；（二）定着于地表、地上或者地下的房屋等建筑物、构筑物以及特定空间；（三）海域以及海上建筑物、构筑物；（四）定着于土地的森林和林木；（五）法律、行政法规规定可以登记的其他不动产。"2022年10月30日，自然资源部公布的《不动产登记法》（征求意见稿）第2条第2款规定："本法所称不动产，是指土地、海域及其建筑物、构筑物、林木等定着物。"

③ 刘燕萍，张富刚.不动产登记制度理论探究［M］.北京：北京大学出版社，2016：6.

准——不可移动性——这一基本思路来判定不动产的基础上，有必要辅之以登记标准，将须以登记为物权变动公示方法的某些动产也纳入到不动产范畴之中。现实中，"在接受动产登记的例外时，实际上已经树立了一个新的划分动产和不动产的标准，这就是登记。凡社会认为是重要财产需要登记的，必须经过登记，其他财产不需要登记"。"以登记区分动产与不动产，已经成为生活中的一个事实，我们所要做的仅仅是揭示和说明这一客观存在。"①域外民法中，《俄罗斯联邦民法典》第130条就确定了以登记作为动产与不动产划分的标准，将登记的动产也纳入不动产范畴，即登记性不动产。第三，在以不动产的整体性作为判断标准时，不动产所包含的内容不仅有土地、土地附着物、与土地尚未脱离的土地生成物、因自然或者人力添附于土地并且不能分离的其他物，还应包括看不见、摸不着，但可以直接感觉到的不动产权益，如不动产所有权、不动产用益物权等。这些权益虽然在当事人有约定的情况下可以将权利转移给他人，但这些权利的存在由于与不动产不可分离，故它们与不动产所形成的整体性依然不会因发生权利转移而受损。古代罗马人就认为，人们对土地的关注实质上是对土地权利的关注，如尤里安曾言："没有人怀疑，如果我在我的土地上播种了你的小麦，收获物及出卖收获物的价金将是我的"，因为"在获取孳息的时候，人们关心的是对土地的权利，而非对种子的权利"②。正是因为不动产的价值本质上凝结在不动产的权益之中，所以，需要从法律上对不动产的权益作出一种价值取向的肯定，将依托于不动产这一物质实体的权益作为不动产的整体来考虑。

（二）房地产

1. 对房地产概念的理解

（1）房地产一词的起源。自罗马法以来，不动产概念已有上千年历史。但从严格意义上讲，无论大陆法系，还是英美法系迄今都没有"房地产"这一不动产法律意义上的称谓。我国古代社会也没有"房地产"的提法，对房地产相关概念的称谓主要有"田产""宅业"，二者合称即为"田宅产业"。

---

① 孟勤国.物权二元结构论——中国物权制度的理论重构 [M].北京：人民法院出版社，2002：126.

② 费安玲.不动产与动产划分之罗马法与近现代法分析 [J].北京：比较法研究，2007（4）.

从"房地产"这一术语的产生时间来看，它应当是我国现代城市经济的产物，房地产一词本为经济学上的概念，后被广泛用于我国内地和香港、澳门地区。

在我国，房地产与不动产往往被理解为是同一语义的两种表述。房地产是不动产，是不动产最主要和最重要的部分；不动产的基本规则原则上是以土地和房屋为基础进行的规则建构，某种程度而言，研究房地产就相当于研究不动产。但房地产并不等同于不动产，不动产还包括林木、海域、矿产资源等，不动产的外延和范围要大于房地产，房地产是不动产的下位概念。不动产与房地产概念的重心也不同，传统不动产概念注重对私人财产权益的保护，特别是土地权益；房地产概念的重心则是房屋，既关注私益，也包括公益。

（2）何谓房地产？从自然属性上理解房地产，它依然是一个古老而又年轻的概念。说其古老是指作为物态的"房地产"几乎与人类社会经济生活同时产生；作为经济范畴的"房地产"也随着商品经济和城市的产生逐渐萌生、生成和发展，至少也有几百年了。说其年轻，是指作为经济范畴的"房地产"的内涵，仍在讨论之中。目前，学界对房地产的定义有各种表述。[①] 作为一个复合术语，单纯的土地和房屋不能被称作房地产，房地产必然是土地和房屋的统一。但笼统地称土地和房屋，不能准确界定房地产的内涵，因为土地中的"地"作为生产要素，就其经济用途而言，只有承载用地才能于其上建造房屋；养力用地和富源地经转为建设用地后，才能成为房地产中的"地"。也就是说，"房地产是指建筑地块和建筑地块上以房屋为主的永久性建筑物及其衍生的权利。"因农业用地之上不能从事建筑行为，故原则上房地产不应包括农业用地及其上搭建的农业设施，如为农业生产服务建造的看护房。住房城乡建设部2012 年颁布的《房地产登记技术规程》亦强调房与地的结合，"2.1.1 房地产 real estate 定着于地表或地下的房屋及其所占用的土地"。"房地产这个复合概念有两个鲜明的特点：一是房和地在物态上的不可分性；二是物态上的不可分性导致衍生权利的耦合性。而这种物态不可分性及其所衍生的产权关系的耦合性，正是房地产经济的特征和奥妙所在。"[②]

---

① 比较有代表性的观点有：（1）房和地有机整体论。（2）房产和地产统称论。（3）狭义房地产论。（4）广义房地产论。（5）房地产即不动产论。参见曹振良等编著：《房地产经济学通论》，北京大学出版社 2003 年版，第 1 页。

② 曹振良 . 房地产经济学通论 [M]. 北京：北京大学出版社，2003：2.

简单来说，房地产即房产和地产的合称，是指土地财产、土地上的房屋财产，以及由此衍生的权益的总称。在外观形态上，房屋与土地总是联结在一起，即"房依地建、地为房载"，"房下有地、地上有房"，房地不可分离；在经济形态上，房地产的经济内容和运动过程也具有整体性；在法律上，房屋权利的交易一般导致建设用地使用权的转移，反之亦然，即所谓"房随地走、地随房走"，房屋所有权与建设用地使用权的主体原则上应为同一人。正因如此，在产权形态上人们也习惯于将两者合称为房地产。

（3）城市房地产。城市，通常是指经国务院批准设市建制的城市市区，包括设区市的市区和不设区市的市区，是以非农业产业和非农业人口集聚形成的较大居民点。《城市房地产管理法》所称的"城市房地产"，实际上是我国内地借鉴我国香港、澳门地区的房地产制度而形成的。我国内地在20世纪80年代推行的房地产制度改革，很大程度上借鉴了香港的做法，而香港的房地产基本上指的是城市房地产，不包括农村房地产。澳门的房地产虽然形式上包括农村房地产，但农村房地产在澳门实质上已无意义。

中华人民共和国成立以来所推行的城乡二元社会结构，导致我国内地房地产的概念先天不足，加之我国践行的房地产制度改革长期以来局限于城市国有土地使用权的民事财产化以及城市房屋的商品化，使得对房地产的理解更多地倾向于对城市房地产的狭义理解。这从我国制定的调整房地产领域的法律法规中就可见一斑，如《城市房地产管理法》《房屋拆迁条例》《城市商品房预售管理办法》《房地产开发经营条例》《城市房地产抵押管理办法》等。

（4）农村房地产。我国现行法界定了乡村的概念，《乡村振兴促进法》第2条第2款规定："本法所称乡村，是指城市建成区以外具有自然、社会、经济特征和生产、生活、生态、文化等多重功能的地域综合体，包括乡镇和村庄等。"农村是与乡村近似的概念，但不同于乡村，其通常是指以从事农业生产为主的劳动者聚居的地方。同"城市房地产"一样，我国现行法也无"农村房地产"这一规范意义上的法律表达，只是鉴于我国城乡二元社会导致城市与农村地区的房地产现状、法权构造、发展路径等存在较大差异，在涉及城市与农村的房地产法律问题上需要分别进行阐释。

（5）城乡一体的房地产概念。近些年，一是国家顶层制度设计提出要破解城乡二元社会结构，促进城乡一体发展，完善城乡融合发展体制机制。"农地入市""建立城乡统一的建设用地市场""乡村振兴"、宅基地使用权与农民住宅财产权的流转试点改革等为构建城乡统一的房地产市场指明了方向。①宅基地"三权分置"的探索与实践，②承包地"三权分置"入法，③《土地管理法》的修改肯认了集体经营性建设用地入市流转，凸显土地经营权、集体经营建设用地使用权的财产属性；在坚守福利性的同时，宅基地的财产属性也逐渐得到释放。二是近几年颁行的房地产领域的规范性法律文件，渐趋对城乡房地产进行一体法律调整，如《城乡规划法》《不动产登记暂行条例》及其实施细则。

从我国内地农村房地产的总量超过城市房地产总量的国情来看，将集体土地及其上之房屋排除在房地产法的统一调整下，会造成农村房地产或适用法律上的空白，或适用法律上的冲突。鉴于此，我国未来的房地产法有必要设计一个涵盖城市和农村的房地产概念。对此，本书将房地产的概念表述为："房地产是指建设用地和其上之房屋，以及建设用地和房屋衍生的房地产权益。"需说明的是：第一，此处的建设用地既包括国有建设用地，也包括集体建设用地。第二，建设用地在外延上涵盖了农村村民建房所依附的宅基

---

① 例如，2013年11月12日《中共中央关于全面深化改革若干重大问题的决定》之三"加快完善现代市场体系"之（11）指出："建立城乡统一的建设用地市场。在符合规划和用途管制前提下，允许农村集体经营性建设用地出让、租赁、入股，实行与国有土地同等入市、同权同价。缩小征地范围，规范征地程序，完善对被征地农民合理、规范、多元保障机制。扩大国有土地有偿使用范围，减少非公益性用地划拨。建立兼顾国家、集体、个人的土地增值收益分配机制，合理提高个人收益。完善土地租赁、转让、抵押二级市场。"之六"健全城乡发展一体化体制机制"之（21）指出："赋予农民更多财产权利。保障农民集体经济组织成员权利，积极发展农民股份合作，赋予农民对集体资产股份占有、收益、有偿退出及抵押、担保、继承权。保障农户宅基地用益物权，改革完善农村宅基地制度，选择若干试点，慎重稳妥推进农民住房财产权抵押、担保、转让，探索农民增加财产性收入渠道。建立农村产权流转交易市场，推动农村产权流转交易公开、公正、规范运行。"《中共中央 国务院关于做好2023年全面推进乡村振兴重点工作的意见》指出："……深化农村土地制度改革，扎实搞好确权，稳步推进赋权，有序实现活权，让农民更多分享改革红利。研究制定第二轮土地承包到期后再延长30年试点工作指导意见。稳慎推进农村宅基地制度改革试点，切实摸清底数，加快房地一体宅基地确权登记颁证，加强规范管理，妥善化解历史遗留问题，探索宅基地'三权分置'有效实现形式。深化农村集体经营性建设用地入市试点，探索建立兼顾国家、农村集体经济组织和农民利益的土地增值收益有效调节机制。保障进城落户农民合法土地权益，鼓励依法自愿有偿转让。"

② 2018年1月2日《中共中央 国务院关于实施乡村振兴战略的意见》指出："……探索宅基地所有权、资格权、使用权'三权分置'，落实宅基地集体所有权，保障宅基地农户资格权和农民房屋财产权，适度放活宅基地和农民房屋使用权，……"

③ 参见2018年12月29日修改的《农村土地承包法》及《民法典》。

地。第三，之所以未采用城市与农村的提法，是因为城市是一个动态发展的概念，其市区和边界是不断变化的。同时，城市也是一个地理概念，而非法律概念。实践中，判断城市范围的标准有行政边界、规划边界、城市建制、地理特征等，[①] 而这些都在不断变化之中，实难确定；随着城乡一体化以及农村城市化，农村、乡村此类地理概念也与城市一样具有不确定性。故此，本书采用"建设用地""房屋"这两个法律概念作为构成房地产概念的基本元素。

2. 房屋

原建设部 2002 年 3 月 20 日发布的《房地产统计指标解释（试行）》对房屋的界定是："一般指上有屋顶，周围有墙，能防风避雨，御寒保温，供人们在其中工作、生活、学习、娱乐和储藏物资，并具有固定基础，层高一般在 2.2 米以上的永久性场所。但根据某些地方的生活习惯，可供人们常年居住的窑洞、竹楼等也应包括在内。"狭义的房屋通常是指能够供人居住、生活或工作、生产，以及进行其他活动的场所。《城市房地产管理法》第 2 条是从广义上界定房屋的，即"本法所称房屋，是指土地上的房屋等建筑物及构筑物"。何谓建筑物、构筑物？我国现行法并未规定，通常系指定着于土地地表或地表上下，具有顶盖、梁柱、墙壁，在其内进行生产和生活活动的构造物，如房屋、地下室、仓库、立体停车场、空中走廊等。凡具有覆盖墙垣，足以蔽风雨，供出入而可达经济上使用的，均是建筑物。即便屋顶没有完工，没有油漆粉刷，或者没有装妥门窗，均在所不问。[②] 而构筑物一般是指不在该物之内进行生产和生活活动的物，如水塔、烟囱、桥梁、道路、球场等。《房地产登记技术规程》亦是从广义上界定房屋的，"2.1.2 房屋 building 有固定基础、固定界限且有独立使用价值，人工建造的建筑物、构筑物以及特定空间"。"固定界限 fixed boundary 能够区分相邻房屋登记基本单元或共用部分，由固定的围护物或明确的界址点闭合形成的界线。"本书对房屋的概念亦从广义上进行界定，即房屋"是指土地地表及其上下的建筑物、构筑物及其附属设施"。因附属设施与建筑物、构筑物不可分离，故应将附属设施纳入其中。

---

① 1990 年 4 月 1 日实施，被 2008 年 1 月 1 日生效实施的《城乡规划法》所取代的《城市规划法》第 3 条第 1 款曾规定："本法所称城市，是指国家按行政建制设立的直辖市、市、镇。"

② 谢在全.民法物权论（上册）[M].北京：中国政法大学出版社，1999：22.

从不同角度出发，房屋可作多种分类，比如按照所有权性质的不同，可分为国有房屋、集体所有房屋、私有房屋；按照用途的不同，可分为居住用房，工业用房，教育、科技、文化、卫生、体育用房，商业、旅游、娱乐用房等；按照主体的人数，可分为独有房屋、共有房屋；房屋还可分为平房与楼房、新建房与旧房、期房与现房、商品房与社会保障住房等。

房屋作为人类生活、生产所必需的物质载体，其基本特征有：内涵统一性（房屋还包括其占地范围内的土地，两者合为一物）、空间固定性、需求普遍性、效用长期性等。

3. 土地

何谓土地？由于土地概念本身的多学科性及其在所属不同学科中所具有的不同语境，对土地的认识很难统一。例如，美国土地经济学家伊利认为："经济学家所使用的土地这个词，指的是自然的各种力量，或自然资源……经济学上的土地侧重于大自然所赋予的东西。"[①] 归纳起来，对土地概念的理解，有资源价值说、土地价值说、土地物权说、几何分析说、综合体观说、土地地理学说、系统综合说等。[②]

各国和各地区立法对土地概念的法律界定也存在差异。如我国台湾地区"土地法"第 1 条规定，土地为水陆及天然富源。水是指水域，陆指陆地；天然富源指天然资源。美国《加利福尼亚州民法典》第 659 条规定："土地为混土以及含有沙土、石头或其他成分而组成的物质，它包括地面以上和地面以下一定距离的开放或有建筑物的空间，其高度和深度由法律规定的空间决定，或由法律允许行使的空间权利决定。"可见，随着人类对土地的开发利用，人类对土地的本质和价值有了更深层次的理解。土地的概念应是三维立体空间的构成及该三维空间中自然资源的组合，如 1999 年美国《布莱克法律词典》对土地下的定义是："土地是由地表、地上空间及地下空间三个部分所构成的一个不可移动的和不可毁灭的三维立体空间，包括在此空间内生长的所有生物及永久地附着于此空间内的所有物质。"

总之，土地是一个自然综合体，指具有四至范围的地球表面以及地面上空

---

① 〔美〕伊利·莫尔豪斯.土地经济学原理［M］.滕维藻，译.北京：商务印书馆，1982：19.

② 徐汉明.中国农民土地持有产权制度研究［M］.北京：社会科学文献出版社，2004：28-29.

及地下，包括各种类型，如建设用地、耕地、自留地、自留山、林地、坡地、荒地等，以及水域、滩涂、岛屿、矿藏等。所以，土地的范围既包括地表，也包括地表上下一定范围之空间，可称为土地的横向范围和纵向范围。土地还是一个时间概念，体现了物尽其用的效率规则。不同时期人类对土地所施加的影响强烈地改变了土地的自然性质和面貌，在不妨碍权利人行使土地权利的前提下，人们通过利用土地而不断提高着土地的空间效率。例如，为解决城市交通问题而设置的立体交叉桥、高架铁路、地下商场等，便是高效使用土地空间的典型例证。

根据《土地管理法》第 4 条的规定，我国将土地分为农用地、建设用地和未利用土地。具体而言，"农用地是指直接用于农业生产的土地，包括耕地、林地、草地、农田水利用地、养殖水面等；建设用地是指建造建筑物、构筑物的土地，包括城乡住宅和公共设施用地、工矿用地、交通水利设施用地、旅游用地、军事设施用地等；未利用地是指农用地和建设用地以外的土地"[①]。地类是依据调查时点国土利用现状来认定的。《自然资源部办公厅关于按照实地现状认定地类 规范国土调查成果应用的通知》（自然资办发〔2023〕59 号）中要求："凡是发现国土调查成果与实地国土利用现状不一致的，无论是调查时点后新发生变化的，还是'三调'或历年国土调查错漏的，均应及时通过年度国土变更调查更新或纠正调查成果，确保调查地类与实地现状保持一致。"为了确保地类"实至名归"，国土调查要严格按照标准查清各地类现状。例如，耕地是指利用地表耕作层种植粮、棉、油、糖、蔬菜、饲草饲料等农作物为主，每年种植一季及以上（含以一年一季以上的耕种方式种植多年生作物）的土地，包括熟地，新开发、复垦、整理地，休闲地（含轮歇地、休耕地），以及直接利用地表耕作层种植的温室、大棚、地膜等保温、保湿设施用地。此外，土地按照不同标准可以进行多种划分，比如按照所有制不同分为国有土地和集体土地；按照经济用途不同分为承载用地（如建设用地）、养力用地（如种植、养殖）、富源地（如矿藏地）；按照对土地开发和开发利用的程度分为过生地、生地、熟地、过熟地；按照与城市经济联系的紧密程度分为农村土地和城市土地；根据土地产业结构的不同分为工业用地、商业用地、公用事业用地、居住用地、军事用地等。

---

① 参见《土地管理法》第 4 条第 2 款。

土地的基本特征包括自然特征和经济特征。前者是土地自然属性的反映，与人类对土地利用与否没有必然的联系；后者是在人类对土地利用过程中产生的。土地的自然特征有位置的固定性、面积的有限性、质量的差异性、功能的永久性；土地的经济特征有土地供给的稀缺性、土地利用方式的相对分散性、土地利用方向变更的困难性、土地利用报酬递减的可能性、土地利用后果的社会性。[①] 有学者还认为，土地的经济特征除此之外还有区位效益性和边际产出递减性。[②] 作为自然力之禀赋的土地，其功能表现有承载功能、资源功能和生产功能。[③]

（三）房地产的属性

房地产作为一种商品，与动产、技术一样，具有价值和使用价值，也具有交换价值。但是，房地产毕竟不同于其他商品，它具有自己的特征。

1. 房地产的自然属性

主要包括：房地产位置的固定性，即不可移动性；房地产的耐久性，即使用的长期性；房地产的异质性，即独特性和不可替代性；房地产的保值增值性，即可以作为对抗通货膨胀的保值增值实物。

2. 房地产的经济属性

主要包括：房地产具有高资本性、房地产利用适应物价变动的缓慢性、投资与消费的双重性、房地产利用的外部性。

3. 房地产的法律属性

主要包括：房地产的不动产性、房地产的法权性、房地产的可分性。

4. 房地产的社会属性

主要包括：房地产利用的社会效应、房地产具有美学价值和心理效应。[④]

[①] 毕宝德.土地经济学 [M].北京：中国人民大学出版社，2001：3-6.

[②] 王霞，尤建新.城市土地经济学 [M].上海：复旦大学出版社，2004：5.

[③] 徐汉明.中国农民土地持有产权制度研究 [M].北京：社会科学文献出版社，2004：31.

[④] 曹振良.房地产经济学通论 [M].北京：北京大学出版社，2003：3-6.

二、房地产业

（一）房地产业的含义与产业性质定位

房地产业在国外称为不动产业，主要指从事房地产开发、经营、服务和管理的行业。与其他产业相比，房地产业经营性强，商品化程度高，投机性也较大。

房地产业作为一个独立的产业，是第三产业，还是第二产业？有人认为房地产业是流通领域的产业，属于第三产业；有人认为是生产和流通兼容的产业，除了具有第三产业的性质外，还具有第二产业的性质。这两种观点并不矛盾，是可以兼容统一的。就一般经济理论而言，房地产业是生产经营型产业，兼有第二、第三产业的特征；从狭义角度考察，房地产业也可以归类为流通领域的第三产业。房地产业是一个综合性较强的行业，它涉及建筑业、金融信托业、建材业、装潢业及服务业等行业，但房地产业又是一个独立的行业。联合国制定的《国际标准行业分类》把经济行业分为十类，不动产（房地产）业被列为第八类。我国的《国民经济行业分类》把经济行业分为十三类，房地产业被列为第七类。1985 年国务院办公厅转发国家统计局《关于建立第三产业统计的报告》，其中房地产业被明确列为第三产业。

房地产业就其在国民经济中的地位和作用即该产业的功能定位而言，是基础产业、支柱产业？抑或主导产业？各国现代化历程表明：房地产业是国民经济中不可替代的基础产业，只有以充分发展的房地产业作为依托，一国经济高速发展、加速城市化和社会迅速转型等每一道现代化门槛才能顺利通过，所以房地产业必然是基础产业。而现代化国家的房地产业一般在国民经济生产总值中都占有相当大的比重，对国民经济的贡献较大；房地产业的产业链长，关联度大，能直接或间接地引导、影响、带动很多相关产业的发展，连接上下游产业链、供应链、金融机构、土地财政和购房者等。同时，房地产业的发展也有利于高新技术的应用和扩散，这些也表明了房地产业的支柱性或称主导性产业的作用。在我国，将房地产业定位为"支柱产业"见于 2003 年的国务院 18 号文件，即"房地产业关联度高，带动力强，已经成为国民经济的支柱产业"[①]。此外，鉴于房地产业在经济生活中举足轻重的地位，在理论上亦存在房地产业是国民经济主导产业的观点。

---

① 参见《国务院关于促进房地产市场持续健康发展的通知》（国发〔2003〕18 号）。

前些年，由于我国房地产业的非理性繁荣、房地产泡沫积聚和房价的过快上涨，让广大的中低收入家庭无力购买住房。为解决民众的基本住房需求，2007 年 8 月出台的《国务院关于解决城市低收入家庭住房困难的若干意见》开宗明义地指出："住房问题是重要的民生问题。" 2016 年秋季，我国房地产市场出现较快较大的波动，部分一、二线热点城市房价一度迅猛上涨，甚至引发市民恐慌。那么，应该如何限制炒房、支持自住购房？ 2018 年 7 月 31 日，中共中央政治局召开的会议指出，要 "下决心解决好房地产市场问题，坚持因城施策，促进供求平衡，合理引导预期，整治市场秩序，坚决遏制房价上涨。加快建立促进房地产市场平稳健康发展长效机制"。习近平总书记指出："住房问题既是民生问题也是发展问题，关系千家万户切身利益，关系人民安居乐业，关系经济社会发展全局，关系社会和谐稳定。" "房子是用来住的、不是用来炒的。" "房地产业发展本身应以民生保障为主，而非牟取利益为主，要采取有力措施抑制房产业暴利、限制炒房，采取优惠政策支持市民，特别是新市民的自住购房需求。" [1] 2017 年 10 月 18 日，中国共产党第十九次全国代表大会报告明确指出 "坚持房子是用来住的、不是用来炒的定位，加快建立多主体供给、多渠道保障、租购并举的住房制度，让全体人民住有所居。" 2020 年 5 月 20 日审议通过的《民法典》增加了居住权的相关规定，其目的在于 "为贯彻党的十九大提出的加快建立多主体供给、多渠道保障住房制度的要求……" [2] 2022 年 10 月 16 日，中国共产党第二十次全国代表大会报告（以下简称 "党的二十大报告"）再一次重申 "坚持房子是用来住的、不是用来炒的定位，加快建立多主体供给、多渠道保障、租购并举的住房制度"。2024 年 7 月 18 日通过的《中共中央关于进一步全面深化改革、推进中国式现代化的决定》（以下简称《中国式现代化的决定》）指出："加快建立租购并举的住房制度，加快构建房地产发展新模式。加大保障性住房建设和供给，满足工薪群体刚性住房需求。支持城乡居民多样化改善性住房需求。" 这表明，房地产业在我国不应仅作为拉动 GDP 增长的支柱产业，更应以保障民生为宗旨，以完善住房保障为重要内容，以实现住有所居为目标。可见，房地产业是与民生息息相关的服务性产业。

（二）房地产业的特征

与其他产业相比较，房地产业具有下述特点：

---

[1] 《习近平：让全体人民住有所居》，http://news.cyol.com/content/2016-12/27/content_15091338.htm，最后访问时间：2016-12-28。

[2] 《关于〈中华人民共和国民法典（草案）〉的说明》，http://www.gov.cn/xinwen/2020-05/22/content_551393.htm。

1. 房地产业开发经营的对象具有特殊性

房地产业开发经营的对象是房地产，房地产是不动产，是相对静止的交易、使用对象，而房地产业从事的是以不动产作为开发、建设、经营、服务对象的一系列经济活动。房地产的开发经营活动是相互关联的，房地产的初始市场一般进行单一的土地交易；此过程一经完成，土地之上建成房屋，土地便失去独立性，房与地就浑然一体，房地产便成为一个独立的、特定的经营对象。

2. 房地产业具有先导性

房地产业关联度极大，产业链长，与建筑、建材、冶金、纺织、化工、机械、仪表等许多行业有密切的关系，能直接或间接影响很多相关产业的发展。房地产业的感应度系数和影响力系数在国民经济各产业部门中处于平均水平之上。在一定时期，房地产业能够显示其对宏观经济运行状况的敏感性和超前性，是经济发展状况的指示器，具有先导性。

3. 房地产业具有地域性

我国地域辽阔，各地社会经济条件、地理环境、投资因素、人文风貌等差异极大，这就使得房地产的市场价格相差悬殊。在不同地区，即便用完全相同的建筑材料和成本建成的房屋，其价格也是不同的。

4. 房地产业投资大、周期长、风险大、收益高

房地产业从投资到产出，少则一年，多则数年，具有周期长的特征。房地产业投资数额极大，少则数百万元，多则上千万元，甚至数亿、数十亿元，具有投资大的特征。房地产业受国家政策、供求关系、建筑材料价格浮动等因素的影响，涨跌波动大，具有风险大的特征。房地产业投资利润率高，"收益与风险成正比"的市场法则，又使房地产业成为一个收益极高的产业。

5. 房地产业具有较强的国家干预性

与其他产业相比，房地产业运行的每一环节都离不开国家的宏观管理与法律干预。

6. 房地产业的发展具有周期性

房地产业发展的周期是在房地产业的发展过程中，伴随时间的推移而出现的扩张与收缩的交替循环过程，房地产业发展的周期性是房地产业发展规律的客观反映，中外概莫能外。但是，由于各国经济发展的进程与政策不同，房地

产业发展的周期也不尽相同。一般来说，房地产业在国民经济顺利发展时，会率先发展并获得相当高的回报；反之，则会"滑坡"。这说明房地产业具有波浪式前进、螺旋式上升的发展特征。

三、房地产市场

（一）房地产市场的含义与特征

市场是商品经济的范畴，哪里有社会分工和商品生产，哪里就有市场。

房地产市场具有三个层次的含义：第一，是指房地产商品的交易场所，如"×××房地产交易所"；第二，是形成房地产价格的一种制度安排；第三，是房地产商品交易双方经济关系的总和，亦即一定时空内房地产商品的供给和有支付能力的交换关系以及由交换关系而形成的交易者之间的关系。这三个层次界定的内涵不同：第一个层次强调市场的区域空间性，第二个层次是从制度经济学角度来解释的，第三个层次则是从产权关系来描述的。

房地产市场是我国社会主义市场经济下市场体系中的一个重要组成部分，也是整个市场体系中较活跃的、具有显著特征的专门市场。在市场分类中，它在消费品市场和生产要素市场中都占有重要地位。与其他市场一样，房地产市场具有市场的一般规律，如都要体现价值规律、竞争规律和供求规律的作用和要求。

房地产市场交易客体——房地产的特殊性使得房地产市场有别于其他市场。具体表现在以下几方面：

1. 非"物流"性

房地产作为一种特殊的商品进入市场，具有不能发生空间位移的物理属性，既不能将房地产移至特定的交易场所和集散地点进行交易，成交后也不能将一个地方的房地产搬至另一个地方使用和消费，故房地产市场只有"商流"而无"物流"。

2. 客体的特殊性

在空间物理形态上房地合二为一、浑然一体；房价与地价互相影响，相互包容，房地产具有融合性。在我国，土地所有权不能进行交易，土地交易的结果只是使用权的转移，故房地产市场的交易客体具有权利的不完整性。一般的商品，皆可按统一标准、规格、质量、型号成批量地生产，也可于市场上成批量地交易，但房地产这种商品是绝对异质的、不可替代的，两幢房屋建筑材料、设计风格、室内装修都可以一样，但所处的地理位置不可能相同，交易时也只能个别估价、个别成交，故房地产市场的交易客体具有异质性。一般的商品可大量生产、成批复制，交易主体可随时依据市场供求关系的变化进行取舍选择，但房地产市场则是一个供给稀缺的市场，这种稀缺性主要是指土地供应的有限性。土地是一种不可再生资源，人们对房屋需求的增加会造成房地产市场的供给稀缺。虽然在某特定时期，因城乡建设的高速发展，可能会出现房屋供大于求，或房屋大量空置的现象，但受制于建设用地的有限性，房地产市场的交易客体总体上是稀缺的。

3. 地域性

房地产商品不能移动的物理特征决定了房地产市场不存在商品流向规律，房地产不会因为价格差异和供求变化在不同地区的市场进行流动，因而房地产市场只能是分散的市场，不可能形成区域性、全国性乃至国际性的统一市场。房地产市场没有外地产品，更无舶来品，只有地方产品。同样，某地的房地产商品也无法满足外地市场的需求，更无法满足国外市场的需求。因此，房地产市场具有强烈的地域性。

4. 不完全竞争性

一个完全竞争市场通常具备四个条件：商品同质，可以相互替代；商品的买卖主体人数众多，其中每一个成员所提供或购买的份额相对于整个市场规模来说都非常小，以至于单个个体不能影响产品的价格；信息充分，传播畅通；所有的资源都能自由流动，不受任何限制。而房地产市场与上述要素相差甚远，这是由多方面原因造成的：第一，土地所有权的垄断性使房地产市场供给主体间无竞争；第二，交易客体的特殊性使房地产市场的竞争受到一定限制；第三，房地产价值昂贵使房地产市场的竞争受到一定制约；第四，房地产业的国家干预性也在某种程度上限制了市场主体的充分竞争。可见，我国的房地产市场只能是一个准市场或者次市场，而不是一个标准市场或者完全竞争市场。

（二）房地产市场类型

房地产市场作为房地产这一特殊商品交换关系的总和，贯穿于房地产生产、分配、交换、消费各个环节。在每一个环节中，又表现为不同的形态。1992 年

11 月国务院发布的《关于发展房地产业若干问题的通知》把我国的城市房地产市场分为三级市场形态。

1. 房地产一级市场

房地产一级市场，即建设用地使用权的出让市场。国有建设用地使用权出让，是指国家将建设用地使用权在一定年限内出让给土地使用者，土地使用者向国家支付土地使用权出让金的行为。在国有建设用地使用权出让的房地产一级市场中，国家既是土地的所有者，又是土地的出让者。由于国有土地所有权专属国家，故国有建设用地使用权出让的房地产一级市场具有垄断经营的显著特征。

2019 年修订的《土地管理法》第 63 条第 1 款规定："土地利用总体规划、城乡规划确定为工业、商业等经营性用途，并经依法登记的集体经营性建设用地，土地所有权人可以通过出让、出租等方式交由单位或者个人使用，并应当签订书面合同，载明土地界址、面积、动工期限、使用期限、土地用途、规划条件和双方其他权利义务。"该条款肯定了集体经营性建设用地出让、出租的一级市场行为。不同于国有建设用地出让的房地产一级市场，集体经营性建设用地的土地所有者是农民集体，出让主体系集体经济组织或其他主体。

为了进一步提高土地要素配置效率，应建立健全城乡统一的建设用地市场，对集体经营性建设用地与国有建设用地给予同权对待。① 因此，就建立健全城乡统一的建设用地市场而言，集体经营性建设用地的出让、出租市场与国有建设用地使用权出让市场一样，都是房地产一级市场的组成部分。

2. 房地产二级市场

房地产二级市场，即建设用地使用权出让后的开发经营市场。建设用地使用权出让后的开发经营，是指取得建设用地使用权的建设单位，将所取得的建设用地使用权或在土地上投资建造的房屋连同建设用地使用权一并以买卖、出租、抵押等方式从事的房地产经营活动，如开发商建成商品房后的出售行为。房地产二级市场表现为取得建设用地使用权的房地产经营者与其他经营者，以及与不特定的广大消费者之间平等的民事法律关系。

《土地管理法》第 63 条第 3 款规定："通过出让等方式取得的集体经营

---

① 参见 2021 年 12 月 21 日国务院办公厅公布的《要素市场化配置综合改革试点总体方案》。http://www.gov.cn/gongbas/content_5669421.htm.

性建设用地使用权可以转让、互换、出资、赠与或者抵押，但法律、行政法规另有规定或者土地所有权人、土地使用权人签订的书面合同另有约定的除外。"该条款规定了集体经营性建设用地进行交易的房地产二级市场行为。

3. 房地产三级市场

房地产三级市场，即投入使用后的房地产交易市场。投入使用后的房地产交易，是指通过房地产二级市场取得的房地产进行再次转让、出租、赠与、抵押等交易活动。房地产三级市场反映的是市场价格，是调剂需求的市场行为，如"二手房"的买卖、出租就属于房地产三级市场中的行为。同样，集体经营性建设用地也可进入房地产三级市场进行交易。

这三种市场类型具有内在的联系，它们相互影响，相互促进，形成土地出让、房地产零售、调剂三种市场形态。其中，一级市场是二、三级市场生长、发展的前提和基础，起导向和制约作用。二、三级市场是一级市场的延伸和扩展，是多主体的竞争市场，起繁荣和促进市场发育的作用。一级市场的垄断性和二、三级市场的竞争性，形成了我国社会主义市场经济下房地产市场的主要模式。

将房地产市场划分为上述三种类型是我国目前主要的划分方法，除此以外，还可依房地产客体的不同将房地产市场分为土地市场和房屋市场，对于土地市场，《国务院办公厅关于完善建设用地使用权转让、出租、抵押二级市场的指导意见》（国办发〔2019〕34号）指出："土地市场是我国现代市场体系的重要组成部分，是资源要素市场的重要内容。改革开放以来，通过大力推行国有建设用地有偿使用制度，我国基本形成了以政府供应为主的土地一级市场和以市场主体之间转让、出租、抵押为主的土地二级市场，对建立和完善社会主义市场经济体制、促进土地资源的优化配置和节约集约利用、加快工业化和城镇化进程起到了重要作用。"按照房地产经济活动内容的不同，可将房地产市场划分为房地产开发经营市场（包括三个子市场：房地产开发市场、建筑施工市场、物业交易市场）、房地产管理服务市场、房地产金融市场、房地产中介服务市场。根据房地产的不同类别，还可将房地产市场划分为土地市场、住宅市场、商业用房市场、工业用房市场和其他房产市场等。为了更好地规范房地产市场，有的地区依据不同指标，对房地产市场进行了划分，如天津市《关于加强土地出让分类调控实施意见》，依据房屋交易规模、交易增速将全市各区域房地产市场细分为成熟、新兴、待发展三种类型。①

第二节　房地产法基本问题

一、房地产法的概念与调整对象

（一）房地产法的概念与特征

房地产法是国家制定或认可的调整房地产开发与交易、经营与服务等过程中所发生的房地产关系的法律规范的总称。之所以用"总称"概括，一是因为调整房地产关系的法律规范分布于诸多法律法规，以及众多规范性法律文件的条款之中；二是因为房地产关系错综复杂，涉及面广泛，迄今为止，我国和世界上其他国家尚没有出现一部能够覆盖所有房地产关系，以"房地产法"命名的法典。

应说明的是，现行《城市房地产管理法》的调整对象和范围只适用于我国城市区域，不包括农村地区，该法律的调整范围是有限的。故此，不能以该法律为依据来界定房地产法的概念，应当从广义上理解房地产法，即房地产法是调整中华人民共和国领域内的所有房地产关系的法律规范的总称。一部完整的房地产法应具备如下特征：

1. 房地产法的不可分割性

从房地合一的角度，以及就统一的房地产法而言，所有调整房产与调整地产的法律规范可统称为"房地产法"。

2. 房地产法的综合性

房地产法的综合性表现为：第一，调整社会关系的综合性。房地产法既调整平等主体的房地产横向财产关系，如建设用地使用权转让关系、房屋买卖关系，又调整国家对房地产业的纵向管理关系，如房地产产权、产籍的确认与管理关系，还调整房地产社会保障关系，如共有产权房、公租房的开发建设与交

---

① 参见天津市国土资源和房屋管理局 2014 年 10 月 31 日印发的《关于加强土地出让分类调控实施意见》。http://chinareal.nankai.edu.cn/info/1071/5465.htm。

易关系。第二，适用法律规范的综合性。对房地产关系的调整，除适用《宪法》《民法典》《城市房地产管理法》《土地管理法》外，还适用《城乡规划法》《物业管理条例》《城市商品房预售管理办法》《建工合同司法解释（一）》等单行法律法规、部门规章、司法解释等。

3. 房地产法调整范围的广泛性

房地产法的调整范围是十分广泛的，包括建设用地使用权出让，房地产开发、利用，房地产转让、租赁、交换、继承、抵押、典当，房地产规划、征收与征用，房屋维修与拆迁，房地产中介服务，房地产社会保障，房地产行政管理与经营管理等。随着我国市场经济及房地产业的发展，房地产法的调整范围还将继续扩大。

4. 房地产法调整手段的国家干预性

基于房地产的特殊性以及房地产业在国民经济与生活中的重要性，国家对房地产活动往往进行较为严格的监管，从而使房地产法在调整手段上体现了较强的国家干预性。

（二）房地产法的调整对象

房地产法的调整对象，指房地产法所调整的特定领域的房地产社会关系。根据房地产法律关系主要涉及的法律部门进行划分，房地产法的调整对象包括以下几类：

1. 房地产民事关系

房地产法调整的民事关系，是指由房地产法律规范调整所形成的以民事权利义务为内容的房地产社会关系，房地产民事关系属于横向的、具有私法性质的法律关系。它包括房地产物权关系、房地产债权关系、房地产婚姻家庭与继承关系、房地产知识产权关系等。

2. 房地产行政管理关系

房地产行政管理关系，是房地产行政管理机关在对房地产活动及与房地产相关的活动行使管理职权时所形成的一系列法律关系，房地产行政管理关系属于纵向的、具有公法性质的社会关系。房地产行政管理关系主要包括房屋管理关系、土地管理关系、房地产市场管理关系、房地产行政体制管理关系等。上述行政管理关系中，有的属于纯粹的行政管理关系，如房地产行政管理体制关系；有的则与民事关系形成交叉而又以行政管理为主的社会关系，如房地产行业关系、房地产建设项目管理关系。

3. 房地产社会保障关系

2010年中国特色的社会主义法律体系形成后，社会法已成为七大法律部门之一，而房地产社会保障关系属于社会法领域。房地产法调整的社会保障关系主要包括住宅社会保障关系，如对公租房、保障性住房的调整。

4. 房地产经济关系

经济法也是我国社会主义法律体系中的七个法律部门之一，国家对经济关系的法律调控属于经济法律关系。房地产业是国民经济的重要产业之一，因此，国家在调控房地产经济运行过程中发生的权利义务关系属于房地产经济法律关系，如房地产税收关系、房地产开发中的规划和计划关系。应说明的是，房地产经济法律关系实质上也是一种纵向的管理关系，是国家调控房地产经济关系时发生的社会关系，但不同于国家在对房地产及与房地产相关的活动行使管理职权时形成的行政管理关系。

房地产法调整的上述社会关系，在实际运行中常常是交叉发挥作用的，一项房地产经济活动要同时接受纵横交错的不同法律关系的调整与制约。房地产社会关系的复杂性、多元性，强化了房地产法调整范围的多元性和综合性。但总体而言，房地产作为一种财产，调整这种财产关系的房地产法应该更多地彰显民事法律关系的属性。

二、房地产法的渊源和体系

（一）房地产法的渊源

房地产法的渊源，即房地产法借以表现的各种形式。房地产法调整关系的复杂，决定了房地产法的具体表现形式众多，主要有：

1. 宪法中的房地产规范

宪法是由全国人民代表大会制定的具有最高法律效力的根本大法。我国宪法中有关房地产的规定，如关于土地归属、土地权利流转的规定，关于保护公民合法房屋财产所有权等方面的规定，都是调整房地产关系的重要法律规范，也是我国房地产立法的主要依据。

2. 基本法中的房地产规范

全国人民代表大会及其常务委员会依据宪法制定的法律在全国范围内具有仅次于宪法的法律效力。其中，有关房地产的法律或包含房地产规范内容的法律是我国房地产规范的主要表现形式。前者属于房地产法律渊源中的专门性规范，如《城市房地产管理法》《土地管理法》；后者属于房地产法律渊源中的相关性规范，如《城乡规划法》《矿产资源法》等。

3. 国务院制定的行政法规中的房地产规范

国务院根据全国人民代表大会或全国人大常务委员会制定的宪法和法律以及根据全国人大常委会的授权制定的行政法规、发布的决定和命令中有关房地产的内容，是我国房地产法的具体表现形式，如《土地使用权出让和转让暂行条例》《不动产登记暂行条例》等。

4. 国务院所属各部委发布的部门规章中的房地产规范

国务院所属各部委依据法律或者国务院的法规、决定和命令，在其职权范围内发布的命令、指示和规章中有关房地产方面的规范也是我国房地产法的具体表现形式，如住房城乡建设部颁布的《公共租赁住房管理办法》《房地产经纪管理办法》，原国土资源部发布的《招拍挂规定》《不动产登记条例细则》。

5. 地方性法规中的房地产规范

依据宪法、法律和行政法规，县级以上地方人民代表大会、人民政府或民族自治地区的自治机关，在本行政区域内，可以发布有关决议和命令、地方性法规和条例等。其中，有关房地产方面的规范，也是我国房地产法的表现形式，但这些规范只在本行政区域内有效，如《天津市房地产抵押管理规定》《广东省集体建设用地使用权流转管理办法》。

6. 最高人民法院有关房地产的司法解释和具有指导性的指示

最高人民法院发布的有关具体适用房地产法律法规的解释和对房地产案件处理的意见等具有指导性的指示，也是我国房地产法不可忽视的一种表现形式，如最高人民法院发布的《商品房买卖合同司法解释》《建工合同司法解释（一）》等。

7. 政策性规范

在我国经济转轨时期，房地产业发展过程中出现的一些新问题在得到法律规范调整之前，往往先由政策性规范进行调整，这些政策性规范也构成了我国房地产法的渊源，例如国务院发布的《关于将部分土地出让金用于农业土地开发有关问题的通知》，2015 年 4 月 21 日财政部、国土资源部、住房城乡建设部、中国人民银行、国家税务总局、银监会联合发布的《关于运用政府和社会资本合作模式推进公共租赁住房投资建设和运营管理的通知》等。

应说明的是，2017 年 3 月 15 日通过的《民法总则》第 10 条对民法法源的规定以"习惯"取代了原《民法通则》第 6 条对"国家政策"的规定；《民法典》第 10 条作出了同样规定。那么，政策是否是房地产法借以表现的形式？违反政策是否导致房地产法律行为无效？从法教义学的角度来看，我国民法的法源包括制定法、习惯法等，不包括政策。理论上而言，原《民法通则》第 6 条规定的国家政策作为民法法源，其介入民事司法的合理路径也值得商榷。法官在依据国家政策进行判决时，会出现缺少配套规范、依据混乱、说理困难等问题。其原因在于对国家政策的范围及其与法律的区别界定不明。坚持私法自治为基础，建立国家政策引入民事裁判的转介机制，将国家政策通过合法合理的渠道引入民事司法，是实现国家调控民事生活、实现公私法融合的法治之道。在《民法典》的框架内，国家政策可以通过民法中引致的条款发挥作用，如认定为不可抗力、情势变更等情形，或者作为诚信原则、公序良俗原则的新内涵以平衡个人利益与社会利益，国家政策的目的借此同样可以实现。

8. 房地产习惯

长期以来形成的在一定范围、一定区域内，为一般人认可并遵守的与房地产相关的惯常做法等，即房地产习惯。《民法典》第 10 条肯定了习惯系民法的法源，即"处理民事纠纷，应当依照法律；法律没有规定的，可以适用习惯，但是不得违背公序良俗。"对于习惯，原《民法总则》出台之前，原《物权法》就认可了在处理相邻关系中习惯的法源地位，[①] 原《合同法》《适用合同法司法解释（二）》亦有对交易习惯的肯定。[②]《民法典》实施后，《民法典总则编司法解释》第 2 条规定："在一定地域、行业范围内长期为一般人从事民事

---

① 原《物权法》第 85 条、《民法典》第 289 条规定："法律、法规对处理相邻关系有规定的，依照其规定，法律、法规没有规定的，可以按照当地习惯。"

② 原《合同法》第 60 条第 2 款、《民法典》第 509 条第 2 款规定："当事人应当遵循诚信原则，根据合同的性质、目的和交易习惯履行通知、协助、保密等义务。"《适用合同法司法解释（二）》第 7 条则明确了"交易习惯"的适用。

活动时普遍遵守的民间习俗、惯常做法等，可以认定为民法典第十条规定的习惯。当事人主张适用习惯的，应当就习惯及其具体内容提供相应证据；必要时，人民法院可以依职权查明。适用习惯，不得违背社会主义核心价值观，不得违背公序良俗。"《民法典合同编通则司法解释》第2条规定："下列情形，不违反法律、行政法规的强制性规定且不违背公序良俗的，人民法院可以认定为民法典所称的'交易习惯'：（一）当事人之间在交易活动中的惯常做法；（二）在交易行为当地或者某一领域、某一行业通常采用并为交易对方订立合同时所知道或者应当知道的做法。对于交易习惯，由提出主张的当事人一方承担举证责任。"

（二）房地产法的体系

1. 法理上的理解

房地产法的体系，是指房地产法的各个组成部分之间所形成的有机统一整体，是由调整房地产关系的全部法律规范按照一定的结构组成的内部协调一致、统一的有机整体。

房地产法包含了一整套调整房地产关系的法律规范，这些法律规范除房地产社会保障与房地产经济法律规范外，主要包括两大类：房地产民事法律规范和房地产行政法律规范。其中，前者是调整房地产关系中平等主体之间的财产关系的法律规范；后者是调整房地产行政管理机关与行政相对人之间因房地产活动而产生的行政管理关系的法律规范。就房地产法体系的法律部类结构而言，前者属于私法范畴，后者则是公法领域。就房地产法体系的法律部门结构而言，前者属于民法部门，后者属于行政法部门。

随着我国社会主义市场经济法律体系的逐步完善，伴随我国土地使用权的市场化、民事化和房屋权利的商品化，尤其是原《物权法》对不动产物权的规定，使得房地产法的私法属性会越来越强。

2. 房地产法体系不同观点纷争及应关注的几个问题

关于我国房地产法的体系，学术界主要有如下主张：

第一，以房地产法和住宅法为主干的两分法体系。第二，以房地产法、住宅法和相关法律法规为主干的三分法体系。第三，以物权法、土地法和房地产法为主干的三分法体系。第四，三层次和三个子体系结构。所谓三层次，即首先根据国家宪法，制定土地法、房地产法和住宅法，然后再根据这三部基本法制定相应的法规和规章，以及相应的条例，由此组成宪法、基本法、法规这三个层次。所谓三个子体系，即土地法律体系、住宅法律体系和房地产法律体系。第五，将房地产法分为基本法律体系和配套法律体系，其中，基本法律体系包括《城市房地产管理法》《土地管理法》和《城乡规划法》三部主干法律；配套法律体系应包括房地产开发法、交易法和管理法。第六，根据我国房地产业健康和可持续发展的基本要求，我国房地产法律体系应强调以下三个组成部分的有机联系性：房地产物权法、房地产产业法和房地产社会保障法。房地产管理法则分别寓于这三个组成部分之中，每部分均由专门法律和相关法律组成。①

关于我国的房地产法体系，应该关注以下三个问题：

第一，房地产法体系不同于房地产立法体系。健全房地产法，首先要严格依照党的二十大报告指出的，"推进科学立法、民主立法、依法立法，统筹立改废释纂，增强立法系统性、整体性、协同性、时效性"。在房地产法体系与房地产立法体系的关系上，房地产法的外在表现形式是房地产法的立法体系，而其内部结构就是房地产法的体系，两者是形式和内容的关系。房地产法的立法体系反映房地产法的体系，但不等同于房地产法的体系。从理论上讲，房地产立法体系最好能同房地产法体系完全一致，但实际上是很难做到的。所以，房地产法体系并不是简单地将现有的或者应该制定的有关房地产领域的法律法规进行相加或汇总，而应更多地考虑房地产法律规范、不同法律部门、房地产法律制度等因素之间内在的有机统一和协调。

第二，要构建城乡统筹、既覆盖城市又涵盖农村的房地产法体系，尽快实现农村和城市房地产市场的统一。我国长期形成的城乡二元社会结构，导致在我国法律体系的建设过程中，城市和农村在很多领域都是分别立法、单独规制调整的，房地产法在这方面表现得尤为明显。很长时间以来，我国颁布的房地产法基本上是以城市房地产为中心展开的，而农村房地产关系则游离于房地产法之外。近些年，农地"三权分置"、土地经营权的流转、集体经营性建设用地使用权的入市与流转等成为热点问题。而农村城市化进程的表现之一就是农村与城市房地产的相互流通，这就要求农村和城市房地产适用同样的调整规则。所以，我国的房地产法体系应该是一个覆盖城市和农村房地产的法律体系。当

---

① 李延荣，周珂.房地产法 [M].北京：中国人民大学出版社，2000：55-57. 宋宗宇，黄锡生.房地产法学 [M].重庆：重庆大学出版社，2003：27-29. 陈耀东.房地产法 [M].北京：清华大学出版社，2012：18.

然，考虑到农村房地产的特殊性，在具体制度设计上应有别于城市房地产。

第三，要强化民事私法在房地产法体系中的统领作用。通观房地产领域的立法，我国各效力层次的房地产法多突出行政管理色彩，从管理的角度规范房地产关系，而不是从房地产权利的确认、保护和交易角度进行调整，导致房地产法成为了行政管理法，存在过多的行政管理成分、过大的国家利益保护倾向。行政权力和民事权利混合在一起必然使国家管理权力过分膨胀，而房地产权利人的权利萎缩，房地产的市场因素缺失，从而使房地产法失去作为财产法的本质属性。随着我国社会主义市场经济的建立和完善，市场的作用将会大于政府的作用，而与市场对应的法律恰恰是民事私法。《中国式现代化的决定》指出："充分赋予各城市政府房地产市场调控自主权，因城施策，允许有关城市取消或调减住房限购政策、取消普通住宅和非普通住宅标准。"因此，我国的房地产法体系应当是一个以高扬房地产民事权利，促进房地产交易为主旨的法律体系。当然，我国的房地产法还应该有别于一些国家的不动产法，不能将其完全设计为一部民事私法，但要剔除过多的行政管理色彩，使房地产法从注重管理功能的观念向注重对私权及其交易的保护的观念转变，从注重保护国家利益的观念向保护国家、集体和个人三者利益相结合的观念转变。

基于上述考虑，我国房地产法体系应该由房地产财产法、房地产登记法、房地产开发用地法、房地产开发建设法、房地产交易法、房地产服务法（主要包括房地产中介服务和物业服务）、房地产社会保障法等部分组成，而房地产管理法则分别寓于上述组成部分之中。在统一的房地产法的统领下，每部分可视具体情况，制定专门的单行法。

三、房地产法律关系

法律关系是法律规范在调整人们行为过程中形成的以法律上的权利义务为内容和表现形式的社会关系。法律关系包括法律关系主体、法律关系内容和法律关系客体三个要素，房地产法律关系亦如此。

（一）房地产法律关系的概念与特征

房地产法律关系，是指当事人之间因房地产这类财产而发生的，由房地产法调整的具有权利义务内容的社会关系。房地产社会关系受多种规范的调整，除了法律规范外，还有政策规范、道德规范等，但法律规范调整的房地产关系是具有强制力的权利义务关系。

房地产法律关系是房地产法调整房地产社会关系的具体法律形式，根据法律性质的不同，房地产法律关系应以房地产民事关系为主，以房地产行政法律关系、经济法律关系和社会保障法律关系为辅。现实生活中的房地产活动，无不以房地产法律关系的形式表现出来。因此，房地产法律关系的理论在房地产法的理论中居于核心地位。

房地产法律关系作为法律关系之一种，具有一般法律关系的共性，又有不同于其他法律关系的特征：

1. 房地产法律关系中的客体具有特殊性

房地产法律关系的客体——土地和房屋等不动产，属于物的范畴，但不同于一般的物。第一，房屋与土地在空间物理形态上合二为一，浑然一体，在交易时一同流转，法律有明文规定或当事人有明确约定的情况下也可为独立的交易客体。第二，房地产系不动产，这就决定了其法律关系客体不可能像动产那样做空间位置上的移动，在法律关系的变化中，更多表现为法律关系主体的变更。第三，房地产具有异质性。作为种类物的商品，皆可找到替代品，但房地产这种商品是绝对异质、不可替代的。第四，房地产具有稀缺性，建设用地资源的稀缺制约了房屋的大规模建造，造成了整个房地产的稀缺。

2. 房地产法律关系一般为要式法律关系

所谓要式法律关系，是指法律关系的产生、变更和消灭须采用法律规定的某种形式或者程序才能成立或者生效。不动产与动产的二元划分决定了以房地产为客体的交易行为多采用特定的形式。

这里需要说明的是，所谓房地产法律关系一般为要式法律关系主要是针对房地产物权法律关系而言的。以房地产为交易客体的法律行为，要产生不动产物权变动的法律效果，仅在当事人之间产生房地产债权合同的意思表示尚不足，法律通常规定需践行登记这种公示方式。除了非依法律行为产生的房地产物权变动以及法律的明确规定外，一般情况下房地产物权法律关系的产生、变更与消灭须采用书面形式，并经登记公示，才能产生相应的物权法律效果，如《民法典》第209条第1款规定："不动产物权的设立、变更、转让和消灭，经依法登记，发生效力；未经登记，不发生效力，但是法律另有规定的除外。"对于房地产合同关系而言，如果法律和行政法规对合同债权的形式作了规定，亦为一种要式法律关系，当事人实施的法律行为也应符合法律规定的程序要求，如《民法典》第789条规定："建设工程合同应当采用书面形式。"

另需注意的是，一个全程的房地产项目从房地产公司的设立、房地产项目的立项、规划管理、征地拆迁、勘察设计、工程建设、竣工验收、市场销售到物业管理等等，通常要经历多个较为复杂的报建、审批程序。那么，没有履行报批程序是否会导致行为无效？对此，《民法典》第 502 条规定："依法成立的合同，自成立时生效，但是法律另有规定或者当事人另有约定的除外。依照法律、行政法规的规定，合同应当办理批准等手续的，依照其规定。未办理批准等手续影响合同生效的，不影响合同中履行报批等义务条款以及相关条款的效力。应当办理申请批准等手续的当事人未履行义务的，对方可以请求其承担违反该义务的责任。依照法律、行政法规的规定，合同的变更、转让、解除等情形应当办理批准等手续的，适用前款规定。"可见，民法典将未办理报批手续的行为界定为尚未完全生效的民事法律行为。尚未完全生效的法律行为已具备法律行为的有效要件，对双方具有一定的拘束力，任何一方不得擅自撤回、解除、变更，但因欠缺法律、行政法规规定或当事人约定的特别生效条件，在该生效条件成就前，不能产生请求对方履行该法律行为主要权利义务的法律效力。

3. 房地产法律关系以民事法律关系为主要特性

就房地产的不动产属性而言，房地产法律关系应更多地体现出民事法律关系的特征，即便是普通的自然人、法人、非法人组织与国家之间形成的房地产法律关系，比如建设用地使用权出让关系、自然人承租国家直管公房的房屋租赁关系等，也都属于民事法律关系的范畴。所以，主体的平等性，权利义务的对等性、相互性等民事法律关系的特征大量体现在房地产法律关系之中。当然，在某些领域房地产法律关系也体现出行政法律关系、经济法律关系、社会保障法律关系的特征。

（二）房地产法律关系的要素

房地产法律关系的要素就是构成房地产法律关系的主体、客体和内容，这三者缺一不可，故称房地产法律关系的三要素。

1. 房地产法律关系的主体

房地产法律关系的主体，是指参与房地产法律关系，享受权利和承担义务者，即房地产法律关系的当事人。无主体，则无法律关系，主体是构成房地产法律关系不可缺少的要素。根据我国法律的规定，房地产法律关系的主体是非常广泛的，主要有：

（1）国家。国家作为房地产法律关系的主体在房地产法律关系中主要有如下三种性质：第一，作为房地产活动的管理者，如税费征收、价格管制，此时国家是房地产法律关系中的行政主体；第二，作为房地产活动中的平等主体，如商品房买卖中的购房主体，物业服务中的业主，此时国家是房地产法律关系中的民事主体；第三，作为房地产活动中社会保障行为的提供者，如给低收入阶层、经济上的弱势群体提供保障性住房、公共租赁住房等，此时国家是房地产法律关系中提供社会保障的主体。

（2）法人。在房地产活动中，尤其是房地产开发建设过程中的营利性法人是房地产法律关系中最为重要的主体。这类主体中具有代表性的是房地产开发商、建筑商、房地产销售商、提供按揭的银行、房地产中介机构、物业服务公司等。另需注意的是，《民法典》第 261 条第 1 款规定："农民集体所有的不动产和动产，属于本集体成员集体所有。"农村土地为集体成员集体所有，但农村集体经济组织作为我国农村集体土地和其他资产的经营管理主体，其法律地位长期以来非常模糊，在民法上缺乏主体身份的认同。对此，原《民法总则》和《民法典》均肯定了农村集体经济组织的特别法人地位。[①]《民法典》第 99 条规定："农村集体经济组织依法取得法人资格。法律、行政法规对农村集体经济组织有规定的，依照其规定。"对于"未设立农村集体经济组织的，村民委员会可以依法代行村集体经济组织的职能"（《民法典》第 101 条第 2 款）。居民委员会、村民委员会是依法设立的、有自己的名称、组织机构和场所，拥有独立于村民个体的财产，并能对外承担民事责任；他们是民事活动的当事人，可以从事为履行职能所需要的民事活动，故原《民法总则》和《民法典》亦承认了其特别法人的主体地位。[②]

（3）非法人组织。原《民法总则》和《民法典》单设"非法人组织"一章，使一些不具备法人资格，但能够依法以自己的名义从事民事活动的组织，成为与自然人、法人并列的一大类民事主体，如独资企业、合伙企业，以及其他不具备法人资格的专业服务机构，如律师事务所、会计师事务所等。在非法人组

---

① 原《民法总则》和《民法典》第 96 条规定："本节规定的机关法人、农村集体经济组织法人、城镇农村的合作经济组织法人、基层群众性自治组织法人，为特别法人。"

② 原《民法总则》和《民法典》第 101 条第 1 款规定："居民委员会、村民委员会具有基层群众性自治组织法人人格，可以从事为履行职能所需要的民事活动。"

织的民事责任方面，如果其财产不足以清偿债务的，其出资人或者设立人应承担无限责任。此处的无限责任，是指出资人或者设立人对非法人组织债务承担的不是直接清偿责任，而是一种补充清偿责任，即在穷尽非法人组织财产后仍不足以清偿债务的方以设立人或者出资人其他财产承担连带清偿责任。[①]

（4）自然人。自然人是房地产法律关系中最重要的主体之一，在很多房地产法律关系中，自然人皆可以民事主体的身份出现，比如房屋所有权的主体、房屋抵押法律关系的主体。

2. 房地产法律关系的客体

房地产法律关系的客体，是指房地产法律关系中主体享有的权利和承担的义务所共同指向的对象。客体，是构成房地产法律关系不可缺少的要素。

关于哪些是房地产法律关系的客体，学术界大体有以下几种观点：第一，房地产法律关系的客体是物，即土地与房屋；第二，房地产法律关系的客体包括物、行为和精神财富；第三，房地产法律关系的客体是物和行为；第四，房地产法律关系的客体是房地产物质利益。这是因为房地产法律关系的标的是物，但其核心内容却是对土地和房屋的利用行为，以及房地产开发、交易等行为，也包括一定的经济管理行为，当事人权利义务指向的对象并不完全是物，也不是单纯的行为，而是两者相结合形成的物质利益。[②]

房地产法律关系的客体应包括房屋、土地和行为三个方面。其中，行为作为房地产法律关系的客体，是指房地产法律关系的主体在房地产活动中的作为或不作为。比如，房地产行政管理法律关系的客体是行政机关审批房地产开发企业设立的行为，对违反房地产管理法规者进行处罚的行为；房屋征收、维修法律关系的客体是具体的征收和维修行为；物业服务法律关系的客体是物业服务公司对业主的服务行为。

3. 房地产法律关系的内容

房地产法律关系的内容，是指房地产法律关系主体享有的权利和承担的义务。房地产法律关系的内容是房地产法律关系最基本的要素。在不同的房地产法律关系中，房地产法律关系主体享有的权利和承担的义务是不同的。房地产

---

① 中国审判理论研究会民商事专业委员会.民法总则条文理解与司法适用［M］.北京：法律出版社，2017：185.

② 赵勇山.房地产法论［M］.北京：法律出版社，2002：36-37.

法律关系的内容主要表现为财产权利和义务，这是由房地产法调整对象的单一财产性所决定的。例如，在房地产物权法律关系中，权利主体依法对其拥有的土地和房屋享有所有权和他物权，如土地所有权、房屋所有权、建设用地使用权、宅基地使用权、房地产抵押权等，一切不特定的当事人作为义务主体负有不得妨碍权利主体行使房地产所有权和他物权的义务。

（三）房地产法律关系的运动

1. 房地产法律关系的运动的概念

房地产法律关系的运动，是指能够引起房地产法律关系产生、变更或消灭的客观事实。房地产法律关系是不会自然而然产生的，也不会仅凭法律规定就可在当事人之间发生具体的权利义务关系，只有法律事实的出现，才能在当事人之间发生一定的法律关系或者使原来的法律关系变更或消灭。房地产法律关系的运动主要有下列几种：

（1）房地产法律关系的产生，即一定客观事实的出现使房地产主体之间形成具体的权利义务关系，如房屋所有权人与承租人签订房屋租赁合同就产生了房屋租赁法律关系。其中，出租人享有收取租金的权利，负有保护该房屋不受侵占的义务等；承租人享有一定期限内占有、使用该房屋的权利，负有交付租金的义务等。

（2）房地产法律关系的变更，即某种客观事实的出现使房地产法律关系的主体、客体或内容发生了变化。例如，国家征地这一客观事实的出现，使土地所有权的主体由集体所有转变为国家所有。

（3）房地产法律关系的消灭，即一定客观事实的出现使房地产法律关系主体之间的权利义务关系归于消灭。例如，非住宅建设用地使用权期限届满，建设用地的使用权人如果不申请续期，不仅会使国家与用地者之间的权利义务关系终止，还会引起用地者丧失建设用地使用权这种物权的法律后果。地震这一客观现象的发生引起房屋毁损，导致房屋所有权主体对房屋的所有权归于消灭；如果房屋之上负有租赁权等权利负担，承租人享有的房地产债权亦随之消灭。

2. 房地产法律事实的分类

引起房地产法律关系产生、变更和消灭的事实，分为行为和事件两大类。

（1）行为。行为是指以房地产法律关系主体的意志为转移，并能引起房地产法律关系产生、变更和消灭的那些客观事实，包括合法行为与违法行为。凡符合房地产法律规范，不违背法律、行政法规，且符合公序良俗的行为是合法行为；凡违反法律、行政法规禁止性规定，违反公序良俗的行为则是违法行为，如建设工程承包合同中承包方违法转包和分包的行为。

（2）事件。事件是指与房地产法律关系主体的意志无关，而能引起房地产法律关系产生、变更和消灭的客观现象。通常情况下，产生房地产法律关系的事件有：第一，自然人死亡的事实，能引起房地产继承关系的发生等。第二，自然灾害或意外事件的事实，能引起房屋这种客体的消灭或当事人法律责任的免除等法律后果。第三，一定状态的出现，例如时间经过的法律事实，可引起一定的房地产实体权利或债权请求权的发生或消灭，如除斥期间的经过引起房地产实体权利消灭；超过诉讼时效引起房地产债务人取得拒绝履行债务的抗辩权。[①]

3. 房地产法律事实的结合

依据法律规定或当事人的约定，当一种房地产法律关系的发生、变更或消灭需要两个以上的法律事实时，则只有这些法律事实的结合才能发生相应法律后果的，称为房地产法律事实的结合。由于房地产法律关系多为要式法律关系，故实践中很多房地产法律关系的产生、变更和消灭为房地产法律事实的结合。例如，开发商俗称的"拿地"就由如下法律事实结合而成：第一，开发商通过"招拍挂"方式竞争某地块建设用地使用权的法律事实；第二，国家与开发商签订建设用地使用权出让合同以及履行合同义务的法律事实；第三，开发商向不动产登记机构申请物权登记的法律事实；第四，不动产登记机构核实相关事项，将建设用地使用权登记在不动产登记簿的法律事实；第五，开发商取得建设用地使用权证书的法律事实。

第三节 我国房地产法的演化与健全

与其他法律一样，房地产法不是自古就有的，它是人类社会发展到一定历史阶段的产物，并伴随生产力的发展、社会政治制度的变化和经济关系的复杂

[①] 《民法典》第192条第1款规定："诉讼时效期间届满的，义务人可以提出不履行义务的抗辩。"

化而不断充实和完善。

一、我国房地产法演化概说

（一）我国房地产法的产生与发展

我国古代房地产法律制度是以土地制度为核心的，历代王朝都非常重视维护和保障其自身的土地所有权。

在奴隶社会的夏、商、周三代，国王对全国的土地拥有最高所有权，诸侯和贵族仅享有土地的占有权和使用权，土地是不允许买卖的。正如《诗经·小雅·北山》所言："普天之下，莫非王土，率土之滨，莫非王臣。"春秋战国时期，奴隶制向封建制过渡，土地私有制、土地所有权形成。

我国封建社会对土地和房屋的规定是比较完备的。在漫长的封建社会中，从秦律、汉律、唐律到明律、清律，始终承认土地及房屋的私有制，允许房地产买卖，且对房地产关系有较为详尽的调整，如唐律规定买卖土地、房屋必须订立契约，唐律中的《户婚律》《擅兴律》和《均田令》等就对房地产进行了单独立法。

20世纪初期基本上沿袭了土地私有制形式。1929年颁布的《中华民国民法典》专节规定了"不动产所有权"，确认了土地私人所有；在《中华民国民法典：物权编》中有大量的调整不动产物权的法律规定。

中华人民共和国成立前，各革命根据地和解放区的民主政权十分重视房地产立法和政策制定工作，尤其是土地立法和政策的制定，如1928年的《井冈山土地法》、1930年的《土地法》、1931年的《中华苏维埃共和国土地法》、1941年的《土地使用条例》、1946年的《中国土地法大纲》等。这些法规政策的颁行，为我国房地产立法和司法的发展积累了丰富经验。

（二）中华人民共和国房地产法发展概说

中华人民共和国成立后，为了适应经济建设不同发展时期的需要，我国先后颁行了很多调整房地产内容的法律法规。其发展大致经历了以下几个阶段：

1. 1949—1978年

这一阶段经历了中华人民共和国成立之初房地产法的初步发展期（1949—1955年）以及"文化大革命"结束之前房地产立法的停滞期（1956—1978年）。

中华人民共和国成立后，我国实现了城市土地的国家所有和农村土地的集体所有，完成了土地的社会主义公有制改造。这一阶段尽管在房地产立法和管理方面取得了一定的成绩，如颁布了《土地改革法》《国家建设征用土地办法》，但由于受计划经济的制约，国家对房屋的管理局限于房地产行政管理与直管公房维修养护，住房实行福利性低租金制；城市土地由用地单位无偿、无期限使用，导致我国房地产业严重萎缩。

2. 1979—1994 年

这一阶段是我国房地产业全面振兴和发展时期，也是房地产立法复苏与发展期。

（1）1979 年至宪法修正案出台之前。党的十一届三中全会之后至 1988 年宪法修正案出台的这一时期，经济体制改革的春风给房地产业注入了生机，房地产业受到了高度重视，房地产法治建设也进入了新阶段。这一阶段，我国相继颁布了一系列房地产领域的法律法规，房地产立法取得了很大成就。第一，住宅建设的投资主体逐步改变了由国家统包的状况，改由国家、地方、企业、个人共同投资解决城镇居民住房紧张的问题；第二，住房制度开始试行由租改卖的试点工作；第三，房地产综合开发开始起步；第四，房地产行政管理工作不断强化；第五，土地使用权出让开始试点。但是，由于该阶段的经济体制改革总体上仍属于起步阶段，这就决定了我国的房地产业尚属复苏期，房地产法治建设也略显稚嫩。

（2）宪法修正案出台至《城市房地产管理法》出台。1988 年的宪法修正案明确规定，城市土地属于国家所有，土地使用权可以依照法律规定转让。宪法的该条修正案可以说是我国房地产业发展和房地产法治建设的里程碑。之后，国务院在 1990 年相继发布了《土地使用权出让和转让暂行条例》《外商投资开发经营成片土地暂行管理办法》，这两个法律文件的颁行为城镇土地使用权进入市场提供了法律依据；国有土地使用权的出让和转让又为房地产市场的培育和完善起到了推动作用。从此，土地使用权有偿使用、房屋商品化、住房制度改革、房地产综合开发与经营管理、房地产行政管理均有了突破性进展。党的十四大又确立了建立社会主义市场经济的方针，1993 年的宪法修正案明确规定："国家实行社会主义市场经济。"在宪法的指引下，我国的房地产业走向了市场。房地产业的发展，呼唤房地产法制的健全与完善。1994 年 7 月 5 日通过了《城市房地产管理法》。该法的出台，在我国房地产法治建设上具有重要的意义。该法确定了国家实行的五种基本制度：国有土地有偿有期限使用制度、房地产价格评估制度、房地产成交价格申报制度、房地产价格评估人员的资格认证制度、土地使用权和房屋所有权登记发证制度。

这一阶段是我国房地产立法蓬勃发展期，尤其是《城市房地产管理法》的问世使我国的房地产立法迈入一个新的发展阶段。尽管《城市房地产管理法》是一部仅以调整城市房地产为内容的基本法，尚有一定局限性，但它却是我国第一部对房地产开发用地、房地产开发、房地产交易、房地产权属登记等问题作出系统规定的房地产法律。因此，这部法律的出台及之后颁布的许多房地产法规使我国房地产立法进一步完善，房地产法律体系的内容更加充实。

3. 1995—2006 年

这一阶段是我国房地产法的转轨变型期，也是房地产法的逐步完善期。

我国社会主义市场经济的建立进一步促进了房地产业的发展。为了使《城市房地产管理法》的规定更加具体化、明确化，该法出台后，我国又相继颁布了许多重要的调整房地产领域的规范性文件。在大力推行有偿出让土地使用权的同时，停止了沿用了数十年的福利分房制，启动了房屋商品化的进程，践行发达国家通行的物业管理模式，进一步关注房地产的社会保障问题。在城市房地产法的建设方面，这一阶段的重要法律法规有《建筑法》《土地管理法》（修订）、《房地产开发经营条例》《住房公积金管理条例》《物业管理条例》《城市房地产转让管理办法》《城市房屋权属登记管理办法》《城市房地产中介服务管理规定》等。

在城市房地产蓬勃发展的同时，我国农村房地产的流转以及农村土地的入市交易越发引起关注。2003 年 3 月 1 日施行的《农村土地承包法》使土地承包经营权成为可流转的客体。同时，一些地方性法规颁布的关于集体建设用地使用权流转的规定使集体建设用地的交易成为现实，而颇受争议的"小产权房"问题则催生了一些调整宅基地使用权的国家政策的出台。可以说，构建城乡融合发展、城乡一体化的房地产法已成为我国未来房地产立法的重要课题。

伴随着我国市场经济的发展，房地产领域的工作全面开展起来，进而将房地产的法治建设推向了前所未有的高度、深度和广度，标志着我国的房地产法日益走向成熟。

4. 2007—2019 年

《物权法》生效实施，对我国的房地产法产生了重大影响，《物权法》施行之后，我国的房地产法进入与《物权法》的协调期。

作为我国立法史上迄今为止唯一被全国人大常委会"七次审议"的法律草案，经历了近 13 年的反复讨论与修改，2007 年 3 月 16 日《物权法》审议通过，并于 2007 年 10 月 1 日正式实施。《物权法》是平等保护不同主体财产权利的基本法，是主要调整不动产物权关系的财产基本法，其所涉及的土地所有权制度、建筑物区分所有权制度、不动产登记制度，以及建设用地使用权、宅基地使用权、地役权等土地用益物权，不动产抵押权等担保物权，必将对我国的房地产法产生重大的影响。有学者认为《物权法》的出台将架空房地产法中的私法体系，而将房地产法"醇化"为专门调整房地产纵向管理关系的房地产管理法。诚然，《物权法》中大量关于不动产的内容与现有房地产法中的规定有重合交叉之处，但这并不意味着《物权法》的出台就掏空了房地产民事法律体系，恰恰相反，《物权法》中关于不动产权利的规定正好补充和填实了现有房地产民事法律体系，进而为我国房地产法的整合，尤其是与民事立法的协调提供了很好的契机。[1]

《物权法》出台前，房地产法体系中有很多受《物权法》指引的法律法规难以进行系统的修改与整合。《物权法》出台后，一些基本的权利规则得以确定，房地产民事法律框架也得以成形，故可在《物权法》确定的不动产权利体系之下构建并强化房地产民事立法。为了与《物权法》协调一致，一方面，我国修改了《招拍挂规定》《城市房地产管理法》《物业管理条例》等；另一方面，出台了《房屋征收与补偿条例》《不动产登记暂行条例》及《不动产登记条例细则》等。

可以说，《物权法》的出台为我国房地产法的完善带来了契机。对此，不仅要借鉴传统民法中房地产物权的类型，继承和保留《物权法》中对于现实房地产关系有价值的物权制度；而且要根据我国经济发展对房地产利用的需求，大胆创造新的房地产物权形式，细化房地产他物权的类型及内容，丰富房地产法的体系和内容。

5. 2020 年至今

《民法典》的出台，标志着我国将建成以《民法典》为统领的房地产法律体系。

2020 年 5 月 28 日，新中国成立以来第一部以"法典"命名的法律《民法典》审议通过；2021 年 1 月 1 日，《民法典》生效实施。习近平总书记深刻指出："民

---

① 陈耀东，王爻.架空还是充实——论《物权法》对房地产法的影响 [J].中国房地产，2007（5）.

法典在中国特色社会主义法律体系中具有重要地位，是一部固根本、稳预期、利长远的基础性法律，对推进全面依法治国、加快建设社会主义法治国家，对发展社会主义市场经济、巩固社会主义基本经济制度，对坚持以人民为中心的发展思想、依法维护人民权益、推动我国人权事业发展，对推进国家治理体系和治理能力现代化，都具有重大意义。"《民法典》各编依次为总则、物权、合同、人格权、婚姻家庭、继承、侵权责任以及附则。民法典的出台意义重大，标志着我国对民事权利的保护进入法典时代。民法典关乎每一个民事主体的日常经济生活、土地、住房、人身权利等问题，民法典的"涉房""涉土"问题直接关系到 14 亿人的切身利益。其中，房地产相关问题主要集中在物权编和合同编，具体涵盖了建筑物区分所有权、土地承包经营权与土地经营权、建设用地使用权、居住权、房地产抵押权，以及房地产承租权、物业服务合同、中介服务合同等。

《民法典》生效实施前，在房地产法领域我国分别于 2018 年 12 月 29 日修改了《农村土地承包法》，2019 年 8 月 26 日修改了《土地管理法》《城市房地产管理法》。《民法典》生效实施后，2021 年 7 月 2 日又修改了《土地管理法实施条例》。由此，我国基本上形成了以《民法典》为统领，以《土地管理法》《城市房地产管理法》《农村土地承包法》等为核心的房地产法律体系。

二、我国房地产法的健全

我国房地产业迅猛发展的同时，房地产法的建设也取得了长足进步。但是，从目前来看，我国调整房地产业的法律尚不能满足市场经济发展的需求，还存在一些亟待解决的问题。例如，现行房地产法过分强调行政管理色彩，对民事权利保障不足；多部门立法，造成相关法律法规大量冲突，损害了房地产法的权威性和严肃性以及应有的执行效力；有些房地产规范性文件的位阶较低，影响了房地产法的强制性和执行力；各部门出台的房地产规定由于带有部门利益偏向和短期行为特征，严重滞后于房地产业的发展或者与房地产业的发展态势脱节；之前制定的局限于调整城市房地产的现行房地产立法，不利于城乡房地产统一法律体制、统一法律市场的形成、运行以及农村房地产法的建设与发展。鉴于此，现行房地产法尚需进一步完善。

（一）健全我国房地产法需要思考的问题

1. 构建与完善房地产民事权利体系并细化具体规则

应以《民法典》作为房地产的权利母法，将房地产民事权利的种类、设定和运行规则在房地产法中予以明确规定，并依一定的逻辑关系、分类标准，将各类型房地产权利进行整理形成系统的房地产权利体系。一是细化已有房地产物权，如土地所有权、房屋所有权、建筑物区分所有权、建设用地使用权、宅基地使用权、土地经营权、居住权、房地产抵押权等。例如，《民法典》第359条第1款对住宅建设用地使用权期限届满自动续期作了规定，然而，如何形成全社会对公民财产长期受保护的良好和稳定预期，《民法典》给其他立法预留了空间。因此，其他法律和行政法规应对住宅建设用地使用权期限届满如何续期、续期期限，是否续费、续期收费标准、续期费用的减免等，进一步明确规定。二是将一些房地产债权规定为不动产物权或者强化其"债权物权化"特征，例如不动产让与担保权、房地产典权、房地产租赁权、土地发展权等；同时，还应进一步细化具体规则。例如，《民法典》第388条规定，担保合同包括抵押合同、质押合同和其他具有担保功能的合同。一般认为，所有权保留买卖合同、融资租赁合同、保理合同系民法典中"其他具有担保功能的合同"。《担保制度司法解释》第68条肯定了让与担保亦具有"非典型担保"的属性，但其具体适用规则尚待明晰，例如不动产让与担保中的担保人多为中小房地产企业，由于这些企业向银行申请贷款难度较大，所以多转向以让与担保的方式在民间借贷市场进行融资贷款。由于《担保制度司法解释》对于"财产权利变动的公示""形式上移转"的表达存在一定模糊性，进而在实践中对于让与担保的公示方法存在分歧，其公示方式系采最符合让与担保构成法理的移转登记，还是选择仅具有行政管理功能的备案登记与网签不无争议。① 对此，也有待于法律法规与司法解释进一步明确规定。

此外，在房地产开发、建设、交易、登记、使用、中介服务等领域，也要以保障房地产民事权利为核心建立相关制度。

2. 制定城乡融合发展的房地产法

伴随集体经营性建设用地和农村宅基地及其上房屋财产权的流转，农村房地产公开入市流转势在必行。为了实现城市和农村房地产的相互转化和流通，促进农村城市化的进程，有必要构建覆盖农村的、城乡统一的房地产法，尽快实现农村和城市房地产市场的统一，使对农村房地产的法律调整适用与城市房

---

① 杨雅婷，陈晓源.不动产让与担保公示方法的困境与网签之选择［J］.房地产经济，2024（2）.

地产相同的法律规则。当然，考虑到农村房地产的特殊性，在具体制度设计上应有别于城市房地产。

3. 走可持续发展的房地产立法道路

党的二十大报告在总结"过去五年的工作和新时代十年的伟大变革"中指出"我们坚持绿水青山就是金山银山的理念，坚持山水林田湖草沙一体化保护和系统治理，全方位、全地域、全过程加强生态环境保护，生态文明制度体系更加健全，污染防治攻坚向纵深推进，绿色、循环、低碳发展迈出坚实步伐，生态环境保护发生历史性、转折性、全局性变化，我们的祖国天更蓝、山更绿、水更清。"党的二十大报告同时还深刻指出："大自然是人类赖以生存发展的基本条件。尊重自然、顺应自然、保护自然，是全面建设社会主义现代化国家的内在要求。必须牢固树立和践行绿水青山就是金山银山的理念，站在人与自然和谐共生的高度谋划发展。"在立法层面，《民法典》第9条规定："民事主体从事民事活动，应当有利于节约资源、保护生态环境。"这就要求房地产立法要贯彻党中央"五位一体"（经济建设、政治建设、文化建设、社会建设、生态文明建设）的总体布局，落实生态文明建设要求；要体现节约资源，人与自然的协调发展，以保护生态和土地等自然资源为原则，促进人居环境的优化；要以维持和重建生态平衡，以"绿色、和谐"为立法基础，坚持用科学发展观制定和实施国土空间规划；要合理限制房地产开发主体对房地产的过度开发利用。在制度设计上，要严格禁止以发展经济为由盲目利用土地，甚至掠夺性开发土地，非经严格的法定程序不能将耕地进行"非农化"与"非粮化"，既不得将农用地擅自转化为建设用地，亦不得将耕地擅自转为林地、草地、园地等其他农用地。

4. 强化全国人大制定房地产法的力度

从房地产业覆盖的领域而言，其对应的法领域分别有：规划法、土地法、建筑法、房产法、物业法等。对此，全国人大及其常委会应当依照《立法法》的规定，在厘清房地产民事性质和行政管理性质的基础上，充分行使立法权，分别制定房地产民事法和管理法，即房地产法和房地产管理法。房地产民事基本法应主要规定房地产民事主体，房地产民事权利的种类、内容、效力、运行规则、法律效果、民事法律责任、民事救济途径，并以此基本法为核心，制定各种程序性法律以保障房地产民事权利得以实现。而且，这两类性质的房地产基本法应当尽量具有可操作性，减少宣言性规定。

5. 尽快出台和修正一些房地产法律法规

2020 年 3 月 30 日，《中共中央 国务院关于构建更加完善的要素市场化配置体制机制的意见》宣布，"国土空间规划编制、农村房地产登记基本完成"，"推动制定不动产登记法"。依据《十三届全国人大常委会立法规划》安排，自然资源部起草了《不动产登记法》（征求意见稿），并于 2022 年 10 月 30 日向社会公布；第十四届全国人民代表大会常务委员会已将《不动产登记法》纳入预备审议项目。在国土空间规划方面，鉴于《城乡规划法》《土地管理法》中关于规划领域的条款难以适应"多规合一"改革后构建新时代国土空间规划体系的要求，立法工作须本着守正创新的态度，解决国土空间规划有法可依问题；同时，随着党中央、国务院印发《全国国土空间规划纲要（2021—2035 年）》的实施，我国很多地区在各级各类规划编制实施中亦积累了丰富的地方实践。为全面贯彻习近平总书记"要研究制定国土空间开发保护的总体性法律""加快推进规划立法工作"等系列重要指示精神，依据《十四届全国人大常委会立法规划》安排，应进一步加快推进国土空间规划法的立法工作，以共同推动实现国土空间治理体系和治理能力现代化。中共中央、国务院《关于建立国土空间规划体系并监督实施的若干意见》提出，要"研究制定国土空间开发保护法"，可见，国土空间开发保护法的立法工作也势在必行。

此外，还应将住房保障、住房租赁与集体经营性建设用地使用权流转条例等纳入立法规划；① 修改《土地使用权出让和转让暂行条例》《城市商品房预售管理办法》等法律文件。

（二）健全房地产法须正确处理法律与政策的关系

国家的房地产政策对房地产业的发展和管理至关重要，房地产政策因其独有的原则性与灵活性、现实性与适用性、稳定性与变动性相统一的特点，与纯粹意义上的房地产法律相比，具有可与时俱进，不受时空限制，随时修正、调整、颁行的优势。

这些年，我国房地产业的高速发展引发了房地产领域的很多新问题，尤其是农村城市化发展使集体土地的价格攀升，而各利益阶层的利益冲突也在不断

---

① 2024 年 5 月 9 日，《国务院办公厅关于印发〈国务院 2024 年度立法工作计划〉的通知》，将《住房租赁条例》纳入拟制定的行政法规，将《城镇住房保障条例》纳入预备制定的行政法规。

升级。例如，在"小产权房"交易中，涉及的利益主体就有城镇居民、农村集体组织、村民、政府、房地产开发商等；涉及的利益种类主要有居住生存利益、不动产财产利益、农民宅基地利益、集体组织级差地租利益、农业利益、农村社会保障利益、房地产商业利益、国家建设用地利益、国家土地级差地租利益等。其中，最明显的利益冲突是城市居民、农村集体组织和村民、国家三者之间的土地级差地租利益冲突。在房地产法律对"小产权房"调整缺位的情况下，国务院及相关部委分别出台了调整集体土地的政策，明确指出，"农村住宅不得向城市居民出售"，"农村住宅用地只能分配给本村村民，城镇居民不得到农村购买宅基地、农民住宅或小产权房。单位和个人不得非法租用、占用农民集体所有土地搞房地产开发"①。"宅基地属于本农民集体成员集体所有，农户依法拥有的宅基地使用权，可以按照规定在本集体经济组织内部进行转让，但严禁城市居民到农村购买宅基地。农民的住宅不得向城市居民出售，也不得批准城市居民占用农民集体土地建住宅，有关部门不得为违法建造和购买的住宅发放土地使用证和房产证。"②在司法实践中，人民法院审理"小产权房"纠纷时，多依据这些政策文件认定"小产权房"交易行为无效。但是，如果从利益平衡角度来考虑，一律对此买卖行为不予保护，也不尽符合法律追求的公平、正义原则，所以，未来的房地产政策和法律应当兼顾各利益主体不同的利益诉求，作出相应的、有区别的且针对性强的规定，在对"小产权房"进行分类的基础上，对其交易行为的效力与物权登记亦进行类型化规定。③

值得注意的是，与原《民法通则》不同，原《民法总则》和《民法典》④

---

① 例如，1999年5月6日国务院办公厅发布《关于加强土地转让管理严禁炒卖土地的通知》（国办发〔1999〕39号）；2004年10月21日，国务院《关于深化改革严格土地管理的决定》（国发〔2004〕28号）；2007年12月，国务院办公厅《关于严格执行有关农村集体建设用地法律和政策的通知》（国办发〔2007〕71号）；2019年9月20日，中央农村工作领导小组办公室、农业农村部发布《关于进一步加强农村宅基地管理的通知》；2020年5月14日，自然资源部出台《关于加快宅基地和集体建设用地使用权确权登记工作的通知》（自然资发〔2020〕84号）等等。

② 2022年8月15日，农业农村部《关于政协第十三届全国委员会第五次会议第02954号（农业水利类245号提案答复摘要）》。

③ 陈耀东，吴彬."小产权房"及其买卖的法律困境与解决[J].法学论坛，2010（1）.

④ 原《民法通则》第6条规定："民事活动必须遵守法律，法律没有规定的，应当遵守国家政策。"原《民法总则》和《民法典》第10条规定："处理民事纠纷，应当依照法律；法律没有规定的，可以适用习惯，但是不得违背公序良俗。"

未将政策规定为民法的法源。那么，如果法律无明确规定，亦无房地产习惯可适用，可否直接适用国家政策？在坚持私法自治的前提下，将国家政策通过"公序良俗"这个合法、合理的渠道引入民事司法，是实现国家调控民事生活、实现公私法融合的法治之道。

在大陆法系，与"公共政策"相对应的概念是"公共秩序或公序良俗"，意即公共政策本身就相当于公共秩序或者社会公共利益，其已融入公序良俗之中，故此处的国家政策不包括公共政策。鉴于司法政策与国家政策在性质上有别，故此司法政策不属于国家政策。中国法律语境下的国家政策应当界定为，有行政权的国家机关，为实现特定公共目标而制定的，在一定时期内具有普遍指导意义且能反复适用的规范或准则。在我国的国家治理和法治实践中，行政机关是国家政策最主要的制定主体，包括：国务院、国务院办公厅、国务院组成部门（部、委员会等）、国务院直属机构依照国务院的授权或者法律规定主管某项专门业务，且具有独立行政管理职能的部门；县级以上地方各级人民政府亦有权制定国家政策，但其效力范围只能限于其管辖范围。中共中央和国务院联合发文所形成的政策也可视为国家政策，可以作为国家政策载体的规范性文件有较多形式，如通知、意见、会议纪要、决定、决议、战略、规划等。[①] 一般来说，违反国家政策，可以认定为违反公序良俗，因此，若违反禁止城镇居民到农村购地买房的国家政策，可依据《民法典》第 153 条第 2 款"违背公序良俗的民事法律行为无效"的规定，认定城镇居民购买"小产权房"的行为无效。

国家政策不能等同于政党政策。执政党制定的政策，也只有通过法定程序转变成国家政策后，才能产生普遍的规范和指导作用。习近平指出："党的政策是国家法律的先导和指引，是立法的依据和执法司法的重要指导。要善于通过法定程序使党的主张成为国家意志、形成法律，……党的政策成为国家法律后，实施法律就是贯彻党的意志，依法办事就是执行党的政策。"这意味着，党的政策并非天然地具有普遍效力。如果执政党的政策没有转变成国家政策，就只能对党组织及其成员产生指导意义和规范效力。从我国政治生活的实际情况看，党的政策转变成国家政策，或者通过法定程序实现转化，或者通过党中央和国务院联合施策，才能实现党的政策与国家政策的有机衔接。[②]

对于如何正确认识和把握党的政策与法的关系？关于"党法关系"，习近

---

① 彭中礼.中国法律语境中的国家政策概念［J］.法学研究，2023（6）.

② 同上.

平总书记深刻指出，"'党大还是法大'是一个政治陷阱，是一个伪命题。对这个问题，我们不能含糊其辞、语焉不详，要明确予以回答。党的领导和依法治国不是对立的，而是统一的"，"党的领导是中国特色社会主义最本质的特征"，"社会主义法治必须坚持党的领导，党的领导必须依靠社会主义法治"，"党和法、党的领导和依法治国是高度统一的"。所以，我国法律充分体现了党和人民意志，我们党依法办事，这个关系是相互统一的关系，并不存在"党大还是法大"的问题。社会主义法治必须坚持党的领导，党的领导也必须依靠社会主义法治，这就是党的领导与依法治国的辩证统一关系。[1] 由此可见，执行房地产领域的国家政策、党的政策同执行房地产法应该说是一致的。

本章小结

房地产是不动产，是不动产的下位概念，是指建设用地和其上之房屋，以及建设用地和房屋衍生的房地产权益；房地产业，是从事房地产开发、经营、服务和管理的行业，房地产业属于第三产业，在我国它既是基础产业，也是与民生相关的产业；我国的房地产市场分为三级市场形态，即房地产一级、二级和三级市场。

房地产法是国家制定或认可的调整房地产开发与交易、经营与服务等过程中所发生的房地产关系的法律规范的总称，具有不可分割性、综合性、调整范围的广泛性以及调整手段的国家干预性等特征。我国的房地产法以调整房地产民事关系为主，兼顾房地产行政关系、房地产经济关系和社会保障关系。

中华人民共和国成立以来，我国的房地产立法经历了初步发展与停滞期、复苏与发展期、转轨变型期和修正完善期，《物权法》的出台为房地产立法的健全提供了整合的契机。现在，已步入《民法典》的统领期。未来的房地产法应以民事立法为指引，走可持续发展的房地产立法道路，主导思想应从以往的注重管理型立法转向对房地产民事权利的确认和保护，并正确处理房地产法与房地产政策的关系。

思考题

1. 如何理解房地产与不动产的含义？
2. 简述我国房地产市场的类型与相互关系。
3. 试述我国房地产法的概念与调整对象。

---

① 周佑勇.习近平法治思想的理论创新［N］.学习时报，2022-10-17.

4. 通过典型案例分析房地产法与房地产政策的关系。

5. 谈谈你对健全我国房地产法的设想。

参考文献

1. 曹振良.房地产经济学通论 [J].北京：北京大学出版社，2003.

2. 《民法学》编写组.民法学 [M].北京：高等教育出版社，2022.

3. 李延荣，周珂，于鲁平.房地产法 [M].6 版.北京：中国人民大学出版社，2022.

4. 房绍坤.房地产法 [M].6 版.北京：北京大学出版社，2020.

5. 王雷.房地产法学 [M].北京：中国人民大学出版社，2021.

第二章

房地产财产权

[知识要求]

通过本章的学习，掌握：

● 我国有哪些房地产财产权；

● 我国土地所有权的法律归属；

● 我国对宅基地使用权的法律规定及其法律特征；

● 现行法对房屋承租人的特殊保护。

[技能要求]

通过本章的学习，能够了解：

● 我国土地公有制的建立；

● 集体建设用地使用权的入市流转与构建城乡土地一体化市场；

● 宅基地使用权的疑难法律问题；

● 我国的居住权及其内容拓展。

第一节　房地产财产权简要梳理

一、房地产财产权概念与体系

房地产权利有广狭二义，狭义的房地产权利指的是房地产财产权利；广义的房地产权利除此之外还包括房地产行政管理权等。房地产财产权，是以房地产财产利益为直接内容的财产权利，包括房屋财产权和土地财产权。按照财产权的基本理论，房地产财产权与其他财产权一样不具有专属性，在法律未明确禁止或限制的情况下，可以自由转让、抵押、出租、抛弃，也可以继承。但是，由于我国土地属国家所有和集体所有，加之我国长期形成的城乡二元社会结构，我国的很多房地产财产权是不能自由交易的，比如以划拨方式取得的国有建设用地使用权、保障性住房等，法律对其交易就规定了限制性条件；对于农村的宅基地使用权现行法和政策不允许"跨村"交易。

房地产财产权主要包括两大类，即房地产物权与房地产债权，此外还包括房地产继承权、房地产知识产权等其他财产权利，例如私有房屋继承权、楼盘名称使用权、房地产服务商标专用权等等。根据现行法及有关规定和实践中的认可，我国主要的房地产财产权如图2-1所示。

二、房地产物权与房地产债权

（一）房地产物权

物权是大陆法系民法中的概念，英美法系国家对应的概念是"财产权"。我国《民法典》第114条第2款规定："物权是指权利人依法对特定的物享有直接支配和排他性的权利，包括所有权、用益物权和担保物权。"

房地产物权制度源于罗马法土地权利的设置。罗马法的物权分为自物权和他物权，他物权主要包括地上权、地役权、永佃权、抵押权等，后来的大陆法系国家和地区基本上沿袭了罗马法的体例来设计各自的不动产物权制度。

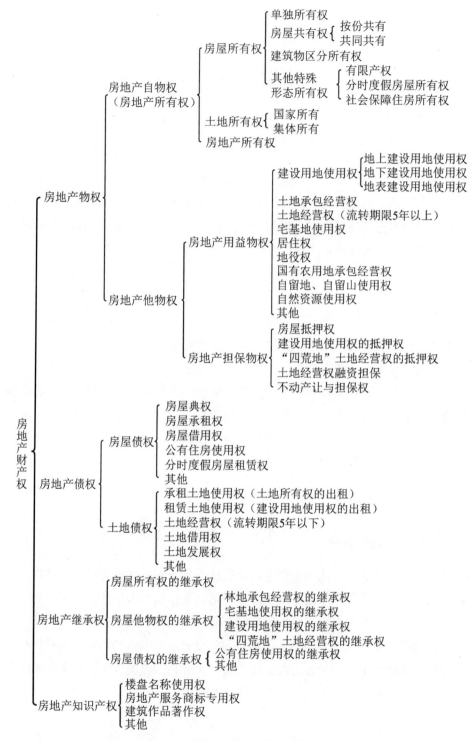

图 2-1 我国主要的房地产财产权

我国的民法典物权编对房地产物权进行了详细规定。除此，调整房地产物权的法律法规还有《土地管理法》《城市房地产管理法》《土地使用权出让和转让暂行条例》等。房地产是最重要、最主要的不动产，规范不动产物权的所有规则自然适用于所有房地产物权。根据我国现行法的规定，我国的房地产物权主要由房地产所有权（如土地所有权、业主的建筑物区分所有权）和房地产他物权（如建设用地使用权、宅基地使用权、地役权、居住权、房地产抵押权）组成。

（二）房地产债权

债权是一种典型的财产权，享有债权的当事人为债权人，应债权人的请求负有给付义务的当事人为债务人。

房地产债权，是指房地产债权人享有的请求房地产债务人为特定行为的权利。房地产债权具有债权的一般特征，如房地产债权为请求权、房地产债权为相对权、房地产债权具有平等性、房地产债权无排他性等。

因合同之债是最主要的债，故当事人之间以房地产或以房地产服务为对象的合同关系构成了房地产债权的主要内容。房地产在开发、建设、服务等不同阶段，均存在各种各样的合同关系，均构成我国房地产债权的内容。在纯粹的房地产法律意义上，通常所说的房地产债权主要有不动产租赁权（包括房屋租赁权、土地使用权的租赁权以及房地产租赁权）、土地借用权等。在我国台湾地区，房地产债权以不动产租赁权为主。[①]

第二节　土地财产权

一、概说

土地财产权是以土地以及土地权利为客体，以财产利益为内容的民事权利。土地所有制是土地财产权的经济基础，土地所有制是人们在一定社会制度下拥有土地的经济形式。土地所有制是整个土地制度的核心，是一切土地关系的基

---

① 谢哲胜．不动产财产权的自由与限制［A］.// 南京大学第七届费彝民法学论坛·不动产财产权的自由与限制学术研讨会论文集［C］. 2005：16.

础。不同的土地所有制最终是由生产力的状况所决定的。迄今，人类社会经历了五种社会生产方式，相应地也有五种土地所有制：原始社会的氏族公社土地所有制、奴隶社会土地所有制、封建土地所有制、资本主义土地所有制和社会主义土地所有制。本质上讲，这五种土地所有制可分为两大类：土地私有制和土地公有制。原始社会的氏族公社土地所有制和社会主义国家的土地所有制属于土地公有制。土地私有制又可分为集团私有制和个人私有制等具体表现形式，前者如西欧中世纪的教会土地私有制、中国封建时代的宗族土地所有制等；后者则是从古至今普遍存在于一些国家和地区的家庭、个人土地所有制。

就当今世界各国土地所有制的具体情况而言，大体可分如下几种类型：第一，"私主公辅"的土地所有制。这种类型的土地所有制以美国、德国、法国、日本等国为代表，主要实行土地私有制，同时又存在一定数量的用于国家、社会公用事业的土地公有制。例如，美国联邦政府所有土地占29%，州与地方政府所有占9%，私人所有土地占60%，其余2%为印地安事务局托管。第二，土地国王所有制或土地国有制。这种类型的土地所有制以英国以及英联邦国家和地区为代表，实行的是土地国王所有制或土地国有制。但在土地所有权归属上，各国、各地区的规定略有不同，比如在英国，除小部分皇室封邑外，个人可取得土地所有权；而我国香港地区在恢复主权之前，当局垄断全部土地所有权，实行以官契形式高价批租土地并使之商品化的政策。第三，社会主义土地公有制。这种类型的土地所有制大体有三种形式：第一种是土地属于国家所有，由国家向国营农场、集体农庄提供无偿使用，如苏联、罗马尼亚等国；第二种是国家、生产合作社、个人三级所有，如匈牙利；第三种是国家和农民集体所有，如我国和朝鲜民主主义人民共和国。[①] 在这些国家，政府对土地实行垄断式的经营管理，采用无偿、无期限的划拨方式将土地交给用地者使用，禁止土地所有权的交易。但20世纪80年代以来，我国践行土地使用权制度改革，以土地使用权为土地财产权的基础性权利，重新塑造土地财产权体系，推行土地使用权的商品化，从而使土地使用权如其他商品那样实现了流转交易。

土地上的财产权是人类最古老的法律权利之一，其某些基本原则、制度内容、制度设计根深蒂固，但随着时代发展、社会进步，也呈现出新的内容、新的理念。例如，因土地社会化而使土地所有权由绝对保护向相对保护发展；因土地价值化而使土地财产权由以归属为中心向以利用为中心发展；因土地立体

---

① 林增杰，沈守愚.土地法学［M］.北京：中国人民大学出版社，1989：112.

化而使土地财产权从地表向空间发展，并出现了空间权。

二、土地所有权

（一）我国土地所有权的归属：国家所有与集体所有

1. 土地所有权在我国的历史演变

（1）我国历史上的土地所有制。在实行生产资料公有制的原始氏族公社，土地属于居住或占有该地区的氏族或部落组织的全体成员共同所有。奴隶社会实行奴隶主土地所有制。鲁国在公元前 594 年实行"初税亩"，标志着中国奴隶社会的土地所有制关系开始瓦解。战国时期秦国商鞅变法，公布"废井田、开阡陌"的法令，在秦国内废除井田制，进一步承认土地的私有和买卖。中国封建社会实行"占田"制，这种土地所有权形式始于西晋，承认土地的私有制；北魏、北齐、北周、唐朝等实行"均田"制、"永业田"，宋朝官田的私有化；辽代公田与私田并行；明代土地的"永为己业"；清朝给农民的"更名田"等，均强化了我国古代的土地私有化。在我国漫长的土地所有权发展历程中，国有与私有、限田与授田、占有与所有交织；土地所有权则为国家、地主、官吏、农民等所有，呈现出多元主体的特征。

20世纪初期基本上沿袭了土地私有制的形式。1930年国民党政府颁布的《土地法》把土地分为"公有土地"和"私有土地"，这部以保护土地私有权为主要内容的土地法，至今仍在我国台湾地区沿用。

（2）中华人民共和国土地公有制的确立。我国实行的城乡二元结构使农村和城市确立了两种不同法权形式的土地公有制。

中华人民共和国成立后，农村土地政策的核心是没收大地主的土地分配给农民。土地改革以 1950 年中央人民政府制定的《土地改革法》为标志。该法确立了我国土地改革的内容，即"废除地主阶级封建剥削的土地所有制，实行农民的土地所有制，借以解放农村生产力，发展农业生产，为新中国的工业化开辟道路"。1952 年底至 1953 年初，土地改革的任务基本完成，正式确立了土地国有与农民私有并存的土地制度。

土地改革后不久，为调动农民互助劳动的积极性，中共中央于 1953 年 2 月发布了《关于农业生产互助合作社的决议》，以引导农民走农业合作化的道路。在初级农业社，虽然一定时期还保留农民的土地所有权，但土地已不是由分散的个体农民经营，而是由集体经营。在土地的流转方面，法律上虽不禁止，但开始运用行政手段进行限制。以初级农业社为开始，我国的农民土地私有制开始向公有制（集体所有）过渡。1956年推行的高级农业合作社使我国的土地制度发生了根本性转变。《高级农业生产合作社示范章程》第13条规定："入社的农民必须把私人的土地和耕畜、大型农具等主要生产资料转为合作社集体所有。"该规定标志着我国土地由私有向集体所有转变，土地所有制的变革进入了新的阶段。1962年通过的《农村人民公社工作条例（修正草案）》（简称"六十条"）对农村土地权属问题作了进一步规定："生产队范围内的土地，都归生产队所有。生产队的土地，包括社员的自留地、自留山、宅基地等等，一律不准出租或买卖。……生产队所有的土地，不经过县级以上人民委员会的审查和批准，任何单位和个人都不得占用。"之后，我国各个效力级别的法律均明确规定了农村土地为集体所有，如《土地管理法》第8条规定："城市市区的土地属于国家所有。农村和城市郊区的土地，除法律规定属于国家所有的以外，属于农民集体所有；宅基地和自留地、自留山，属于农民集体所有。"

中华人民共和国成立后，对于城市地区的土地，首先是将旧中国官僚买办资本的土地收归国有；其后，对于城市及周边的农业用地也实行了相应的改革措施。为适应城市建设与工商业发展的需要，以及城市郊区农业生产的特殊情况，原政务院在1950年11月公布了《城市郊区土地改革条例》，确立了城市郊区土地国有化改革措施，宣布城市郊区所有没收和征收来的农业用地，一律归国家所有，由人民政府管理。1956年1月，中共中央书记处二局发布《关于目前城市私有房产基本情况及进行社会主义改造的意见》，提到"一切私人占有的城市空地、街基地等地产，经过适当办法，一律收归国家"。1967年11月4日，《国家房管局、财政部、税务总局答复关于城镇土地国有化请示提纲的记录》明确指出"无论什么空地（包括旗地），无论什么人的土地（包括剥削者、劳动人民）都要收归国有"，该文件对"一切私人占有的城市空地、街基地等地产"的解释，也扩大为"其中街基等地产应包括在城镇上建有房屋的私有宅基地"。而1975年《宪法》第6条第3款则明确肯定了城乡土地收归国有的合宪性，即"国家可以依照法律规定的条件，对城乡土地和其他生产资料实行征购、征用或者收归国有"。

至此，我们在全国范围内确立了土地国家所有和集体所有并存的土地公有制，并被1982年《宪法》确认，标志着在我国消灭了土地私有制，土地公有制成为我国土地的根本制度。

2. 土地所有权的特征与效力范围

（1）土地所有权的概念与特征。《民法典》第 240 条规定："所有权人对自己的不动产或者动产，依法享有占有、使用、收益和处分的权利。"依此规定，土地所有权，系指土地所有人有权独占性地支配其所拥有的土地，并排除他人干涉的权利。土地所有权属于土地物权的一种，所有人于法律规定的范围内享有对土地的占有、使用、收益和处分权。我国的土地所有权具有下述特点：

第一，主体的特定性。我国土地所有权的主体只有两个：国家和集体，这是由我国实行的土地社会主义公有制所决定的。

第二，交易的禁止性。土地所有权不得为买卖、抵押、出租或者其他形式的交易的客体，以此保护和巩固我国土地的社会主义公有制。

第三，权利归属的稳定性。土地所有权的非交易性决定了土地所有权的权利主体具有高度的稳定性。除了集体土地通过征收、兼并等方式转为国家所有外，土地所有权的权属一般是不会发生变动的。

第四，权能的分离性。土地所有权归国家和集体所有，但国家和集体通常并不直接行使土地的所有权，而是将所有权的诸权能予以分离，由他人行使占有、使用、收益等权利。

（2）土地所有权的效力范围。我国现行法虽然明确了土地所有人对土地享有所有权，但对土地所有权的效力范围未作规定。

古罗马法有"土地所有权及于土地上下"之法谚。后来，中世纪注释法学家将此绝对化，解释土地所有权的效力范围为上穷天空、下尽地心。近现代很多国家的民法典对此作了规定，如《德国民法典》第 905 条规定："土地所有人之权利，扩充到地面上之空间与地面以下之地壳。所有人对于他人在高空或地下所为之干涉，无任何利益者，不得禁止。"

尽管域外国家和地区对土地所有权的范围有不同规定，但其效力及于地上和地下则是各国的共识。就横向而言，是以地界为限；就纵向而言，及于土地上下之空间。然而，土地所有权的这种及于地上和地下的效力，并不是漫无边际不受限制的。对其限制主要有：第一，禁止权利滥用原则的限制。土地所有权人在行使权利之时，必须负载对国家、社会的义务，以寻求国家利益、社会利益和个人利益之间的平衡。第二，他物权的权利限制。基于他物权优于所有权的规则，如果在一宗土地之上，除了土地所有权外，还设有地上权、土地抵押权、空间权等物权的权利负担，在他物权存续期间内，土地所有权须尊重他物权，并受他物权人行使权利的限制。第三，特殊法规定的限制。一般而言，地上或地下之物为土地的从物，归土地所有权人所有，但法律对其归属作了特殊规定的则不属于土地所有权的范围。如我国《矿产资源法》第3条规定："矿产资源属于国家所有，由国务院行使国家对矿产资源的所有权。地表或地下的矿产资源的国家所有权，不因其所依附的土地所有权或者使用权的不同而改变。"

3. 土地所有权的保护

土地所有权的保护，是指通过法律规定的方法和程序保障土地所有权人在法律许可的范围内对其所有的土地行使占有、使用、收益和处分权利的法律方式。土地所有权是土地财产权的核心内容，各国法律都对土地所有权给予了强力保护。同时，保护土地所有权也是各个法律部门（如民法、行政法、刑法）共同的任务。

（二）国家土地所有权

1. 国家土地所有权的概念与特征

国家土地所有权，是指国家独占性地支配其所拥有的土地，并排除他人干涉的权利。在法律规定的范围内，国家享有占有、使用、收益、处分国有土地的权利。我国的国家土地所有权具有下述特征：

（1）主体的唯一性。国家土地所有权的主体是国家，土地的所有权由国务院代表国家行使，《民法典》第246条规定："法律规定属于国家所有的财产，属于国家所有即全民所有。国有财产由国务院代表国家行使所有权；法律另有规定的，依照其规定。"需要讨论的是：国务院如何代表国家行使所有权？针对全民所有自然资源资产，2021年中共中央办公厅、国务院办公厅印发的《全民所有自然资源资产所有权委托代理机制试点方案》指出，要探索建立所有权委托代理机制，即："国务院代表国家行使全民所有自然资源所有权，授权自然资源部统一履行全民所有自然资源资产所有者职责。其中，部分职责由自然资源部直接履行，部分职责由自然资源部委托省级、市地级政府代理履行，法律另有规定的依照其规定。"

（2）权利的恒久性。国家土地所有权不得以任何方式交易流转。在土地所有权的变动中，只存在集体土地通过政府征收、兼并转归国家所有的情形，不存在国家所有转为集体所有的情形。这样，必然是国家土地所有权的范围不断扩大，而集体土地所有权的范围逐渐缩小。

（3）客体的广泛性。国家所有的土地包括广义上各种类型的土地。《民法典》第247条规定："矿藏、水流、海域属于国家所有。"第248条规定："无居民海岛属于国家所有，国务院代表国家行使无居民海岛所有权。"第249条规定："城市的土地，属于国家所有。法律规定属于国家所有的农村和城市郊区的土地，属于国家所有。"第250条规定："森林、山岭、草原、荒地、滩涂等自然资源，属于国家所有，但法律规定属于集体所有的除外。"

（4）非登记性。国家土地所有权是直接依据法律规定确认的，不必进行国有土地所有权的登记。[①] 我国境内一切未纳入集体所有的土地皆应属于国家所有。

需注意的是，广义土地意义中的全民所有自然资源则需要进行登记，2016年的《自然资源统一确权登记办法（试行）》第13条第2款规定："对依法属于国家所有的自然资源所有权开展确权登记。"[②] 以此界定全部国土空间各类自然资源资产的所有权主体，划清全民所有和集体所有之间的边界，划清全民所有、不同层级政府行使所有权的边界，划清不同集体所有者的边界，以推动建立归属清晰、权责明确、监管有效的自然资源资产产权制度。全民所有自然资源登记实践中，2022年12月—2023年1月，我国完成了海南热带雨林国家公园、江苏大丰麋鹿国家级自然保护区、山东昆嵛山国家级自然保护区等首批三个重点区域自然资源确权登记公告登簿工作。2023年9月28日完成了上海崇明东滩国际重要湿地的自然资源确权登记，这是我国首个由国家登记机构开展的自然资源确权登记，也是中央政府直接行使所有权的国际重要湿地首次实现登簿。

2. 国家土地所有权的性质

在我国，国家既是公法上的主体，享有政治权力等公权力；又是私法上的主体，享有财产权利等民事权利，但国家土地所有权在性质上应属于私权，而不是公权。这是因为：第一，国家是一种特殊的民事主体，[③] 在实施民事行为时享有民事权利，承担民事义务。不能因为国家作为公法上的主体而否认其同

[①] 《不动产登记暂行条例》第5条和《不动产登记法》（征求意见稿）第6条仅规定"集体土地所有权"需依法进行登记。

[②] 《不动产登记法》（征求意见稿）第6条也规定"国家自然资源所有权"应依法进行登记。

[③] 国家的职能通常由各级国家机关行使，而机关法人属于民法中的特别法人。《民法典》第97条规定："有独立经费的机关和承担行政职能的法定机构从成立之日起，具有机关法人资格，可以从事为履行职能所需要的民事活动。"

时为民事主体的身份，更不能否认国家对土地享有的所有权为一种民事权利。第二，《民法典》的规定表明，国家是民事主体，国家土地所有权是民事权利中的物权。第三，将国家土地所有权理解为公权利容易与国际法所调整的国家主权相混淆，国家领土主权是公法上的权利，受国际法调整，是国家主权的象征，它与国家作为民事主体享有的土地所有权在性质上是不同的。

3. 国家土地所有权的范围

对于国家土地所有权的范围，我国《宪法》《民法典》《土地管理法》等法律法规都作了规定。归纳起来，主要有：

（1）城市土地。依现行法，城市土地属于国家所有。但需讨论的是：何谓城市？何谓城市土地？现行法并无规定。《宪法》和《民法典》使用"城市土地"一词，《土地管理法》则用"城市市区的土地"来表述，以立法形式确定的土地分类中也不存在城市土地和非城市土地的划分。城市是一个地理概念，而非法律概念。常用的判断"城市"的标准是行政边界、规划边界与城市建制、地理特征等，但这几个标准都处在不断变化之中，难以确定。我国目前正处在工业化和城市化的高速发展期，各种类型的城市都在不断扩张，城市作为一个发展中的与农村相对应的区域，其外延是一个动态概念，城市功能也在不断转换，这就决定了以"城市土地"作为划定国有土地所有权的权属范围并非精确的法律表达，故在立法技术上使用"城市土地"一词来确定国家土地所有权的归属尚值得研究。

（2）法律规定属于国家所有的农村和城市郊区的土地。农村和城市郊区的土地原则上属于集体所有，属于国家所有的土地，须有明确具体的法律依据。这些法律依据主要有：1950年施行的《土地改革法》第15条规定："分配土地时，县以上人民政府根据当地土地情况，酌量划出一部分土地收归国有。"1950年实施的《城市郊区土地改革条例》第9条规定："城市郊区所有没收和征收得来的农业土地，一律归国家所有，由市人民政府管理。"1962年实施的《农村人民公社工作条例（修正草案）》规定，未划入农民集体范围内的土地属于国家所有。1995年原国家土地局颁布的《确定土地所有权和使用权的若干规定》中第二章"国家土地所有权"的有关规定也认定了一些土地属于国家所有。具体而言，农村和城市郊区中属于国家所有的土地包括：①属于国家所有的水流、森林、山岭、草原、荒地、滩涂等其他土地。②国家建设依法征收的集体土地。③已经没收、征购为国有的土地。④农村集体经济组织全部成员转为城镇居民的，原属于其成员集体所有的土地。⑤因国家组织移民、自然灾害等原因，农民以后不再使用的原属于迁移农民集体所有的土地。

（3）推定为国家享有土地所有权的土地。当国家和集体的土地所有权因权属发生争议时，为了体现对国家土地所有权的优位保护，根据《确定土地所有权和使用权的若干规定》第18条的规定："土地所有权争议，不能依法证明争议土地属于农民集体所有的，属于国家所有。"

（三）农民集体土地所有权

1. 农民集体土地所有权的概念与特征

农民集体土地所有权，是指由各个独立的集体对其所有的土地享有的独占性支配权和排除他人干涉的权利。在法律规定的范围内，农民集体对其拥有的土地享有占有、使用、收益和处分权。集体土地所有权与国家土地所有权一样，也是一项民事权利，同为我国土地社会主义公有制的表现形式，但与国家土地所有权相比，其具有强烈的个性。

（1）主体的特殊性。理论上，对于集体土地所有权的主体为谁的问题，一直存在争议。主要观点大致认为：是区域性集体组织、农民集体、农村集体经济组织的全体成员（即村民）、农村集体经济组织、一定的集体组织等[①]。亦有观点认为，农民集体并非民法上的团体主体，而是由集体成员组成的松散集合体；农村集体经济组织是由全体集体成员集合而成的紧密组织体，是农民集体法人化改造的结果，与农民集体实质上为同一主体。[②]另有观点认为，与国家财产所有权一样，农民集体亦为宪法规定的特殊民事主体，与农村集体经济组织是一体两面。[③]

在我国，与国家土地所有权主体的唯一性不同，农民集体土地所有权没有一个全国范围内的统一主体，而是属于各区域集体成员集体所有。对于集体所有的动产和不动产，《民法典》明确规定属于"本集体成员集体所有"[④]。《民法典》第262条规定："对于集体所有的土地和森林、山岭、草原、荒地、滩

---

① 高飞.集体土地所有权主体制度研究［M］.北京：中国政法大学出版社，2017：19.

② 宋志红.论农村集体经济组织对集体土地所有权的代表行使——《民法典》第262条真义探析［J］.比较法研究，2022（5）.

③ 王铁雄，王琳.农民集体所有的民法典解释论［J］.河北法学，2021（11）.

④ 《民法典》第261条第1款规定："农民集体所有的不动产和动产，属于本集体成员集体所有。"

涂等，依照下列规定行使所有权：（一）属于村农民集体所有的，由村集体经济组织或者村民委员会代表集体行使所有权；（二）分别属于村内两个以上农民集体所有的，由村内各该集体经济组织或者村民小组代表集体行使所有权；（三）属于乡镇农民集体所有的，由乡镇集体经济组织或者村民小组代表集体行使所有权。"可见，代表农民集体行使土地所有权的主体为农村集体经济组织、村民委员会等。农村集体经济组织在主体地位上，《民法典》将其界定为"特别法人"；对于未设立农村集体经济组织的，村民委员会可以依法代行村集体经济组织的职能（《民法典》第 101 条第 2 款），村民委员会的主体地位亦为特别法人。现行法的规定在一定程度上解决了集体土地所有权、经营管理权的权利主体虚位和对农民成员权保护不力的问题。

（2）用途的限定性。基于对耕地的特殊保护，除非经过审批，集体所有的农用地只能用于农业生产；集体土地中的宅基地主要用于本集体成员的住宅建设；建设用地用于经营性和公益性项目的建设，集体经营性建设用地须是土地利用总体规划、城乡规划确定为工业、商业等经营性用途，并经依法登记的集体土地。

（3）权利变动的单向流动性。这是指土地所有权变动的过程中，只存在集体所有的土地归国家所有的情形，不存在国家所有的土地转归集体所有的情形，集体土地所有权的客体只减不增，这与国家土地所有权的客体只增不减正好相反。

2. 农民集体土地所有权的范围

对于集体土地的范围，《宪法》第 10 条第 2 款规定："农村和城市郊区的土地，除由法律规定属于国家所有的以外，属于集体所有；宅基地和自留地、自留山，也属于集体所有。"可见，集体土地所有权的范围主要是：

（1）农村和城市郊区除法律规定属于国家所有的之外的一切土地。同"城市土地"一样，"农村和城市郊区"也是地理概念，非法律概念；而且，其外延也具有不确定性，故在立法技术和理论上同样值得研究。

（2）农村的宅基地、自留地和自留山。宅基地，是由集体拨给村民占有和使用，用于建筑住宅房屋的土地。宅基地的所有权归集体所有，宅基地上的附着物，如房屋、树木、猪圈、厕所等归村民所有。自留地，是我国农业生产合作社的土地在统一经营后，为了照顾社员种植蔬菜等日常生活的需要，分配给社员使用的少量土地。自留地属于集体所有，自留地上的收益归社员所有。

自留山，是农业集体化以后从集体所有的山地中划归给社员个人长期使用的少量荒山和荒坡。与自留地一样，自留山的所有权归集体所有，自留山上的收益归社员所有。

3. 农民集体土地所有权的私权属性及其保护

（1）农民集体土地所有权的私权属性。农民集体土地所有权是物权类型中所有权的一种，属于私权范畴，是和国家土地所有权相并列的一种权利，都是社会主义公有制在土地领域的实现方式，在法律上应该得到同等保护。

我国的农民土地集体所有，又是一种特定区域农民的共同所有，这种共有是不能分割的共同所有。在法律形态上，和日耳曼法中的总有制度很相似，是经过改造的类似于总有关系的一种所有权。其特点是：第一，本集体全体成员共同享有土地所有权。第二，本集体成员随着出生、出嫁、迁移等情况存在着更换。第三，集体土地的使用、管理、收益和处分由全体成员以民主的形式多数决定，每人享有一票表决权。例如，《民法典》第261条规定："下列事项应当依照法定程序经本集体成员决定：（一）土地承包方案以及将土地发包给本集体以外的单位或者个人承包；（二）个别土地承包经营权人之间承包地的调整；（三）土地补偿费等费用的使用、分配办法；（四）集体出资的企业的所有权变动等事项；（五）法律规定的其他事项。"第四，集体所有土地不可分割，不因其成员的变化而变化，集体成员不能请求分割土地。

（2）农民集体土地所有权的私权保护。改革开放以来，随着我国农村经济的变革，改造集体土地所有权的呼声此起彼伏。学术界关于变革集体土地所有权的主张主要有：取消集体土地所有权，实行农村土地国有化；取消集体土地所有权，实行农村土地私有化；部分取消集体土地所有权，实行农村土地的国家所有、集体所有和私人所有三者并存或集体所有和私人所有并存；保留集体土地所有权，实行农村土地使用制度的改革；等等。前三种方案或者容易引起农民的误解，影响社会稳定；或者容易出现土地兼并，影响农业发展；或者不易操作；因此，比较稳妥可行的方案只有第四种，即遵循循序渐进的原则进行农村土地制度的改革。土地制度是国家的根本制度，土地制度中涉及的主体、包含的利益关系十分复杂，农村土地制度改革必须审慎、稳妥推进。因此，应在维系现有集体土地所有权的基础上，完善集体土地所有和利用关系，将土地的处分权交给农民，进而保护农民长久、稳定、可靠的土地权利。

保障集体土地所有权，应在明确集体土地所有权为一种私权的基础上，实施具体的法律保护措施。第一，严格限制公权力的介入。公权力的介入主要表现在不动产征收上，故应对不动产征收做出最严格的实体和程序性规定。第二，赋予农民对土地权利的处分权。通过完善法律规定，在法律和政策的限度内，应当赋予农民决定土地的用途和命运的权利。第三，制定相关配套措施防止农民利益受到侵害，依法保障农民的成员权。为了保障农民的权益不受侵害，应赋予每个集体成员异议权和诉讼权，当成员大会的决议或决定侵害了农民集体或个人的利益时，集体成员可以在一定的时期内提出异议、请求撤销，要求重新召开成员大会决议或向法院提起民事诉讼，以保障决议的合法性和合理性，切实维护农民的土地利益。对此，《民法典》第265条第2款规定："农村集体经济组织、村民委员会或者其负责人作出的决定侵害集体成员合法权益的，受侵害的集体成员可以请求人民法院予以撤销。"

三、土地他物权

基于物权法定主义原则，根据我国《民法典》的规定，我国土地物权主要包括建设用地使用权、土地承包经营权、土地经营权、宅基地使用权、地役权、土地抵押权等。此外，《民法典》第329条规定的"依法取得的探矿权、采矿权、取水权和使用水域、滩涂从事养殖、捕捞的权利"也属于土地他物权的范畴。以下主要分析建设用地使用权和宅基地使用权，简单论及地役权与土地抵押权。

（一）建设用地使用权

建设用地使用权是土地他物权中的核心权利和最重要的土地财产权之一。"建设用地使用权"是我国原《物权法》和《民法典》中使用的称谓，相当于房地产法使用的"土地使用权"，它近似于大陆法系的地上权。

1. 建设用地

《土地管理法》第4条规定，国家编制土地利用总体规划，规定土地用途，将土地分为农用地、建设用地和未利用地。"其中，建设用地是指建造建筑物、构筑物的土地，包括城乡住宅和公共设施用地、工矿用地、交通水利设施用地、旅游用地、军事设施用地等。建设用地按照土地所有制的性质可分为国家建设用地和集体建设用地。国家建设用地一般分为七类：第一，城镇居民住宅用地和公共设施用地；第二，工矿区用地；第三，交通用地；第四，水利建设用地；第五，旅游区用地；第六，军事用地；第七，其他用地（指一些有特殊要求的用地，包括单独成立的国防、名胜古迹、陵墓、监狱、看守所等建设项目的用地）。集体建设用地，一般指乡（镇）村集体建设项目占用和使用范围内的土地，包括农村居民住宅用地（即宅基地）、集体经营性和公益性建设用地。

按照土地用途，我国的建设用地可划分为居住用地、工商业用地以及公共和公益事业用地。居住用地分为以下几种情况：一是旧有体制下遗留的公有房屋占用的住宅用地；二是经过商业化开发建成的商品房住宅用地；三是建造私有房屋的宅基地；四是保障性住房使用的经划拨的建设用地。就土地的最终用途而言，工商业用地主要指饭店、写字楼、宾馆、工商业用房所使用的建设用地。与前述两种多用于私益目的的建设用地不同，各类政府机关使用的土地，用于教、科、文、卫、体、医等公益事业或非营利性事业的建设用地属于公共和公益事业用地。

2. 国有建设用地使用权

所谓建设用地使用权，简而言之，就是在他人所有的土地上建造并经营地上物而使用他人土地的权利。

我国现行调整土地使用权的房地产法律法规以及民法典物权编主要就国有土地的建设用地使用权作了相关规定。《民法典》第 344 条规定："建设用地使用权人依法对国家所有的土地享有占有、使用和收益的权利，有权利用该土地建造建筑物、构筑物及其附属设施。"可见，建设用地使用权的权能主要表现为：第一，占有权，即建设用地使用权人对国有建设用地行使实际管领、支配的权利。第二，使用权，即依据建设用地的用途，对之进行开发利用的权利。第三，收益权，即将建设用地使用权通过转让、互换、入股、赠与、抵押或者出租等方式获取土地上所生利益的权利。第四，排他权，即建设用地使用权人在享有占有、使用、收益等积极权利的同时，还享有排除他人非法干涉的消极权利。

在国有土地上设立建设用地使用权，可以采取出让或者划拨等方式。建设用地使用权这种物权的取得以办理登记为必备要件，《民法典》第 349 条规定："设立建设用地使用权的，应当向登记机构申请建设用地使用权登记。建设用地使用权自登记时设立。登记机构应当向建设用地使用权人发放权属证书。"建设用地使用权期限届满，或因其他原因导致该权利消灭的，应及时办理注销登记，由登记机构收回建设用地使用权证书。

3. 集体建设用地使用权

对于集体建设用地使用权，《民法典》虽然赋予集体建设用地使用权与国有建设用地使用权同样的物权效力，但并没有完全按照国有建设用地使用权的规则来设计，只是在第 361 条规定："集体所有的土地作为建设用地的，应当依照土地管理的法律规定办理。"在 2019 年修订《土地管理法》之前，集体建设用地使用权在诸多方面受到了限制，如流转方面的限制，修订前的《土地管理法》第 63 条规定："农民集体所有的土地的使用权不得出让、转让或者出租用于非农业建设"。原《担保法》第 36 条第 3 款和原《物权法》第 183 条规定，乡镇、村企业的建设用地使用权不得单独抵押。以乡镇、村企业的厂房等建筑物抵押的，其占用范围内的建设用地使用权一并抵押。再如用途上的限制，集体建设用地原则上只能用于乡镇企业建设和乡（镇）村公共设施、公益事业建设，不能从事商品房开发建设等。

集体建设用地使用权最值得关注的是其入市流转问题。对此，国家土地管理部门早在改革之初就一直未中断地组织部分地区进行农村集体建设用地流转的试点实践。2004 年国务院下发《关于深化改革严格土地管理的决定》，明确指出："在符合规划的前提下，村庄、集镇、建制镇中的农民集体所有建设用地的使用权可以流转。"之后，随着城乡土地市场一体化的提出，一些地区，如广东、安徽、河北、湖北、重庆、成都等省、市纷纷出台了适用于本地区的集体建设用地使用权流转规定，就集体建设用地使用权的流转范围、用途限制、流转程序和流转后的收益及法律责任等问题作了规定。2008 年十七届三中全会发布的《中共中央关于推进农村改革发展若干重大问题的决定》明确指出："在土地利用规划确定的城镇建设用地范围外，经批准占用农村集体土地建设非公益性项目，允许农民依法通过多种方式参与开发经营并保障农民合法权益。逐步建立城乡统一的建设用地市场，对依法取得的农村集体经营性建设用地，必须通过统一有形的土地市场、以公开规范的方式转让土地使用权，在符合规划的前提下与国有土地享有平等权益。抓紧完善相关法律法规和配套政策，规范推进农村土地管理制度改革。" 2013 年 11 月 12 日十八届三中全会通过的《关于全面深化改革若干重大问题的决定》提出，"建立城乡统一的建设用地市场。在符合规划和用途管制前提下，允许农村集体经营性建设用地出让、租赁、入股，实行与国有土地同等入市、同权同价"，指明了集体建设用地以市场化为基调的改革方向。"集体经营性建设用地制度改革的基本思路是：允许土地利用总体规划和城乡规划确定为工矿仓储、商服等经营性用途的存量农村集体建设用地，与国有建设用地享有同等权利，在符合规划、用途管制和依法取得的前提下，可以出让、租赁、入股，完善入市交易规则、服务监管制度和土地增值收益的合理分配机制。"[1] 此处的"集体经营性建设用地"，主要是符合土地利用总体规划和城乡规划，确定为工矿仓储、商服等经营性用途的存量农村集体建设用地，不包括集体公益性建设用地；所谓"入市"是指让集体经营性建设用地不经征收这一改变土地所有权为国有性质的法律程序就直接投入市场，让集体土地资源在市场交易中得到优化配置，其入市的方式主要有出让、租赁、入股等。同时，入市不仅仅是指其进入市场进行自由化交易，更强调其与国有建设用地"同等"入市，"同等"则要求集体建设用地与国有建设用地"同权、同价"，共享同一平台，在城乡建设用地市场中进行公平交易。在放开集体建设用地，尤其是集体经营性建设用地市场的同时，现行政策也在进一步强化集体建设用地使用权的物权权能，例如，在集体建设用地的使用用途上，"按照国土资源部、住房城乡建设部的统一工作部署，超大城市、特大城市可开展利用集体建设用地建设租赁住房试点工作"[2]。

　　无疑，在农民、地方政府和中央政府的共同推动下所实行的集体经营性建设用地"入市"，是一个建立在尊重历史和承认现实的基础上的制度创新。然而，其中涉及的有关法律问题，尤其是与上位法的抵触和协调问题，比如原《担保法》规定的"集体土地使用权不得抵押"，势必为集体经营性建设用地使用权的实际入市流转带来操作上的难题。虽然各地实践探索的模式不尽相同，但基于现实合理性所总结的典型经验或成功模式，大多已突破了现行法所设置的樊篱，对集体经营性建设用地使用权的入市流转的制约格局提出了挑战。

　　鉴于此，2015 年 1 月，中共中央办公厅和国务院办公厅联合发布《关于农村土地征收、集体经营性建设用地入市、宅基地制度改革试点工作的意见》，针对农村集体经营性建设用地权能不完整，不能同等入市、同权同价和交易规则亟待健全等问题，提出建立农村集体经营性建设用地入市制度；2015 年 2 月 27 日，第十二届全国人大常委会第十三次会议通过了《全国人民代表大会常务委员会关于授权国务院在北京市大兴区等三十三个试点县（市、区）行政区域

---

[1]　2015 年 11 月 2 日中共中央办公厅、国务院办公厅印发《深化农村改革综合性实施方案》。http://www.xinhuanet.com/politics/2015-11/02/c_1117016978_2.htm.

[2]　2017 年 7 月 18 日住房城乡建设部会同国家发展改革委等八部门联合发布《关于在人口净流入的大中城市加快发展住房租赁市场的通知》之"二、多措并举，加快发展住房租赁市场"之"（三）增加租赁住房有效供应"。

暂时调整实施有关法律规定的决定》（以下简称《决定》）。① 根据《决定》，在北京市大兴区等 33 个试点县（市、区）暂停实施《土地管理法》《城市房地产管理法》的 6 个条款，按照重大改革于法有据的原则推进农村土地征收、集体经营性建设用地入市、宅基地制度改革试点。该授权的期限已于 2017 年 12 月 31 日届满。② 至此，集体经营性建设用地改革正式进入试点阶段。2017 年 8 月 21 日国土资源部与住房城乡建设部印发《利用集体建设用地建设租赁住房试点方案》，确定第一批在北京、上海等 13 个城市开展试点，允许村镇集体经济组织自行开发运营，也可以通过联营、入股等方式建设运营集体租赁住房，进而为构建城乡统一的建设用地市场提供支撑。③

2019 年 8 月 26 日，新修改的《土地管理法》正式公布，该法第 63 条明确了集体经营性建设用地的入市流转，即"土地利用总体规划、城乡规划确定为工业、商业等经营性用途，并经依法登记的集体经营性建设用地，土地所有权人可以通过出让、出租等方式交由单位或者个人使用，并应当签订书面合同，载明土地界址、面积、动工期限、使用期限、土地用途、规划条件和双方其他权利义务。前款规定的集体经营性建设用地出让、出租等，应当经本集体经济组织成员的村民会议三分之二以上成员或者三分之二以上村民代表的同意。集体经营性建设用地的出租，集体建设用地使用权的出让及其最高年限、转让、互换、出资、赠与、抵押等，参照同类用途的国有建设用地执行。具体办法由国务院制定"。2022 年 7 月 2 日第三次修订的《土地管理法实施条例》第 38

---

① 2015 年 12 月 27 日，为了进一步落实农村土地的用益物权，赋予农民更多的财产权利，深化农村金融改革创新，有效盘活农村资源、资金、资产，为稳步推进农村土地制度改革提供经验和模式，第十二届全国人民代表大会常务委员会第十八次会议决定：授权国务院在北京市大兴区等 232 个试点县（市、区）行政区域，暂时调整实施《中华人民共和国物权法》《中华人民共和国担保法》关于集体所有的耕地使用权不得抵押的规定；在天津市蓟县等 59 个试点县（市、区）行政区域暂时调整实施《中华人民共和国物权法》《中华人民共和国担保法》关于集体所有的宅基地使用权不得抵押的规定。上述调整在 2017 年 12 月 31 日前试行。暂时调整实施有关法律规定，必须坚守土地公有制性质不改变、耕地红线不突破、农民利益不受损的底线，坚持从实际出发，因地制宜。国务院及其有关部门要完善配套制度，加强对试点工作的整体指导和统筹协调、监督管理，按程序、分步骤审慎稳妥推进，防范各种风险，及时总结试点工作经验，并就暂时调整实施有关法律规定的情况向全国人民代表大会常务委员会作出报告。该决定自 2015 年 12 月 28 日起施行。

② 北京市大兴区等 33 个农村土地制度改革试点期限延长两年，至 2019 年 12 月 31 日。

③ 详见《利用集体建设用地建设租赁住房试点方案》（国土资发〔2017〕100 号）。

条—43条则进一步明细化了集体经营性建设用地入市交易规则。肯认集体经营性建设用地的入市流转，被认为是《土地管理法》修改的最大亮点之一。然而，集体经营性建设用地的入市主体——"谁来入市"，集体经营性建设用地入市客体——"哪些地入市"，集体经营性建设用地入市程序——"怎么入市"，以及集体经营性建设用地入市与土地征收的协调，集体经营性建设用地入市流转方式，集体经营性建设用地入市增值收益分配主体等问题，尚有深入讨论的空间。

（二）宅基地使用权

1. 宅基地的含义

宅基地，也叫"房基地"，是专门用于建造住宅房屋的建设用地，主要指农村村民的住宅用地及其附属用地，包括住房、附属用房和庭院等用地。

我国的宅基地也有少量城市住房用地，是少数城市居民的私有房屋所占用的城市国有土地。我国在城镇土地国有化之前，承认私人享有土地所有权。城镇土地国有化之后，城镇居民虽不再拥有土地的所有权，但仍然享有房屋的所有权，继续拥有所占房屋的土地使用权，从而在城市国有土地上形成宅基地。对此，我国现行法律政策承认此种权利。但是，随着我国城市国有土地使用制度和住房制度的改革，并伴随大规模的城市商品房开发建设，这种情况在城市已极为少见，所以我国现行《土地管理法》、近年来所颁布的政策，以及《民法典》等均将宅基地限定为集体所有的土地，①故本书所讨论的"宅基地"仅指农村村民建房而使用的集体建设用地。

2. 宅基地使用权的法律特征

按照《土地管理法》的规定，宅基地属于建设用地，故宅基地使用权应该

---

①　《土地管理法》第62条第1款至第4款规定："农村村民一户只能拥有一处宅基地，其宅基地的面积不得超过省、自治区、直辖市规定的标准。人均土地少、不能保障一户拥有一处宅基地的地区，县级人民政府在充分尊重农村村民意愿的基础上，可以采取措施，按照省、自治区、直辖市规定的标准保障农村村民实现户有所居。农村村民建住宅，应当符合乡（镇）土地利用总体规划、村庄规划，不得占用永久基本农田，并尽量使用原有的宅基地和村内空闲地。编制乡（镇）土地利用总体规划、村庄规划应当统筹并合理安排宅基地用地，改善农村村民居住环境和条件。农村村民住宅用地，由乡（镇）人民政府审核批准；其中，涉及占用农用地的，依照本法第四十四条的规定办理审批手续。"政策文件，如2004年11月2日国土资源局颁布的《关于加强农村宅基地管理的意见》。《民法典》第326条的规定也将宅基地限定为集体所有的土地。

和集体建设用地使用权是种属关系，但考虑到宅基地使用权在取得方式、权利内容、主体身份，以及其所独有的社会保障功能等方面显然有别于建设用地使用权，故《民法典》将其独立，与建设用地使用权并列。

宅基地使用权是我国物权法体系中一个特有概念，是指农村村民依法享有的，在集体所有的土地上建造、保有住房及其附属设施的用益物权。《民法典》第362条规定："宅基地使用权人依法对集体所有的土地享有占有和使用的权利，有权依法利用该土地建造住宅及其附属设施。"农村住宅房地产的权利构造是：宅基地使用权＋房屋所有权，农民对前者拥有他物权，对后者享有所有权。

从我国现行法律规定来看，宅基地使用权的法律特征有：

第一，主体的限定性。宅基地使用权主体只能是农村本集体组织的自然人，故宅基地通常与农村村民的身份及成员权紧密联系。

第二，客体的特定性。宅基地使用权的客体限于集体所有的土地。

第三，用途的局限性。原则上只能利用该土地建造住宅以及与生活相关的其他附属设施，如车库、厕所、沼气池、牛棚、猪圈等，故宅基地主要是作为生活资料提供给本集体组织成员的。但实践中亦有在宅基地上建造经营用房，从事商业行为之做法，如在宅基地上投资建厂，将宅基地改为鱼塘等。有些地区，如上海市政府就明确规定允许在宅基地上办"农家乐"，农民在自己的宅基地上可自营，也可出租给他人从事与该经营场所相适应的经营活动，经当地房屋土地管理部门批准，可以作为经营场地予以工商登记。对此，2019年9月11日，中央农村工作领导小组办公室、农业农村部《关于进一步加强农村宅基地管理的通知》指出："鼓励村集体和农民盘活利用闲置宅基地和闲置住宅，通过自主经营、合作经营、委托经营等方式，依法依规发展农家乐、民宿、乡村旅游等。城镇居民、工商资本等租赁农房居住或开展经营的，要严格遵守合同法的规定，租赁合同的期限不得超过二十年。"

第四，取得的无偿性。我国现行法律和政策强调农村村民初始取得宅基地使用权的无偿性[①]。

第五，无期限性。与划拨方式取得的建设用地使用权一样，宅基地使用权

---

① 1990年，国务院转批国家土地管理局《关于加强农村宅基地管理工作请示的通知》指出进行农村宅基地有偿使用试点，并确定了宅基地有偿使用收费标准。到1993年7月，为了减轻农民负担，中共中央办公厅、国务院办公厅发布《关于涉及农民负担项目审核处理意见的通知》，取消了宅基地有偿使用收费的做法。

也是无期限的。

第六，流转的受限性。宅基地使用权不得单独转让、出租或设定抵押，但房屋转让时，宅基地使用权可随之一并转移，即"地随房走"；这显然不同于单独作为流通客体的建设用地使用权，后者的交易规则既可以是"地随房走"，也可以是"房随地走"。

需注意的是：近年来，为了开放农民住宅房屋所有权和宅基地使用权的流转，2015 年 8 月 10 日国务院印发的《关于开展农村承包土地的经营权和农民住房财产权抵押贷款试点的指导意见》规定"农民住房财产权设立抵押的，需将宅基地使用权与住房所有权一并抵押"，"探索建立宅基地使用权有偿转让机制"。《关于进一步加强农村宅基地管理的通知》指出"在征得宅基地所有权人同意的前提下，鼓励农村村民在本集体经济组织内部向符合宅基地申请条件的农户转让宅基地。各地可探索通过制定宅基地转让示范合同等方式，引导规范转让行为。转让合同生效后，应及时办理宅基地使用权变更手续。"2020 年 11 月 17 日，农业农村部办公厅关于印发《农村宅基地试点工作指引》的通知指出："在限定流转范围、期限、用途等前提下，探索通过出租、入股、转让、互换、赠与等方式流转宅基地使用权的具体途径，区分不同流转方式研究提出相应管理政策。探索宅基地"三权分置"条件下，宅基地使用权流转各方享有的具体权利。"

第七，可继承性。宅基地使用权的无期限性以及私房的可继承性决定了宅基地使用权的可继承性，只要有适格的继承人，宅基地即可为农户及其继承人永久使用。对此，2020 年 9 月 9 日《对十三届全国人大三次会议第 3226 号建议的答复》之六"关于农村宅基地使用权登记问题"明确指出："农民的宅基地使用权可以依法由城镇户籍的子女继承并办理不动产登记。根据《继承法》规定，被继承人的房屋作为其遗产由继承人继承，按照房地一体原则，继承人继承取得房屋所有权和宅基地使用权，农村宅基地不能被单独继承。《不动产登记操作规范（试行）》明确规定，非本农村集体经济组织成员（含城镇居民），因继承房屋占用宅基地的，可按相关规定办理确权登记，在不动产登记簿及证书附记栏注记'该权利人为本农民集体原成员住宅的合法继承人'。"

第八，社会保障性。只要是本集体组织的成员就享有宅基地使用权，这是保障宅基地农户资格权的重要体现。因为宅基地使用权不仅仅是一种财产权，还负载本集体村民的住宅社会保障功能。

3. 需要进一步讨论的几个问题

宅基地是保障农民安居乐业和农村社会稳定的重要基础。加强宅基地管理，对于保护农民权益、推进美丽乡村建设和实施乡村振兴战略具有十分重要的意义。近些年来，宅基地使用权领域有诸多值得关注与讨论的问题。

第一，主体可否是城镇居民。近年来，很多城镇居民到农村购买宅基地。对此，国家政策采取了严格禁止的态度，不允许城镇居民到农村购买宅基地、农民住宅或"小产权"房，并在1999年5月6日国务院发布的《关于加强土地转让管理严禁炒卖土地的通知》、2004年12月24日国务院发布的《关于深化改革严格土地管理的决定》、2020年5月14日自然资源部出台的《关于加快宅基地和集体建设用地使用权确权登记工作的通知》等政策文件中多次表明这种态度。但从法律层面而言，我国现行法没有对是否允许城镇居民在农村购买宅基地或者房屋作出明确的规定。

就宅基地使用权的初始取得而言，城市居民、外乡（村、镇）的农村村民都不具备享有初始取得的主体资格，除非其成为本集体组织的成员，如依法将户口迁入本村；或者"因地质灾害防治、新农村建设、移民安置等集中迁建，在符合当地规划的前提下，经本农民集体大多数成员同意并经有权机关批准异地建房的，可按规定确权登记发证"[①]。即便未来法律允许宅基地使用权自由流转给外村和城镇居民，他们也只能通过买卖、赠与等继受取得方式获得该权利。就宅基地使用权的原始取得而言，主体只能是本集体组织的村民。

第二，超标拥有宅基地问题。《土地管理法》第62条规定，农村村民一户只能拥有一处宅基地，其宅基地的面积不得超过省、自治区、直辖市规定的标准。农村村民应严格按照批准面积和建房标准建设住宅，禁止未批先建、超面积占用宅基地。经批准易地建造住宅的，应严格按照"建新拆旧"要求，将原宅基地交还村集体。每户拥有一处宅基地，即足以保障农村居民基本的住宅需求。如果法律对此不加限制，允许每户申请并拥有多处宅基地，不仅会导致土地资源的浪费和供给不足，而且还会加大农村社会矛盾，引起社会不公。现实中，为什么很多农户拥有多处宅基地呢？所谓只能拥有一处宅基地，是就申请而言的，是针对以原始取得方式或者初始申请获取的宅基地使用权，法律并

---

① 2011年国土资源部、财政部、农业部联合下发《关于加快推进农村集体土地确权登记发证工作的通知》（国土资发〔2011〕60号）之"六、严格规范确认宅基地使用权主体"。

没有禁止以继受取得方式获取他处的宅基地使用权。例如，村民通过继承方式取得他处宅基地使用权，或者在符合条件的情况下通过购买宅基地上的房屋而取得他处的宅基地使用权。此时，村民就同时拥有了原始取得和继受取得的两处以上的宅基地使用权。当然，如果因宅基地超标闲置而造成土地浪费，集体有权重新规划、调整，乃至收回。[①] 但是，由于超标拥有宅基地很多是历史原因造成的，对此也不应一概予以收回或退还集体。对历史形成的宅基地面积超标和"一户多宅"等问题，须按照有关政策规定分类进行认定和处置，如将超标宅基地置换成农用地或其他建设用地，或者将其转让给其他需要宅基地之人。

　　第三，宅基地使用权的流转问题。对宅基地使用权的流转问题，一直存在分歧。由于宅基地关乎我国9亿农民的"安身立命"问题，故现行法和政策对宅基地使用权的流转采取了谨慎的态度，如此也为今后修改有关法律和调整有关政策留下了空间。从中央的政策精神来看，国家也是主张积极探索、逐步放开宅基地使用权流转的。[②] 鼓励村集体和农民盘活利用闲置宅基地和闲置住宅的前提下，如前文所述，《关于进一步加强农村宅基地管理的通知》中就肯定了村民在本集体经济组织内部向符合宅基地申请条件的农户转让宅基地，以及以出租等方式流转宅基地。《农村宅基地制度改革试点工作指引》也积极探索宅基地使用权流转的制度安排和具休路径。如果彻底放开宅基地使用权市场，比如将宅基地使用权进行抵押，一旦抵押人无力清偿债务，抵押权人行使并实现了抵押权，抵押人何处安身？这种结果的出现，就与宅基地负载的社会保障功能背道而驰了，也不利于农村和谐社会的构建，更遑论建设社会主义新农村了。所以，2015年8月10日国务院印发的《关于开展农村承包土地的经营权和农民住房财产权抵押贷款试点的指导意见》中提出了"依法有序、自主自愿、稳妥推进、风险可控"的"两权"抵押试点原则，先在批准范围内开展，待试

---

　　① 如1995年的《确定土地所有权和使用权的若干规定》第52条规定："空闲或房屋坍塌、拆除两年以上未恢复使用的宅基地，不确定土地使用权。已经确定使用权的，由集体报经县级人民政府批准，注销其土地登记，土地由集体收回。"第51条规定，通过继承、转让房屋而导致面积超标的宅基地，或者其他合法情况的，可在土地登记卡和土地证书内注明超过标准面积的数量。以后分户建房或现有房屋拆迁、改建、翻建或政府依法实施规划重新建设时，按当地政府规定的面积标准重新确定使用权，其超过部分退还集体。

　　② 例如，2003年12月31日发布的《中共中央 国务院关于促进农民增加收入若干政策的意见》（中发〔2004〕1号）明确指出，应当"积极探索集体非农建设用地进入市场的途径和办法"。

点积累经验后再稳步推广。涉及被突破的相关法律条款，则提请全国人大常委会授权在试点地区暂停执行。此外，对于"农民住房财产权（含宅基地使用权）抵押贷款的抵押物处置应与商品住房制定差别化规定"。同时，"探索农民住房财产权抵押担保中宅基地权益的实现方式和途径，保障抵押权人合法权益"。

第四，宅基地退出机制。由于各种原因，当前农村宅基地管理比较薄弱，一些地方存在宅基地闲置浪费、超标准占用宅基地、违法违规买卖宅基地、侵占耕地建设住宅等问题，损害农民合法权益的现象时有发生。对此，《关于进一步加强农村宅基地管理的通知》指出："对进城落户的农村村民，各地可以多渠道筹集资金，探索通过多种方式鼓励其自愿有偿退出宅基地。"《土地管理法》第62条第6款规定："国家允许进城落户的农村村民依法自愿有偿退出宅基地，鼓励农村集体经济组织及其成员盘活利用闲置宅基地和闲置住宅。"《土地管理法实施条例》第35条规定："国家允许进城落户的农村村民依法自愿有偿退出宅基地。乡（镇）人民政府和农村集体经济组织、村民委员会等应当将退出的宅基地优先用于保障该农村集体经济组织成员的宅基地需求。"由于现行法并未禁止或者限制进城落户的村民继续拥有进城落户前合法取得的宅基地使用权，所以《土地管理法实施条例》第36条规定"禁止以退出宅基地作为农村村民进城落户的条件，禁止强迫农村村民搬迁退出宅基地"。《中国式现代化的决定》指出："保障进城落户农民合法土地权益，依法维护进城落户农民的土地承包权、宅基地使用权、集体收益分配权，探索建立自愿有偿退出的办法。"宅基地退出应当贯彻以下要求：一是坚持以维护好进城落户农民的宅基地使用权益为出发点和归宿，不得损害进城落户农民合法权益作为改革的代价。二是强调进城落户农民的自愿性，不得强迫要求进城落户农民有偿退出宅基地。三是探索引入多样化的进城落户农民宅基地使用权实现方式。四是要有足够的耐心，从心理上打消农民"城市套路深，我要回农村"的心结。[①]此外，还要健全退出宅基地价格评估和补偿机制。积极探索退出的闲置宅基地统筹利用方式，村庄内部退出的闲置宅基地，可以由农民集体经济组织回购，首先预留一定面积用于宅基地再分配，其余按规划通过土地整治后，通过城乡建设用地增减挂钩项目等途径，在县域范围内统筹使用，并将节余建设用地指标交易收益返还村集体，用于闲置宅基地有偿收回和整治；或者就地转

---

① 魏莉华著.新《土地管理法实施条例》释义［M］.北京：中国大地出版社，2021：225-226.

化为集体经营性建设用地入市，用于发展乡村产业，增加集体收益。

第五，宅基地"三权分置"。当前，我国宅基地制度改革的方向是宅基地"三权分置"。2018 年中央一号文件《中共中央 国务院关于实施乡村振兴战略的意见》明确指出："完善农民闲置宅基地和闲置农房政策，探索宅基地所有权、资格权、使用权'三权分置'，落实宅基地集体所有权，保障宅基地农户资格权和农民房屋财产权，适度放活宅基地和农民房屋使用权，不得违规违法买卖宅基地，严格实行土地用途管制，严格禁止下乡利用农村宅基地建设别墅大院和私人会馆。"该文件提出了宅基地"三权分置"的概念，即宅基地所有权、资格权、使用权"三权分置"。宅基地从"两权"（宅基地所有权、宅基地使用权）到"三权"的权利构造转变，是我国宅基地制度改革的新一轮探索，也是一项重大理论和实践创新，在实现集体、农户、社会主体三方共享宅基地权利的道路上迈出了坚实步伐。之后，中央很多政策文件，多次提到宅基地"三权分置。例如，《中共中央 国务院关于做好 2023 年全面推进乡村振兴重点工作的意见》指出，要深化农村土地制度改革，"稳慎推进农村宅基地制度改革试点，切实摸清底数，加快房地一体宅基地确权登记颁证，加强规范管理，妥善化解历史遗留问题，探索宅基地'三权分置'有效实现形式"。从政策文本来看，宅基地资格权应该是新创设的一个权利种类，其最早见于部分改革试点地区的相关文件中。[①] 目前，宅基地"三权分置"已经在全国陆续推行。从实践意义上讲，宅基地"三权分置"有利于推动农村土地制度改革，赋予农民更多的土地财产权利，拓宽农民的财产性收入；优化农村土地资源配置，盘活农村闲置的土地资源，助推乡村振兴战略；加快农村现代化建设，改善农民居住条件，提高农村经济效益；明晰宅基地产权关系，维护土地权益，促进城乡协调发展；协调推进相关改革，形成改革合力，放大改革效应。那么，宅基地"三权分置"的"三权"如何从法理上进行解析，进而实现宅基地权利从政策表达转变为法律路径上的权利配置？宅基地所有权如何改造？宅基地资格权如何定性？宅基地使用权如何流转？宅基地"三权分置"的具体实现形式、路径、办法等等，这些问题均值得深入讨论。

第六，从"一户一宅"到"户有所居"。"一户一宅"，系指"农村村

---

① 2015 年 4 月，浙江省义乌市在《关于推进农村宅基地制度改革试点工作的若干意见》中提出，"明确在落实宅基地所有权和保障集体经济组织成员资格权的前提下，允许宅基地使用权通过合法方式有条件转让"。这是宅基地资格权在地方性文件中被首次正式提出。

民一户只能拥有一处宅基地"，而非农村村民一户必须拥有一处宅基地。我国农村一些地区人均土地少、地少人多，尤其在难以满足"一户一宅"的人口稠密地区，"户有所居"便是符合我国国情的"一户一宅"的替代方案。《土地管理法》第 62 条第 2 款规定："人均土地少、不能保障一户拥有一处宅基地的地区，县级人民政府在充分尊重农村村民意愿的基础上，可以采取措施，按照省、自治区、直辖市规定的标准保障农村村民实现户有所居。"依此规定，户有所居可理解为：国家以法律的形式授权县级人民政府采取措施，以保障农村村民的居住权益。那么，如何保障并落实农村村民"户有所居"？目前，主要通过四种途径：一是对已经在城镇稳定就业并纳入城镇职工社会保障体系的村民，可通过纳入本区居民住房保障体系实现户有所居；二是对具备条件且村民有积极性的乡镇、村，相关区可统一规划，鼓励乡镇、村通过集中建设村民公寓、村民住宅小区等方式，引导村民集中居住，实现户有所居；三是对已依法、合理取得宅基地的村民，引导其在符合村庄规划的前提下，经乡镇政府审批，通过在原有宅基地上适当增加建筑面积缓解村民住房紧张，实现户有所居；四是将住房困难村民纳入住房保障体系，通过公共租赁住房、共有产权房等途径解决其居住需求。但是，保障户有所居，要充分尊重农民意愿，不提倡、不鼓励在城市和集镇规划区外拆并村庄、建设大规模农民集中居住区，不得强制农民搬迁和上楼居住。[①]

（三）地役权

1. 地役权的概念与特征

所谓地役权，是指土地上的权利人（包括土地所有人、建设用地使用权人、土地承包权人、宅基地使用权人等）为了自己使用土地的便利或者提高自己不动产的利用价值，按合同约定利用他人土地的一种不动产用益物权。地役权是存在于他人土地之上的物权，是利用他人土地的物权，是为需役地的便利而设立的物权。《民法典》第 372 条第 1 款规定："地役权人有权按照合同约定，利用他人的不动产，以提高自己的不动产的效益。"

地役权一般涉及两块土地，且这两块土地分属于两个所有权人或用益物权人，其中一块土地向另一块土地提供服务。需要役使他人土地的地块叫需役地，

---

① 参见《自然资源部 农业农村部关于保障农村村民住宅建设合理用地的通知》（自然资发〔2020〕128 号）。

而供他人役使的地块则称为供役地；前者的权利主体为地役权人，后者是地役人。从需役地的角度看，地役权是一种权利，而从供役地的角度看，地役权则是一种负担或者义务。

地役权作为一项独立的不动产用益物权，其特征是：

（1）自治性。地役权是依合同而设立的。地役权的法律构造为意思自治留了较大空间，其意思自治性使得地役权具有广泛性和包容性，能够依据社会变化不断充实对土地利用的内容。

（2）从属性。一方面，地役权不能与需役地分离而单独转让，它必须随需役地的所有权或使用权转移而一同转移。例如，《民法典》第380条规定："地役权不得单独转让。土地承包经营权、建设用地使用权等转让的，地役权一并转让，但是合同另有约定的除外。"另一方面，地役权不得与需役地分离而成为其他权利的标的，如果在需役地上设定其他用益物权，则该用益物权人同时拥有地役权。例如，《民法典》第378条规定："土地所有权人享有地役权或者负担地役权的，设立土地承包经营权、宅基地使用权等用益物权的，该用益物权人继续享有或者负担已经设立的地役权。"

（3）不可分性。地役权存在于需役地和供役地的整体，不能分割为各个部分或仅以一部分而单独存在。例如，《民法典》第382条规定："需役地以及需役地上的土地承包经营权、建设用地使用权等部分转让时，转让部分涉及地役权的，受让人同时享有地役权。"地役权的不可分性实际上是其从属性的延伸。

（4）主体复杂性。地役权的主体是需役地所有人或使用权人和供役地所有人或使用权人。在我国，地役权的所有权主体为国家和集体；地役权的使用权主体主要包括建设用地使用权人、宅基地使用权人和土地承包经营权人等。

2. 地役权与房地产相邻权的比较

从民法为权利法的角度，相邻关系又称为相邻权。相邻权，是指两个或两个以上相互毗邻的房地产所有人或使用人之间，一方行使所有权或使用权时，享有要求另一方提供便利或接受限制的权利。

从我国《民法典》的规定来看，我国采纳的是不动产相邻关系与地役权并存的模式，而没有采用统一地役权模式，没有将不动产相邻关系纳入地役权体系之中。虽然两者作为不动产财产权利有共同之处，例如，都是解决土地所有权人、使用权人之间的权利义务关系，都是利用邻地供自己使用之便利，但是，两者的区别还是非常明显的：第一，从法律性质上看，相邻权不属于一项独立的不动产权利，而是基于所有权内容而产生的效力之扩张和限制；地役权则是一项独立的不动产用益物权，属于他物权的范畴。第二，权利实现的目的不同。相邻权是法律为了维护相邻不动产所有人和使用人之间一种正常和睦的生活和生产关系而强制一方提供必要的便利，以满足正常、基本的生产和生活需要；地役权则是为了实现在基本生活、生产条件之外的更高、更好的需求，从而使自己的权利得到扩张与提升，获得便利的不动产在价值上得到更大增值，产生更多效益。第三，权利实现的代价不同。因为相邻权是法定权，因此权利人实现权利获取利益无须支付费用；地役权的实现一般需约定向供役地人支付费用，费用的多少及支付的方式，需双方协商一致。第四，权利存续的期间不同。相邻权存在于整个相邻关系期间，只要相邻关系不变，一方为对方采光、通风、日照等提供必要的便利的义务就一直存在；地役权则可以通过约定来设定权利的期限，只是不能超过土地承包经营权、建设用地使用权等用益物权的剩余期限，期限届满，地役权消灭。第五，从受到损害后的救济请求权来看，相邻权受到侵害后，不能直接以相邻权为基础提起损害赔偿之诉，应提起所有权的行使受到妨害之诉；而地役权受到损害之后，受害人可以直接提起地役权受损害的赔偿请求之诉。

（四）土地抵押权

抵押是指为担保债务的履行，债务人或者第三人不转移财产的占有，将该财产抵押给债权人，债务人不履行债务或发生当事人约定的实现抵押权的情形时，债权人有权就该财产优先受偿。其中，债务人或者第三人是抵押人，债权人是抵押权人，提供担保的财产是抵押财产。抵押财产主要是不动产，即土地、房屋及其附属物，也包括动产（如交通运输工具）、权利抵押。

在实行土地私有制的国家，土地所有权可以自由流通，亦可为抵押的客体。我国的土地所有权建立在土地公有制基础之上，土地所有权不能进行流通交易，这就排除了土地所有权为抵押客体的可能，但土地的使用权是可以成为房地产抵押客体的。所以，此处所言的"土地抵押权"，实为"土地使用权的抵押权"。

土地抵押权是一种重要的土地财产权利，在不动产物权体系中属于担保物权的一种，是指土地使用权人在法律许可的范围内，在不转移土地占有的情况下，将土地使用权作为债权的担保，当债务人不履行债务或发生当事人约定的实现抵押权的情形时，债权人有权依法处分该土地使用权并从处分所得价款中优先受偿的一种权利。

四、土地债权

（一）土地承租权

1. 对我国"土地承租权"的理解

尽管国内很多学者在著述中普遍使用"土地承租权"一词，但相关法律法规均未使用该词，且对其内涵和外延也存在不同的认识。有学者认为，土地承租权是土地承租人按期向土地使用人支付租金而取得的一定期限内对土地使用、收益的土地他项权利。[①] 也有学者认为，土地租赁一般是指在所有权不变的情况下，土地所有者将土地的使用权、经营权、支配权在一定时期内有偿出租于承租人使用的经济行为。[②] 还有学者认为，我国的土地承租权有两种：一是通过租赁行为形成的租赁土地使用权；二是出租通过出让等有偿方式取得的土地使用权而形成的租赁土地使用权。[③]

在我国的土地租赁市场，现行法主要肯定了两种不同方式租赁土地的情形。第一种是国家和集体作为出租方将建设用地使用权出租给承租人使用，如《土地管理法实施条例》第29条规定，国有土地有偿使用的方式包括国有土地使用权出让、国有土地租赁和国有土地使用权作价出资或者入股；原国土资源部1999年发布的《规范国有土地租赁若干意见》规定，国有土地租赁是指国家将国有土地出租给使用者使用，由使用者与县级以上人民政府土地行政主管部门签订一定期限的土地租赁合同，并支付租金的行为。第二种是建设用地使用权人作为出租人将土地使用权出租给承租人使用。如《土地使用权出让和转让暂行条例》第28条规定："土地使用权出租是指土地使用者作为出租人将土地使用权随同地上建筑物、其他附着物租赁给承租人使用，由承租人向出租人支付租金的行为。未按土地使用权出让合同规定的期限和条件投资开发、利用土地的，土地使用权不得出租。"至于两种方式的称谓，有学者建议将前者称作"承租土地使用权"，以与出让和划拨土地使用权相并列并相区别，将后者称作"租

---

① 王卫国，王广华.中国土地权利的法制建设 [M].北京：中国政法大学出版社，2002：191.

② 沈守愚.土地法论 [M].北京：中国大地出版社，2003：702.

③ 高富平.土地使用权和用益物权 [M].北京：法律出版社，2001：300.

赁土地使用权"更为妥当。①

此外，实践中也大量存在农村村民出租宅基地使用权的情形：一种是通过出租宅基地上的房屋而取得宅基地使用权的承租权；另一种是直接将宅基地使用权出租给他人。在法律政策许可的范围内，出租宅基地亦应受到法律的保护。

对于租赁土地的权利属性，很多学者进行过讨论，并就其是债权、物权还是物权化了的债权提出了相应观点。虽然租赁土地的权利实际上已经具备了物权的诸多特征，但从《民法典》奉行的"物权法定主义"来诠释，只能认定该权利属于债权性质。

2. 承租土地使用权与租赁土地使用权

作为租赁土地形成的权利，二者有如下区别：

（1）出租人不同。前者的出租人是土地所有权人，在我国即国家和农民集体组织；后者的出租人是取得建设用地使用权之人。

（2）出租的条件不同。对于前者，只要用地项目符合土地规划用途和城乡规划，出租人即可将土地出租给符合要求的用地者，故可就建设用地使用权单独出租；后者必须完成一定的土地开发，不能单独出租建设用地使用权，故此种出租多因地上建筑物的出租而发生，通常是随地上物而出租。

（3）流转的自由度不同。前者属于房地产交易的一级市场，承租人在法律允许和合同约定的权限内可于租赁期限将这种权利在土地二级市场进行流转，如转租、抵押；后者属于房地产交易的二级市场，其自由流转的权利受到很大限制，承租人非经出租人同意不得自行转租。

（二）土地借用权 ②

所谓土地借用权，一般是指无偿占有、使用他人土地的权利。我国现行土地法律实践所承认的土地借用权，是我国特定历史条件下产生的一种土地财产权利。具体而言，这是我国长期以来的国有土地无偿划拨制度的产物，在这样的制度安排下，由于没有地产市场，用地单位之间的余缺调剂主要通过两种方式进行：一是通过行政指令，改变划拨土地使用权人，即划拨土地使用权的收回和重新授予；二是通过用地单位之间的借用协议，由出借方将其暂时或长期

---

① 李延荣.土地租赁法律制度研究 [M].北京：中国人民大学出版社，2004：23.

② 王卫国，王广华.中国土地权利指南 [M].北京：中国政法大学出版社，2001：263-264.

不用的土地无偿提供给借用方使用。这种土地借用关系在一定程度上起到了缓解土地供需矛盾和提高土地利用率的积极作用。而且，通过这种方式长期形成的土地使用关系，在当前和今后一个较长时期内仍将延续。所以，对这种土地利用关系加以确认和保护，有利于稳定既定的土地使用格局，减少不必要的经济纠纷和损失，并实现土地资源的有效利用。

土地借用权只能通过合同方式取得。土地借用人除享有占有、使用所借土地并由此获得收益的权利外，还享有：第一，续借权，即在借用期满，经出借人同意而继续借用该土地；第二，承租权，即在借用期间或期满时，将借用关系转变为租赁关系（如为国有划拨土地，则应补办土地使用权出让手续）；第三，购买权，即经出借人和土地管理部门批准，将借用的划拨土地转变为出让土地。

土地借用权因期限届满或者其他原因而消灭的，土地的占有、使用权利依不同情况，或者复归出借方，或者由国家收回后另行出让或划拨给其他单位。借用权人在土地上的投资，原则上由其取回；不能取回或者一旦取回将损害出借人利益或国家利益的，可按添附原则归属于土地所有权人。

（三）临时用地与先行用地

1. 临时用地

临时用地是《土地管理法》为了解决项目施工和地质勘查需要临时使用土地而确立的一项土地管理制度，是指建设项目施工、地质勘查等临时使用且不修建永久性建（构）筑物、使用后恢复原状并交还土地所有权人或使用权人，经县级以上自然资源主管部门依法批准使用的土地。

《土地管理法》第 57 条规定："建设项目施工和地质勘查需要临时使用国有土地或者农民集体所有的土地的，由县级以上人民政府自然资源主管部门批准。其中，在城市规划区内的临时用地，在报批前，应当先经有关城市规划行政主管部门同意。土地使用者应当根据土地权属，与有关自然资源主管部门或者农村集体经济组织、村民委员会签订临时使用土地合同，并按照合同的约定支付临时使用土地补偿费。临时使用土地的使用者应当按照临时使用土地合同约定的用途使用土地，并不得修建永久性建筑物。临时使用土地期限一般不超过二年。"《土地管理法实施条例》第 20 条规定："建设项目施工、地质勘查需要临时使用土地的，应当尽量不占或者少占耕地。临时用地由县级以上人民政府自然资源主管部门批准，期限一般不超过二年；建设周期较长的能源、交通、水利等基础设施建设使用的临时用地，期限不超过四年；法律、行政法规另有规定的除外。土地使用者应当自临时用地期满之日起一年内完成土地复垦，使其达到可供利用状态，其中占用耕地的应当恢复种植条件。"对于临时用地，也须遵循"谁损毁，谁复垦"的原则，《土地复垦条例》第10条规定，能源、交通、水利等基础设施建设和其他生产建设活动临时占用所损毁的土地，临时用地人作为土地复垦义务人应承担土地复垦的法律责任。临时用地一般不得占用永久基本农田，根据自然资源部、农业农村部《关于加强和改进永久基本农田保护工作的通知》（自然资规〔2019〕1号）规定，建设项目施工和地质勘查需要临时用地、选址确实难以避让永久基本农田的，在不修建永久性建（构）筑物、经复垦能恢复原种植条件的前提下，土地使用者按法定程序申请临时用地并编制土地复垦方案，经县级自然资源主管部门批准可临时占用，并在市级自然资源主管部门备案，一般不超过两年，同时，通过耕地耕作层土壤剥离再利用等工程技术措施，减少对耕作层的破坏。临时用地到期后土地使用者应及时复垦恢复原种植条件，县级自然资源主管部门会同农业农村等相关主管部门开展土地复垦验收，验收合格的，继续按照永久基本农田保护和管理；验收不合格的，责令土地使用者进行整改，经整改仍不合格的，按照《土地复垦条例》的规定，由县级自然资源主管部门使用缴纳的土地复垦费代为组织复垦，并由县级自然资源主管部门会同农业农村等相关主管部门开展土地复垦验收。县级自然资源主管部门要切实履行职责，对在临时用地上修建永久性建（构）筑物或其他造成无法恢复原种植条件的行为依法进行处理；市级自然资源主管部门负责临时用地使用情况的监督管理，通过日常检查、年度卫片执法检查等，及时发现并纠正临时用地中存在的问题。

2. 先行用地

对土地利用行为进行管制是各国通行做法。我国现行的土地审批制度，以国土空间规划和土地用途管制为主导，先批后占是使用建设用地的基本原则。先行用地则是先用地再审批，是先批后占的例外，只有在极特殊情况下才能适用。对此，《土地管理法实施条例》第21条规定："抢险救灾、疫情防控等急需使用土地的，可以先行使用土地。其中，属于临时用地的，用后应当恢复原状并交还原土地使用者使用，不再办理用地审批手续；属于永久性建设用地的，建设单位应当在不晚于应急处置工作结束六个月内申请补办建设用地审批手续。"《建设用地审批报批管理办法》第6条规定："国家重点建设项目中的控制工期的单体工程和因工期紧或者受季节影响急需动工建设的其他工程，可以由省、自治区、直辖市国土资源主管部门向国土资源部申请先行用地。申请先行用地，应当提交下列材料：（一）省、自治区、直辖市国土资源主管部门先行用地申请；（二）建设项目用地预审意见；（三）建设项目批准、核准或者备案文件；（四）建设项目初步设计批准文件、审核文件或者有关部门确认工程建设的文件；（五）国土资源部规定的其他材料。经批准先行用地的，应当在规定期限内完成用地报批手续。"

临时用地双方应系一般民事法律关系主体，临时用地者应当根据土地权属，与有关自然资源主管部门或者农村集体经济组织、村民委员会签订临时使用土地合同，临时用地者对土地的使用属于债权性质的使用。尽管批准先行用地是政府的行政权力，但先行用地者对土地的使用应该也属于债权性质的使用。

第三节　房屋财产权

一、概说

中华人民共和国成立初期，国家没收地主、官僚资本家的房产，归国家所有；对属于民族资产阶级所有的和广大城市居民个人所有的住房予以承认和保护。改革开放之前，我国城镇房屋所有权的主体较为单一，以国家所有和单位（单位也多是国有企事业单位）所有为主，也有少量的私人拥有房屋所有权的情况。广大城镇居民多是拥有公房使用权，或是国家直管公房，或是单位自管公房。我国农村地区的土地所有权虽然归集体所有，但法律一直承认村民在其享有的宅基地使用权上所建的住宅所有权。

党的十一届三中全会以后，全国各城市落实私房政策，进行住房补贴出售，允许个人购买住宅，使得城市房屋所有权结构发生了变化，个人拥有住房的比例逐步增加，国家所有或由国家房管部门直管的住房、单位自管公房的比例逐年下降。20 世纪 80 年代，我国开始推行房屋制度改革。尤其是确立了按照社会主义市场经济的要求推行房屋商品化以来，在房屋政策上，国家从改革公房低租金制度入手，实行公有住房商品化改革，将以往对住房的实物分配逐步改变为货币分配，进而向居民和职工出售公有住房，既包括出售公有住房的所有权，也包括出售公有住房的使用权；在产权结构上，出现了购买公房的"全部产权"或"有限产权"等不同形式。同时，房屋商品化政策的推行使得市场上出现了大量的由房地产开发商新建造并公开出售的"一手"商品房，这在客观上促使广大居民踊跃购买新建商品房，极大地活跃了商品房交易市场。此外，基于"居者有其屋"的社会理想，以及对中低收入阶层住房问题的关注，还由政府、开发商等共同出资建造了大量的具有社会保障性质的房屋，如经济适用住房、公共租赁住房等。

房屋制度改革的结果，使得我国现今房屋财产权呈现出主体多元化和类型复杂化的格局。以房屋为客体的民事财产权利，既有房屋物权，如房屋所有权、房屋抵押权、居住权，购买公有房屋和经济适用住房形成的"有限产权"，多人居住高层住宅的"业主的建筑物区分所有权"；也有房屋债权，如房屋借用权、房屋承租权，购买公房形成的"公有住房使用权"等。此外，伴随我国房地产业的发展，并适应旅游消费的需要，在开发房地产的过程中还出现了一些新的房屋财产权，如房屋"分时度假所有权""分时度假使用权"[①]等。与房屋制度改革之前相比，在房屋财产权的主体方面，只要是适格的民事主体，于法律上实施了相应的民事行为，并履行了相应的手续，他们所拥有的房屋权利皆能得到法律的认可与保护。

二、房屋物权

（一）房屋所有权

房屋所有权，是指房屋所有权人依法对自己的房屋享有的占有、使用、收益和处分的权利。从不同角度，按照不同标准可将房屋所有权划分为不同类型。例如，按照房屋是否是住宅，可将之划分为住宅所有权和非住宅所有权；按照权利主体的不同，可将之划分为国有房屋所有权、集体房屋所有权、私房所有权和混合所有权；按照房屋所有权权利主体内部构成的不同，可将之划分为单独所有权（独有）、共有、有限产权和区分所有等。

1. 独有

独有，即单独拥有房屋所有权，是由单个独立承担民事责任的主体独自拥有房屋所有权的情形。这里的房屋，可以是独立的一间平房，如农村居民的私房；

---

① 对分时度假财产权利的讨论，详见陈耀东，任容庆.所有权型分时度假对传统所有权理论的冲击与发展[J].法学杂志.2005（1）.租赁权型分时度假法律性质的思考[J].华侨大学学报.2005（4）.我国分时度假权属定位分析[J].学术交流.2017（8）.任容庆.我国分时度假权属性质研究[M].北京：中国政法大学出版社，2018.

也可以是一幢楼房，如某学校拥有所有权的教学楼；还可以是相互毗连的楼群，如企业法人的工业厂房。只要独立的房屋单元、一幢独立的建筑物或楼群归一个人（自然人、法人或非法人组织）所有，即属于单独拥有房屋所有权。

因为独有涉及的仅是一个主体、一个客体、一个所有权，因此一个主体的意志可以支配整个建筑物，无论是对房屋的使用，还是在房屋之上设定权利负担，或者对之进行处分，各种法律关系都比较清晰。独有是最简单的房屋所有权归属形式。

2. 共有

共有，是指两个以上单位或个人共同拥有一个房屋所有权。共有状态下，是一个所有权、一个客体（房屋），但存在两个以上的单位或个人。共有的客体，既可以是一个独立的房屋单元，也可以是许多独立的房屋或套房结合在一起的楼房。也就是说，共有的客体既包括不可分割的房屋，也包括可以分割或划分为相对独立的单元的房屋。《民法典》第297条规定："不动产或者动产可以由两个以上组织、个人共有。共有包括按份共有和共同共有。"

上海、北京等地推行的共有产权房，在共有的类型上属于按份共有，如《上海市共有产权保障住房管理办法》第16条规定："共有产权保障住房的购房人和政府的产权份额应当在购房合同、供后房屋使用管理协议中明确。购房人产权份额，参照共有产权保障住房所在项目的销售基准价格占相邻地段、相近品质商品住房价格的比例，予以合理折让后确定；政府产权份额，由区（县）住房保障实施机构持有。"《北京市共有产权住房管理暂行办法》第18条规定："购房人产权份额，参照项目销售均价占同地段、同品质普通商品住房价格的比例确定；政府产权份额，原则上由项目所在地区级代持机构持有，也可由市级代持机构持有。"

3. 有限产权或部分产权

我国出现的住房有限产权有以下两种：

（1）房屋制度改革之初按照标准价购买的公有房屋。20世纪80年代末期和90年代初期，我国城镇住房制度改革的措施之一是按照不同的价格出售公有住房，出售公有住房的类型有三种：第一，职工以市场价购买的公有住房，产权归个人所有，办完购房手续、交清购房款后，可依法进入市场，按规定缴纳有关税费后，收入归个人所有。第二，职工以成本价购买的公有住房，产权归个人所有，一般住用5年后可依法进入市场，在补交土地使用权出让金或所含土地收益和按规定缴纳有关税费后，收入归个人所有。第三，职工以标准价购买的公有住房，享有占有权、使用权、有限的收益权和处分权，可以继承；拥有部分产权，产权比例按售房当年标准价占成本价的比重确定。以标准价购买的公有住房，一般住用5年后可依法进入市场。在同等条件下，原售房单位有优先购买、租用权。售、租房收入在补交土地使用权出让金或所含土地收益和按规定缴纳有关税费后，职工个人和原产权单位按各自的产权比例进行分配。比较而言，职工以市场价和成本价购买的公有住房，产权归个人所有，法律关系比较清楚、明确。职工以标准价购买的公有住房，则对购买人的产权状态和交易行为进行了诸多限制，此种产权状态称作 "部分产权" 或 "有限产权"，即对享受政府或单位补贴而购买或建造的房屋所拥有的房屋所有权。

从文意上理解，住房"部分产权"显然不等于房屋的完全产权，其法律性质如何？有租赁权说、共有权说、他物权说、永久居住权说等观点。本书认为，住房部分产权在性质上应属于受到特殊限制的由购买人拥有的所有权。理由在于：第一，住房部分产权的购买人支付的价款尽管比市场价低，但性质上仍属购房款，而非租金；购买人持有的法律凭证是产权证书，而非租赁契约。第二，单位对所售房屋的权利只是在行使对住房的最终处分权时所获收益方面有所体现，在购买人自用自住期间单位所谓的所有权是难以实现的。

房屋有限产权是在计划经济条件下的城镇住房福利制度已经无法维持运作的情况下设计的一种特殊形式的所有权，旨在调动国家、单位、职工三方面的积极性，使职工对房屋享有的财产权利得到了进一步强化。随着我国市场经济改革的推进，部分产权的上市流通已大量出现，为保证交易的顺利进行，有必要将这种法律上存在争议的产权模式通过规范性文件的形式进行有效规范。1999年，原建设部发布《已购公有住房和经济适用房上市出售管理暂行办法》，允许将按照成本价或标准价购买的公有住房出售给他人。上市交易使有限产权向完全产权过渡，很多省市也通过地方立法已实现了这一过渡，如2003年2月18日《北京市已购公有住房上市出售实施办法的通知》。

（2）具有住房社会保障性质的经济适用房。2007年8月国务院下发的《关于解决城市低收入家庭住房困难的若干意见》之三 "改进和规范经济适用住房制度" 中第（十一）将经济适用住房的权利属性定性为 "有限产权"，并进一步明确："经济适用住房属于政策性住房，购房人拥有有限产权。购买经济适用住房不满5年，不得直接上市交易，购房人因各种原因确需转让经济适用住房的，由政府按照原价格并考虑折旧和物价水平等因素进行回购。购买经济适用住房满 5 年，购房人可转让经济适用住房，但应按照届时同地段普通商品住房与经济适用住房差价的一定比例向政府交纳土地收益等价款，具体交纳比例由城市人民政府确定，政府可优先回购；购房人向政府交纳土地收益等价款后，也可以取得完全产权。上述规定应在经济适用住房购房合同中予以明确。政府回购的经济适用住房，继续向符合条件的低收入住房困难家庭出售。"之后，2007 年颁布的《经济适用住房管理办法》第 30 条也作了相应规定。可见，将经济适用房的权利属性定性为有限产权明显借鉴了我国住房制度改革之初按照标准价购买的公有房屋的权利模式，且其运行也与后者极为相似。

4. 业主的建筑物区分所有权

现代社会，随着工商业的发展和经济的繁荣，城市人口急剧增加，对各类房屋需求量的不断增长和建设用地面积有限性之间的矛盾，促使建筑物不断向多层高空发展。一栋住宅高楼常常不可能为一人所有或数人共有，只能分割为不同部分而为众多的住户所有，此种产权构造在法律上即为建筑物区分所有权。美国盐湖城第一栋采用建筑物区分所有权兴建的高层写字楼大堂的墙壁上，镌刻着一段用通俗的语言解释什么是建筑物区分所有权的文字："区分所有物业产权制度，规定了住宅楼或写字楼中的房屋单元分别为不同的业主所拥有时，如何划分不同业主的产权的方法。这种划分产权的方法，使每一房屋单元的分别抵押、分别买卖、分别购买保险以及分别纳税成为可能，并能使每个房屋单元的业主对小区的共有部分各自承担相应的维护和维修责任。"[1]

为了使人们能理解建筑物区分所有权这一法律制度，原《物权法》将建筑物区分所有权称作"业主的建筑物区分所有权"。对建筑物区分所有权构成的学说，理论界有不同看法，比较有代表性的是"一元论说""二元论说"和"三元论说"。其中，"一元论说"认为建筑物区分所有权是在专有部分上成立的所有权；"二元论说"认为建筑物区分所有权是由专有部分所有权和共有部分持分权构成的一项民事权利；"三元论说"则认为，建筑物区分所有权是由区分所有建筑物的专有部分所有权、共有部分持分权及因公用部分共同所有关系所生的成员权所构成的一种特别所有权。"三元论说"更全面地反映了建筑物区分所有权的概念，其中专有所有权是基础，共有所有权和成员权是依附于专

---

[1] 周树基.美国物业产权制度与物业管理 [M].北京：北京大学出版社，2005：9.

有所有权而存在的，区分所有人取得专有所有权，就自然取得了共有所有权和成员权。区分所有权人转让其专有部分时，共有所有权和成员权一并转让。总之，这三项权能不可分割，如果作为继承或处分的标的，应将三者视为一体。①我国原《物权法》第 70 条、《民法典》第 271 条也采纳了"三元论说"，即"业主对建筑物内的住宅、经营性用房等专有部分享有所有权，对专有部分以外的共有部分享有共有和共同管理的权利"。因此，业主的建筑物区分所有权，就是指数人区分一建筑物时，对各自的专有部分有单独所有权，并就该建筑物及其附属物的共用部分，除另有规定外，享有共有所有权，并基于区分所有人之间的团体关系而拥有共同管理建筑物共有部分的成员权。

（二）居住权

居住权，是用益物权的一种，是指自然人依据合同或者遗嘱指定，对他人的住宅享有的通过占有、使用以满足自己生活居住需要的不动产权利。我国的居住权更偏重保障功能，其主要特征是：居住权是在他人所有的房屋上设立的物权，是为满足权利人生活居住的需要而设定的权利，是为特定自然人设定的用益物权，一般具有无偿性（当事人另有约定的除外），期限通常较长甚至终身，不得转让、继承，一般不得出租（当事人另有约定的除外）。

居住权是一项古老的权利类型，罗马法时代即已经存在，属于人役权的范围。近现代大陆法系诸多国家和地区的民法都继受了居住权，并与用益权、使用权共同构成了人役权制度。我国在制定物权法时，因争议较大而没有将居住权纳入原《物权法》。在《民法典》编纂过程中，立法机关认为，"为落实党中央的要求，认可和保护民事主体对住房保障的灵活安排，满足特定人群的居住需求"，有必要创设居住权制度。鉴于此，《民法典》明确规定了居住权，并将其纳入用益物权之中。

按照《民法典》的规定，居住权的设立方式可以依据合同或者遗嘱。第366 条规定："居住权人有权按照合同约定，对他人的住宅享有占有、使用的用益物权，以满足生活居住的需要。"第 371 条规定："以遗嘱方式设立居住权的，参照适用本章的有关规定。"

依合同设立居住权的，当事人应当采用书面形式订立居住权合同。居住权

---

① 温丰文.建筑物区分所有权之研究 [M].台北：三民书局，1992：16.

合同一般包括下列条款：（一）当事人的姓名或者名称和住所；（二）住宅的位置；（三）居住的条件和要求；（四）居住权期限；（五）解决争议的方法。居住权的物权变动采登记要件主义，当事人仅签订居住权合同并不能导致居住权的设立，必须办理登记。对此，《民法典》规定，设立居住权的，应当向登记机构申请居住权登记。居住权自登记时设立。居住权期限届满或者居住权人死亡的，居住权消灭。居住权消灭的，应当及时办理注销登记。

《民法典》对居住权的规定只有六个条文，仅涉及居住权的含义、设立与消灭等，且内容简单。因此，理论与实践中对所涉居住权的诸多问题均存在争议。例如，通过遗嘱设立居住权何时设立？设立居住权的遗嘱性质、内容如何认定？遗嘱设立居住权的物权变动模式为何？在居住权的主体范围方面，居住权人是否包括法人、非法人组织？自然人作为居住权人的范围有无限制？在居住权的客体方面，住宅的一部分可否设立居住权？住宅的附属设施是否属于居住权的客体？在居住权的设立方式方面，可否以裁判方式设立居住权？[①] 在居住权的功能方面，是否肯定投资性居住权？等等。

（三）房屋抵押权

房屋抵押权是以不动产——房屋作为标的物的抵押关系，是指债务人或者第三人以房屋提供担保，当债务人逾期不履行债务或发生当事人约定的实现抵押权的情形时，债权人即抵押权人有权就该房屋优先受偿的一种房地产财产权利，房屋抵押权属于担保物权。

我国《城市房地产管理法》第32条规定："房地产转让、抵押时，房屋的所有权和该房屋占用范围内的土地使用权同时转让、抵押。"《民法典》第397条规定："以建筑物抵押的，该建筑物占用范围内的建设用地使用权一并抵押。以建设用地使用权抵押的，该土地上的建筑物一并抵押。抵押人未依据前款规定一并抵押的，未抵押的财产视为一并抵押。"由于在空间物理状态上，房屋不能离开土地而单独存在，故所谓的房屋抵押，原则上是将建设用地使用权随同房屋所有权一并抵押，即"地随房走"。

三、房屋债权

---

① 参见《重庆荣昌区法院创造性以判决设立居住权》，《人民法院报》，2022年5月16日；鲁法案例〔2023〕475号，桓台县人民法院。

（一）房屋承租权

房屋租赁，是指房屋出租人将房屋出租给承租人，承租人向出租人支付租金，并取得对房屋占有、使用的民事法律行为。房屋承租权在性质上属于房地产债权。

在房屋租赁关系中，出租人一般是房屋所有权人，但在某些特殊情况下，非房屋所有权人只要通过某种合法方式取得了房屋的处分权，也可以作为出租人与他人建立房屋租赁关系，如直管公房的房屋经营管理人、房屋所有权人委托的代理人、典权人、经出租人同意的承租人和居住权人等。出于对承租人的地位、经济实力等方面的考虑，各国立法为达到利益平衡的目的，常常给予承租人一定的特殊保护。我国现行法与政策亦愈发注重对承租人的保护。①

1. 买卖不破租赁

传统民法认为债权属于相对权，其效力只能及于债务人，不能对抗第三人。在就同一物设定债权和物权时，债权即使设定在先，也无法对抗设定在后的物权。相反，物权作为绝对权，却具有破除债权的效力，这是自罗马法以来就在民法中被奉行的"物权优于债权"规则。该规则认为，当出租人将租赁物出卖给第三人时，租赁关系将因该买卖行为而被破除，租赁权消灭，即"买卖击破租赁"。"买卖不破租赁"是指在租赁关系成立后，出租人将出租物转卖给第三人，原存在的租赁关系仍对买受人有效，承租人仍可向买受人主张租赁权，买受人取得的房屋所有权是负有租赁债权负担的财产所有权，这就使租赁权这种债权具有了物权特征。对此，《民法典》及其他一些法律法规都作了明确规定，如《城市房屋租赁管理办法》第11条第1款规定："租赁期限内，房屋出租人转让房屋所有权的，房屋受让人应当继续履行原租赁合同的规定。"《城镇房屋租赁合同司法解释》第14条亦有明确规定。在当代社会，"买卖不破租赁"的适用范围已得到进一步扩大，如租赁权的让与不破租赁、抵押不破租赁、拆迁不破租赁等。例如《民法典》第405条规定："抵押权设立前，抵押财产已经出租并转移占有的，原租赁关系不受该抵押权的影响。"

---

① 例如，住房城乡建设部2015年1月6日发布的《关于加快培育和发展住房租赁市场的指导意见》（建房〔2015〕4号）。一些地方则明确提出"保障租购同权""保护承租人的稳定居住权"，参见广州市人民政府办公厅2017年6月30日发布的《广州市加快发展住房租赁市场工作方案》。

2. 租赁关系的永续性

随着法律对承租人权利保护的加强，租赁关系出现了永续化的趋势，表现为：第一，保障租赁关系于一定期间存续。各国民法往往规定租赁的最短期间，以稳定租赁关系。第二，限制出租人终止契约的自由。主要表现在租赁契约的自动更新上，如我国《民法典》第734条第2款就赋予了承租人的优先承租权。第三，对与承租人共同生活的人给予特殊的保护。例如，《民法典》第732条规定："承租人在房屋租赁期限内死亡的，与其生前共同居住的人或者共同经营人可以按照原租赁合同租赁该房屋。"《城市房屋租赁管理办法》第11条第2款规定："出租人在租赁期限内死亡的，其继承人应当继续履行原租赁合同。原租赁合同住宅用房承租人在租赁期限内死亡的，其共同居住两年以上的家庭成员可以继续承租。"《广州市加快发展住房租赁市场工作方案》之三"具体措施"之"（一）保障租赁双方权益，支持租赁居住方式"第6条要求"保护承租人的稳定居住权。通过对租期和租金依法进行规范，控制承租人租房成本，保障承租人长期、稳定的居住权益"。

3. 优先购买权

房屋承租人的优先购买权是指出租人转让房屋时，承租人享有以同等条件优先购买该房屋的权利，如《民法典》第726条第1款规定："出租人出卖租赁房屋的，应当在出卖之前的合理期限内通知承租人，承租人享有以同等条件优先购买的权利；但是，房屋按份共有人行使优先购买权或者出租人将房屋出卖给近亲属的除外。"对于侵犯承租人优先购买权的，承租人有权请求出租人承担赔偿责任。问题是：如果出租人出卖租赁房屋，未在合理期限内通知承租人，该房屋买卖合同的效力为何？《民法典》第728条规定："出租人未通知承租人或者有其他妨害承租人行使优先购买权情形的，承租人可以请求出租人承担赔偿责任。但是，出租人与第三人订立的房屋买卖合同的效力不受影响。"

值得注意的是：为了加快构建租购并举的住房体系，培育和发展住房租赁市场，发展现代住房租赁产业，2016年5月17日《国务院办公厅关于加快培育和发展住房租赁市场的若干意见》（国办发〔2016〕39号）明确规定："非本地户籍承租人可按照《居住证暂行条例》等有关规定申领居住证，享受义务教育、医疗等国家规定的基本公共服务。"之后，2017年6月30日广州市出台了《加快发展住房租赁市场工作方案》，提出"购租同权"概念，即"赋予符合条件的承租人子女享有就近入学等公共服务权益，保障租购同权"①。此后，成都、郑州、北京、南京、天津等多地陆续出台租赁住房改革新政，赋予了房屋承租权新的内涵。就目前我国一些城市规定的承租人子女可就近入学，租赁住宅落户政策等方面而言，的确强化了对承租权的保护，也赋予了房屋承租家庭一些切切实实的权益，但这些权益为公共资源性权益，在性质上应属于公法意义上的基本公共服务权益，并非民事权益。从私法框架而言，房屋承租权与房屋所有权依然存在债权与物权之别。

（二）房屋借用权

房屋借用，指房屋所有人或有权处分人将房屋在一定期限内无偿借给借用人占有、使用的民事行为，借房人由此产生的权利即为房屋借用权。房屋使用权自借用关系生效时产生，至借用关系结束时消灭。借用人在享有占有、使用权的同时也要受到法律和约定义务的制约，如借用人一般无权对借用的房屋进行改建和添建等。由于借用人通常是在没有支付对价情况下无偿使用，故其权利不同于房屋承租权，没有对抗性，适用"物权优于债权"的规则；当房屋所有权人发生变更时，新的所有权人有随时收回借用房屋的权利，但要给予借用人一定的搬迁时间。

（三）房屋典权

典权是我国的固有制度，是指典权人支付典价而占有出典人的不动产，并加以使用和收益的民事权利。支付典价占有他人典物的为典权人，以自己的典物供典权人使用收益的为出典人，典权的客体是典物。从广义上说，典权客体包括不动产、不动产权利和动产，我国现行法将典权客体限定为房屋。② 目前，

---

① 按照《广州加快发展住房租赁市场工作方案》的规定，指的是"具有本市户籍的适龄儿童少年、人才绿卡持有人子女等政策性照顾借读生、符合市及所在区积分入学安排学位条件的来穗人员随迁子女，其监护人在本市无自有产权住房，以监护人租赁房屋所在地作为唯一居住地且房屋租赁合同经登记备案的，由居住地所在区教育行政主管部门安排到义务教育阶段学校（含政府补贴的民办学校学位）就读"。

② 1950年9月原中央内务部颁发的《关于土地改革典当土地房屋问题的处理意见（草案）》明确提及典权的标的为土地、房屋。1952年7月最高人民法院、财政部、司法部联合发布的《关于同意西南财政部规定的房地产典期届满后逾10年未经回赎得申请产权登记的意见的联合通令》中所指的典权标的是指房地产。土地实现公有化以后，我国现行法规和司法解释自此将典权的标的均限定为房屋。

仅韩国等少数国家和地区的民法中有此制度。[①]

由于我国现有的房屋典权关系多是历史遗留问题，因此，在处理典权关系时应特别注意历史与现实的结合。也正因为典权是我国的固有制度，而其他国家极少有相关规定，故在制定物权法的过程中，一直存在典权的"存废"之争，最终出台的《物权法》没有规定典权制度，对典权的规定主要见于最高人民法院的相关司法解释。房屋典权在我国现行法律框架体系内也属于房地产债权之一种。

为了解决急需一大笔资金而不愿出卖房屋，又难以找到其他融资方式的困境，运用典权制度就成为首选。作为一种融通资金的方式，法律上应继续保留典权制度，并挖掘与培育其现代功能。而且，典权的客体不应局限于房屋，包括建设用地使用权等在内的可流转的不动产权利皆可成为典权的客体。[②]

四、房屋继承权

（一）房屋所有权的继承权

房屋所有权的继承权，是指民事主体依法享有的接受死者生前遗留的房屋所有权的民事权利。房屋所有权的继承权也是民事主体享有的一项重要的房地产财产权利。尽管继承权在不同的场合有不同的含义，但总体来说继承房屋所有权需具备的条件是：第一，被继承人死亡（包括生理死亡和宣告死亡）；第二，有合法的继承人；第三，死者遗留的房屋须是其生前享有所有权的房屋。

（二）其他具有财产性权益的房屋继承

我国《民法典》第 1122 条第 1 款规定："遗产是自然人死亡时遗留的个人合法财产。"现实生活中，继承人以继承被继承人生前拥有所有权的财产为主，但其他具有民事利益的财产也属于继承法律关系中的遗产范畴。例如，"公民生前享有的担保物权如抵押权、质押权、留置权，在公民死亡时可以与其所担保的债权一并作为遗产；公民享有的土地使用权、典权在权利存续期间，在

[①] 韩国民法将典权称为"传贳权"，参见《韩国民法典·物权编》第六章传贳权。

[②] 陈耀东，吴迪.典权制度的现代化改造——兼论"典权入典"[J].天津师范大学学报，2019（1）.

土地使用权人、典权人死亡时，该土地使用权、典权属于遗产范围"①。所以，除了房屋所有权，房屋的其他财产性权益，如房屋典权、房屋抵押权等也是可以继承的。《民法典》第1122条第2款规定，只有"依照法律规定或者根据其性质不得继承的遗产"，才不能继承。

此外，被我国政策和地方性法规肯定的"公有住房使用权"亦可成为继承权的客体。例如，2004年天津市颁发的《公有住房变更承租人管理办法》第2条规定，承租人死亡或者户籍迁出本市的，承租人配偶及其原户籍共同生活两年以上的家庭成员，可以申请过户。公有住房使用权过户按照配偶、原同户籍共同生活的家庭成员中子女、父母、其他亲属的顺序，同时需要征得其他符合过户条件的家庭成员的书面同意。顺序在先的家庭成员放弃承租权的，可由其后顺序的家庭成员申请过户。虽然该办法没有明确使用"公有住房使用权继承"的术语表述，但其蕴含的精神和内在法律机理是按照继承法来设计的。因为，"公有住房使用权"属于公民个人遗留的合法财产，是一种财产性权利，是可以作为遗产继承的。在我国的司法实践中，公房使用权能否继承一直存在争议，但近些年来人民法院越来越多的判决已经肯定了这项房地产财产权的继承。

本章小结

房地产是一种财产，因拥有这项财产产生的权利是房地产财产权。我国的房地产财产权主要由房地产物权、房地产债权、房地产继承权、房地产知识产权等财产权组成。

我国实行的是土地公有制，土地所有权属于国家所有和农民集体所有，法律应进一步强化对集体土地所有权的私权保护。《民法典》对建设用地使用权、宅基地使用权、地役权等土地物权进行了相应规定，但应尽快对涉及宅基地使用权的相关问题作出明确规定。

我国的房屋财产权呈现出主体多元化和类型复杂化的特征，房屋物权有房屋所有权、房屋抵押权、居住权等；房屋债权有房屋承租权、房屋借用权、房屋典权等；房屋继承权既有房屋所有权的继承，也有其他房屋财产权益的继承。

---

① 郭明瑞.民法［M］.北京：高等教育出版社，2003：618.

思考题

1. 简答我国房地产财产权的主要类型。

2. 简答国家和集体土地所有权的概念与特征。

3. 简论宅基地使用权的概念和特征。

4. 试述不动产相邻权与地役权的关系。

5. 简述对房屋承租权的特殊保护。

6. 拓展居住权问题的法律思考。

参考文献

1. 李延荣, 周珂, 于鲁平. 房地产法 [M]. 6 版. 北京: 中国人民大学出版社, 2022.

2. 黄河. 房地产法 [M]. 4 版. 北京: 中国政法大学出版社, 2021.

3. 符启林. 房地产法 [M]. 5 版. 北京: 法律出版社, 2018.

4. 房绍坤. 房地产法 [M]. 6 版. 北京: 北京大学出版社, 2020.

5. 杨雅婷. 城乡融合的建设用地统一市场构建研究 [M]. 北京: 法律出版社, 2023.

第三章

房地产登记

[知识要求]

通过本章的学习，掌握：

- 不动产物权的变动模式及其与房地产登记的关系；

- 房地产登记的模式及特点；

- 我国现行房地产登记的主要类型；

- 我国现行房地产登记的主要特点。

[技能要求]

通过本章的学习，能够了解：

- 房地产登记的性质争论及定位；

- 我国房地产登记的基本程序及其文件要求；

- 我国现行房地产登记有哪些法律缺陷，应如何改进；

- 展望我国未来的不动产登记法。

第一节　不动产物权变动与房地产登记模式

一、不动产物权变动

（一）不动产物权变动概说

1. 不动产物权变动的概念和种类

不动产物权变动，是不动产物权发生、变更、消灭的总称。物权变动是学界公认的术语，但我国《民法典》未采纳此概念，而称之为"物权的设立、变更、转让和消灭"。

不动产物权的发生，是指特定不动产物权归属于特定权利主体的事实状态。从权利人的角度讲，不动产物权的发生也叫不动产物权的取得，分为原始取得和继受取得。前者指非依他人既存的权利而取得不动产物权，例如因建造而取得房屋所有权；后者指基于他人已有的权利而取得不动产物权，一般都是依法律行为而取得，如买卖、赠与。

不动产物权的变更有广义和狭义之分。广义的变更包括权利主体变更、权利客体变更和权利内容变更；狭义的变更仅指权利客体和权利内容的变化，通常所称的不动产物权变更是指后者。不动产物权客体的变更为量的变更，指作为不动产物权客体的不动产在数量上的增减；不动产物权内容的变更为质的变更，指不动产物权内容上发生某种变化，如不动产抵押中抵押期限的延长或者抵押权人次序的变化等。

不动产物权的消灭又称不动产物权的丧失，指某一物权因一定的法律事实而不复存在，分为绝对消灭和相对消灭。前者是因为不动产物权客体灭失，导致不动产物权消灭，例如房屋因拆迁而毁灭，土地因灾害而"桑田变沧海"等；后者指原权利主体丧失某一不动产物权而由新的权利主体取得，这实质上是不动产物权主体的变更，如房屋买卖和赠与、土地被征收等。

2. 不动产物权变动的原因

不动产物权变动的原因，是指引起不动产物权发生、变更和消灭的法律事实。根据原因的不同，不动产物权的变动分为依法律行为和非依法律行为而发生者。前者是以当事人的意思为基础之法律行为而使不动产物权发生变动；后者是因法律行为以外的原因引起不动产物权的变动。这里的法律行为既可以是单方法律行为（如抛弃、设立遗嘱），也可以是双方法律行为（如买卖、赠与、互易等）。非依法律行为者大体包括事实行为和某些公法行为，事实行为如建造房屋、取得时效、添附等，公法行为如征收、没收等。

在《民法典》中，不动产物权变动的基本规则和制度主要体现在第二编"物权"编中的"不动产登记"之中；非依法律行为引起的不动产物权变动主要体现在"其他规定"及"所有权取得的特别规定"等章节之中。在"其他规定"中，《民法典》肯定了人民法院、仲裁委员会生效的法律文书，人民政府生效的征收决定，继承，合法建造、拆除房屋等为非依法律行为引起物权变动的原因。非依法律行为引起的不动产物权变动，虽然无引起物权变动之合意，不以公示为要件，若其权利受到侵犯，权利人有权请求保护其物权不受侵犯。对此，《民法典物权编司法解释（一）》第8条有明确规定。[①]

3. 不动产物权变动模式

所谓不动产物权变动模式，主要是各国针对依法律行为而发生的不动产物权变动所作的规定，这在大陆法系国家尤为明显。英美法系虽然没有明确提出物权变动模式的问题，但其法律规定也与大陆法系的某些国家相似。

不动产物权变动需要具备原因和形式两个要素。其中，原因因素是引起不动产物权变动的契约等法律行为和某些非法律行为的法律事实；形式要素通常是指不动产物权的登记等。根据大陆法系国家对上述两要素的不同规定，不动产物权变动主要形成了债权意思主义、物权形式主义和债权形式主义等三种主要模式。

（1）债权意思主义。债权意思主义是指只需当事人之间达成债权合意即产生物权变动的法律后果，不承认有单独的旨在引起物权变动的物权意思。不动产登记的公示行为仅具有对抗第三人的效力，不是引发不动产物权变动的原因，不具有公信力。这种模式的公式是：债权合意＝不动产物权变动。法国、日本等国采纳的是此模式。

---

① 《民法典物权编司法解释（一）》第8条："依据民法典第二百二十九条至第二百三十一条规定享有物权，但尚未完成动产交付或者不动产登记的权利人，依据民法典第二百三十五条至第二百三十八条的规定，请求保护其物权的，应予支持。"

我国《民法典》第 333 条第 1 款规定："土地承包经营权自土地承包经营权合同生效时设立。"该规定表明土地承包经营权这种不动产物权的取得采用的就是纯粹的债权意思主义。《民法典》第 374 条规定："地役权自地役权合同生效时设立。当事人要求登记的，可以向登记机构申请地役权登记；未经登记，不得对抗善意第三人。"该规定表明地役权这种不动产物权的产生也适用债权意思主义的不动产物权变动模式，登记仅具有对抗效力。

（2）物权形式主义。该模式以物权行为理论为基础，其基本内容是：物权变动不仅需要当事人达成债权合意，而且需要当事人之间单独成立一个纯粹以转让物权为内容的物权合意，且以动产交付占有或不动产登记作为发生物权变动的生效要件，法律对于这种物权公示形式赋予公信力。这种模式的公式是：债权合意 + 物权转移合意 + 登记 = 不动产物权变动。《德国民法典》是该模式的代表。虽然在理论上我国很多学者承认物权行为理论，且认为我国的物权变动应采纳物权形式主义，但在制定法层面我国是不承认物权行为理论的，自然也就不采纳物权形式主义。

（3）债权形式主义。债权形式主义是指欲产生物权变动的法律后果，需要当事人之间达成债权契约，同时须践行动产交付或者不动产登记的形式，这两者缺一不可。该模式认为，债权契约中自然包含物权变动的意思，不承认物权意思的独立性；作为物权公示的形式，当事人必须践行不动产登记和动产交付占有的公示行为，否则不产生物权变动的法律结果。物权变动系债权合意和公示形式的结合，物权变动的效力受债权行为的影响，债权行为无效或被撤销，物权变动的结果也将无效或被撤销。这种模式的不动产物权变动公式是：债权合意 + 登记 = 不动产物权变动。奥地利、瑞士[①]、韩国和拉美一些国家采纳的是此模式。

我国《民法典》第 209 条第 1 款前句规定："不动产物权的设立、变更、转让和消灭，经依法登记，发生效力。"该规定表明我国的不动产物权变动是以债权形式主义为原则的，如房屋所有权、建设用地使用权、房地产抵押权的物权变动。例如，《民法典》第 402 条规定，以房地产抵押的，应当办理登记，

[①]　关于瑞士法中物权变动模式的问题，学界一直存在争议。一般认为瑞士模式为德国物权形式主义与法国债权意思主义的折中，属于债权形式主义的立法模式，此观点参见梁慧星.中国物权法研究（上）[M]，北京：法律出版社，1998：178-179. 也有学者认为瑞士承认物权行为理论，采纳德国模式，参见孙宪忠.中国物权法总论 [M].北京：法律出版社，2003：168-169.

抵押权自登记时生效。

上述三种不动产物权变动模式根据不动产登记的效力不同，又可分为公示对抗主义和公示要件主义。前者是指不动产物权变动取决于当事人之间的债权合意，不动产登记不具有公信力，仅具有对抗第三人的效力，主要适用债权意思主义，如我国对取得地役权的规定。后者是指不动产物权变动在形式上须践行不动产登记行为，否则不发生物权变动的法律效果，不动产登记被法律赋予公信力，主要适用债权形式主义和物权形式主义，如我国对取得房地产抵押权的规定。

可以说，采纳不同的不动产物权变动模式，对房地产登记的影响至关重要。

（二）不动产物权变动与房地产登记的关系

1. 公示对抗主义与房地产登记

在采纳不动产物权变动公示对抗主义的国家，不动产物权变动仅仅需要当事人之间达成债权合意即可，不需要履行登记行为。例如，某甲欲将其所有的房地产转让给乙，只要甲乙之间形成转让该房地产的合同关系，该房地产的权利就转让给了乙，不需要甲乙向有关部门进行登记。该模式符合效率原则，手续简单，可最大限度上促进交易，更为尊重当事人的意思表示。但其缺点也是显而易见的，这就是不动产作为社会经济中最为重要的财产，其物权的变动没有任何外在表现，不容易为外界了解，不利于保护善意第三人的利益和公共利益。正是考虑到上述缺点，法国于1855年颁布了《不动产登记法》，规定不动产物权变动不登记的，不可对抗第三人。但是，这里的登记仍然不具备决定不动产物权变动的效力，而仅仅具有证明力、对抗力，故这种登记又被称为形式意义上的登记。

2. 公示要件主义与房地产登记

在采纳不动产物权变动公示要件主义的国家，不动产物权变动均须具备形式要件，即不动产登记。一般而言，仅有当事人的合意（不论是债权合意还是物权合意）不足以发生不动产物权变动的法律效果，必须附加一个不动产登记的要素。例如，某甲欲将其所有的房地产转让给乙，甲乙除了签订房地产买卖合同外，还需要到法定的登记部门办理房地产权属转移登记。不登记，不发生房地产物权变动法律效果，故此种不动产登记又被称为实质意义上的登记。我国在不动产物权变动领域基本采纳债权形式主义模式，办理房地产登记是至关重要的。

从物权法理论上讲，在公示要件主义模式下，房地产登记构成了不动产物权的表征效力，即具备公信力。如果没有足够的相反证据，那么被登记在登记簿上的不动产权利被法律推定为正确的，任何人都可以基于对不动产登记簿记载信息的绝对信任而进行交易。如果出现因登记簿登记的不动产信息错误而导致原权利人受损，则原权利人不能向善意受让人主张返还不动产权利。例如，甲购买了一处房地产，由于登记之时出现错误，将该房地产的权利人登记为乙。善意第三人丙在查阅了不动产登记簿后，与登记公示的权利人乙签订了买卖合同，并办理了所有权转移登记手续。此时如发生纠纷，甲不能要求丙返还该房地产，而只能依据实际过错向登记机构或者乙主张赔偿。丙依然为该房地产的合法物权人。对此，我国《民法典》肯定的不动产善意取得制度就是不动产登记推定正确性在外部效力上的规定。

二、房地产登记的性质与模式

房地产登记，是指国家法定机关依当事人的申请，对有关不动产权利归属和其他法定事项等进行登记，[①] 并对所登记信息赋予一定法律效力的制度。房地产登记的核心功能主要有：权利确认与保护功能、物权公示功能和服务功能。因核心功能的发挥会产生溢出效应，从而带来行政监管与宏观调控、征税、反腐败等附加功能。[②]

根据登记的基础和功能的不同，房地产登记可分为事实登记和权利登记。事实登记又称表彰性登记和表示登记，是对房地产的物理现状进行登记公示的制度。它将诸如土地的面积、性质、取得方式、用途、坐落等和建筑物的面积、坐落、层数、种类等信息记载于登记簿中。权利登记是对房地产物权的发生、变更、消灭、限制等所作的登记，包括首次登记、查封登记等。事实登记是房地产权利保护的基础，也是国家进行房地产管理、税收管理的基础；权利登记是对房地产权利主体的保护，正是基于权利登记的效力不同才产生出对抗效力和生效效力的不同。事实登记是权利登记的基础，权利登记是事实登记的归宿。

---

① 参见《不动产登记暂行条例》第 2 条。

② 陈耀东.全面实现不动产统一登记的功能及意义［J］.人民论坛，2023（23）.

（一）房地产登记的性质

1. 房地产登记性质的主要观点纷争

关于房地产登记的性质，我国学界素有争议。主要有以下几种观点：第一，公法行为说或者行政行为说；第二，私法行为说或者民事行为说；第三，登记行为是私法行为和公法行为的统一，当事人进行的登记申请为民事行为，而登记机关审查登记的行为则是行政行为；第四，证明行为说，该说避免了对房地产登记于公、私法性质上的判断，认为不动产登记在本质上是国家证明行为，而不是对房地产交易行为的审查和批准；第五，社会服务说。

2. 行政行为说之观点与规定

此说认为，登记是房地产行政管理机关依职权所实施的行政行为，它体现了房地产管理部门与登记申请人之间管理与被管理的关系。在登记法律关系中，房地产管理部门享有审查登记申请、作出登记决定、对不履行登记义务的房地产权利人进行处罚的职权，而房地产权利人负有及时向房地产管理部门申请房地产权属登记及服从权属登记和服从管理的义务。[1] 具体而言，第一，不动产登记是一项必须由不动产登记机构行使公权力的行为。第二，不动产登记行为是国家行政权力的一部分，体现了一定的强制性。第三，不动产登记行为是对不动产物权的确认与宣告，是根据客观事实和法律规定决定的行为，必须严格按照法律规定和有关规范进行。[2] 因此，基于房地产管理部门与登记申请人之间的管理与被管理的关系，房地产登记自然为一种行政行为，房地产权属登记是房地产产权管理的主要行政手段。[3]

我国有关法律法规曾经也将登记的性质定位为行政行为，如 1997 年的《城市房屋权属登记管理办法》第 3 条规定，房屋权属登记是指"房地产行政主管部门代表政府对房屋所有权以及由上述权利产生的抵押权、典权等房屋他项权利进行登记并依法确认房屋产权归属关系的行为"。一些调整房地产登记的部门规章进一步将办理登记视为当事人应当履行的行政义务，违背这些义务承担的法律责任也相应地被规定为行政责任，例如，原《城市房屋权属登记管理办法》

---

① 李延荣，周珂.房地产法 [M].北京：中国人民大学出版社，2000：85.

② 王达.物权法中的行政法问题：不动产登记 [N].人民法院报，2003-03-27（5）.

③ 刘家安，高言.房地产法理解适用与案例评析 [M].北京：人民法院出版社，1996：129.

第 36 条规定，当事人未按期进行房屋权属登记的，"由登记机关责令其补办登记手续，并按原登记费的三倍以下收取登记费"。我国有些地方法规则明确将登记机关的赔偿责任规定为国家赔偿，如《贵州省土地登记规则》第 32 条规定："因国土行政管理部门及其登记工作人员过错造成错、漏登记的，国土行政管理部门应当及时更正或者补登记，给权利人造成经济损失的，依照国家赔偿法及有关规定赔偿。"2010 年 11 月 18 日实施的《房屋登记案件司法解释》亦将"房屋登记行为以及与查询、复制登记资料等事项相关的行为"界定为行政行为。[①]

3. 民事行为说的观点与证成

不可否认，由于房地产这种商品的特殊性，房地产登记的确具有相当程度的国家干预性，这也是国家行政机关行使行政管理权的表现。但是，综合考察房地产登记行为，房地产登记在性质上应为民事行为。第一，登记行为源于登记申请人的请求行为，即发端于当事人为登记申请的意思表示，在权利登记中通过登记申请意欲使其享有的权利或产生不动产物权的法律效果，或产生对抗效力。不动产登记对于不动产物权的作用不是行政授权或者许可、管理，而是当事人引起不动产物权变动合意或对抗效力的结果。所以，该申请权及所谓的意思表示和法律效果系民事领域所覆盖之范围。第二，登记的功能主要表现为权利确认功能和公示功能，其本质是为了确保房地产权利人的合法物权，承认并保障权利人对房地产的法律支配关系，以及保护交易安全和稳定而设计出来的法律制度，也是保障房地产买卖合同圆满履行的必要制度，是双方当事人债权债务关系的延伸。因此，房地产登记绝不仅仅是一个行政管理的过程，而是更注重将权利设立和变动的信息向社会公开，使第三人了解这些信息。登记，能够使权利的移转形成一种公信力，使已经形成的权利成为一种干净的权利，而且，还能使第三人了解权利状况以及权利上是否存在负担等，为不动产交易当事人提供风险警示，从而决定是否与登记的权利人从事各种交易。虽然在登记要件主义的模式下没有登记机构的登记行为不能产生物权变动之效力，但登记并不是行政机关的权力，登记机构对于符合法律规定的登记申请有登记之义务，否则登记机构应承担相应的法律责任。所以，登记的功能及产生的法律效果皆为民事功能及民事效力。如果将登记的性质认定为行政行为，则登记机构运用公法强力干预登记行为就有了合法理由。第三，从世界范围来看，诸多登

[①]　参见《房屋登记案件司法解释》第 2 条。

记行为产生的诉讼，比如因预告登记、异议登记、撤销登记等产生的纠纷，当事人向法院提起的是民事赔偿之诉，而非国家赔偿之诉；登记机构所承担的赔偿责任为民事赔偿责任，而非国家赔偿责任。第四，登记与交付是物权变动的公示方法，也是民法物权法中的重要内容，动产的交付为典型的民事行为，与之并列的在民法物权法中规定的不动产登记行为自然不能定性为行政行为。第五，在国际上，很多国家也将不动产登记的性质界定为民事行为，登记是民事制度不可缺少的组成部分。比如在不动产登记法的性质认定上，德国的不动产登记法是民法物权法的程序法；日本的不动产登记法为民法的特别法。[①]基于此，我们认为，房地产登记的性质应当界定为民事行为。

我国2015年3月1日实施的《不动产登记暂行条例》事实上采纳了此种定性。该条例第1条开宗明义规定依照《物权法》等法律制定。[②]除登记不动产物理属性外，重点在于对不动产权利登记进行规定，其着眼点亦为确认和保护不动产民事权利。该条例第三章"登记程序"中规定不动产登记原则上依当事人的申请而进行。在登记机构赔偿责任问题上，该条例第29条规定："不动产登记机构登记错误给他人造成损害，或者当事人提供虚假材料申请登记给他人造成损害的，依照《中华人民共和国物权法》的规定承担赔偿责任。"不动产登记机构依照民事法律承担的赔偿责任应该是民事责任，这也是不动产登记行为系民事行为在赔偿责任上的必然体现和逻辑结果。

当然，房地产登记不仅体现平等主体间的私权关系，也反映纵向的行政关系，是个人目标与国家目标双重价值的表现。所以，在认定房地产登记为民事行为的同时，也须承认登记机构在登记过程中所承担的行政管理功能。

（二）房地产登记模式的比较法考察

房地产立法与一国政治、经济、文化、历史等因素密切联系，固有法色彩十分浓厚。各国在漫长的法治实践中，逐渐形成了各自独特的房地产登记法律模式，并与本国所采纳的不动产物权变动模式相契合。综观世界主要国家的房地产登记立法，有三种典型的房地产登记模式。

---

① 陈耀东.商品房买卖法律问题专论［M］.北京：法律出版社，2003：285.

② 《不动产登记暂行条例》第1条规定："为整合不动产登记职责，规范登记行为，方便群众申请登记，保护权利人合法权益，根据《中华人民共和国物权法》等法律，制定本条例。"

1. 契据登记模式

契据登记模式系法国首创，日本、意大利、比利时、西班牙和美国的几个州也采纳该模式。该模式主要是指不动产物权变动的生效以当事人之间达成债权契据为准，不必进行登记；不登记，不得对抗第三人。登记机构登记时，以契据内容为准进行登记。这种不动产登记模式与法国所采纳的公示对抗主义物权变动模式契合。该模式的主要特点是：

（1）形式审查主义。登记机关在登记时，仅进行形式上的审查，仅依照契据内容进行登记，不对契据所载内容进行实质性审查，至于所载权利是否有瑕疵，则不予过问。

（2）登记没有公信力。由于登记机关不对不动产登记事项进行实质审查，所以法律也不赋予登记以公信力，登记簿上的权利信息不一定绝对正确和真实。

（3）登记簿内容具有对抗第三人的效力。登记虽然不具有公信力，但可以对抗第三人。不动产物权变动在公示对抗主义模式下仅以当事人形成的债权合意为要素，缺少物权变动的外在形式，无法为第三人所知晓，不利于交易安全的保护。但通过赋予登记以对抗力，一方面仍然维持了不动产交易只需当事人达成债权契约即生物权之效力，另一方面在一定程度上使其具有了外在表现。

（4）任意登记主义。不动产物权变动是否进行登记，完全依照当事人的意思。

（5）登记簿采用以人为中心的编成主义。登记簿上的信息不以土地、房屋等不动产为中心进行登记，而是以权利人登记次序来编排。由于这种登记模式无法反映不动产权利的整体状况，后经改革，法国的登记也具有了以物为中心的机能，在一定程度上修正了先前的缺点。日本虽然也采纳契据登记模式，但依照其《不动产登记法》的规定，登记簿采纳以物为中心的编成主义。

（6）登记不动产物权变动的信息。登记簿不仅登记不动产静态信息，也登记不动产物权的变动情况。

2. 权利登记模式

该模式以德国为代表，瑞士、荷兰、奥地利等国也予以采纳。[1] 该模式主要内容是，不动产物权变动仅有当事人的债权合意是不能形成的，必须进行登记，登记机关对交易进行实质性审查。登记完成之时，不动产物权变动方能生效。

---

① 温世扬，廖焕国.物权法通论［M］.北京：人民法院出版社，2005：149.

该登记模式与德国采纳的物权变动公示要件主义一脉相承。主要特点如下：

（1）实质审查主义。登记机关不但审查形式要件，也对交易的内容、原因是否合法予以审查，确认无瑕疵后方予以登记。具体讲，就是要严格审查当事人之间是否具有真实的物权合意、登记合意等。

（2）登记簿内容具有公信力。由于登记机关在登记时进行实质审查，所以，法律赋予登记簿内容以公信力，除非有明显的相反证据，否则任何人都可以绝对相信登记簿上所载内容的正确性，并以此为依据进行交易。纵使登记簿记载的事项在实体上被认定为无效、可撤销、不成立等，真实权利人也不能以此为由追究善意第三人的责任。

（3）强制登记主义。不动产物权变动非经登记，不产生物权变动效力。

（4）登记簿采用以物为中心的编成主义。权利登记模式按照不动产的地段、地号等进行登记。登记完毕，不发给权利证书，只在契约上注明登记过程即可。

（5）登记不动产物权的静态状态。登记簿中记载不动产的现状，不记载物权变动的事实。

（6）规定赔偿制度。如果因为登记机关的错误导致登记内容有瑕疵，民事主体因信任该登记内容而在交易时受到损害的，受害人可请求赔偿。

3. 托伦斯登记模式

托伦斯登记模式系澳大利亚人托伦斯（Torrens）爵士提出，于1858年经南澳洲议会通过，于当年7月实施。该登记模式又被称为"澳洲登记制""权利交付主义"。托伦斯原是一名商人，曾在澳大利亚阿德雷港担任海关税务员，继任南澳大利亚殖民内阁第一届成员。他借鉴船舶登记制度，主张土地权利应用一种书状作为证明，并使其权利绝对可靠且有确定性质而便于转移。该模式的基本内容是：不动产在初次登记时，由登记机关按照法定程序做成地券。让与不动产物权时，当事人先做成让与证书，再连同地券一并交与登记机关。经登记机关审查后，在不动产登记簿上记载权利的变动，向新权利人交付新地券，或在原地券上记载该不动产权利的变动，这就使第三人可以从地券上明了该不动产的权利变动情况和现状。目前，澳大利亚、英国、爱尔兰、加拿大、美国的一些州等采用托伦斯登记模式。该模式的主要特点是：

（1）任意登记主义。法律不强制所有的不动产必须进行登记，是否登记完全取决于当事人的意思。但是，不动产一旦进行了登记，以后所有的权利变动都必须进行登记，否则不生效力。与权利登记不同的是，后者采纳强制登记主义。

（2）实质审查主义。同权利登记一样，登记机构也要对登记原因及证明文件进行实质性审查，必须公告的，须经公告程序。

（3）登记内容具有公信力。

（4）交付不动产权利证书。在对不动产进行所有权第一次登记时，登记机关将权利证书做成一式两份，一份由登记机构留存，以供编成登记簿之用；另一份发给不动产权利人，以作为享有不动产权利的确定凭证。而在权利登记模式中，登记系就当事人的契约加以注记验证，不另发书状。

（5）如果土地上负有权利负担，应当做负担登记。

（6）设置赔偿基金。因登记机构事先进行了实质性审查，登记内容具有不可推翻的效力，故登记如有错误、虚假或遗漏而致真正权利人受到损害的，登记机构应负赔偿责任。为此，登记机构往往设有赔偿基金，以供将来赔偿支付。这一点与权利登记模式的国家赔偿不同。

第二节　我国现行法调整下的不动产登记

一、简要概说

1. 规范梳理

目前，我国不动产登记的法律体系主要由法律、行政法规和部门规章构成，还包括最高人民法院的司法解释，以及有关地方性法规和规章。其中，涉及的法律主要有《民法典》《城市房地产管理法》《土地管理法》等；行政法规主要包括《不动产登记暂行条例》《土地管理法实施条例》《土地使用权出让和转让暂行条例》等；部门规章如《不动产登记条例细则》《不动产登记资料查询暂行办法》等。此外，一些"软法"，如《不动产登记操作规范（试行）》《自然资源确权登记操作指南（试行）》《土地承包经营权和土地经营权登记操作规范（试行）》等，也构成不动产登记的组成部分。上述规定从不同的效力等级、不同内容、不同侧重领域组成了我国金字塔形的不动产登记制度。例如，《民法典》第209条规定，不动产物权的设立、变更、转让和消灭，经依法登记，发生效力；未经登记，不发生效力。《城市房地产管理法》第60条规定："国家实行土地使用权和房屋所有权登记发证制度。"调整不动产登记的行政法规和部门规章则有侧重地把这些原则性规定进行了一定的细化。

2015年3月1日实施的《不动产登记暂行条例》是我国首部统一的不动产登记行政法规，该条例对房屋、土地、森林、林木、海域等不动产权利规定了统一的登记部门和登记规则，对于结束我国不动产登记领域条块分割、规则混乱的情况有着划时代的意义。《不动产登记暂行条例》作为登记法的程序法，"基本做到登记机构、登记簿册、登记依据和信息平台四统一"①。2016年1月1日原国土资源部颁布实施的《不动产登记条例细则》进一步细化了不动产登记过程中的程序问题。

2. 自然资源确权登记

广义而言，不动产既包括土地和建筑物、构筑物及其附属设施、林木等定着物，也包括自然资源（海域、矿藏、水流、森林、山岭、草原、荒地、滩涂等），所以，调整自然资源的确权、交易的登记问题也可纳入不动产登记领域。针对除土地以外的自然资源的特殊性，2019年7月11日，自然资源部等部委联合印发《自然资源统一确权登记暂行办法》，对水流、森林、山岭、草原、荒地、滩涂、海域、无居民海岛以及探明储量的矿产资源等自然资源的所有权和所有自然生态空间统一进行确权登记。这标志着我国开始全面实行自然资源统一确权登记制度，自然资源确权登记迈入法治化轨道。《不动产登记法》（征求意见稿）第122条规定："县级以上人民政府可以在管辖区域内组织开展自然资源确权登记，依法确定生态空间内国家自然资源所有权的主体和内容。具体办法另行规定。"

在自然资源登记实践层面，2022年12月—2023年1月，完成了海南热带雨林国家公园、江苏大丰麋鹿国家级自然保护区、山东昆嵛山国家级自然保护区等首批三个重点区域自然资源确权登记公告登簿工作。上海崇明东滩国际重要湿地于2023年9月28日完成自然资源确权登记，这是我国首个由国家登记机构开展的自然资源确权登记，也是中央政府直接行使所有权的国际重要湿地首次实现登簿。2024年1月8日，天津市启动三河岛自然资源登记单元公告，经公告15个工作日无异议，于2月4日完成登簿工作，成为全国首个完成登

---

① 参见国土资源部政策法规司、不动产登记中心编著：《不动产登记暂行条例释义》，中国法制出版社2015年版，第295页。

簿的无居民海岛自然资源。本次登记确定三河岛登记单元面积为 2.29 公顷，明确三河岛各类自然资源全部为国家所有，明确三河岛全民所有自然资源资产所有者职责履行主体为自然资源部，全民所有自然资源资产所有者职责代理履行主体为天津市人民政府。

3. 总结与展望

不动产是人民群众最重要的财产，不动产登记关乎千家万户的重大财产利益和财产安全。《不动产登记暂行条例》及《不动产登记条例细则》实施以来，经过近些年的努力，我国的不动产登记从分散到统一，从城市房屋到农村宅基地，从不动产到自然资源，覆盖所有国土空间，涵盖所有不动产物权的不动产统一登记制度全面建立起来。2019 年，党的十九届四中全会明确要求，推进自然资源统一确权登记法治化。2020 年，《民法典》对保护民事权利和完善不动产登记制度提出了新的要求。在党中央、国务院的领导下，不动产统一登记工作取得了丰富的实践经验和立法成果。迄今，初步构建起以《民法典》为统领、以《不动产登记暂行条例》为核心、以《不动产登记条例细则》《不动产登记操作规范（试行）》等规章规范为支撑的不动产登记制度体系，保障了不动产统一登记制度落地实施。进入新时代，不动产统一登记工作面临新形势、新要求。一方面，随着改革不断深入，产权保护的重要性与行政法规、规章效力层次较低的矛盾日益凸显；另一方面，按照"放管服"改革要求，各地深入推进不动产登记信息集成、流程集成或人员集成，压缩登记时间，优化登记服务，形成很多便民利企的好做法、好经验，亟待立法总结提炼。有鉴于此，2020 年 3 月，《中共中央 国务院关于构建更加完善的要素市场化配置体制机制的意见》指出，"农村房地产一体不动产登记基本完成"，要"推动制定不动产登记法"。为更好地保护人民群众依法申请登记的权利，顺应人民群众保护合法财产权益的更高需求，有必要在充分总结《不动产登记暂行条例》实施成效和经验的基础上，制定专门的《不动产登记法》。顺应全面推进不动产统一登记制度的发展要求，根据十三届全国人大常委会立法规划，自然资源部起草了《不动产登记法》（征求意见稿），于 2022 年 10 月 30 日公布并向社会各界征求意见。在全国人大常委会 2023 年度立法工作计划中，《不动产登记法》被列入预备审议项目。

二、我国现行房地产登记的主要类型

如果从学理角度划分房地产登记的类型，大体可作如下划分：以登记对象为标准可划分为实体权利登记（对当事人享有的实体权利进行的登记）与程序权利登记（主要指顺位登记）；以登记内容为标准可划分为权利登记（对权利变动进行的登记）与表彰登记（对房地产的物理现状如面积、用途、种类等进行登记）；以登记作用为标准可划分为设权登记（具有创设物权效力的登记）与宣示登记（将已经完成的物权变动昭示于外的登记，并无创设物权的效力），这种登记类型的划分只在形式主义的不动产物权变动模式下才有实际意义；以登记完成时间和效力为标准可划分为本登记（又称终局登记，是直接使当事人所期待的不动产物权变动发生效力的登记）与预备登记（是对不动产的非终局登记，其目的是在登记所要求的实质要件和程序要件尚不充分时保全当事人的登记权）。①

根据《不动产登记暂行条例》第 3 条规定，我国现行不动产登记的类型主要有首次登记、变更登记、转移登记、注销登记、更正登记、异议登记、预告登记、查封登记等。

（一）首次登记

首次登记是《不动产登记暂行条例》率先使用的法律术语，是不动产权利第一次记载于登记簿，将过去分散的、不统一的总登记、初始登记、设立登记等统一概括为首次登记，既包括了土地总登记、建筑物初始登记、土地权利初始登记，也包括了建筑物抵押权的设立登记。②《不动产登记条例细则》第 24 条规定："不动产首次登记，是指不动产权利第一次登记。未办理不动产首次登记的，不得办理不动产其他类型登记，但法律、行政法规另有规定的除外。"第 25 条规定："市、县人民政府可以根据情况对本行政区域内未登记的不动产，组织开展集体土地所有权、宅基地使用权、集体建设用地使用权、土地承包经营权的首次登记。依照前款规定办理首次登记所需的权属来源、调查等登记材料，由人民政府有关部门组织获取。"从我国现行法来看，不动产总登记，土地所有权、建筑物所有权第一次登记，以及设立不动产他物权的设立登记，如以出让、划拨方式取得国有建设用地使用权，划拨方式取得的国有建设用地使用权转为出让方式取得国有建设用地使用权，以国有土地使用权作价出资或者

---

① 屈茂辉.物权法·总则［M］.北京：中国法制出版社，2005：357-359.

② 国土资源部政策法规司，不动产登记中心.不动产登记暂行条例释义［M］.北京：中国法制出版社，2015：27.

入股方式取得国有建设用地使用权，以国家授权经营方式取得国有建设用地使用权，集体土地所有人以集体土地入股或者联营兴办企业，申请土地使用权抵押，在土地上设定地役权申请登记，取得集体建设用地使用权，集体土地上的房屋转为国有土地上的房屋等，应进行首次登记。

首次登记在不动产登记中意义重大，根据《不动产登记条例细则》第24条第2款的规定，未办理不动产首次登记的，不得办理不动产其他类型登记。这也是不动产登记连续登记原则（也称"在先已登记原则"）的具体体现。首次登记的基本事项主要有：申请人名称、地址、房地产性质、房地产坐落、面积、用途、等级、价格、房地产权属来源证明及其他登记事项。

（二）变更登记与转移登记

理论上讲，变更登记包括权利变更登记和事实变更登记。前者是因买卖、交换、赠与、继承、分割、合并、人民法院发生法律效力的判决（包括裁定、调解）、仲裁机构发生法律效力的裁决（包括调解）、行政机关依法没收及其他原因导致房地产权属发生变动而进行的登记。其中，买卖、赠与、交换等均导致房屋所有权的转移，这些登记就是俗称的"过户"登记，也被称为转移登记。后者是指因房地产用途发生变化，权利人姓名或名称发生变化，共有房地产的分割，土地或房屋面积增加或减少，不动产的坐落、界址、面积等状况变更，房屋倒塌、改扩建、拆除或因不可抗力导致自然状况发生变化或者灭失等情形，抵押担保的范围、主债权数额、债务履行期限、抵押权顺位发生变化等场合，权利人应办理变更登记。

原《物权法》颁布之前，我国许多地方性法规，例如上海、天津、深圳的房地产登记条例，都将权利变更登记称为"转移登记"，而将变更登记的范围限于房地产事实的变动。原《城市房屋权属登记管理办法》也将房屋权利变更纳入转移登记之中。由于原《物权法》对物权变动的登记统一使用"变更登记"这一法律术语，变更登记的范围便扩大至涵盖权利变动和事实变动两部分，相关的规定也随之作出调整。例如，原《土地登记办法》第38条规定："本办法所称变更登记，是指因土地权利人发生改变，或者因土地权利人姓名或者名称、地址和土地用途等内容发生变更而进行的登记。"

《不动产登记暂行条例》颁布实施后，变更登记与转移登记的关系和内涵发生了变化。该条例将变更登记和转移登记并列规定，使得变更登记的范围局限于事实变更登记，转移登记则与权利变更登记的内涵一致。《不动产登记条例细则》第 26 条规定："下列情形之一的，不动产权利人可以向不动产登记机构申请变更登记：（一）权利人的姓名、名称、身份证明类型或者身份证明号码发生变更的；（二）不动产的坐落、界址、用途、面积等状况变更的；（三）不动产权利期限、来源等状况发生变化的；（四）同一权利人分割或者合并不动产的；（五）抵押担保的范围、主债权数额、债务履行期限、抵押权顺位发生变化的；（六）最高额抵押担保的债权范围、最高债权额、债权确定期间等发生变化的；（七）地役权的利用目的、方法等发生变化的；（八）共有性质发生变更的；（九）法律、行政法规规定的其他不涉及不动产权利转移的变更情形。"第 27 条规定："因下列情形导致不动产权利转移的，当事人可以向不动产登记机构申请转移登记：（一）买卖、互换、赠与不动产的；（二）以不动产作价出资（入股）的；（三）法人或者其他组织因合并、分立等原因致使不动产权利发生转移的；（四）不动产分割、合并导致权利发生转移的；（五）继承、受遗赠导致权利发生转移的；（六）共有人增加或者减少以及共有不动产份额变化的；（七）因人民法院、仲裁委员会的生效法律文书导致不动产权利发生转移的；（八）因主债权转移引起不动产抵押权转移的；（九）因需役地不动产权利转移引起地役权转移的；（十）法律、行政法规规定的其他不动产权利转移情形。"

（三）注销登记

注销登记是指土地使用权和房屋所有权因抛弃、混同、存续期限届满、客体消灭、债务清偿、被行政机关撤销或被法院注销、他项权终止等原因消灭时，不动产登记机构对不动产权利作出的登记。注销登记主要包括申请注销登记和嘱托注销登记两种情形。申请注销登记时，申请人应提交原不动产权利证书以及相关的合同或其他证明文件。《不动产登记暂行条例》第 3 条规定了注销登记。《不动产登记条例细则》第 28 条规定："有下列情形之一的，当事人可以申请办理注销登记：（一）不动产灭失的；（二）权利人放弃不动产权利的；（三）不动产被依法没收、征收或者收回的；（四）人民法院、仲裁委员会的生效法律文书导致不动产权利消灭的；（五）法律、行政法规规定的其他情形。不动产上已经设立抵押权、地役权或者已经办理预告登记，所有权人、使用权人因放弃权利申请注销登记的，申请人应当提供抵押权人、地役权人、预告登记权利人同意的书面材料。"对于依嘱托而办理注销登记的情形，如《不动产登记条例细则》第 19 条规定，人民政府依法做出征收或者收回不动产权利决定生效后，要求不动产登记机构办理注销登记的。

（四）更正登记

一般来说，不动产登记的事项与实际的不动产事项应当是一致的，但不能否认存在两者不符的可能，这种不符的事实状态即不动产登记瑕疵。为了维护真正权利人和利害关系人的利益，就有必要设计出纠正错误的制度，为此《民法典》规定了更正登记和异议登记制度。

所谓更正登记，是指对不动产登记簿上记载不正确的登记信息予以更改，使之与事实状态一致的登记。根据更正登记程序启动方式的不同，更正登记分为依申请的更正登记和依职权的更正登记两种方式。设置更正登记的意义在于保证不动产登记簿上记载的信息与事实状态相一致，避免真正权利人因为登记错误而遭受损失。更正后的登记自始具有法律效力，物权变动必须以更正后的登记信息进行方能有效，如果仍然按照更正前的登记信息进行物权变动，则不发生法律效力。更正登记是彻底终止现实登记权利的正确性推定效力，可以最终杜绝第三人依据不动产登记簿取得现时登记的权利。但是，当在错误登记之后已经办理了涉及不动产权利处分的登记、预告登记和查封登记的，登记机构则不再准许办理更正登记。《民法典》第 220 条第 1 款规定了更正登记制度："权利人、利害关系人认为不动产登记簿记载的事项错误的，可以申请更正登记。不动产登记簿记载的权利人书面同意更正或者有证据证明登记确有错误的，登记机构应当予以更正。"《不动产登记条例细则》第五章第一节对更正登记作出了系统规定。

需要说明的是，第一，《民法典》规定的更正登记仅就不动产登记簿记载的错误而言，不动产权利证书记载的事项错误或与登记簿不一致，权利人也可申请登记机构进行更正，但并非更正登记。第二，不动产登记簿记载的事项错误，既包括与登记的原始文件不符，也包括与登记的原始文件相符但与真实物权状态不符。第三，更正登记有两种情形：一是权利人、利害关系人申请更正登记；二是登记机构依职权进行更正，《民法典》仅规定了前者，《不动产登记暂行条例》第 81 条则补充规定了后者。

（五）异议登记

已经纳入登记的权利推定为正确的原则只是法律为稳定经济秩序而作出的推定，但并不是说是绝对正确的。现实生活中，如果登记权利人不是真正权利人，而事实上的权利人才是真正权利人，此时法律就应当允许权利人或者利害关系人依据真正的权利状态对现时登记的权利进行更正。但鉴于更正程序耗时较长或者与登记权利人之间的争议一时难以解决，法律就有必要建立一种保护真正权利人的临时性措施，这种措施就是异议登记制度。

所谓异议登记，是指事实上的权利人以及利害关系人对现时不动产登记簿的正确性提出异议而向登记机构申请的登记。与更正登记不同，异议登记是暂时中断登记簿的公信力，维护真正权利人的合法权利。对登记记载的权利人而言，异议登记可以暂时限制其按照登记簿的内容去行使权利；对第三人而言，可以暂时排除第三人依据登记簿的公信力取得物权。《民法典》第 220 条第 2 款规定："不动产登记簿记载的权利人不同意更正的，利害关系人可以申请异议登记。登记机构予以异议登记的，申请人在异议登记之日起十五日内不起诉的，异议登记失效。异议登记不当，造成权利人损害的，权利人可以向申请人请求损害赔偿。"根据《不动产登记条例细则》第 83 条第 3 款的规定，异议登记失效后，申请人就同一事项以同一理由再次申请异议登记的，不动产登记机构不予受理。但是，异议登记属于程序性权利，根据《民法典物权编司法解释（一）》第 3 条的规定："异议登记因民法典第二百二十条第二款规定的事由失效后，当事人提起民事诉讼，请求确认物权归属的，应当依法受理。异议登记失效不影响人民法院对案件的实体审理。"另需注意的是，根据《不动产登记条例细则》第 84 条的规定，异议登记期间，不动产登记簿上记载的权利人以及第三人因处分权利申请登记的，不动产登记机构应当书面告知申请人该权利已经存在异议登记的有关事项。申请人申请继续办理的，应当予以办理，但申请人应当提供知悉异议登记存在并自担风险的书面承诺。

有必要说明的是，作为保护事实上的权利人和真实权利状态的法律措施，其他国家的立法中，多是将异议登记作为更正登记之前的一种临时性措施，申请人自异议登记之日起一定期限内未向登记机构提起更正登记请求的，异议登记失效，而我国的《民法典》则把异议登记规定为更正登记之后的一种法律措施。换言之，申请人只有在申请登记机构予以更正登记未果的情况下，才可以要求进行异议登记，这一点也体现在《不动产登记条例细则》第 82 条中。

（六）预告登记

预告登记是与本登记相对应的一种登记。以不动产物权的转移、设定、分割、合并、增减及消灭为目的记入不动产登记簿中的登记为本登记，而为保全将来不动产物权的转移等行为而为的请求权登记属于预告登记，故不动产预告登记是为了保障当事人将来的合法权益而设计的一项制度。其本质特征是使被登记的请求权具有了物权的效力，产生了排他性、对抗性，以确保将来只发生该请求权所期待的法律效果。我国现行的商品房预售合同登记备案制度与其在形式上有类似之处，但该制度建立的目的是加强对预售合同的行政管理，并不能从根本上解决合同请求权到登记请求权的过程，与预告登记的功能和目的大相径庭。预告登记肯定了被登记的不动产权利具有保全效力、顺位保护效力、破产保护效力、预警效力等。《民法典》第 221 条规定了预告登记制度，该条第 1 款规定："当事人签订买卖房屋的协议或者签订其他不动产物权的协议，为保障将来实现物权，按照约定可以向登记机构申请预告登记。预告登记后，未经预告登记的权利人同意，处分该不动产的，不发生物权效力。"《不动产登记暂行条例》第 3 条、《不动产登记条例细则》第五章第三节均规定了预告登记。

预告登记毕竟不是终局登记，预告登记的本质特征是使被纳入预告登记的请求权具有物权效力，但要发生预告登记请求权人指向的物权变动，请求权人还必须以自己的行动实现物权的变动，如果以消极的态度不申请办理本登记，就会产生不利的法律后果。对此，《民法典》第 221 条第 2 款规定："预告登记后，债权消灭或者自能够进行不动产登记之日起九十日内未申请登记的，预告登记失效。" 所谓"债权消灭"，是指"买卖不动产物权的协议被认定无效、被撤销、被解除，或者预告登记的权利人放弃债权"[1]。

（七）查封登记

查封是法院对利害关系人或者被申请执行人的财产在一定期限内采取扣押、冻结等限制使用或者交易的一种强制性措施，查封的对象既可以是动产、不动产，也可以是股票、债券等权利凭证。法院在查封动产时，应当采取加贴封条的方式；不便加贴封条的，应当张贴公告。在查封不动产或者有产权证照的动产（例如机动车、船舶等）时，则需要产权登记机构协助办理查封登记。所谓不动产查封登记，是不动产登记机构根据人民法院及其他机关提供的查封裁定书和协助执行通知书等法律文书，将查封的情况在不动产登记簿上加以记载的行为。查封登记不同于其他类型的登记，有其自身特点：第一，不适用登记依申请原则；第二，属于限制登记；第三，登记机构接到法院协助执行通知

---

① 《民法典物权编司法解释（一）》第 5 条。

书后立即办理，不受收件先后顺序的限制；第四，查封时间通常为两年，届满一般可续封一次，续封期限不得超过一年。《不动产登记条例细则》第五章第四节在吸收已有经验的基础上专节规定了查封登记。

就不动产查封而言，查封登记一旦作出，查封登记即具有公示效力、对抗效力和优先效力。第一，公示效力自不待言，第三人通过查询不动产登记簿即可知晓不动产被查封的信息。第二，对抗效力在《查封扣押冻结规定》中有所体现。《查封扣押冻结规定》第7条第2款规定："查封、扣押、冻结已登记的不动产、特定动产及其他财产权，应当通知有关登记机关办理登记手续。未办理登记手续的，不得对抗其他已经办理了登记手续的查封、扣押、冻结行为。"《查封扣押冻结规定》第24条第3款规定："人民法院的查封、扣押、冻结没有公示的，其效力不得对抗善意第三人。"由此可见，该规定赋予了查封登记对抗效力。第三，优先效力体现在查封与未查封的关系以及"首封"与轮候查封的关系上。《查封扣押冻结规定》第26条第1款规定："对已被人民法院查封、扣押、冻结的财产，其他人民法院可以进行轮候查封、扣押、冻结。查封、扣押、冻结解除的，登记在先的轮候查封、扣押、冻结即自动生效。"《最高人民法院关于查封法院全部处分标的物后轮候查封的效力问题的批复》规定："根据《最高人民法院关于人民法院民事执行中查封、扣押、冻结财产的规定》（法释〔2004〕15号）第28条第1款的规定，轮候查封、扣押、冻结自在先的查封、扣押、冻结解除时自动生效，故人民法院对已查封、扣押、冻结的全部财产进行处分后，该财产上的轮候查封自始未产生查封、扣押、冻结的效力。同时，根据上述司法解释第30条的规定，人民法院对已查封、扣押、冻结的财产进行拍卖、变卖或抵债的，原查封、扣押、冻结的效力消灭，人民法院无须先行解除该财产上的查封、扣押、冻结，可直接进行处分，有关单位应当协助办理有关财产权证照转移手续。"[①]由上可知，在办理了查封登记的当事人（甲）和未办理查封登记或者其查封为轮候查封的当事人（乙）均为普通债权人的前提下，根据债权平等原则，他们享有的权利顺位本无优劣之分，但是乙无法利用甲的查封来实现自身债权，他只能等待甲的债权实现并且解除查封之后才能获得自身债权清偿。这就意味着查封优先于未查封、首封优先于轮候查封。但是，上述优先性是有范围的，并非绝对优先。《民事诉讼法司法解释》第508条规定：

---

① 2004年的《查封扣押冻结规定》第28条和第30条，对应2020年修订的该司法解释第26条和第27条。

"被执行人为公民或者其他组织，在执行程序开始后，被执行人的其他已经取得执行依据的债权人发现被执行人的财产不能清偿所有债权的，可以向人民法院申请参与分配。对人民法院查封、扣押、冻结的财产有优先权、担保物权的债权人，可以直接申请参与分配，主张优先受偿权。"

三、我国房地产登记的主要特点

（一）登记为不动产物权变动的生效要件

1. 《物权法》出台前我国相关法律并未明确登记的法律效果

《物权法》出台前，我国相关法律规定了很多当事人应当办理房地产登记的条款，但并没有明确登记的法律效果。例如，《城市房地产管理法》第36条规定："房地产转让、抵押，当事人应当依照本法第五章的规定办理权属登记。"第62条规定："房地产抵押时，应当向县级以上地方人民政府规定的部门办理抵押登记。因处分抵押房地产而取得土地使用权和房屋所有权的，应当依照本章规定办理过户登记。"由于我国以往对房地产登记的规定多是从行政管理角度制定的，所以相关法律关于登记的规定尚不完全具备现代房地产登记制度的核心功能。此外，法律仅要求房地产权属变更"应当"登记，但并没有从物权效力角度规定登记与否的法律效果，故在理论上和司法实践中，曾经对"应当"登记的效力问题产生了误解。以往的一段时间，一直把登记与否和债权合同的效力捆绑在一起。房地产交易没有登记，则该房地产交易债权合同也被认定为无效或者不成立，如最高人民法院《关于公产房屋的买卖及买卖协议签订后一方可否翻悔问题的复函》（〔1989〕民他字第50号）就黑龙江省高级人民法院请示的问题曾明言："你院'关于公产房屋及买卖协议签订后一方是否可以翻悔的请示'已收悉。经研究认为，至今对公有商品房屋管理全国尚无统一规定，因此，处理黑龙江省农村电话局、黑龙江省邮电器材公司、哈尔滨市房地局南岗区房管二所诉中国工商银行哈尔滨分行驻哈铁办事处房屋买卖一案，可以适用'黑龙江省城镇公有房产管理条例'。房管二所与哈铁办事处签订房屋买卖协议后，提出解除买卖协议，未办理产权转移登记手续，应认为该民事法律行为依法尚未成立，一方翻悔是允许的。"该复函就将办理产权转移登记手续作为民事法律行为依法成立的条件，而非履行房屋买卖合同义务的行为。再如，《担保法》第41条规定：

"……抵押合同自登记之日起生效。"

2. 《物权法》明确了登记为不动产物权变动的生效要件

在《物权法》的制定过程中，关于我国的不动产登记是采用登记对抗主义，还是采用登记要件主义，有过激烈争论，这种争论也影响了人民法院对相关房地产纠纷的裁决。对此，原《物权法》第9条第1款明确规定："不动产物权的设立、变更、转让和消灭，经依法登记，发生效力；未经登记，不发生效力，但法律另有规定的除外。"由此可见，我国《物权法》明确将登记规定为不动产物权变动的生效要件；不登记，不产生物权变动的法律效果。例外情况有：第一，无须进行登记的不动产物权，如国家土地所有权。第二，法律规定不动产物权变动不以登记为生效要件的，如原《物权法》第28条、第29条、第30条列举的非依法律行为引起的物权变动；再如原《物权法》第127条第1款规定："土地承包经营权自土地承包经营权合同生效时设立。"该规定实际上就采用了债权意思主义的物权变动模式。第三，采用登记对抗主义的也非不动产物权变动的生效要件，如原《物权法》第158条规定："地役权自地役权合同生效时设立。当事人要求登记的，可以向登记机构申请地役权登记；未经登记，不得对抗善意第三人。"当然，由于登记要件主义的物权变动模式本身也存在争议，一些学者在检视该制度的同时，从理论与实证、历史与现状、功能与作用等角度出发，认为我国不动产物权变动的模式不应是登记要件主义，而应采纳物权意思主义。[①]但就现行法而言，应该明确我国的《民法典》采纳的是登记要件主义。

3. 区分登记的效力与合同的效力

《民法典》第215条规定："当事人之间订立有关设立、变更、转让和消灭不动产物权的合同，除法律另有规定或者当事人另有约定外，自合同成立时生效；未办理物权登记的，不影响合同效力。"该条在民法上称为"区分原则"。区分原则区分什么？理论上存在争议。有观点认为，是区分不动产物权变动的效力与合同的效力。该观点表明：第一，除非法律另有规定或者当事人另有约定，合同一经成立，原则上即生效。合同是当事人之间的一种合意，不必然与登记联系一起；登记是不动产物权变动的公示方法，是与不动产物权变动联系一起的。第二，未办理不动产物权登记，不影响合同效力，任何一方违反合同约定均须承担违约责任。第三，当事人负有依据有效合同继

---

① 武钦殿.物权意思主义［M］.北京：人民法院出版社，2007.

续办理登记的合同义务。第四，对于依法律行为引起的不动产物权变动，在办理登记前，不动产物权不发生变动。不动产交付后，即使买受人不享有物权，其针对第三人侵害不动产的行为，依据享有的合法占有权可以提起占有之诉。①

（二）登记申请审查以形式审查为主，实质审查为辅

我国对不动产登记是实行实质审查制度还是形式审查制度，也是一个有争议的问题。二者区分的关键在于是否对登记申请人的真实身份、不动产的实际情况、物权变动依据的交易的真实性与合法性进行审查。

在《物权法》出台前的相关房地产法律规定中，很难得出明确的答案，例如《土地登记规则》第6条规定："土地登记依照下列程序进行：……（二）地籍调查；（三）权属审核；（四）注册登记……"第10条规定："土地登记申请者申请土地使用权、所有权和土地他项权利登记，必须向土地管理部门提交下列文件资料：（一）土地登记申请书；（二）单位、法定代表人证明，个人身份证明或者户籍证明；（三）土地权属来源证明；（四）地上附着物权属证明。"一般认为，土地登记部门偏重实质审查，房屋登记部门偏重形式审查。实质审查可以最大限度减少登记错误，提高登记簿的公信力，但是效率较低；形式审查效率高，但出现错误的几率也高，不利于登记簿公信力的建立。《房屋登记案件司法解释》搁置了形式审查抑或实质审查的标准选择，通过对审查材料和登记机构职责的翔实规定来实现登记的公示、公信力，并在第12条中提出"房屋登记机关在审查中应尽合理审慎职责"的要求。"合理""审慎"的注意义务的更偏向的是一种主观标准，难以独立成为一种明确的、可适用的审查标准。

《民法典》第212条（原《物权法》第12条）规定："登记机构应当履行下列职责：（一）查验申请人提供的权属证明和其他必要材料；（二）就有关登记事项询问申请人；（三）如实、及时登记有关事项；（四）法律、行政法规规定的其他职责。申请登记的不动产的有关情况需要进一步证明的，登记

---

① 参见：《民法学》编写组.民法学：上 [M].北京：高等教育出版社，2022：161-162.最高人民法院民法典贯彻实施工作领导小组.中华人民共和国民法典物权编理解与适用：上 [M].北京：人民法院出版社，2020：83-87.黄薇.中华人民共和国民法典物权编释义 [M].北京：法律出版社，2020：19-21.王轶.区分原则：区分什么？[J].东方法学.2022（4）.

机构可以要求申请人补充材料，必要时可以实地查看。"很多学者依据该条规定认为，不动产登记机构对申请人提供的登记材料的真实性、合法性和有效性应作全面审查，故我国对不动产登记的申请采用的是实质审查主义。^① 我国的司法实践中，亦有法院判例持实质审查的观点。^②

采用实质审查主义，登记机构不但审查申请文件是否齐备，是否符合形式要求，还要审查债权合同是否真实有效。从我国《民法典》对登记机构要求的"查验""实地查看"来看，并不能得出须对债权合同的真实性、有效性、合法性进行审查的结论。《不动产登记暂行条例》第16条规定，申请人应当对申请材料的真实性负责。原《房屋登记办法》第11条第3款规定："申请人应当对申请登记材料的真实性、合法性、有效性负责，不得隐瞒真实情况或者提供虚假材料申请房屋登记。"原《土地登记办法》第9条第3项规定："申请人申请土地登记，应当如实向国土资源行政主管部门提交有关材料和反映真实情况，并对申请材料实质内容的真实性负责。"可见，上述规定均要求申请登记的当事人应对申请材料的真实性负责。原《房屋登记办法》第20条则进一步明确规定如下："登记申请符合下列条件的，房屋登记机构应当予以登记，将申请登记事项记载于房屋登记簿：（一）申请人与依法提交的材料记载的主体一致；（二）申请初始登记的房屋与申请人提交的规划证明材料记载一致，申请其他登记的房屋与房屋登记簿记载一致；（三）申请登记的内容与有关材料证明的事实一致；（四）申请登记的事项与房屋登记簿记载的房屋权利不冲突；（五）不存在本办法规定的不予登记的情形。登记申请不符合前款所列条件的，房屋登记机构应当不予登记，并书面告知申请人不予登记的原因。"上述四个"一致"、一个"不冲突"明显体现了形式审查的特点，而《民法典》规定的"实地查看"则具有实质审查的含义。^③ 由此观之，我国现行调整不动产登记的法律法规确立的审查标准应该是以形式审查为主、以实质审查为辅。实质审查限于法律规定的特殊情形，如《民法典》第212条第2款、《不动产登记暂行条例》

---

① 王达.物权法中的行政法问题：不动产登记制度［N］.人民法院报，2007-03-27（5）；江平.《中华人民共和国物权法》精解［M］.北京：中国政法大学出版社，2007：29.

② 参见"石育清诉兴宁市国土资源局土地行政登记案"，广东省梅州市中级人民法院（2011）梅中法行终字第6号。

③ 《不动产登记法》（征求意见稿）第39条规定了实地查看的几种情形，即（一）在建建筑物抵押权登记，查看抵押的在建建筑物建造情况；（二）因不动产灭失导致的注销登记，查看不动产灭失情况。

第 19 条、《不动产登记条例细则》第 16 条等。

（三）登记具有公信力

房地产等不动产物权变动的公信原则主要体现为不动产登记这一公示方法的公信力，此种公信力主要通过不动产善意取得制度来落实。《物权法》出台前，我国调整房地产的法律的确没有明确规定登记是否有公信力，而且房地产登记制度设立的初衷也不是为了物权的公示、确权和保障，但是并不能以此否认我国房地产登记的公信力，法律实践中也多认为登记已经具有公信力。因为，登记的公示效力在于保障对外的交易安全，因其公示而具有公信力，故在涉及第三人交易时，登记具有公信力，不以实际权利状态为准而以登记为准；但在处理不涉及第三人的内部关系时，登记的公信力不发生作用，应以实事求是的原则确定不动产物权归属。①

不动产物权登记的公信力主要包括两层含义：第一，登记的权利推定效力；第二，不动产物权的善意取得制度。首先，从我国《民法典》的规定来看，《民法典》虽没明确"即使登记的权利人事实上不是真正的权利人，但法律上应推定其为真正的权利人"这样的法律语言表述，然而综合考察登记的相关规定，登记的权利推定效力应该值得肯定。其次，原《物权法》第 106 条、《民法典》第 311 条明确规定了不动产的善意取得制度，这也表明我国的不动产登记是有公信力的。

（四）原则上采用强制登记主义

我国的房地产登记采用的是强制登记，但由于《物权法》出台前并没有明确登记产生的民事法律效果，所以《物权法》出台前后法律调整的侧重点并不相同。

1. 《物权法》出台前的强制登记更侧重于公法功能

调整房地产领域的法律法规有很多条款规定，当事人不依法登记，要承担相应的行政法律责任。例如，原《土地登记规则》第 69 条规定："土地使用者、所有者凡不按规定如期申请初始土地登记的，按照非法占地的处理办法论处；

---

① 《民法典物权编司法解释（一）》第 2 条规定："当事人有证据证明不动产登记簿的记载与真实权利状态不符、其为该不动产物权的真实权利人，请求确认其享有物权的，应予支持。"本条对于登记与物权归属关系的基本思路即是：对内，实事求是；对外，公示公信。

对凡不按规定如期申请变更土地登记的，除按违法占地处理外，视情节轻重报经县级以上人民政府批准，注销土地登记，注销土地证书。"

只有个别规定涉及民事法律后果，如原《城市房屋产权产籍管理暂行办法》第18条规定："凡未按照本办法申请并办理房屋产权登记的，其房屋产权的取得、转移、变更和他项权利的设定，均为无效。"但由于《物权法》出台前我国并没有建立明确的、统一的不动产物权变动规则，从这里的"无效"也很难得出是不动产物权变动无效的结论。

2. 《物权法》明确规定采用强制登记主义

原《物权法》第9条第1款规定："不动产物权的设立、变更、转让和消灭，经依法登记，发生效力；未经登记，不发生效力，但法律另有规定的除外。"由此可见，我国原则上采用了强制登记主义，此点与德国的权利登记制度近似。但法律另有规定的，如不动产物权变动采用登记对抗主义的则是任意登记主义。

有必要说明的是，这里的强制登记是就登记是否引起物权变动而言的，并非指当事人签订了债权合同后，必须强制登记。即便是采纳登记要件主义的不动产物权变动，登记与否依然取决于当事人自己的选择，而现行有关房地产法规定的不登记则承担行政责任的做法是值得商榷的。

（五）登记簿采用以物为中心的编成主义

登记簿须依法制作，具有相应法律效力。与以人为中心的编成主义相对应的以物为中心的编成主义，是将"物"置于核心地位，以物来确定权利人，依房地产所在地坐落、编号等为顺序相应设置簿页，以"物"为基础列明登记簿上所应记载的各种物权和法律关系。目前，我国除土地承包经营权登记采用人的编成，其他不动产登记都采用物的编成。[①]

我国房地产登记簿采用以物为中心的编成主义，此点与权利登记模式和托伦斯登记模式相同。例如，《不动产登记暂行条例》第8条第1款规定："不动产以不动产单元为基本单位进行登记。不动产单元具有唯一编码。"《不动产登记条例细则》第5条规定："《条例》第八条规定的不动产单元，是指权属界线封闭且具有独立使用价值的空间。没有房屋等建筑物、构筑物以及森林、林木定着物的，以土地、海域权属界线封闭的空间为不动产单元。有房屋等建

---

① 刘燕萍，张富刚.不动产登记制度理论探究［M］.北京：北京大学出版社，2016：86-87.

筑物、构筑物以及森林、林木定着物的，以该房屋等建筑物、构筑物以及森林、林木定着物与土地、海域权属界线封闭的空间为不动产单元。前款所称房屋，包括独立成幢、权属界线封闭的空间，以及区分套、层、间等可以独立使用、权属界线封闭的空间。"第6条规定："不动产登记簿以宗地或者宗海为单位编成，一宗地或者一宗海范围内的全部不动产单元编入一个不动产登记簿。"原《土地登记办法》第5条、原《房屋登记办法》第10条也有类似规定。

我国房地产登记簿中，不但对房地产现状进行登记，而且也登记其变动情况。这一点与托伦斯登记模式是一致的。例如，《土地管理法》第11条规定，农民集体所有的土地，由县级人民政府登记造册，核发证书，确认所有权。农民集体所有的土地依法用于非农业建设的，由县级人民政府登记造册，核发证书，确认建设用地使用权。单位和个人依法使用的国有土地，由县级以上人民政府登记造册，核发证书，确认使用权；其中，中央国家机关使用的国有土地的具体登记发证机关，由国务院确定。第12条规定："依法改变土地权属和用途的，应当办理土地变更登记手续。"再如，《城市房地产管理法》第61条也有类似规定。《不动产登记暂行条例》第8条第3款规定："不动产登记簿应当记载以下事项：（一）不动产的坐落、界址、空间界限、面积、用途等自然状况；（二）不动产权利的主体、类型、内容、来源、期限、权利变化等权属状况；（三）涉及不动产权利限制、提示的事项；（四）其他相关事项。"

（六）登记的事项须在登记簿上记载且给权利人制作权利证书

《物权法》出台前，法律就明确规定房地产登记的事项不但要在登记簿上进行登记，而且登记机构还要制作权利证书交付给权利人，作为其享有不动产物权的合法凭证。这一点与托伦斯登记模式相同，而与权利登记模式不同。例如，《城市房地产管理法》第60条规定："国家实行土地使用权和房屋所有权登记发证制度。"原《城市房屋权属登记管理办法》第4条规定："国家实行房屋所有权登记发证制度。申请人应当按照国家规定到房屋所在地的人民政府房地产行政管理主管部门申请房屋权属登记，领取房屋权属证书。"第5条规定："房屋权属证书是权利人依法拥有房屋所有权并对房屋行使占有、使用、收益和处分权利的唯一合法凭证。依法登记的房屋权利受国家法律保护。"这里强调了房地产权利证书的地位和作用，但对于权利证书与登记簿之间的关系并没有作出规定。

《物权法》沿袭了房地产法的上述规定，在此基础上还明确了登记簿与权利证书的关系，并强化了登记簿的法律效力。《民法典》第 216 条规定："不动产登记簿是物权归属和内容的根据。不动产登记簿由登记机构管理。" 第 217 条规定："不动产权属证书是权利人享有该不动产物权的证明。不动产权属证书记载的事项，应当与不动产登记簿一致；记载不一致的，除有证据证明不动产登记簿确有错误外，以不动产登记簿为准。"《不动产登记暂行条例》第 21 条规定："登记事项自记载于不动产登记簿时完成登记。不动产登记机构完成登记，应当依法向申请人核发不动产权属证书或者登记证明。"确定不动产物权归属和内容的根据不是房地产权利证书，而是房地产登记簿；房地产权利证书是登记机构颁发给权利人作为其享有权利的证明，但其证据效力低于房地产登记簿；房地产登记簿不具有"绝对"的效力和证据力。

近些年来，随着电子信息技术的迅猛发展，美国、英国、德国、日本等许多国家和地区都启动了不动产登记簿电子化的进程，完成了传统纸质登记资料的数据化。我国《不动产登记暂行条例》第 9 条规定："不动产登记簿应当采用电子介质，暂不具备条件的，可以采用纸质介质。不动产登记机构应当明确不动产登记簿唯一、合法的介质形式。不动产登记簿采用电子介质的，应当定期进行异地备份，并具有唯一、确定的纸质转化形式。"

另需说明的是：我国长期以来践行的分散登记，亦导致登记机构制作、颁发给权利人的权利证书多种多样，如"集体土地所有证""国有土地使用证""房屋所有权证""房地产权证""土地承包经营权证""土地他项权利证明书""房屋他项权证"等，不动产统一登记后，客观上要求设计统一的不动产权利证书。《不动产登记条例细则》第 20 条规定："不动产登记机构应当根据不动产登记簿，填写并核发不动产权属证书或者不动产登记证明。除办理抵押权登记、地役权登记和预告登记、异议登记，向申请人核发不动产登记证明外，不动产登记机构应当依法向权利人核发不动产权属证书。不动产权属证书和不动产登记证明，应当加盖不动产登记机构登记专用章。不动产权属证书和不动产登记证明样式，由国土资源部统一规定。"随着我国不动产登记制度的进一步完善，不动产权利证书的内容和形式亦会不断优化。

四、我国房地产登记的基本程序

（一）不动产登记的基本程序

根据《不动产登记暂行条例》和《不动产登记条例细则》的规定，申请办理不动产登记依照申请、受理、审核、登簿的程序进行。[①]且非依法律规定，不得增设确认、告知、备案等前置环节。

1. 申请

在启动不动产登记的程序方面，我国采用申请登记原则，即不动产登记依照当事人的申请进行。《不动产登记条例细则》第2条第1款规定："不动产登记应当依照当事人的申请进行，但法律、行政法规以及本实施细则另有规定的除外。"当事人申请办理房地产登记的，根据申请事项不同而区分为共同申请和单独申请。

（1）共同申请。因买卖、设定抵押权等申请不动产登记的，应当由当事人双方共同申请。

（2）单独申请。属于下列情形的，可以由当事人单方申请：尚未登记的不动产首次申请登记的；继承、接受遗赠取得不动产权利的；人民法院、仲裁委员会生效的法律文书或者人民政府生效的决定等设立、变更、转让、消灭不动产权利的；权利人姓名、名称或者自然状况发生变化，申请变更登记的；不动产灭失或者权利人放弃不动产权利，申请注销登记的；申请更正登记或者异议登记的；法律、行政法规规定可以由当事人单方申请的其他情形。

一般的申请均由申请人本人或者其委托代理人、监护人申请，共有人申请房地产登记的则较为复杂。《不动产登记条例细则》第10条规定，处分共有不动产申请登记的，应当经占份额三分之二以上的按份共有人或者全体共同共有人共同申请，但共有人另有约定的除外。按份共有人转让其享有的不动产份额，应当与受让人共同申请转移登记。在申请方式方面，申请人或者其代理人可以现场或者通过网络向不动产登记机构提交申请材料，不动产登记机构应当同时提供现场办理和网上办理的条件。

（3）例外。不以申请人的申请启动的登记程序，主要有：嘱托登记和更正登记，前者系登记机构依有权机关的嘱托所为的登记，后者是依职权进行的

[①]　《不动产登记暂行条例实施细则（草案）》第12条第1款规定："不动产登记，应当按照下列程序进行，法律、行政法规另有规定的除外：（一）申请；（二）受理；（三）审核；（四）登簿。"正式出台的《不动产登记条例细则》删掉了该规定。从现行《不动产登记暂行条例》及《不动产登记条例细则》来看，总体上不动产登记的程序依然为这四个阶段。《不动产登记法》（征求意见稿）第26条规定："申请办理不动产登记，依照申请、受理、审核、登簿的程序进行。非依法律规定，不得增设确认、告知、备案等前置环节。"

登记。

对于嘱托登记，《不动产登记条例细则》第 19 条规定："当事人可以持人民法院、仲裁委员会的生效法律文书或者人民政府的生效决定单方申请不动产登记。有下列情形之一的，不动产登记机构直接办理不动产登记：（一）人民法院持生效法律文书和协助执行通知书要求不动产登记机构办理登记的；（二）人民检察院、公安机关依据法律规定持协助查封通知书要求办理查封登记的；（三）人民政府依法做出征收或者收回不动产权利决定生效后，要求不动产登记机构办理注销登记的；（四）法律、行政法规规定的其他情形。不动产登记机构认为登记事项存在异议的，应当依法向有关机关提出审查建议。"不动产登记机构认为嘱托机构的嘱托事项存在异议的不应拒绝登记，应当依法向有关机关提出审查建议。登记机构对嘱托事项不承担审查义务，因嘱托文件错误致登记错误，不动产登记机构不承担责任。

对于更正登记，《不动产登记条例细则》第 81 条规定："不动产登记机构发现不动产登记簿记载的事项错误，应当通知当事人在 30 个工作日内办理更正登记。当事人逾期不办理的，不动产登记机构应当在公告 15 个工作日后，依法予以更正；但在错误登记之后已经办理了涉及不动产权利处分的登记、预告登记和查封登记的除外。"

2. 受理

不动产登记机构收到不动产登记申请材料，应当分别按照下列情况办理：①属于登记职责范围，申请材料齐全、符合法定形式，或者申请人按照要求提交全部补正申请材料的，应当受理并书面告知申请人；②申请材料存在可以当场更正的错误的，应当告知申请人当场更正，申请人当场更正后，应当受理并书面告知申请人；③申请材料不齐全或者不符合法定形式的，应当当场书面告知申请人不予受理并一次性告知需要补正的全部内容；④申请登记的不动产不属于本机构登记范围的，应当当场书面告知申请人不予受理并告知申请人向有登记权的机构申请。另外，不动产登记机构未当场书面告知申请人不予受理的，视为受理。

申请人现场申请不动产登记并被不动产登记机构受理的，申请日即为受理时间。如果申请人通过网络申请的，不动产登记机构应当及时通过网络告知申请人受理结果；申请人通过网络提交申请并被不动产登记机构受理的，以电子数据被不动产登记机构指定的信息系统接收并且能够检索识别的时间为受理时间。

3. 审核

不动产登记机构受理登记申请的，应当按照下列要求进行查验：①不动产界址、空间界限、面积等材料与申请登记的不动产状况是否一致；②有关证明材料、文件与申请登记的内容是否一致；③登记申请是否违反法律、行政法规规定。属于下列情形之一的，不动产登记机构可以对申请登记的不动产进行实地查看：①房屋等建筑物、构筑物所有权首次登记；②在建建筑物抵押权登记，查看抵押的在建建筑物建造情况；③因不动产灭失导致的注销登记，查看不动产灭失情况；④不动产登记机构认为需要实地查看的其他情形。不动产登记机构进行实地查看时，申请人应当予以配合。对可能存在权属争议，或者可能涉及他人利害关系的登记申请，不动产登记机构可以向申请人、利害关系人或者有关单位进行调查。需说明的是，实地查看并非不动产登记程序的必经阶段，只在特殊情况下为之。

4. 登簿并发证

不动产登记机构经审查后认为符合登记条件的，自受理登记申请之日起30日内办结不动产登记手续。不动产登记机构应当将申请登记事项准确、完整、清晰、及时地记载于不动产登记簿。登记事项自记载于不动产登记簿时完成登记。登记事项记载于不动产登记簿的时间为登记时间；如果同一不动产上设立多个权利的，登记机构应当按照受理时间的先后顺序依次办理登记，并记载于不动产登记簿。不动产登记机构完成登记后，应当依法向申请人核发不动产权属证书或者登记证明，但是申请人明确表示无须取得权属证书的除外。不动产权属证书核发后，可以依法补发、换发、收回。

对于登记申请有下列情形之一的，不动产登记机构应当不予登记，并书面告知申请人：①违反法律、行政法规规定的；②存在尚未解决的权属争议的；③申请登记的不动产权利超过规定期限的；④法律、行政法规规定不予登记的其他情形。一般而言，不动产登记不需要进行公告，但是对于某些情形则需要完成公告程序后方可进行登记。《不动产登记条例细则》第17条规定："有下列情形之一的，不动产登记机构应当在登记事项记载于登记簿前进行公告，但涉及国家秘密的除外：（一）政府组织的集体土地所有权登记；（二）宅基地使用权及房屋所有权，集体建设用地使用权及建筑物、构筑物所有权，土地承包经营权等不动产权利的首次登记；（三）依职权更正登记；（四）依职权注销登记；（五）法律、行政法规规定的其他情形。公告应当在不动产登记机构门户网站以及不动产所在地等指定场所进行，公告期不少于15个工作日。公告所需时间不计算在登记办理期限内。公告期满无异议或者异议不成立的，应当及时记载于不动产登记簿。"

（二）营商环境与不动产登记程序

《不动产登记暂行条例》第20条规定："不动产登记机构应当自受理登记之日起30个工作日内办结不动产登记手续，法律另有规定的除外。"[①]从我国近年来的深化"放管服"改革，深入推进审批服务便民化，增强企业和民众的获得感，改善营商环境来看，不动产登记申请自受理登记之日至办结不动产登记手续需要30个工作日，其耗时显然较长。鉴于此，《国务院办公厅关于压缩不动产登记办理时间的通知》（国办发〔2019〕8号）明确指出，要"加强部门协作，实行信息共享集成、流程集成或人员集成，进行全流程优化，压缩办理时间，切实解决不动产登记耗时长、办理难问题，努力构建便捷高效、便民利民的不动产登记工作体系。"通过推动信息共享集成（实现信息互通共享，推进"互联网＋不动产登记"，夯实不动产登记信息基础），推动流程集成（一窗受理、并行办理，取消不必要环节、合并相近环节，精简申请材料，优化测绘成果获取方式），推动人员集成等措施，要求"2019年底前，流程精简优化到位，不动产登记数据和相关信息质量明显提升，地级及以上城市不动产登记需要使用有关部门信息的通过共享获取，全国所有市县一般登记、抵押登记业务办理时间力争分别压缩至10个、5个工作日以内；2020年底前，不动产登记数据完善，所有市县不动产登记需要使用有关部门信息的全部共享到位，'互联网＋不动产登记'在地级及以上城市全面实施，全国所有市县一般登记、抵押登记业务办理时间力争全部压缩至5个工作日以内。"

[①] 《不动产登记法》（征求意见稿）第45条【登记时限】规定："不动产登记机构自受理登记申请之日起，应当在下列期限内，将申请登记事项记载于不动产登记簿或者作出不予登记的决定：（一）国有建设用地使用权及房屋所有权的权利登记，抵押登记、预告登记、异议登记、查封登记，五个工作日；（二）农村宅基地、集体建设用地和房屋，土地承包经营权、土地经营权、林地以及森林、林木登记，继承、受遗赠涉及的不动产登记等，三十个工作日；不动产登记过程中的实地查看、公告、补正、地籍调查的时间不计入前款规定的期限。"

按照《优化营商环境条例》和国办 8 号文的规定，我国的不动产统一登记取得了显著成效。"登记财产"是世界银行营商环境评价指标之一，主要用于衡量企业从二级市场购买土地、房产等不动产所需的流程、时间及办理费用，并从信息透明度、土地争议解决指数等角度评估土地管理质量。评价涉及的财产登记程序、时间和费用包括与不动产交易、税务、登记等政府部门之间的各项事务以及律师、公证员等中介服务机构的尽职调查等事项。受益于我国不动产统一登记制度的快速完善，以土地、房产等不动产为主的登记财产指标排名跻身全球先进行列。世界银行发布的《2019 营商环境报告》显示，在监测的 190 个经济体中，我国营商环境评价"登记财产"指标从 2018 年的第 41 名上升至第 27 名，提升了 14 名，达到全球先进水平。我国登记财产指标排名获得大幅提升，得益于上海、北京针对不动产登记推出的一系列改革举措，简化管理程序和增强土地管理系统的可靠性和透明度。对上海、北京两个主要城市的评估显示，2019 年，不动产登记机构平均登记财产需 3.6 个手续、耗时 9 天、成本占财产价值的 4.6%、土地管理质量指数为 23.7 分。与 2018 年相比，登记财产手续减少 0.4 个、耗时减少 10.5 天、土地管理质量指数提高 5.4 分。[①]

《不动产登记法》（征求意见稿）第 4 条第 2 款规定："不动产登记机构应当按照国家有关规定，加强部门协作，实行不动产登记、交易和缴税线上线下一窗受理、并行办理，充分运用互联网、大数据等技术手段，优化办理流程，确保登记结果真实准确。"应因科技发展，为了优化不动产登记营商环境，未来的不动产登记机构应进一步优化登记窗口设置，多部门协同推进"互联网 + 不动产登记"，推行不动产交易登记税务"一网通办、全程网办""一件事一次办""集成化办理"，便捷规范登记服务；支撑政务服务"免证办"，推行告知承诺制以"减证便民"，压缩不动产登记时限，持续化解历史遗留的"办证难"等问题。

五、我国房地产登记制度的法律改进

不动产登记制度对于保障不动产权利，维护不动产交易安全作用巨大。在我国不动产统一登记制度日趋完善的今天，仍有以下问题需要继续研究。

---

① "我国持续完善不动产登记制度优化营商环境"，https://www.sohu.com/a/300228616_162758。访问时间：2024-01-25.

（一）建立涂销登记制度

涂销登记，是在既存的登记中，基于原始的或后发的理由而致登记事项全部不适法，从而消灭此一登记的记载行为。这种不适法的理由既有实体上的，又有程序上的。涂销登记是以消灭原有的登记事项为目的的一种登记，它会导致不动产物权实质上的变化。涂销登记以登记事项全部不适法为必要，如果仅仅是部分不适法，则进行更正登记即可，无须涂销登记。①

我国现行法没有涂销登记的概念，而有类似的注销登记，但两者的内涵却是不一样的。注销登记是指建设用地使用权和房屋所有权等因抛弃、混同、存续期限届满、客体消灭、债务清偿、被行政机关撤销或被法院注销等原因消灭时，房地产登记机构对房地产权利作出的登记。

（二）完善回复登记制度

回复登记，是指与实体权利关系一致的登记因不当原因而从登记簿上消灭时，对消灭的登记予以回复，以保持原有登记效力的一种登记类型。②回复又可以分为灭失回复登记和涂销回复登记两种。

灭失回复登记，是指登记的全部或者一部分因水灾、地震等原因而发生物理上的灭失从而予以回复的一种登记。它是对灭失的登记的一种恢复保存行为，不涉及新的权利关系变动，故其顺位并不发生变动，仍依原有登记而定。③《不动产登记暂行条例》第13条对此进行了原则规定。涂销回复登记，是指登记事项的全部或者一部分被不适法地涂销，为了使登记恢复到涂销前的状态而作的一种登记。需要说明的是，涂销回复登记完成之前，原有的不适法的登记依然有公信力，善意第三人依然可以主张房地产的善意取得，而在此情况下真实权利人不能再主张涂销回复登记。

（三）建立信托登记制度

《信托法》第10条规定："设立信托，对于信托财产，有关法律、法规规定应当办理登记手续的，应当依法办理信托登记。未依照前款规定办理信托登记的，应当补办登记手续；不补办的，该信托不产生效力。"这与不动产物

---

① 王轶.物权变动论［M］.北京：中国人民大学出版社，2001：164.

② 肖厚国.物权变动研究［M］.北京：法律出版社，2002：243.

③ 同上书，第244页.

权变动的规则相一致，登记不但是不动产等信托财产公示的方式，而且也是不动产信托生效的要件。《不动产登记暂行条例》没有规定信托登记制度，《不动产登记条例细则》第 106 条规定："不动产信托依法需要登记的，由国土资源部会同有关部门另行规定。"但是，目前尚无这方面的规定出台。

不动产信托登记当事人应当共同到登记机构办理信托登记，不但要在登记簿上记载信托公示，还要在不动产权利证书上作同样的标记。由于不动产价值巨大，加之信托财产制度的特殊性，不动产信托登记制度一般都加重其公示的表征。具体讲，就是要在普通不动产登记簿之外，再另外设立不动产信托登记专簿。信托登记簿上应当记载如下事项：①信托目的；②委托人、受托人、受益人的姓名或者名称、住所；③信托期限；④信托财产的管理方法；⑤信托终止事由；⑥其他信托条款。[①]

此外，不动产登记的原则，不动产登记能力，不动产登记机构的审查模式，不动产登记簿的设计，不动产登记人员的管理，公证与不动产登记，不动产登记机构错误登记引发的赔偿责任，不动产登记信息公开查询与不动产信息的安全保障等，均需通过立法的形式予以明确或细化规定。

本章小结

国际上主要有三种不动产物权变动模式：债权意思主义、物权形式主义、债权形式主义。这三种不动产物权变动模式根据不动产登记的效力不同又可分为登记对抗主义和登记要件主义。登记对抗与登记要件对房地产登记制度的设计有重大影响。尽管我国对房地产登记的性质存在不同认识，但其"应然性质"应为民事行为。房地产登记的模式国际上主要有契据登记模式、权利登记模式和托伦斯登记模式，每一种模式所设计的具体的房地产制度皆有其自身的特点，并与其所采取的不动产物权变动模式相契合。

目前，我国形成了较完整的不动产登记法律制度，并从不同效力等级、不同内容、不同侧重领域组成了我国金字塔形的不动产登记制度。现行调整房地产登记的法律法规从登记的种类、登记的程序、登记的具体制度等方面对房地产登记进行了规范。在不动产物权变动的模式上，以登记要件主义为原则、登记对抗主义为例外；登记机构对登记申请主要采取形式审查，登记有公信力，以强制登记主义为主，登记簿采用以物为中心的编成主义，登记簿及权利证书

---

① 李昊.不动产登记程序的制度建构 [M].北京：北京大学出版社，2005：553-554.

并存等构成了我国现行房地产登记法律制度的主要特点。

我国现行房地产登记法律制度在《不动产登记暂行条例》和《不动产登记条例细则》颁布实施后有了质的进步，但依然有进一步完善的空间和必要。

思考题

1. 简述不动产物权变动的模式及其与登记的关系。

2. 谈谈对房地产登记性质的认识。

3. 简答我国房地产登记的类型。

4. 不动产登记的程序与优化营商环境的关系。

5. 试述如何进一步完善我国的不动产登记法律制度。

参考文献

1. 程啸. 不动产登记法研究 [M]. 北京：法律出版社，2018.

2. 刘艳萍，张富刚. 不动产登记制度理论探究 [M]. 北京：北京大学出版社，2016.

3. 国土资源部不动产登记中心. 不动产登记暂行条例实施细则释义 [M]. 北京：北京大学出版社，2016.

4. 国土资源部政策法规司，国土资源部不动产登记中心. 不动产登记暂行条例释义 [M]. 北京：中国法制出版社，2015.

5. 程啸. 不动产登记暂行条例及其实施细则的理解与适用 [M]. 北京：法律出版社，2016.

中编

第四章

房地产开发用地

[知识要求]

通过本章的学习, 掌握:

- 房地产开发用地、建设用地使用权出让与划拨的含义;
- 建设用地使用权出让的各种方式及内容;
- 建设用地使用权出让合同当事人的主要权利义务;
- 集体经营性建设用地使用权的出让;
- 法律对划拨建设用地使用权的规定。

[技能要求]

通过本章的学习, 能够了解:

- 房地产开发用地的原则;
- 集体经营性建设用地使用权的入市流转;
- 划拨建设用地使用权存在的主要法律问题与完善建议。

第一节　房地产开发用地基本问题

一、房地产开发用地的含义和特征

（一）房地产开发用地的含义

房地产开发是以基础设施和房屋建设为内容的一项活动。房地产开发用地就是用于进行房地产开发建设行为的土地，是指依法取得用于建设基础设施和建造房屋的建设用地。

房地产开发用地是房地产开发活动的基础，依法取得符合规定的房地产开发用地是房地产开发建设合法顺利进行的前提。

（二）房地产开发用地的特征

房地产开发用地具有如下特征：

1. 房地产开发用地取得来源具有限制性

房地产开发用地只能来源于建设用地。《土地管理法》规定，国家编制土地利用总体规划，规定土地用途，将土地分为农用地、建设用地和未利用地。建设用地是指建造建筑物、构筑物的土地，包括城乡住宅和公共设施用地、工矿用地、交通水利设施用地、旅游用地、军事设施用地等。房地产开发用地是进行房地产开发建设的土地，属于建设用地的一种。房地产开发不可占用农用地，严格限制农用地转为建设用地，控制建设用地总量，对耕地实行特殊保护。

房地产开发用地主要来源于国有建设用地，特定用途开发可使用集体土地。2019 年《土地管理法》修改之前，房地产开发用地只能来源于国有土地，集体土地非经依法征收转为国家所有，不得用于经营性房地产开发。2019 年《土地管理法》修改后，允许集体经营性建设用地入市，在一定程度上拓宽了房地产开发用地来源。但从实践来看，基础设施类、商品住宅等的房地产开发仍一般使用国有建设用地。集体经营性建设用地仅可用于国土空间规划确定为工业、商业等经营性用途的开发项目。

2. 房地产开发用地取得主体具有特定性

房地产开发用地取得和使用主体最主要的是房地产开发企业，在某些基础设施建设或企事业单位自建项目中，房地产开发企业以外的其他建设单位也可成为房地产开发用地主体。房地产开发企业是那些依法设立，以营利为目的、取得利润并分配给股东等出资人，从事房地产开发经营的企业，该类企业在注册资本及开发资质等方面都有特别的要求。其他建设单位也需要具备建设项目的资金、人员和管理实力。总体而言，房地产开发用地的主体具有特定性，不具备房地产开发建设条件和资质的企业或其他单位一般不能成为房地产开发用地的主体。

3. 房地产开发用地的使用权利具有长期稳定性

在我国，建设用地使用权分为无期限使用和有期限使用两种，[①] 房地产开发中基础设施和公益事业类用地大多无期限使用，其他用地一般是有期限使用。房地产开发用地使用期限由土地所有者和土地使用者在法律规定的最高年限之内协商确定。我国《土地使用权出让和转让暂行条例》依照土地用途规定了土地使用权出让最高年限：居住用地70年；工业用地50年；教育、科技、文化、卫生、体育用地50年；商业、旅游、娱乐用地40年；综合或者其他用地50年。可见，房地产开发用地取得的建设用地使用权一般是有期限的，但具有长期稳定性。这主要是由土地本身的特性和房地产开发的周期较长所决定的，长期稳定性的权利有利于建设用地使用者合理开发利用土地。

4. 房地产开发用地具有经济价值和稀缺性

土地作为宝贵的自然资源，具有不可再生的特性。近年来，随着房地产业在我国的迅猛发展，各地房地产开发用地的供需关系日益紧张，由于城市土地的面积有限，房地产开发用地日益凸显出稀缺的特性。也正是由于稀缺性，房地产开发用地，如以出让方式取得的建设用地，显现出较高的经济价值。特别是本世纪初至20年代之间，各地地王频出，体现了房地产开发用地的价值性。

二、房地产开发用地的原则

在国有和集体土地转化为房地产开发用地的过程中，应当遵循以下原则：

---

① 依据我国相关法律法规的规定，农村的宅基地、自留地、自留山和城市中以划拨方式取得的土地（如国家机关、军事机关用地等）一般都没有使用年限上的限制。

（一）保护耕地原则

《民法典》第 244 条规定："国家对耕地实行特殊保护，严格限制农用地转为建设用地，控制建设用地总量。不得违反法律规定的权限和程序征收集体所有的土地。"《土地管理法》第 3 条也规定："十分珍惜、合理利用土地和切实保护耕地是我国的基本国策。各级人民政府应当采取措施，全面规划，严格管理，保护、开发土地资源，制止非法占用土地的行为。"

近些年来，随着我国城市化进程的加快和城市房地产业的不断发展，城市房地产开发对建设用地的需求日益增加。由于城市国有土地资源有限，为了解决城市建设用地供应的问题，国家征收了大量的农村集体土地。在征收集体土地过程中，强调对耕地的保护是至关重要的。我国"人口多，耕地少"的基本国情要求在发展城市建设的同时必须将保护耕地作为取得房地产开发用地的基本原则。

（二）符合规划原则

取得房地产开发用地，必须符合城乡规划、土地利用总体规划和年度建设用地计划。《土地管理法》第 15 条规定："各级人民政府应当依据国民经济和社会发展规划、国土整治和资源环境保护的要求、土地供给能力以及各项建设对土地的需求，组织编制土地利用总体规划。"《土地管理法实施条例》第 2 条规定："国家建立国土空间规划体系。土地开发、保护、建设活动应当坚持规划先行。经依法批准的国土空间规划是各类开发、保护、建设活动的基本依据。已经编制国土空间规划的，不再编制土地利用总体规划和城乡规划。在编制国土空间规划前，经依法批准的土地利用总体规划和城乡规划继续执行。"《城市房地产管理法》第 10 条规定："土地使用权出让，必须符合土地利用总体规划、城市规划和年度建设用地计划。"《城乡规划法》第 9 条规定："任何单位和个人都应当遵守经依法批准并公布的城乡规划，服从规划管理，……"第 38 条规定："在城市、镇规划区内以出让方式提供国有土地使用权的，在国有土地使用权出让前，城市、县人民政府城乡规划主管部门应当依据控制性详细规划，提出出让地块的位置、使用性质、开发强度等规划条件，作为国有土地使用权出让合同的组成部分。未确定规划条件的地块，不得出让国有土地使用权。"在利用集体建设用地开发方面，亦强调用地要符合规划。《土地管理法》第 63 条第 1 款规定："土地利用总体规划、城乡规划确定为工业、商业等经营性用途，并经依法登记的集体经营性建设用地，土地所有权人可以通过出让、出租等方式交由单位或者个人使用，……"

符合规划原则是建设用地转化为房地产开发用地过程中必须遵循的具有重要意义的原则。党的二十大报告指出："我国十四亿多人口整体迈进现代化社会，规模超过现有发达国家人口的总和，艰巨性和复杂性前所未有，发展途径和推进方式也必然具有自己的特点。"在中国式现代化建设的进程中，对土地的需求依然会十分强烈，加之人口、资源、环境等压力的增加，这就需要合理规划，统筹安排用地，在满足经济建设需求的同时，实现全社会的和谐发展。可以说，一个城市和乡镇的发展是一个积累的过程，并且在一定程度上具有不可逆转性，做好城乡发展规划，并按照规划来进行城乡建设是协调城乡空间布局，改善人居环境，促进城乡经济社会全面协调可持续发展的必然要求。

（三）有偿使用原则

《民法典》第325条规定："国家实行自然资源有偿使用制度，……"《土地管理法》第2条第5款规定："国家依法实行国有土地有偿使用制度。但是，国家在法律规定的范围内划拨国有土地使用权的除外。"《民法典》第347条规定："设立建设用地使用权，可以采取出让或者划拨等方式。……严格限制以划拨方式设立建设用地使用权。"《土地管理法》第54条规定了可以以划拨方式取得国有建设用地的情形和程序，严格限制划拨方式的适用。

可见，我国国有建设用地利用实行的是有偿和无偿使用的双轨制，但以有偿使用为原则，以无偿使用为例外，并严格无偿取得的条件，限制无偿取得的适用范围。从《民法典》第347条可以看出，无偿取得的方式主要是划拨，有偿取得的方式主要是出让，但该法条并没有将取得方式仅限于上述两种，而是以列举加概括的方式允许出让和划拨以外的其他建设用地使用权取得方式。《土地管理法实施条例》第17条规定，国有土地有偿使用的方式除出让外，还有国有土地租赁和国有土地使用权作价出资或者入股。

从我国的国情来看，国有土地的无偿划拨使用制度是计划经济遗留的产物，除在促进公共、公益事业发展方面仍发挥积极作用外，已不适应当下市场经济的发展。土地是一种特殊商品，具有有限性，是不可再生的宝贵资源与资产，其稀缺性和商品属性构成了土地有偿使用的经济土壤；同时，城镇土地属于国家所有，由不同的使用者使用，土地所有权和使用权发生了分离，这为实行国有土地有偿使用制度提供了理论依据。通过实行土地有偿使用，国家土地所有权在经济上得到了体现，土地资源得到了高效和合理的配置。所以，应该坚持国有建设用地有偿使用原则，严格限制划拨方式的适用。

三、房地产开发用地与土地储备制度

土地储备，是指县级（含）以上自然资源主管部门为调控土地市场、促进土地资源合理利用，依法取得土地，组织前期开发、储存以备供应的行为。[①]纳入土地储备的土地经前期开发、管护，可供应用于房地产开发用地。

1996 年上海成立第一个土地储备机构，[②]随后各地根据本地情况尝试进行土地储备。2001 年国务院下发《关于加强国有土地资产管理的通知》，其中提到"有条件的地方要试行土地收购储备制度"。尽管国有土地储备制度尚不是土地出让前的必经环节，但土地储备制度已成为我国当时土地改革的重要环节。经过数十年的实践探索，2007 年底，国土资源部、财政部和中国人民银行三部门联合出台了《土地储备管理办法》，明确了土地储备的含义和性质，规范了土地储备工作的操作规则。为进一步加强和规范土地储备管理，增强政府对城乡统一建设用地市场的调控和保障能力，促进土地资源的高效配置和合理利用，2018 年初上述三部门联合中国银行业监督管理委员会共同发布了新修订的《土地储备管理办法》，有效期 5 年。2018 年 1 月财政部、国土资源部发布《土地储备资金财务管理办法》，2019 年 5 月财政部、自然资源部印发《土地储备项目预算管理办法（试行）》。

（一）土地储备主体

土地储备工作统一归口自然资源主管部门管理，土地储备机构承担土地储备的具体实施工作。财政部门负责土地储备资金及形成资产的监管。土地储备机构应为县级（含）以上人民政府批准成立、具有独立的法人资格、隶属于所在行政区划的自然资源主管部门、承担本行政辖区内土地储备工作的事业单位。

（二）土地储备计划

各地应根据国民经济和社会发展规划、国土规划、土地利用总体规划、城乡规划等，编制土地储备三年滚动计划，合理确定未来三年土地储备规模，对

---

① 参见《土地储备项目预算管理办法（试行）》第 2 条第 1 款。

② 高富平，黄武双 . 房地产法学［M］. 北京：高等教育出版社，2016：24.

三年内可收储的土地资源,在总量、结构、布局、时序等方面做出统筹安排,优先储备空闲、低效利用等存量建设用地。

各地应根据城市建设发展和土地市场调控的需要,结合当地社会发展规划、土地储备三年滚动计划、年度土地供应计划、地方政府债务限额等因素,合理制定年度土地储备计划。拟收储的土地,是指已纳入土地储备计划或经县级(含)以上人民政府批准,目前已启动收回、收购、征收等工作,但未取得完整产权的土地。

(三)入库储备的土地与入库储备标准

所谓入库储备的土地,是指土地储备机构已取得完整产权,纳入储备土地库管理的土地。入库储备土地须是产权清晰的土地,对于那些取得方式及程序不合规、补偿不到位、土地权属不清晰、应办理相关不动产登记手续而尚未办理的土地,不得入库储备。

可以纳入储备范围的土地有:(1)依法收回的国有土地;(2)收购的土地;(3)行使优先购买权取得的土地;(4)已办理农用地转用、土地征收批准手续并完成征收的土地;(5)其他依法取得的土地。

(四)储备土地的前期开发、管护与供应

1. 前期开发

土地储备机构应对纳入储备的土地进行必要的前期开发,使之具备供应条件,为政府供应土地提供必要保障。储备土地的前期开发应按照该地块的规划,完成地块内的道路、供水、供电、供气、排水、通信、围挡等基础设施建设,并进行土地平整,满足必要的"通平"要求。具体工程要按照有关规定,选择工程勘察、设计、施工和监理等单位进行建设。前期开发工程施工期间,土地储备机构应对工程实施监督管理。工程完成后,土地储备机构应按规定组织开展验收或委托专业机构进行验收,并按有关规定报所属自然资源主管部门备案。

2. 管护

土地储备机构应对纳入储备的土地采取自行管护、委托管护、临时利用等方式进行管护;建立巡查制度,防止侵害储备土地权利的行为。对储备土地的管护,可以由土地储备机构的内设机构负责,也可由土地储备机构按照相关规定选择管护单位。

在储备土地未供应前,土地储备机构可将储备土地或连同地上建(构)筑物,通过出租、临时使用等方式加以利用。储备土地的临时利用,一般不超过两年,且不能影响土地供应。储备土地的临时利用应报同级自然资源主管部门同意。其中,在城市规划区内储备土地的临时使用,需搭建建(构)筑物的,在报批前,应当先经城市规划行政主管部门同意,不得修建永久性建筑物。

（五）供应

储备土地完成前期开发,并具备供应条件后,应纳入当地市、县土地供应计划,由市、县自然资源主管部门统一组织土地供应。供应已发证的储备土地之前,应收回并注销其不动产权证书及不动产登记证明,并在不动产登记簿中予以注销。

第二节　建设用地使用权出让法律制度

建设单位取得开发用地的途径大体可以分为两类：一是直接从土地所有权人手中通过出让、划拨等方式获得；二是从已获得建设用地使用权的使用权人手中通过转让、转租、作价入股等方式获得。第二类途径主要在房地产二级市场上实现,第一类途径是在房地产一级市场实现的。目前,大多数房地产开发用地是通过建设用地使用权出让方式获得的。

一、国有建设用地使用权出让的概念和特征

（一）国有建设用地使用权出让的概念

根据《城市房地产管理法》第8条和《土地使用权出让和转让暂行条例》第8条的规定,国有建设用地使用权出让是指国家将国有建设用地使用权在一定期限内出让给建设用地使用者,并由建设用地使用者向国家支付建设用地使用权出让金的行为。

建设用地使用权出让是最主要的一种房地产开发用地使用制度。国家作为所有权人以出让与其土地所有权分离的土地使用权为代价获取土地出让金,建设用地使用者则通过支付对价获得一定年限的建设用地使用权,有权在该土地上行使占有、使用、收益和有条件处分的权利。

（二）国有建设用地使用权出让的特征

1. 出让的主体是国家

建设用地使用权出让人为国家，即国有建设用地的所有权人。根据《民法典》和《土地管理法》的规定，国有土地的国家所有权由国务院代表行使，法律另有规定的，依照其规定。在建设用地出让过程中，《城市房地产管理法》授权地方人民政府履行国有土地所有者职责出让建设用地使用权。具体而言，由县级以上地方人民政府根据省级以上人民政府下达的控制指标拟订年度出让土地使用权总面积方案，按照国务院规定，报国务院或者省级人民政府批准。土地使用权出让，由市、县人民政府有计划、有步骤地进行，具体到每幅地块的出让方案由市、县人民政府主管土地的部门会同其他相关部门共同拟定，报批后，由市、县人民政府主管土地的部门实施。土地使用权出让合同由市、县人民政府主管土地的部门与土地使用者签订。《土地使用权合同司法解释》第2条规定，开发区管理委员会作为出让方与受让方订立的土地使用权出让合同，应当认定无效。即开发区管委会不能作为出让人签订土地出让合同，但起诉前经市、县人民政府自然资源主管部门追认的，可以认定合同有效。

对于建设用地使用权受让人的范围，《土地使用权出让和转让暂行条例》第3条规定："中华人民共和国境内外的公司、企业、其他组织和个人，除法律另有规定外，均可依照本条例的规定取得土地使用权，进行土地开发、利用、经营。"从该规定可以看出，理论上讲受让人的范围是没有限制的，但实践中的受让人一般为符合相应条件的房地产开发公司或其他建设单位。

2. 出让的客体是国有建设用地使用权

建设用地使用权出让的客体是有严格限制的。首先，从权利性质上看，出让的是建设用地使用权，而不是所有权；其次，从地域范围来看，出让的是国有建设用地；第三，从空间范围来看，建设用地使用权可以在土地的地表、地上或者地下分别设立。[①]但根据《土地使用权出让和转让暂行条例》第2条规定，地下资源、埋藏物和市政公用设施不属于出让的客体。《矿产资源法》第3条也规定，地表或者以下的矿产资源为国家所有，不因其所依附的土地所有权或者使用权的不同而改变。

---

① 《民法典》第345条规定："建设用地使用权可以在土地的地表、地上或者地下分别设立。"

3. 是有偿、有期限的出让

国家依法对国有建设用地实行有偿使用制度，建设用地使用者要获得建设用地使用权（依法属于划拨的建设用地使用权除外），必须向国家支付出让金。出让金的本质是出让方凭借建设用地所有权取得的建设用地的经济利益，表现为一定年限内的地租，但在实践中还包括建设用地出让前国家对土地的开发成本以及相关的征地、拆迁补偿安置等费用。

国家出让建设用地使用权是有年限的，不是无期限出让给建设用地使用者。国家通过对年限的限制，合理调整布局和费用，以不断提高建设用地的经济、社会效益。建设用地使用权出让期限以建设用地使用权出让合同的约定为准，但出让合同约定的年限不得超过法律规定的最高年限，《土地使用权出让和转让暂行条例》第12条规定，土地使用权出让最高年限按下列用途确定：居住用地70年；工业用地50年；教育、科技、文化、卫生、体育用地50年；商业、旅游、娱乐用地40年；综合或者其他用地50年。建设用地使用权期限届满，《民法典》第359条规定："住宅建设用地使用权期间届满的，自动续期。续期费用的缴纳或减免，依照法律、行政法规的规定办理。非住宅建设用地使用权期限届满后的续期，依照法律规定办理。该土地上的房屋以及其他不动产的归属，有约定的，按照约定；没有约定或者约定不明确的，依照法律、行政法规的规定办理。"可见，《民法典》区分了住宅和非住宅建设用地，住宅建设用地期限届满自动续期，非住宅建设用地依法申请续期。

4. 是设立用益物权的行为 [①]

《民法典》物权编第十二章明确了建设用地使用权是一种用益物权，并在第347条第1款规定："设立建设用地使用权，可以采取出让或者划拨等方式。"由此，建设用地使用权出让是一种设立用益物权的行为。根据《民法典》的规定，[②]建设用地使用权的物权变动，在我国采取登记要件主义，只有践行了登记程序，出让的建设用地使用权方成为一项用益物权。

二、国有建设用地使用权出让方式

建设用地使用权出让方式，是指通过何种程序将国有建设用地使用权让与

---

① 陈耀东. 房地产法 [M]. 北京：清华大学出版社，2012：174.

② 《民法典》第349条规定，建设用地使用权自登记时设立。

给使用者使用。根据《城市房地产管理法》和《招拍挂规定》，国有建设用地使用权的出让方式有四种：协议、招标、拍卖和挂牌。

（一）协议出让方式

1. 协议出让建设用地使用权的概念和特点

协议出让，是出让方与选定的受让方通过协商的方式有偿出让建设用地使用权。具体而言，它一般是由建设用地使用者（有意受让方）向代表政府的土地管理部门提出用地申请，经批准后再由出让方与受让方协商地价、出让年限、付款方式、付款期限以及用地条件等，经双方达成协议后，签订建设用地使用权出让合同，实现建设用地使用权的有偿出让。

协议出让的最大优点是比较灵活，自由度大。因为，这种方式是由国有建设用地出让人的代表与有意受让人进行一对一、面对面地谈判和磋商，他们之间可以讨价还价，平等协定合同的各项条款，甚至可以采用完全保密的方式进行。但是，协议出让的缺陷也是非常明显的，如缺乏透明度，容易产生不正之风，导致国有土地收益流失。正因如此，我国法律在肯定协议出让的同时，一方面，对于工业、商业、旅游、娱乐、商品住宅等经营性用地以及同一土地有两个以上意向用地者的，要求必须采用拍卖、招标、挂牌方式进行出让；[①]另一方面，对于协议出让的建设用地使用权出让金，要求不得低于按国家规定所确定的最低限额。《协议出让国有土地使用权规定》第5条规定："协议出让最低价不得低于新增建设用地的土地有偿使用费、征地（拆迁）补偿费用以及按照国家规定应当缴纳的有关税费之和。有基准地价的地区，协议出让最低价不得低于出让地块所在级别基准地价的70%。低于最低价时国有土地使用权不得出让。"此外，《土地使用权合同司法解释》第3条规定："经市、县人民政府批准同意以协议方式出让的土地使用权，土地使用权出让金低于订立合同时当地政府按照国家规定确定的最低价的，应当认定土地使用权出让合同约定的价格条款无效。当事人请求按照订立合同时的市场评估价格交纳土地使用权出让金的，应予支持；受让方不同意按照市场评估价格补足，请求解除合同的，应予支持。因此造成的损失，由当事人按照过错承担责任。"

---

① 《民法典》第347条。

2. 协议出让建设用地使用权的范围

关于协议出让建设用地使用权的范围，2006 年 8 月 1 日实施的《协议出让国有土地使用权规范》（试行）4.3 条作了较为明确的规定，出让国有土地使用权，除依照法律、法规和规章的规定应当采用招标、拍卖或者挂牌方式出让的以外，方可采取协议方式，主要包括：（1）供应商业、旅游、娱乐和商品住宅等各类经营性用地以外用途的土地，其供地计划公布后同一宗地只有一个意向用地者的；（2）原划拨、承租土地使用权人申请办理协议出让，经依法批准，可以采取协议方式，但《国有土地划拨决定书》《国有土地租赁合同》、法律、法规、行政规定等明确应当收回土地使用权重新公开出让的除外；（3）划拨土地使用权转让申请办理协议出让，经依法批准，可以采取协议方式，但《国有土地划拨决定书》、法律、法规、行政规定等明确应当收回土地使用权重新公开出让的除外；（4）出让土地使用权人申请续期，经审查准予续期的，可以采用协议方式；（5）法律、法规、行政规定明确可以协议出让的其他情形。

应注意的是，《民法典》第 347 条规定："设立建设用地使用权，可以采取出让或划拨等方式。工业、商业、旅游、娱乐和商品住宅等经营性用地以及同一土地有两个以上意向用地者的，应当采取招标、拍卖等公开竞价的方式出让。"可见，《民法典》将"工业用地"排除在可协议出让的范围之外。

协议出让方式由于缺乏竞争性，其适用上受到诸多限制，可依协议方式出让的建设用地范围也相对较少，一般仅限于非使用此方式不可的情形。同时，在协议出让的过程中，国家对受让人也要有所选择，以确保达到建设用地的使用目的。

3. 协议出让建设用地使用权的程序

通常情况下，协议出让按下列程序进行：

（1）申请。这是协议出让的开始阶段，它是有意受让人根据自己的需要，向土地管理部门提出使用建设用地的申请，其形式是提交用地申请书。

（2）答复。土地管理部门对是否出让该幅建设用地，须给申请人作出准确、及时的答复。

（3）协商。这是协议出让的关键阶段，它是双方多次谈判，反复磋商，讨价还价的阶段。双方协商、谈判达成一致，并且议定的出让价格不低于底价的，市、县自然资源主管部门应当与意向用地者签订《国有土地使用权出让意向书》。

（4）公示。按照《协议出让国有土地使用权规范》（试行）5.7.1 条规定：

"《国有土地使用权出让意向书》签订后，市、县国土资源管理部门将意向出让地块的位置、用途、面积、出让年限、土地使用条件、意向用地者、拟出让价格等内容在当地土地有形市场等指定场所以及中国土地市场网进行公示，并注明意见反馈途径和方式。公示时间不得少于 5 日。"

（5）签约。公示意向书期满，无异议或虽有异议但经市、县自然资源主管部门审查没有发现存在违反法律法规行为后，双方开始签约，并将共同的意思表示以合同的形式固定下来。《城市房地产管理法》第 15 条第 1 款规定："土地使用权出让，应当签订书面出让合同。"

（6）公布出让结果。《协议出让国有土地使用权规范》（试行）5.8 条规定："《国有土地使用权出让合同》签订后 7 日内，市、县国土资源管理部门将协议出让结果通过中国土地市场网以及土地有形市场等指定场所向社会公布，接受社会监督。公布出让结果应当包括土地位置、面积、用途、开发程度、土地级别、容积率、出让年限、供地方式、受让人、成交价格和成交时间等内容。"

（7）登记办证。受让方履行了交付土地使用权出让金的义务后，须按照规定办理登记手续，领取建设用地使用权证书。《民法典》第 349 条规定："设立建设用地使用权的，应当向登记机构申请建设用地使用权登记。建设用地使用权自登记时设立。登记机构应当向建设用地使用权人发放建设用地使用权证书。"

（二）竞价出让方式

1. 竞价出让建设用地使用权的种类和概念

与一对一的协议出让方式相对，竞价出让是指由多个意向用地者参加土地出让并进行价格竞争，根据竞价结果确定用地受让人的出让方式，主要包括招标、拍卖和挂牌（以下简称"招拍挂"）三种方式。

招标出让建设用地使用权，是指由出让人发布招标公告，邀请特定或者不特定的自然人、法人和非法人组织参加投标，根据投标结果确定建设用地使用者的出让行为。招标出让方式中，中标者不一定是出价最高者。自然资源主管部门作为招标人，在审慎研究各投标者的全部规划方案后，对能够最大限度地满足招标文件中规定的各项综合评价标准，或者能够满足招标文件的实质性要求且报价适宜的投标人，确定为中标人。

拍卖出让国有建设用地使用权，是指由出让人发布拍卖公告，竞买人在指

第
四
章

定时间、地点进行公开竞价，根据出价结果确定建设用地使用者的出让方式。拍卖与招标都是以竞争方式取得出让建设用地使用权，但两者在具体运作过程中存在较大的区别：第一，拍卖是一种公开竞价方式。每个竞买人均知道前面竞买人的报价；而招标则是一种秘密的竞争方式，每个投标人均不知道其他投标人的条件。第二，拍卖奉行"价高者得"的规则；而招标则要综合衡量投标人标书中的各项条件，以确定最佳使用人。

挂牌出让国有建设用地使用权，是指出让人发布挂牌公告，按公告规定的期限将拟出让宗地的交易条件在指定的土地交易场所挂牌公布，接受竞买人的报价申请并更新挂牌价格，根据挂牌期限截止时的出价结果或者现场竞价结果确定国有建设用地使用权人的行为。以挂牌的方式出让建设用地使用权是招标和拍卖方式的重要补充形式，它综合体现了招标、拍卖和协议方式的优点，具有公开、公平、公正的特点。同时，挂牌出让的方式在实践中操作简便，便于开展，且有利于土地有形市场的形成和运作。作为土地资源市场配置的创新，挂牌出让方式在土地市场中发挥着日益重要的作用。

2. 竞价出让建设用地使用权的适用范围

从宏观来看，随着国有建设用地使用权流转市场改革的不断深化，在国有土地有偿使用原则下，更具市场竞争性的竞价出让方式逐渐占据主导地位。《民法典》《招拍挂规定》等法律法规明确规定了以下应当采取竞价方式出让土地的适用范围：

（1）供应工业、商业、旅游、娱乐和商品住宅等各类经营性用地；

（2）土地供地计划公布后同一宗地有两个或者两个以上意向用地者的；

（3）原划拨、承租土地使用权人申请办理出让，《国有土地划拨决定书》《国有土地租赁合同》、法律法规、行政规定等明确应当收回土地使用权，重新公开出让的；

（4）划拨土地使用权转让申请办理出让，《国有土地划拨决定书》、法律法规、行政规定等明确应当收回土地使用权，重新公开出让的；

（5）土地使用权改变用途，《国有土地使用权出让合同》约定或《国有土地划拨决定书》、法律法规、行政规定等明确应当收回土地使用权，重新公开出让的；

（6）法律法规、行政规定明确应当招拍挂出让的其他情形。

现行法明确了应当采取竞价方式出让的范围，但并未具体到招拍挂三种竞价形式的适用；也就是说在确定竞价出让方式的情况下，出让人可以根据具体需要选择招拍挂的具体形式。实践中，对具有综合目标或特定社会、公益建设条件、开发建设要求较高、仅有少数单位和个人可能有受让意向的土地使用权出让，一般采取招标方式，按照综合条件最佳者得的原则确定受让人；对于一些竞争性强、投资回报率高的开发项目，一般采取拍卖或挂牌方式，按照"价高者得"的原则确定受让人。

3. 竞价出让建设用地使用权的程序

（1）拟定竞价出让方案，并报批，编制出让文件。市、县政府自然资源主管部门根据经济社会发展计划、产业政策、国土空间规划、土地利用年度计划和土地市场状况，编制国有建设用地使用权出让年度计划，报经同级政府批准后，及时向社会公开发布。土地管理部门应按照出让年度计划，会同城乡规划等有关部门共同拟订拟招拍挂出让地块的出让方案，报经同级政府批准后，由自然资源主管部门组织实施。出让方案包括出让地块的空间范围、用途、年限、出让方式、时间和其他条件等。出让方根据经批准的招拍挂出让方案和出让地块的情况，编制招拍挂出让文件。该文件包括出让公告、投标或者竞买须知、土地使用条件、标书或者竞买申请书、报价单、中标通知书或者成交确认书、国有建设用地使用权出让合同文本。

（2）发布公告，接受申请，确定竞标人。至少在招拍挂开始 20 日之前，出让方在土地有形市场或者指定的场所、媒介发布招拍挂公告，公布招拍挂出让宗地的基本情况和招拍挂的时间、地点。招拍挂公告应包括下列内容：①出让方的名称和地址；②出让宗地的面积、界址、空间范围、现状、使用年期、用途、规划指标要求；③投标人、竞买人的资格要求以及申请取得投标、竞买资格的办法；④索取招拍挂出让文件的时间、地点和方式；⑤招拍挂时间、地点、投标挂牌期限、投标和竞价方式等；⑥确定中标人、竞得人的标准和方法；⑦投标、竞买保证金；⑧其他需要公告的事项。出让方在招拍挂出让公告中不得设定影响公平、公正竞争的限制条件。挂牌出让的，出让公告中规定的申请截止时间，应当为挂牌出让结束日前 2 天。出让方发布公告后，经意向用地者申请，出让方审查，通知符合招拍挂公告规定的申请人作为竞价人参加招拍挂活动。需要说明的是：出让方发出招拍挂公告的目的虽意在签订出让合同，但并不提出具体条款。因此，出让方在公告中的要求一般为要约邀请，不具有要约的性质。

（3）确定标底或底价。在正式进行招拍挂竞价出让之前，市、县政府自然资源主管部门应当根据土地估价结果和政府产业政策综合确定标底或者底价。标底或者底价不得低于国家规定的最低价标准。确定招标标底，拍卖和挂牌的起叫价、起始价、底价，投标、竞买保证金，应当实行集体决策。招标标底和拍卖挂牌的底价，在招标开标前和拍卖挂牌出让活动结束之前必须严格保密。

（4）招拍挂竞价阶段。根据公告内容，在规定的时间内进行招拍挂竞价出让活动。

第一，招标程序（如图4-1所示）。首先，投标。投标人于公告规定的时间内，向招标人缴纳投标保证金，并将密封的投标书投入指定的标箱。投标书投入标箱后不可撤回。投标在法律性质上为要约，在标书的有效期限内发生两方面效力：一是投标人不得擅自变更或撤回投标书，否则将丧失保证金；二是招标人享有选择的权利。其次，开标、评标和定标。出让人按照招标公告规定的时间、地点开标，邀请所有投标人参加。由投标人或者其推选的代表检查标箱的密封情况，当众开启标箱，点算标书。投标人少于三人的，出让人应当终止招标活动。投标人不少于三人的，应当逐一宣布投标人名称、投标价格和投标文件的主要内容。出让人代表和有关专家组成评标小组进行评标。评标小组应当按照招标文件确定的评标标准和方法，对投标文件进行评审。招标人根据评标结果，确定中标人，即招标人接受了该投标人标书的主要内容。定标的法律性质为招标人的承诺。中标人应当为能够最大限度地满足招标文件中规定的各项综合评价标准，或者能够满足招标文件的实质性要求且价格适宜的投标人。开标、评标、定标均应在公证部门的监督下进行。

图4-1　招标出让建设用地使用权程序

第二，拍卖程序。在拍卖会上，主持人首先点算竞买人；然后介绍拍卖宗地的面积、界址、空间范围、现状、用途、使用年期、规划指标要求、开工和竣工时间以及其他有关事项；之后主持人宣布起叫价和增价规则及增价幅度，没有底价的，应当明确提示。竞价正式开始，主持人报出起叫价；竞买人举牌应价或者报价；主持人确认该应价或者报价后继续竞价；主持人连续三次宣布同一应价或者报价而没有再应价或者报价的，主持人落槌表示拍卖成交；主持人宣布最高应价或者报价者为竞得人。竞买人的最高应价或者报价未达到底价时，主持人应当终止拍卖。拍卖主持人在拍卖中可以根据竞买人竞价情况调整拍卖增价幅度。从法律上来看，主持人每一次叫价都是代表出让人作出的要约，竞买人举牌报价实际上修改了出让价款，即向出让人发出一项新的要约，主持人最终落锤即对最新的要约报价作出承诺，双方达成出让合意。

第三，挂牌程序。自公告规定的挂牌日起，出让人将挂牌宗地的位置、面积、用途、使用年期、规划要求、起始价、增价规则及增价幅度等，在挂牌公告规定的土地交易场所挂牌公布，符合条件的竞买人开始填写报价单报价，出让人确认该报价后，更新显示挂牌价格。此后，出让人继续接受新的报价，并在公告规定的挂牌截止时间确定竞得人。根据规定，挂牌的时间不得少于10个工作日。挂牌期间可根据竞买人竞价情况调整增价幅度。在挂牌成交的认定上，《招拍挂规定》第19条作了比较详细的规定，挂牌截止应当由挂牌主持人主持确定。挂牌期限届满，挂牌主持人现场宣布最高报价及其报价者，并询问竞买人是否愿意继续竞价。有竞买人表示愿意继续竞价的，挂牌出让转入现场竞价，通过现场竞价确定竞得人。挂牌主持人连续三次报出最高挂牌价格，没有竞买人表示愿意继续竞价的，按照下列规定确定是否成交：①在挂牌期限内只有一个竞买人报价，且报价不低于底价，并符合其他条件的，挂牌成交；②在挂牌期限内有两个或者两个以上的竞买人报价的，出价最高者为竞得人；报价相同的，先提交报价单者为竞得人，但报价低于底价者除外；③在挂牌期限内无应价者或者竞买人的报价均低于底价或者均不符合其他条件的，挂牌不成交。

（5）双方签约，支付土地出让金。以招拍挂方式确定中标人、竞得人后，中标人、竞得人支付的投标、竞买保证金，转作受让地块的定金。出让人应当向中标人发出中标通知书或者与竞得人签订成交确认书。中标通知书或者成交确认书包含出让人和中标人或者竞得人的名称，出让标的，成交时间、地点、价款以及签订国有建设用地使用权出让合同的时间、地点等具体内容。中标通知书或者成交确认书对出让人和中标人或者竞得人具有法律约束力，出让人改变竞得结果，或者中标人、竞得人放弃中标宗地、竞得宗地的，应当依法承担民事责任。中标人、竞得人按照中标通知书或者成交确认书约定的时间，与出让人签订出让合同。中标人、竞得人支付的投标、竞买保证金抵作土地出让价款；其他投标人、竞买人支付的投标、竞买保证金，出让人必须在招拍挂活动结束后5个工作日内予以退还，不计利息。招拍挂活动结束后，出让人应在10个工作日内将招拍挂出让结果在土地有形市场或者指定的场所、媒介公布。出让人公布出让结果，不得向受让人收取费用。受让人依照国有建设用地使用权出让合同的约定付清全部土地出让价款后，方可申请办理土地物权登记，领取国有建设用地使用权证书；未按出让合同约定缴清全部土地出让价款的，不得发放国有建设用地使用权证书，也不得按出让价款缴纳比例分割发放国有建设用地使用权证书。

4. 竞价出让建设用地使用权方式的探索

尤其在 21 世纪第一个十年中，因竞价出让国有建设用地，各地天价"地王"不断涌现，并不断刷新记录，在很大程度上助推了房价的迅猛上涨。为了控制房价，稳定房地产市场，各地积极探索竞价出让土地方式下防止竞买价格过高的新模式。

2016 年 9 月，杭州市国土资源局下发通知调整土地公开出让竞价方式。具体规则如下：①当土地竞价溢价率超过 100%（含）时，该地块竞得人应在签订土地出让合同起一个月内全额付清土地出让金。②当土地竞价溢价率超过 120%（含）时，除须满足上述第一款条件外，该地块所建商品房屋还须在取得不动产登记证后方可销售。③当土地竞价溢价率达到 150% 时，不再接受更高报价，转为在此价格基础上通过现场投报配建养老设施面积的程序并按投报面积最高者确定竞得人，并需同时满足上述第一、二款条件。[①] 杭州的探索一方面通过加大高价竞地者的资金压力抑制竞地出价；另一方面采取"限地价，竞配建"的模式确定竞买人，而非单纯的价高者得，以有效控制地价并能配建较大规模较高质量保障性设施，以实现土地的高效利用。

广州市自 2011 年在全国首先推出"限地价、竞配建"的土地出让政策后，于 2017 年 4 月又出新政：竞自持。即对以后出让的住宅建设用地，将结合土地市场情况，一地一策，组合使用 "限房价、竞地价""限地价、竞配建""竞自持面积"等方式。目前广州已有两宗土地开始实行"限地价、竞配建、竞自持、摇珠"的新政。具体而言，竞买人报价达到最高限制地价后，竞买方式转为竞配建拆迁安置房。当配建面积达到规定规模后，竞买方式转为竞企业自持商品住房面积的方式确定竞得人。当有两个或两个以上竞买人报出企业自持商品住房面积为 100% 后，停止网上竞价，改为摇号确定竞

---

① 《2016 杭州土地新政策出炉：解读土地公开出让竞价规则》，http://www.lygnews. com.cn/news/gc/71666.html，最后访问日期：2016-11-09。

得人。[①]

在工业用地竞价出让方面，各地为进一步优化营商环境，也在积极探索创新模式。如2017年广州市出台《工业用地使用权先租赁后出让和弹性年期出让实施办法》，并于2019年修订，为降低企业用地成本，提高土地市场周转效率，允许工业用地按先租赁后出让、弹性年限出让方式供应。先租赁后出让和弹性年期出让都要采用招标、拍卖、挂牌等公开交易方式。工业用地使用权先租赁后出让的租赁年限不得超过10年，与后续出让年期之和最高为50年。弹性年期出让的土地使用权出让年限不得超过20年。先租赁后出让和弹性年期出让具体年限由相关区根据项目所属产业、企业自身实力、企业意愿及发展计划等情况确定。从工业用地先租赁后出让以及弹性年限出让起始价修正计算方式来看，都会低于法定最高出让年限市场评估价格，能够实现企业用地的灵活和低成本。再如，江苏省太仓市为贯彻落实新发展理念，引导企业树立生态优先、绿色发展理念，践行社会责任，政企双方共同探索"生态＋产业"新路径，于2023年创新"限地价竞生态投入"工业用地配置模式，即土地出让竞价阶段超过终止价格时，系统不再接受竞买人报价，转为竞生态投入，以生态投入所报价格最高的报价者为地块竞得人。竞买人在竞价环节可自主选择是否参与"竞生态投入"，以及生态投入的主体方向，基于"政企互信＋政企守信"契约原则，竞得后由政企双方共同制定生态投入实施方案，共同探索生态产品价值实现路径。同时，政府将充分发挥在政策扶持、监管服务方面的作用，向竞得人提供菜单式全流程服务，高效推进企业开发建设、竣工验收、投产达效。

上述都是对竞价出让建设用地使用权的有益探索，以期在保障国家土地所有权人利益的基础上，限制土地出让价格过高，稳定房价增长速度，降低企业用地成本，并推动高质量绿色发展。

三、国有建设用地使用权出让合同

建设用地使用权出让合同，指国家以土地所有者的身份将建设用地使用权在一定年限内让与建设用地使用者使用，双方所达成的明确相互之间权利义务关系的协议。《土地使用权合同解释》第1条明确规定了土地使用权出让合同

[①]　《2017广州土地出让政策调整（最新）》，http://www.tuliu.com/read-54407.html，最后访问日期：2017-04-18。

的定义，即"市、县人民政府自然资源主管部门作为出让方将国有土地使用权在一定年限内让与受让方，受让方支付土地使用权出让金的合同"。建设用地使用权出让合同是维系出让方和受让方权利义务的主要法律文件，是架设双方法律关系的桥梁，在建设用地出让市场中具有重要作用。

（一）国有建设用地使用权出让合同的性质

对于建设用地使用权出让合同的性质，理论界存在不同的认识。行政法学界的主流观点认为出让合同为行政合同[①]，而民法学界的主流观点则认为出让合同为民事合同[②]。从司法实践来看，最高法的司法解释也是莫衷一是。2020年最高人民法院印发修改后的《民事案件案由规定》，明确将"建设用地使用权出让合同纠纷"纳入"合同、准合同纠纷"部分，从而认定其为民事合同；《土地使用权合同司法解释》指出，为正确审理国有土地使用权合同纠纷案件，依法保护当事人的合法权益，根据《民法典》《土地管理法》《城市房地产管理法》等法律规定，结合民事审判实践，制定本解释。其第一部分对土地使用权出让合同纠纷的解释，适用的也全部是民法的精神和规则。最高人民法院上述文件中反映出来的态度是明确且肯定的，即出让合同为民事合同。[③]但最高人民法院的另一些批复文件中又指明有关土地出让合同纠纷适用行政诉讼程序，如《最高人民法院关于土地实际使用人对行政机关出让土地的行为不服是否可以作为原告提起诉讼问题的答复》《最高人民法院关于土地管理部门出让国有土地使用权之前的拍卖行为以及与之相关的拍卖公告等行为性质的答复》和《最高人民法院行政审判庭关于拍卖出让国有建设用地使用权的土地行政主管部门与竞得人签署成交确认书行为的性质问题请示的答复》。[④]2019年《最高人民法院关于审理行政协议案件若干问题的规定》中规定，矿业权等国有自然资源使用

---

① 余凌云.行政契约论［M］.2版.北京：中国人民大学出版社，2006：33.

② 屈茂辉.再论建设用地使用权出让合同的民事属性［J］.中国法学，2023（6）.

③ 宋志红.民事合同抑或行政合同——论国有土地使用权出让合同的纯化［J］.中国土地科学，2007（3）.

④ 刘旭华.再议国有土地使用权出让合同法律关系性质［J］.中国土地，2016（7）.

权出让协议属于行政协议。^①这似乎又指明国有建设用地作为一类自然资源，其使用权出让协议属于行政协议。可见，理论界和实务界对于国有建设用地使用权出让合同的性质存在争议，究其原因主要在于国家作为出让方这一主体身份的特殊性。

我们认为，土地出让合同应当是民事合同。理由如下：

1. 建设用地使用权的财产属性决定了出让合同的民事性质

国家通过与用地者签订使用合同转移建设用地使用权，且允许用地者在法定范围内转让、出租、抵押或将其用于其他经济活动，反映了建设用地使用权的商品性质和财产属性，回归了这种特殊商品的民事财产性质。尽管建设用地使用权的市场准入涉及行政机关的审批等行政管理问题，这种管制虽然在一定程度上体现了调控经济和社会的目的，但并不影响出让合同的民事性质。

2. 自然资源主管部门代表国家是以民事主体的身份出现的，合同双方地位平等，体现了出让合同的民事性质

首先，《土地使用权出让和转让暂行条例》第8条明确规定："土地使用权出让是指国家以土地所有者的身份将土地使用权在一定年限内让与土地使用者，并由土地使用者向国家支付土地使用权出让金的行为。"可见，自然资源主管部门在出让合同中是代表国家行使土地所有者的财产权利，而不是在履行行政部门的职权。其次，合同的双方地位平等，不是管理与被管理的关系。

3. 当事人违约承担民事责任的规定表明了建设用地使用权出让合同的民事性质

《城市房地产管理法》第16条规定，土地使用者必须按照出让合同约定，支付土地使用权出让金；未按约定支付的，土地管理部门有权解除合同，并可以请求违约赔偿。第17条规定，土地使用者按约支付出让金的，市、县人民政府土地管理部门必须按照出让合同约定，提供出让的土地；未按约提供的，

---

① 在《最高人民法院关于审理行政协议案件若干问题的规定》出台过程中，原本准备采用"国有土地使用权出让协议等国有自然资源使用权出让协议"的表述，将其作为行政协议的类型之一，但最高人民法院审委会内部对此争议较大，最终采用的是"矿业权等国有自然资源出让协议"的表述，没有明确国有建设用地使用权出让合同为行政合同。参见最高人民法院行政审判庭：《最高人民法院关于审理行政协议案件若干问题的规定理解与适用》，人民法院出版社2020年版，第45页。

土地使用者有权解除合同，由土地管理部门返还出让金，土地使用者还可以请求违约赔偿。《土地使用权出让和转让暂行条例》第 15 条规定，出让方应当按照合同规定，提供出让的土地使用权。未按合同规定提供土地使用权的，土地使用者有权解除合同，并可请求违约赔偿。显然，合同当事人承担民事责任的规定是以该合同为民事合同的性质为逻辑前提的。

4. 出让合同条款也体现了其民事性质

《国有土地使用权出让合同》示范文本中大部分条款与一般的民事合同无异。其中第 1 条便提到"双方本着平等、自愿、有偿、诚实信用的原则"订立合同。[①]第 39 条规定，因履行合同发生争议，由双方协商解决，协商不成可申请仲裁或者向人民法院起诉。根据《仲裁法》的规定，这一条款实际上也明确了出让合同为民事合同的性质。

（二）国有建设用地使用权出让合同的有效条件

建设用地使用权出让合同作为一类特殊合同，在主体、客体、内容、形式等方面要符合一定条件，合同才能生效。

1. 合同当事人须适格

根据《土地使用权合同司法解释》的规定，市、县人民政府自然资源主管部门是适格的出让方，可以与用地者签署建设用地使用权出让合同，开发区管委会等其他组织、单位和个人以出让方名义签署的土地出让合同在未经追认的情况下均无效。对于建设用地使用权受让方的主体资格，现行法无特别规定。

2. 出让的建设用地使用权须符合规定

建设用地必须符合下列条件，才能作为有效建设用地使用权出让合同的客体：

（1）须符合规划。这是房地产开发用地符合规划原则的具体体现，即出让合同所涉及的建设用地必须是符合国土空间规划和年度建设用地计划的土地。

《土地管理法》第 18 条规定，国家建立国土空间规划体系。经依法批准的国土空间规划是各类开发、保护、建设活动的基本依据。已经编制国土空间规划的，不再编制土地利用总体规划和城乡规划。《土地管理法实施条例》进

---

① 刘少伯，王美丽.城镇国有土地使用权出让合同性质研究［J］.天津法学，2012（4）.

一步规定，国土空间规划应当细化落实国家发展规划提出的国土空间开发保护要求，统筹布局农业、生态、城镇等功能空间，划定落实永久基本农田、生态保护红线和城镇开发边界。国土空间规划应当包括国土空间开发保护格局和规划用地布局、结构、用途管制要求等内容，明确耕地保有量、建设用地规模、禁止开垦的范围等要求，统筹基础设施和公共设施用地布局，综合利用地上地下空间，合理确定并严格控制新增建设用地规模，提高土地节约集约利用水平，保障土地的可持续利用。

土地利用年度计划，根据国民经济和社会发展计划、国家产业政策、土地利用总体规划以及建设用地和土地利用的实际状况编制。各级人民政府应当加强土地利用计划管理，实行建设用地总量控制。

（2）须经过批准。并非所有的国有建设用地可随意进入流通领域，国有建设用地出让之前须经过批准。首先，出让建设用地使用权用于房地产开发的，须经批准。《城市房地产管理法》第11条明确规定："县级以上地方人民政府出让土地使用权用于房地产开发的，须根据省级以上人民政府下达的控制指标拟订年度出让土地使用权总面积方案，按照国务院规定，报国务院或者省级人民政府批准。"其次，国有建设用地使用权出让的具体方案，须经批准。国有建设用地使用权出让方案是国有建设用地使用权出让计划的进一步具体化，出让的每幅地块、用途、年限和其他条件，由市、县人民政府自然资源主管部门会同城乡规划、建设、房产管理部门共同拟定方案，按照国务院规定，报经有批准权的人民政府批准后，由市、县人民政府自然资源主管部门实施。

值得关注的是，《中国式现代化的决定》中指出，要"加快构建房地产发展新模式"。在土地供应上，2024年2月，中央全面深化改革委员会第四次会议审议通过《关于改革土地管理制度增强对优势地区高质量发展保障能力的意见》，住房城乡建设部发布《关于做好发展规划和年度计划编制工作的通知》，明确各地建立"人、房、地、钱"四要素联动机制，根据人口变化确定住房需求，根据住房需求科学安排土地供应，实现以人定房，以房定地，以房定钱。

3. 合同双方须意思表示真实一致

意思表示真实一致作为合同生效的核心条件，在建设用地使用权出让合同中也不例外。建设用地使用权出让合同，必须是双方当事人在平等、互利、协商一致的基础上，就出让合同的主要条款进行充分协商后达成的，即双方意思表示真实一致。一方不得将自己的意志强加于对方，特别是各市、县的自然资源主管部门在出让土地的过程中，必须以一个民事权利主体的身份，在完全平等自愿的基础上与受让方进行协商，达成一致协议，决不能凭借自身的特殊地位，将自己的意志强加于他人。

4. 合同内容须不违反法律、行政法规的强制性规定，不违背公序良俗

建设用地使用权出让合同的内容虽然是由双方自由协商确定的，但其内容须符合我国《民法典》《土地管理法》《城市房地产管理法》以及《土地使用权出让和转让暂行条例》等法律法规的相关规定。当然，从民事法律行为对内容的生效条件要求而言，只要不违反法律、行政法规的强制性规定，不违背公序良俗即可。[①]

此外，出让合同的主要条款必须齐备。《民法典》第348条规定："通过招标、拍卖、协议等出让方式设立建设用地使用权的，当事人应当采取书面形式订立建设用地使用权出让合同。建设用地使用权出让合同一般包括下列条款：（一）当事人的名称和住所；（二）土地界址、面积等；（三）建筑物、构筑物及其附属设施占用的空间；（四）土地用途、规划条件；（五）建设用地使用权期限；（六）出让金等费用及其支付方式：（七）解决争议的方法。"合同主要条款是确认出让双方当事人权利义务的依据。

5. 合同须采用书面形式

《城市房地产管理法》第15条规定，建设用地使用权出让，应当签订书面出让合同。建设用地使用权出让是一个较为复杂的法律行为，不仅关系用地者的切身利益，而且也关乎国有土地的有效利用及基于土地产生的长远利益。因此，出让合同须采用书面形式。

实践中，建设用地使用权出让合同一般采用类似于标准合同的合同示范文本，[②] 即合同的主要条款已拟定成标准格式，出让合同双方只要就条款的内容进行协商，将达成一致的协议内容填进标准合同空格中即可。这样，不仅可简化签约过程，有利于保障当事人的合法权益，而且有利于规范土地的市场行为，强化对国有建设用地资产的管理监督和调控。

（三）国有建设用地使用权出让合同当事人的主要权利和义务

1. 出让方的主要权利义务

（1）出让方的主要权利。具体如下：

第一，有权获得建设用地使用权出让金。这是建设用地所有者行使其所有权收益权能的重要表现。

第二，解除合同并请求违约赔偿的权利。当建设用地使用者未按照出让合同约定支付建设用地使用权出让金时，出让方有权解除合同，并可以请求违约赔偿。[①]

第三，同意变更土地用途的权利。当建设用地使用者需要改变合同约定的土地用途时，必须取得出让方和市、县人民政府城乡规划行政主管部门同意，签订合同变更协议或者重新签订出让合同，相应调整出让金。[②]也就是说，能否改变土地用途，出让方有权决定；如果出让方不同意，则建设用地使用者不得擅自改变，否则按违约处理。

第四，建设用地使用权年限届满，有无偿收回建设用地使用权的权利。非住宅用地的建设用地使用权出让合同约定的使用年限届满，建设用地使用者未申请续期或虽经申请但未获批准的，国家有权无偿收回建设用地使用权。[③]

（2）出让方的主要义务。具体如下：

第一，按约提供出让建设用地的义务。受让方按合同约定支付出让金后，出让方须按照合同约定提供出让的土地。出让方提供的建设用地应当是符合合同约定条件的土地。实践中，出让方未按时提供出让建设用地的，应当按合同约定向受让方支付违约金；出让方延期交付用地超过60日的，经受让方催交后仍不能交付土地的，受让方有权解除合同，出让方应双倍返还定金，并退还已经支付的出让金；受让方还可请求出让方赔偿因违约造成的其他损失。[④]此外，出让方在尚未办理批准手续的情况下擅自出让某地块导致不能交付土地的，受让方可以解除合同。[⑤]

第二，保证建设用地使用权人取得土地用益物权的义务。

---

① 参见《城市房地产管理法》第16条。

② 参见《城市房地产管理法》第18条。

③ 参见《城市房地产管理法》第22条第2款。

④ 参见《国有建设用地使用权出让合同》（示范文本）第37条。

⑤ 《土地使用权合同司法解释》第4条。

第三，因法定事由收回建设用地使用权而对受让方进行补偿的义务。根据我国法律法规的相关规定，有如下两种情况出让方应当收回建设用地使用权，并对受让方进行补偿：①出让方因社会公共利益的需要提前收回建设用地使用权的，应当根据收回时地上物的价值给予受让方相应的补偿，并退还剩余年限相应的建设用地使用权出让金。①②非住宅建设用地的出让期限届满，受让方提出续期申请而出让方没有批准的，出让方可将建设用地使用权无偿收回，但对于地上物的归属没有约定或者约定不明确的，出让方应当根据收回时地上物的残余价值给予受让方相应补偿。

2. 受让方的主要权利义务

（1）受让方的主要权利。具体如下：

第一，取得建设用地使用权。建设用地使用者依约支付土地出让金后，有权取得出让的建设用地使用权。建设用地使用权是一项用益物权，受让方取得建设用地使用权不仅取得了对土地直接占有和使用的权利，而且还可以转让、出租、设定担保物权，行使物上请求权等权利。

第二，请求违约赔偿的权利。出让方未能按出让合同的约定提供土地的，建设用地使用人有权解除合同，要求返还建设用地使用权出让金，并请求违约赔偿。

第三，获得补偿的权利。出让方因社会公共利益的需要提前收回建设用地使用权或因使用权期限届满而收回的，受让方有权获得双方约定和法律规定的相应补偿。

第四，请求续期使用建设用地的权利。出让合同约定的使用年限届满，用地者需要继续使用土地的，有权申请续期，但应当至迟于届满前一年申请，除根据公共利益需要收回该幅土地的，应当予以批准。②

（2）受让方的义务。具体如下：

第一，支付建设用地使用权出让金。这是受让方的基本义务。《民法典》第351条规定："建设用地使用权人应当依照法律规定以及合同约定支付出让金等费用。"《城市房地产管理法》第16条规定："土地使用者必须按照出让合同约定，支付土地使用权出让金；未按照出让合同约定支付土地使用权出让金的，土地管理部门有权解除合同，并可以请求违约赔偿。"

第二，按期动工建设的义务。受让方应当按照约定的时间动工建设，不能

① 参见《民法典》第358条、《城市房地产管理法》第20条。

② 参见《城市房地产管理法》第22条第1款。

按期开工建设的，应提前 30 日向出让人提出延建申请，但延期时间最长不得超过一年。[①]受让人超过合同约定的动工开发日期满一年未动工开发的，出让人可以向受让人征收相当于土地使用权出让金 20% 以下的土地闲置费；满 2 年未动工开发的，出让方可以无偿收回土地使用权，但因不可抗力或者政府、政府有关部门的行为或者动工开发必需的前期工作造成动工开发迟延的除外。[②]根据《闲置土地处置办法》第 2 条的规定，闲置土地，是指国有建设用地使用权人超过国有建设用地使用权有偿使用合同或者划拨决定书约定、规定的动工开发日期满一年未动工开发的国有建设用地。已动工开发但开发建设用地面积占应动工开发建设用地总面积不足 1/3 或者已投资额占总投资额不足 25%，中止开发建设满一年的国有建设用地，也可以认定为闲置土地。何谓"动工开发"？《闲置土地处置办法》第 30 条量化了条件，即依法取得施工许可证后，需挖深基坑的项目，基坑开挖完毕；使用桩基的项目，打入所有基础桩；其他项目，地基施工完成 1/3。对于"属于政府、政府有关部门的行为造成动工开发延迟的"，《闲置土地处置办法》第 8 条列举了 6 种情形。

第三，按约定的土地用途和条件使用建设用地的义务。国有建设用地的使用用途，原则上一经批准取得即不得变更；如果受让方擅自改变土地用途，出让方有权解除合同，[③]但特殊情况除外。

第四，合理利用土地的义务。受让方必须依法合理利用土地，其在受让宗地上的一切活动，不得损害或者破坏周围环境或设施；给国家或他人造成损失的，受让方应负责赔偿。

第五，遵守规划的义务。在土地使用期限内，政府保留对宗地的规划调整权，原规划如有修改，该宗地已有的建筑物不受影响，但在使用期限内该宗地建筑物、构筑物及其附属设施改建、翻建、重建或期限届满申请续期时，必须按届时有效的规划执行。[④]

第六，按时归还建设用地的义务。合同约定的使用年限届满，建设用地使用者不申请续期或者申请未获批准的，应当交回国有建设用地使用权证书或不动产权利证书，国家收回建设用地使用权，并依照规定办理建设用地使用权注

[①] 参见《国有建设用地使用权出让合同》（示范文本）第 16 条。

[②] 参见《城市房地产管理法》第 26 条、《闲置土地处置办法》第 14 条。

[③] 参见《土地使用权合同司法解释》第 6 条。

[④] 参见《国有建设用地使用权出让合同》（示范文本）第 19 条。

销登记。

四、国有建设用地使用权出让的终止

（一）终止的含义和事由

建设用地使用权的终止，是指建设用地使用权人依法享有的建设用地使用权因某种法定事由的出现而消失或结束。建设用地使用权终止的事由主要有：

1. 因使用期限届满而终止

以出让方式取得的建设用地使用权是一种有期限的权利，出让合同约定的使用期限届满，使用者未申请续期或申请未被批准的，建设用地使用权终止。

2. 因国家提前收回而终止

《土地管理法》第58条和《城市房地产管理法》第20条均规定，为公共利益的需要可以提前收回建设用地使用权，《民法典》第358条也肯定了"因公共利益需要"可成为提前收回建设用地使用权的原因。

3. 因违反合同约定被强制收回而终止

《土地使用权出让和转让暂行条例》第17条第2款规定："未按合同规定的期限和条件开发、利用土地的，市、县人民政府土地管理部门应当予以纠正，并根据情节可以给予警告、罚款直至无偿收回土地使用权的处罚。"

4. 因土地灭失而终止

建设用地使用权的客体即该宗地灭失，自然导致建设用地使用权的终止。

（二）终止的法律后果

建设用地使用权终止，主要涉及建设用地的返还和地上物的归属和处理问题。对于前者，建设用地使用权人丧失建设用地使用权，合同双方的权利义务关系随之解除；建设用地使用权人应当将建设用地使用权返还给土地所有人，并交还国有建设用地使用权证书，办理建设用地使用权注销登记。

对于后者，应当根据建设用地使用权终止的不同情形而区别对待。

1. 因使用期限届满而终止

建设用地使用期限届满后地上物所有权的归属问题，直接关系建设用地使用权人、房屋所有权人的权益及国家的利益。

　　首先，对于使用期限届满，但该建设用地按法律规定是住宅用地的可自动续期，或者非住宅建设用地使用权人申请续期并获得批准的情形，用地者继续拥有建设用地使用权和该土地之上地上物的所有权。在这种情形下，由于自动续期或者续期成功，原出让方和受让方之间的法律关系没有本质上的改变，该土地上的其他权利状态也不需改变。对于住宅建设用地，《民法典》第359条规定到期后自动续期，并在原《物权法》基础上进一步明确自动续期费用的缴纳或者减免，依照法律、行政法规的规定办理。2016年12月，原国土资源部针对温州等地出现的少量住宅用地到期问题，提出将采取过渡性措施，即"两不一正常"。其中"两不"即指，使用期限届满的建设用地使用权人不需要专门提出续期申请，市县国土资源主管部门不收取相关费用；"正常"则是指将正常办理交易和登记手续，涉及"土地使用期限"仍填写该住宅建设用地使用权的原起始日期和到期日期，并注明："根据《国土资源部办公厅关于妥善处理少数住宅建设用地使用权到期问题的复函》（国土资源厅函〔2016〕1712号）办理相关手续。"①

　　其次，对于使用期限届满，非住宅建设用地使用权人未申请续期，或虽申请续期未获批准的情形，《土地使用权出让和转让暂行条例》第40条规定，"土地使用权期满，土地使用权及其地上建筑物、其他附着物所有权由国家无偿取得。"《城市房地产管理法》第22条第2款规定，"土地使用权出让合同约定的使用年限届满，土地使用者未申请续期或者虽申请续期但依照前款规定未获批准的，土地使用权由国家无偿收回。"原《物权法》和《民法典》则对此进行了审慎规定，按照《民法典》第359条的规定，该土地上的房屋及其他不动产的归属，有约定的，按照约定；没有约定或者约定不明确的，依照法律、行政法规的规定办理。《民法典》首先尊重了当事人之间的约定，改变了前述房地产相关法律中无论有无约定，都由国家无偿取得该建设用地使用权及其上的建筑物、其他附着物所有权的做法；但没有约定的情况下，仍按照现行法的规定处理。

　　值得关注的是，对于非住宅建设用地使用期限届满，《中国式现代化的决定》指出，要"制定工商业用地使用权延期和到期后续期政策"。可见，此问题尚有深入研究的空间。

　　2. 因提前收回而终止

　　依据法律规定，为公共利益的需要可以提前收回建设用地使用权。提前收

---

① 《住宅用地到期过渡办法出台：自动续期不收费》，http://china.caixin.com/2016-12-23/101029972.html，最后访问日期：2016-12-23。

回建设用地使用权，不仅使权利人丧失继续使用土地的权利，也会导致其地上物的丧失，所以，必须给予权利人充足的补偿，才符合公平原则。对此，《城市房地产管理法》第 20 条规定，提前收回土地使用权的，应"根据土地使用者使用土地的实际年限和开发土地的实际情况给予相应的补偿。"《民法典》第 358 条也规定，建设用地使用权期间届满前，因公共利益需要提前收回该土地的，应当依照征收标准对该土地上的房屋及其他不动产给予补偿，并退还相应的出让金。可见，出让方提前收回建设用地使用权的，地上物归出让方所有，出让方给予受让方相应的补偿。补偿包括两个方面：一是对地上物的补偿，按照不动产征收的法律规定给予土地使用人拆迁补偿；如果是个人住宅的，还应当保障权利人的居住条件；二是退还未满年限的土地出让金，建设用地使用权出让金按年折算，将建设用地使用权人无法使用土地年限内的相应数额的出让金，退还给使用人。

3. 因强制收回而终止

强制收回性质上是对建设用地使用者实施的违法行为而采取的处罚措施，因此不存在对建设用地使用者的地上物进行补偿的问题。

4. 因土地灭失而终止

土地灭失，其地上物亦必然灭失，此时不存在地上物所有权归属问题。

五、集体经营性建设用地使用权出让

2019 年《土地管理法》修改，删除了农民集体所有的土地使用权不得出让、转让或者出租的规定，新增条款明确集体经营性建设用地可由土地所有权人通过出让、出租等方式交由单位或个人使用，即被称为允许集体经营性建设用地入市流转的规定。自此，地方试点先试先行成果写入法律，集体经营性建设用地与国有建设用地同样成为房地产开发用地来源。集体经营性建设用地使用权出让是集体土地入市流转的主要方式。

（一）集体经营性建设用地入市流转发展历程

2019 年修改前的《土地管理法》对集体建设用地使用权的出让采取了严格限制的态度，并规定农民集体所有的土地的使用权不得出让、转让或者出租用于非农业建设；但是，符合土地利用总体规划并依法取得建设用地的企业，因破产、兼并等情形致使土地使用权依法发生转移的除外。也就是说，只有在上述特殊的除外情形下，集体建设用地使用权方能流转。

　　然而，随着我国经济快速发展，城乡改革不断深入，城市建设飞速发展，人地关系愈发紧张，建设用地资源也愈发稀缺，集体建设用地的经济价值凸显。限制集体建设用地使用权流转的法律规定已然不符合经济发展的内在需求。

　　面对现实中大量存在的集体建设用地隐形流转现象及其因缺乏法律规范所带来的诸多社会问题，原国土资源部在多次调研的基础上，开始设立集体建设用地流转试点，自 1999 年以来，在全国范围内已较大规模地安排了 30 多处，如安徽芜湖、广东顺德、浙江湖州等地。2015 年初，中共中央办公厅和国务院办公厅联合印发《关于农村土地征收、集体经营性建设用地入市、宅基地制度改革试点工作的意见》，随后，第十二届全国人民代表大会常务委员会第十三次会议通过了《关于授权国务院在北京市大兴区等三十三个试点县（市、区）①行政区域暂时调整实施有关法律规定的决定》，这标志着我国农村土地制度改革正式在法治轨道上进入试点阶段。该轮试点工作原本于 2017 年底到期，但经全国人大常委会两次延期，延至了 2019 年 12 月。

　　从浙江德清敲响全国"第一槌"，到贵州湄潭率先在西部地区"破冰"，集体经营性建设用地入市逐步开花结果。33 个试点地区积极围绕农村集体经营性建设用地入市的范围和方式展开探索，着力于集体经营性建设用地交易市场建设。截至 2018 年 12 月，集体经营性建设用地已入市地块 1 万余宗，面积 9 万余亩，总价款约 257 亿元，收取调节金 28.6 亿元，办理集体经营性建设用地抵押贷款 228 宗、38.6 亿元。②

---

　　①　当时公布的 33 个县（市、区）名单：北京市大兴区、山西省晋城市泽州县、辽宁省鞍山市海城市、吉林省长春市九台区、黑龙江省绥化市安达市、上海市松江区、浙江省湖州市德清县、河南省新乡市长垣县、广东省佛山市南海区、广西壮族自治区玉林市北流市、海南省文昌市、重庆市大足区、四川省成都市郫县、贵州省遵义市湄潭县、甘肃省定西市陇西县、天津市蓟县、河北省保定市定州市、内蒙古自治区呼和浩特市和林格尔县、江苏省常州市武进区、浙江省金华市义乌市、安徽省六安市金寨县、福建省泉州市晋江市、江西省鹰潭市余江县、山东省德州市禹城市、湖北省襄阳市宜城市、湖南省长沙市浏阳市、四川省泸州市泸县、云南省大理州大理市、西藏自治区拉萨市曲水县、陕西省西安市高陵区、青海省西宁市湟源县、宁夏回族自治区石嘴山市平罗县、新疆维吾尔自治区伊犁州伊宁市。（个别市县因行政区划有变动，现名称有变化）

　　②　国务院：《国务院关于农村土地征收、集体经营性建设用地入市、宅基地制度改革试点情况的总结报告》，http://www.npc.gov.cn/npc/c12491/201812/3821c5a89c4a4a9d8cd10e8e2653bdde.shtml.，最后访问日期：2021-07-01。

在试点先试先行积累丰富入市经验的基础上，《土地管理法》于2019年修改，在法律上清除了集体经营性建设用地流转的障碍，改变了过去集体土地必须征收为国有才能入市的问题。之后，修改的《土地管理法实施条例》专节就集体经营性建设用地入市管理进行了规定。为了构建全国统一的建设用地市场，国家政策文件多次指出，要"对集体经营性建设用地与国有建设用地给予同权对待"[1]。

（二）集体经营性建设用地出让规定

1. 集体经营性建设用地出让主体

依据《土地管理法》第63条的规定，集体经营性建设用地出让主体是土地所有权人。《民法典》第261条第1款规定，农民集体所有的不动产和动产，属于本集体成员集体所有；第2款明确了应当依照法定程序经本集体成员决定的事项。由此，集体土地所有权是"本集体成员集体所有"，主体是农民集体。《民法典》第262条规定了集体所有权行使主体，即由集体经济组织或者村民委员会（村民小组）依法代表集体行使所有权，进一步明确了集体所有权主体与行使主体之间的关系。《民法典》在法人一章中规定，农村集体经济组织依法取得法人资格；村民委员会具有基层群众性自治组织法人资格，可以从事为履行职能所需要的民事活动；并将集体经济组织法人及村民委员会这类基层群众性自治组织法人规定为特别法人。由此，代表行使集体所有权的集体经济组织或村民委员会（村民小组）应是与土地使用者签订出让合同，实际履行义务承担责任的一方主体。

2. 集体经营性建设用地出让客体

首先，出让的是经营性建设用地。根据《土地管理法》第63条的规定，可出让的土地须是土地利用总体规划、城乡规划确定为工业、商业等经营性用途，并经依法登记的集体经营性建设用地。从试点地区的实践来看，各地做法不一，有的地区不允许集体经营性建设用地用于商品房开发经营，有的试点地区则无此限制。从历史溯源来看，集体经营性建设用地主要来源于乡镇企业用地，因此目前也主要用于工业用途。至于《土地管理法》第63条中工业、商业等经营性用途中的"等"字如何理解，是否包含居住用途？理论和实践中均

---

① 例如，2021年12月21日公布的《国务院办公厅关于印发要素市场化配置综合改革试点总体方案的通知》。

存在争议，尚有待集体经营性建设用地使用权流转相关法规的出台予以明确。

《土地管理法实施条例》进一步从规划角度对可出让的集体建设用地提出要求。第37条规定，国土空间规划应当统筹并合理安排集体经营性建设用地布局和用途，依法控制集体经营性建设用地规模，促进集体经营性建设用地的节约集约利用。鼓励乡村重点产业和项目使用集体经营性建设用地。

其次，出让的是集体经营性建设用地使用权。该使用权与出让取得的国有建设用地使用权在权能内容上基本相同。依《土地管理法》第63条第4款规定，集体经营性建设用地使用权的出让及其最高年限、转让、互换、出资、赠与、抵押等，参照同类用途的国有建设用地执行。具体办法由国务院制定。

3. 集体经营性建设用地出让程序

集体经营性建设用地使用权出让是土地所有权人处分其使用权的一种方式，也是集体土地进入建设用地市场的行为。因此，在出让程序设置上既要体现集体所有权，又要实现主管行政部门对土地市场的监管调控。现行法规对出让程序的规定如下：

第一，主管部门提出拟出让地块的规划条件、产业准入和生态环境保护要求。土地所有权人拟出让集体经营性建设用地的，市、县人民政府自然资源主管部门应当依据国土空间规划提出拟出让用地的规划条件，明确土地界址、面积、用途和开发建设强度等。市、县人民政府自然资源主管部门应当会同有关部门提出产业准入和生态环境保护要求。

第二，土地所有权人编制出让方案。土地所有权人应当依据规划条件、产业准入和生态环境保护要求等，编制集体经营性建设用地出让等方案。方案应当载明宗地的土地界址、面积、用途、规划条件、产业准入和生态环境保护要求、使用期限、交易方式、入市价格、集体收益分配安排等内容。

第三，集体经济组织形成书面意见并报批。集体经营性建设用地出让，应当经本集体经济组织成员的村民会议三分之二以上成员或者三分之二以上村民代表的同意。本集体经济组织应形成书面意见，连同出让方案，在出让、出租前不少于10个工作日报市、县人民政府。市、县人民政府认为该方案不符合规划条件或者产业准入和生态环境保护要求等的，应当在收到方案后5个工作日内提出修改意见。土地所有权人应当按照市、县人民政府的意见进行修改。

第四，土地所有权人确定土地使用者，并签订合同。土地所有权人应当依据集体经营性建设用地出让、出租等方案，以招标、拍卖、挂牌或者协议等方式确定土地使用者，双方应当签订书面合同，载明土地界址、面积、用途、规划条件、使用期限、交易价款支付、交地时间和开工竣工期限、产业准入和生态环境保护要求，约定提前收回的条件、补偿方式、土地使用权届满续期和地上建筑物、构筑物等附着物处理方式，以及违约责任和解决争议的方法等，并报市、县人民政府自然资源主管部门备案。未依法将规划条件、产业准入和生态环境保护要求纳入合同的，合同无效；造成损失的，依法承担民事责任。

第五，使用者依约支付价款和税费，申办不动产登记。集体经营性建设用地使用者应当按照约定及时支付集体经营性建设用地价款，并依法缴纳相关税费，对集体经营性建设用地使用权以及依法利用集体经营性建设用地建造的建筑物、构筑物及其附属设施的所有权，依法申请办理不动产登记。

第三节 建设用地使用权划拨法律制度

以划拨方式供地是新中国成立以来施行并延续至今的取得国有建设用地使用权的方式。我国在计划经济时期，城市不存在土地市场，土地的配置实行行政划拨制，各个建设单位均是通过无偿划拨方式取得建设用地使用权，此种建设用地使用权的特点是"三无"，即无偿、无期限、无流动。这种制度的安排与我国1949年以后推行的重工业优先发展的赶超战略有关。由于发展重工业所需的资金、技术、劳动力、土地等资源条件在当时无法支持这一战略目标的实现，因此全面排斥市场机制的作用。在此背景下，我国对建设用地的配置也就选择了实行计划配置方式的行政划拨制。

在改革开放之前，这种供地方式与当时的体制是相适应的，也发挥了一定的作用。但是，随着我国改革开放的深入，为适应建立可流转的房地产市场的需要，20世纪80年代在深圳等地开始试行建设用地使用权有偿出让方式，并逐步确立了有偿出让建设用地使用权制度。1990年的《土地使用权出让和转让暂行条例》在法律上明确了建设用地使用权出让与行政划拨双轨并存的供地体制。我国的建设用地使用制度发展至今，有偿出让已成为目前各开发商及其他建设单位取得土地使用权的主要途径，但划拨供地制依然有其适用空间，并与出让一起构成我国两种主要的供地方式。对此，《民法典》第347条第1款规定："设立建设用地使用权，可以采取出让或者划拨等方式。"

一、建设用地使用权划拨的概念与特征

建设用地使用权划拨，是指县级以上人民政府依法批准，在建设用地使用者交纳补偿、安置等费用后将该幅土地交付其使用，或者将建设用地使用权无偿交付给用地使用者使用的行为。

与建设用地使用权出让相比，建设用地使用权的划拨具有如下法律特征：

1. 划拨建设用地使用权是一种行政法律行为

建设用地使用权出让是一种民事法律行为；而划拨则是一种行政法律行为，这种方式只要经依法批准并履行相应程序，建设用地使用者便获得了建设用地使用权。需要说明的是，划拨行为是一种行政行为，但这种行为产生的建设用地使用权则是民法中的用益物权。

2. 划拨建设用地使用权的取得具有无偿性

出让建设用地使用权无论采取何种方式，受让方均要向国家缴纳出让金；而建设用地使用权划拨中，用地者无须向国家缴纳使用土地的费用。根据《城市房地产管理法》的规定，如果所划拨的建设用地上原有用地者，现获得划拨土地使用权的主体需要缴纳补偿、安置等费用，以补偿原用地者的损失，但此笔费用是给原用地者的，并非建设用地使用权的对价，因此说划拨建设用地使用权的取得是无偿的。

3. 划拨建设用地使用权没有使用期限的限制

出让建设用地使用权有最高使用年限的限制，实际使用年限取决于建设单位与自然资源主管部门的协商；而根据《城市房地产管理法》的规定，以划拨方式取得的土地使用权，除法律、行政法规另有规定外，没有使用期限上的限制，也就是说划拨建设用地使用权一般是无期限的。这样做，实际上使划拨建设用地使用者永久性占有了该土地，在事实上形成了建设用地所有权与使用权合二为一，土地上的级差利益和超额利润被使用者所拥有。

4. 划拨建设用地使用权是一种不可交易的财产权

出让取得的建设用地使用权在符合法定条件下可直接进入房地产市场进行交易，属于民商法上可交易财产范畴；划拨的建设用地使用权除非将划拨转变为出让，否则不能直接进入市场，使用权人仅可以自己使用，不可处分，从此角度而言它是一种不可交易的财产权。

5. 划拨的建设用地使用权具有用途上的特定性

根据《城市房地产管理法》和《土地管理法》的规定，划拨建设用地一般只用于有关公共利益和国计民生的特定项目，对于商业性或经营性用地，不允许通过划拨方式无偿取得。

二、建设用地使用权划拨的主要内容

（一）建设用地使用权划拨的适用范围

由于划拨建设用地的特殊性，现行法对于划拨建设用地的适用范围作出了严格限定，如《民法典》第 347 条第 3 款规定："严格限制以划拨方式设立建设用地使用权。"

《土地管理法》和《城市房地产管理法》都原则上列举了划拨建设用地的范围,包括: ①国家机关用地和军事用地; ②城市基础设施用地和公益事业用地; ③国家重点扶持的能源，交通，水利等基础设施用地；④法律、行政法规规定的其他用地。在此基础上，2001 年国土资源部颁布实施《划拨土地目录》，进一步细化了划拨方式取得土地使用权的范围。具体包括：

第一，国家机关用地，主要是国家党政机关和人民团体等用地，包括办公用地和安全、保密、通信等特殊专用设施用地。

第二，军事用地，是指各种军事设施用地，包括：①指挥机关、地面和地下的指挥工程、作战工程；②营区、训练场、试验场；③军用公路、铁路专用线、机场、港口、码头；④军用洞库、仓库、输电、输油、输气管线；⑤军用通信、通信线路、侦察、观测台站和测量、导航标志；⑥国防军品科研、试验设施；⑦其他军事设施。

第三，城市基础设施用地，是指城市生产、生活及各种社会活动所需要的公共设施用地，包括供水、供气、供热、公共交通、环境卫生、道路广场、绿地等设施用地。

第四，城市公益事业用地，是指城市内的文化教育、医疗保健、娱乐体育等用地。主要包括非营利性的邮政设施、教育设施、科研机构、体育设施、公共文化设施、医疗卫生设施和社会福利设施等用地。

第五，国家重点扶持的能源、交通、水利等项目用地，主要包括石油天然气设施、煤炭设施、电力设施、水利设施、铁路交通设施、公路交通设施、水路交通设施、民用机场设施等用地。需要说明的是，并非所有的能源、交通、水利等项目用地均适用划拨的方式取得建设用地使用权，只有国家重点扶持的，即国家通过提供各种优惠措施，给予财政拨款，着重予以发展的能源、交通、水利等项目用地才适用划拨方式；对于非国家重点扶持的此类项目，根据现行法规定，"应当以有偿方式提供建设用地使用权"。

第六，法律、行政法规规定的其他用地。在《划拨土地目录》中，将"法律、行政法规规定的其他用地"归纳为"特殊用地"；包括监狱，劳教所及戒毒所、看守所、治安拘留所、收容教育所用地等。

（二）建设用地使用权划拨的程序

建设用地使用权的划拨必须依法进行。依《城乡规划法》《建设用地审查报批管理办法》等规定，符合条件的用地者要取得划拨的建设用地使用权，须履行下列程序：

（1）取得选址意见书。按照国家规定需要有关部门批准或者核准的建设项目，以划拨方式提供国有土地使用权的，建设单位在报送有关部门批准或者核准前，应当向城乡规划主管部门申请核发选址意见书。

（2）取得建设用地规划许可证。在城市、镇规划区内以划拨方式提供国有土地使用权的建设项目，经有关部门批准、核准、备案后，建设单位应当向城市、县人民政府城乡规划主管部门提出建设用地规划许可申请，由城市、县人民政府城乡规划主管部门依据控制性详细规划核定建设用地的位置、面积、允许建设的范围，核发建设用地规划许可证。

（3）申请建设用地。建设单位在取得建设用地规划许可证后，方可向县级以上地方人民政府土地主管部门申请用地。

（4）县级以上人民政府批准，自然资源主管部门依法划拨。经县级以上人民政府审批后，由自然资源主管部门划拨土地，向建设单位核发《国有建设用地划拨决定书》和《建设用地批准书》，依照规定办理土地登记。《国有土地划拨决定书》应当包括划拨土地面积、土地用途、土地使用条件等内容。

（三）建设用地使用权划拨的转让、出租、抵押

在土地使用制度改革之前，所有的建设用地使用权都是依划拨方式取得的，其中包括很多用于商业或经营活动的用地。随着建设用地使用权的商品化以及建设用地使用权市场的形成与发展，那些在旧体制下以划拨取得用于商业或经营活动的建设用地使用权亟待进入市场，以满足土地市场的需求。为避免土地

资源的浪费，现行法律规定划拨用地使用权人在履行法定的程序后，可以将划拨的建设用地使用权转变为出让进入市场流通。

根据《土地使用权出让和转让暂行条例》第45条的规定，符合下列条件的，经市、县人民政府土地管理部门和房产管理部门批准，其划拨建设用地使用权和地上建筑物、其他附着物所有权可以转让、出租、抵押：第一，土地使用者为公司、企业、其他经济组织和个人；第二，领有国有土地使用证；第三，具有地上建筑物、其他附着物合法的产权证明；第四，补签了土地使用权出让合同，向当地市、县人民政府补缴了土地使用权出让金或者以转让、出租、抵押所获收益抵缴土地使用权出让金。对于以划拨方式取得的建设用地使用权转让的，《国务院办公厅关于完善建设用地使用权转让、出租、抵押二级市场的指导意见》（国办发〔2019〕34号）（以下简称《指导意见》）指出，须经依法批准，土地用途符合《划拨用地目录》的，可不补缴土地出让价款，按转移登记办理；不符合《划拨用地目录》的，在符合规划的前提下，由受让方依法依规补缴土地出让价款。对于以划拨方式取得的建设用地使用权转让的，《指导意见》指出，"应按照有关规定上缴租金中所含土地收益，纳入土地出让收入管理。宗地长期出租，或部分用于出租且可分割的，应依法补办出让、租赁等有偿使用手续。建立划拨建设用地使用权出租收益年度申报制度，出租人依法申报并缴纳相关收益的，不再另行单独办理划拨建设用地使用权出租的批准手续。"对于以划拨方式取得的建设用地使用权设定抵押权的，《指导意见》指出，"划拨土地抵押权实现时应优先缴纳土地出让收入。以出让、作价出资或入股等方式取得的建设用地使用权可以设定抵押权。以租赁方式取得的建设用地使用权，承租人在按规定支付土地租金并完成开发建设后，根据租赁合同约定，其地上建筑物、其他附着物连同土地可以依法一并抵押。"

需要说明的是，现行体制规定的划拨建设用地使用权的转让、出租、抵押，其建设用地使用权应当是指在旧有体制下取得的划拨建设用地使用权。对于土地使用制度改革以后依划拨方式取得的建设用地使用权，在一般情况下不能适用关于划拨建设用地使用权转让、出租、抵押的相关规定。这是因为，现有体制下只有出于公益目的，并经过严格的法律程序，才可以划拨方式取得建设用地使用权，而商业用途的建设用地必须以出让的方式取得，如果允许新划拨的建设用地使用权通过转化为出让方式，而后进行转让、出租、抵押等"市场化处理"，则违背了设立划拨建设用地使用权法律制度的立法初衷。

（四）建设用地使用权划拨的收回

从理论上讲，由于划拨建设用地使用权是无期限的地产权利，划拨建设用地使用权除了因土地灭失而终止外，是不存在期限限制的，不会因期满而终止，但在某些情况下国家可以收回划拨的建设用地使用权。

依《土地管理法》的规定，国家可以根据划拨建设用地使用者不再使用土地的事实或者城乡建设发展需要和城市规划的要求，将原划拨的土地收回并另行支配。归纳而言，可以收回划拨建设用地使用权的情形主要有：

（1）为实施城市规划进行旧城区改建以及其他公共利益需要，确需使用土地的；

（2）无偿取得划拨建设用地的使用者，因迁移、解散、撤销、破产或者其他原因，停止使用土地的；

（3）公路、铁路、机场、矿场等经核准报废的。

收回划拨建设用地使用权须经原批准划拨用地的人民政府或者有批准权的人民政府批准。

划拨建设用地使用权收回后，产生以下法律后果：

（1）用地使用者的建设用地使用权终止。

（2）国家将建设用地使用权连同地上物一并收回，但市、县人民政府应根据实际情况给予用地使用者以适当补偿。

（3）市、县人民政府可将收回的建设用地使用权进行有偿出让，或再行划拨给其他用地者使用。

三、建设用地使用权划拨的法律检视

（一）建设用地使用权划拨存在的问题

我国在法律上明确了建设用地使用权出让与划拨双轨并存的供地体制。在近些年的运行中，建设用地出让制度逐步得到肯定并予以完善，而以划拨方式取得建设用地使用权的土地配给制，逐步暴露出一些问题。主要表现在：

1. 不利于土地资源的合理配置

旧有的体制在划拨土地时往往缺乏科学论证，盲目划地现象严重，导致实际划拨面积远大于需要用地面积，且缺乏区位规划，不利于土地区位优势的发挥，导致土地资源的浪费，违反物尽其用、地尽其利的效益原则。

2. 土地"隐形市场"的存在导致国家土地收益的流失

随着经济的发展，建设用地的需求量急剧增加，而划拨制遗留了大量的存量土地。但是，由于划拨土地进入市场需要符合刚性法律规定，履行严格的手续，需要支付一笔高额的出让金。为了规避法律规定，一些单位就采用变相的方式，如联营、房地产转让、出租、联合建房及土地使用权入股等方式使划拨土地进入市场，但其所得收益既不上缴国库，也不缴纳税费，造成国家土地收益的大量流失。

3. 行政权力过分膨胀，容易滋生腐败现象

由于划拨建设用地的决定权完全取决于行政机关，在缺乏相应的约束和监督机制下，很容易导致土地划拨审批过程中腐败现象的滋生。这种具有"暗箱操作"可能性的地产划拨方式，缺乏竞争出让（"招拍挂"）所具有的公开、公正、公平和监督机制，容易出现建设用地使用权取得领域内的权力"寻租"现象的发生。

既然划拨建设用地使用权的弊端日益明显，有学者主张取消划拨供地方式，所有建设用地使用权都以出让方式取得。本书认为，划拨方式的存在还是有必要的，特别对于公益事业的建设起着重要的促进作用。如果取得公益事业建设用地也实行有偿出让的方式，会导致公益事业成本的提高，难以吸引企业投资于公益事业，公益事业的建设就很难得到保障，最终会影响全社会的利益。因此，面对划拨制存在的诸多弊端，应在发挥其积极作用的基础上进一步对这种供地方式进行变革和完善。

（二）完善建设用地使用权划拨的对策建议

1. 严格限定划拨建设用地的适用范围

为了更好地规范具有很强行政性质的土地使用权划拨行为，发挥划拨土地在促进公共利益实现方面的作用，应当将划拨土地使用权的适用范围严格限定在公益性用地范围内。

2. 努力消除"土地隐形市场"

为了消除隐形市场，须对现有以划拨方式取得土地使用权的土地用途及其

变动状况进行调查，在此基础上根据法律规定作出相应处理。

3. 建立完善的监督机制

划拨建设用地使用权的全过程，应在有效监督机制的轨道中运行，做到有法可依、公开透明，限制行政权力的过分膨胀，杜绝腐败行为，防止国有资产和土地流失。

4. 综合运用经济手段，引导划拨土地走向市场

考虑到很多划拨土地是历史遗留的产物，且已由用地者使用多年，对于这些划拨土地不能简单地由国家收回再行出让，而应充分利用租金和金融、税收等经济杠杆进行调节，引导划拨土地进入市场。

本章小结

房地产开发用地是指依法取得了建设用地使用权并用于建设基础设施和建造房屋的土地。在国有土地转化为房地产开发用地的过程中，应当遵循保护耕地、符合规划和有偿使用等原则。

取得房地产开发用地主要通过国有建设用地的出让和划拨方式。建设用地使用权出让是国家将国有建设用地使用权在一定期限内通过招标、拍卖、挂牌或协商方式出让给建设用地使用者，并由建设用地使用者向国家支付建设用地使用权出让金的一种民事法律行为。建设用地使用权划拨是经县级以上人民政府依法批准，在建设用地使用者缴纳补偿、安置等费用后将该幅土地交付其使用，或者将建设用地使用权无偿交付给用地者使用的一种行政法律行为。出让和划拨法律制度中涉及诸多法律问题，值得关注的有协议出让和划拨建设用地的适用范围，出让建设用地使用权终止后的法律效果，以及国有土地收购储备制度等。修改后的《土地管理法》允许集体经营性建设用地入市，为房地产开发拓宽了用地来源，但具体制度仍在探索，亟待完善。房地产开发用地是房地产开发建设、交易的基石，健全相关法律制度才能更好地规范房地产市场，更有利于促进经济高质量发展和社会稳定和谐。

思考题

1. 简述房地产开发用地的含义和特征。
2. 简答建设用地使用权出让的概念、特征与方式。
3. 分析国有建设用地使用权出让合同的性质。

4. 简述建设用地使用权划拨的法律特征及适用范围。

5. 梳理近些年颁行的集体建设用地使用权入市流转的政策法规，并进行评价。

参考文献

1. 高富平，黄武双. 房地产法学 [M]. 5 版. 北京：高等教育出版社，2023.

2. 房绍坤. 房地产法 [M]. 6 版. 北京：北京大学出版社，2020.

3. 常鹏翱. 实践中的中国房地产法 [M]. 北京：北京大学出版社，2023.

4. 王雷. 房地产法学 [M]. 北京：中国人民大学出版社，2021.

5. 符启林. 房地产法 [M]. 5 版. 北京：法律出版社，2018.

第五章

房地产开发建设

[知识要求]

通过本章的学习，掌握：

● 房地产开发的含义、特征与原则；

● 建设工程合同常见纠纷及解决；

● 房地产开发企业的含义、特征与分类；

● 房地产合作开发的含义与特征。

[技能要求]

通过本章的学习，能够了解：

● 房地产开发的类型及基本内容；

● 房地产开发中的建设工程合同；

● 房地产合作开发的类型、性质及"名实不符"情形。

第一节　房地产开发建设基本问题

一、房地产开发的特征与类型

（一）房地产开发的含义与特征

"开发"，指生产者或经营者对森林、土地、水力等自然资源进行整理或改造以达到一定的经济或社会目的的行为。将开发活动限定在房地产领域，就是房地产开发。依据《城市房地产管理法》第2条第3款的规定，房地产开发是指在依法取得国有土地使用权的土地上进行基础设施、房屋建设的行为。所谓基础设施建设，意即使土地适合特定目的的需要，成为可建造房屋及其他地上物的土地；而房屋建设就是在完成基础设施建设的土地上建造房屋等地上物的活动。需说明的是，《城市房地产管理法》界定的房地产开发是在国有建设用地上实施的，在集体建设用地上自然也存在房地产开发行为，但鉴于《城市房地产管理法》仅调整"城市规划区国有土地范围内取得房地产开发用地的土地使用权，从事房地产开发、房地产交易，实施房地产管理"的行为，[①] 未涉及集体土地上的房地产开发行为，故本章主要以国有土地上从事的房地产开发行为为中心进行讨论。依现行法"城市规划区内的集体所有的土地，经依法征收转为国有土地后，该幅国有土地的使用权方可有偿出让，但法律另有规定的除外"；"城市规划区内集体所有的土地，经依法征收转为国有土地后，方可用于房地产开发经营"，[②] 而"在城市规划区外国有土地上从事房地产开发经营，实施房地产开发经营监督管理的，则参照本条例执行"。[③]

房地产开发具有如下法律特征：

1. 房地产开发的综合性

房地产开发是一项非常复杂、具有综合性的经济活动，是一项系统工程，

---

① 参见《城市房地产管理法》第2条第1款。

② 参见《城市房地产管理法》第9条、《房地产开发经营条例》第39条。

③ 参见《房地产开发经营条例》第39条。

其综合性体现为房地产开发过程横向联系的广泛化和纵向环节的一体化。所谓横向联系的广泛化，指房地产开发是一项涉及面广的经济活动，在从事开发活动时需要与土地管理、建设管理、规划管理、建筑施工管理、测量、设计、市政、通信、供电、园林、环保等行业主管部门或其他经营性行业发生千丝万缕的经济管理和经济协作关系，其横向联系的广泛性较其他行业尤为突出。所谓纵向环节的一体化，指房地产开发活动须按一定的程序和步骤顺次展开，任何一个环节出现失误都会导致整个房地产开发活动的全盘崩溃。

2. 房地产开发的长期性

房地产开发项目的完成需要长期的投资和实施过程，绝大多数房地产开发都要经过开发立项、可行性研究论证、取得建设用地使用权、设计施工、经营销售等阶段。因而，房地产的开发周期较长，一般以"年"为单位进行计算，长期性也决定了房地产开发需要大量的资金投入。

3. 房地产开发的风险性

房地产开发周期长和投资大的特点决定了房地产投资的高风险性。实践中，房地产开发的风险表现在方方面面，如利率风险、政策风险、税收风险、灾害风险、租售风险等。

4. 房地产开发的专业性

房地产开发是一项专业性很强的经济活动。随着房地产开发规模、复杂程度、智能化程度的进一步提高和深化，现今的房地产开发要求开发商必须具备比以往更多的知识和技能，例如市场预测与市场营销、城乡规划、法律知识、公共政策、建筑设计、融资、风险控制等。房地产开发的专业性要求房地产开发商必须聚集各方面的房地产开发人才，依靠集体力量，以确保开发成功。

5. 房地产开发的时序性

房地产开发是一项复杂的系统工程，涉及的问题很多，无论是土地开发还是房屋的开发建设，都必然要经历相当长的时间，按照相应的流程有条不紊地进行。一般来说，房地产开发要经历前期准备阶段（如撰写项目建议书与可行性研究报告、筹措资金），通过"招拍挂"方式取得建设用地使用权阶段，设计施工阶段，开发建设阶段，竣工验收阶段等，这就要求开发的每一个环节都必须按照一定的程序进行。否则，任何一个环节出现瑕疵，均有可能导致整个开发计划的失败。

6. 房地产开发的地域性

房地产产品的不可移动性决定了房地产开发的地域性。不同区域的房地产供需市场不同，也就决定了房地产开发的方式、方案等要因地制宜，充分考虑本地的地域特征。国家所颁行的房地产政策也要充分赋予各城市政府房地产开发市场自主权，因城施策，因地制宜。

（二）房地产开发的内容

房地产开发包括土地开发和房屋开发两个方面的内容。土地开发，即通称的"三通一平"或"七通一平"等，是指投入一定量的资金，将生地变为熟地的过程。所谓"三通一平"是指通电、通水、通道路，平整土地；"七通"则是在三通之外，再加上通排水、通热力、通煤气、通通讯。① 房屋开发，是指在具备建设条件的土地上新建、改建和扩建各类房屋的活动。

一般情况下，房地产开发是土地开发和房屋开发一体化的联动过程，但在个别情况下，房地产开发也可单指土地开发或房屋开发。不论是单纯的土地开发、房屋开发，还是土地与房屋一体化开发，都属房地产开发行为。在二者关系上，土地开发是房屋开发的前提和基础，土地开发的目的是为房屋开发提供建设用地和基础设施。换言之，土地开发是房地产开发的一级开发，房屋开发则是房地产开发的二级开发，前者仅是过程，后者才是目的。

（三）房地产开发的类型

按照不同的分类标准，房地产开发可划分为多种类型。比较常见的有：

1. 按照开发对象的不同，房地产开发可分为新区开发和旧区改建

这是我国《城乡规划法》的分类。《城乡规划法》第29条第1款规定："城市的建设和发展，应当优先安排基础设施以及公共服务设施的建设，妥善处理新区开发与旧区改建的关系，统筹兼顾进城务工人员生活和周边农村经济社会发展、村民生产与生活的需要。"所谓新区开发，是指在已完成土地开发的基础上，进行房屋建设的开发行为；所谓旧区改建（也称旧区开发），是指在已有的房地产基础上，进行再次房地产开发的行为。依《城乡规划法》第30条的规定，城市新区的开发和建设，应当合理确定建设规模和时序，充分利用

---

① "七通"中的通水，有表述为"通排水"和"通给水"，亦有表述为"通上水"和"通下水"。

现有市政基础设施和公共服务设施，严格保护自然资源和生态环境，体现地方特色。第31条规定，旧城区的改建，应当保护历史文化遗产和传统风貌，合理确定拆迁和建设规模，有计划地对危房集中、基础设施落后等地段进行改建。

2. 按照开发规模的不同，房地产开发可分为单项开发、小区开发和成片开发

单项开发，通常是指在旧区改建或新区开发中所形成的一个相对独立的开发项目，一般规模小、占地少，项目功能和配套设施也往往比较单一。土地开发、住宅开发、写字楼开发、商业用房开发等，都属于比较常见的单项开发项目。小区开发，一般是在新区开发和旧区改建中，规划出一个相对独立的地块进行综合性土地和房屋开发。小区开发的规模较大、占地较多，项目功能和配套设施也往往比较复杂。成片开发则因占地广、投资大、周期长，对地方经济影响较大，故往往由政府推动，采用统一规划、统一征地、统一管理的原则进行统一开发。我国各地区从事的经济开发区建设就属于典型的成片开发。在三者的关系上，单项开发往往会被纳入小区开发之中，而小区开发通常又被纳入成片开发之中，最终形成相互衔接、功能设施齐全、独具特色的城乡风貌。

3. 按照开发目的的不同，房地产开发可以分为经营型开发和自用型开发

经营型开发，是指专门从事房地产开发的企业所从事的房地产开发行为，其目的在于通过房地产投资开发，将开发建设出来的产品在市场上进行交易，从而获取利润。从一般意义上说，房地产开发主要是指经营型开发。自用型开发，是指开发者为了满足自身办公、生产经营或居住消费等需要而从事的房地产开发行为，其目的在于满足自身需要而非租售营利。自用型开发中，开发建设出来的产品并不进入市场流通，开发者就是最终产品的使用者。

此外，房地产开发按照投资形式的不同，可分为独资开发、合资开发和合作开发；按照开发内容的不同，可分为土地开发和房屋开发；按照开发主体的不同，可分为政府开发和非政府开发。

（四）房地产开发与城市更新

城市更新这个概念，严格意义上说属于舶来品。现代意义上大规模的城市更新运动（urban renewal）始于20世纪60年代的美国，当时是为了解决高速城市化后由于种族、宗教信仰和收入等方面的差异而造成的居住分化与社会冲突问题。近些年，我国政府和业内越来越关注城市更新领域。2021年的政府工

作报告指出"加快农业转移人口市民化，常住人口城镇化率提高到65%，发展壮大城市群和都市圈，实施城市更新行动，完善住房市场体系和住房保障体系，提升城镇化发展质量"。这是"城市更新"首次写入政府工作报告。

何谓城市更新？一般认为，是指在城市发展过程中，对于环境恶劣或者存在重大安全隐患以及基础设施、公共服务设施等需要重建完善其功能的特定城市建成区，包括旧工业区、旧商业区、旧住宅区、城中村以及旧屋村等，依据相关规定程序进行的综合整治、功能改变或者拆除重建活动。简而言之，城市更新是城市的"新陈代谢"的过程。近年来，我国的一些地方性法规对城市更新进行了规范调整。例如，《广州市城市更新办法》第2条规定，城市更新是指由政府部门、土地权属人或者其他符合规定的主体，按照"三旧"改造政策、棚户区改造政策、危破旧房改造政策等，在城市更新规划范围内，对低效存量建设用地进行盘活利用以及对危破旧房进行整治、改善、重建、活化、提升的活动。《西安市城市更新办法》第3条规定，城市更新，是指根据本市国民经济和社会发展规划、国土空间规划，依法对城市空间形态和功能进行整治、改善、优化的活动，以实现城市功能完善、品质提升、可持续发展。尽管现有地方规定对城市更新的界定不尽相同，但实施城市更新的目的是相同的，即在于提高土地和房屋的空间利用率，满足城市活动对物质空间的需求，实现城市的可持续发展，"推进以人为核心的新型城镇化"[①]。

与房地产开发相比，城市更新属于一项综合性的工程，涉及众多利益主体，耗时较长，工作内容复杂，涉及的法律关系复杂多样。城市更新的项目实施，内含房地产开发，但不能将其等同于房地产开发。第一，建设方式不同。房地产开发属于拆除重建或者说大拆大建的建设方式；城市更新是以渐进式、留改拆布局，以"留"为主各具特色的建设项目，没有标准化、可复制的项目。第二，解决的问题不同。房地产开发是要解决城市增量发展的需求；城市更新是

---

① "推进以人为核心的新型城镇化。实施城市更新行动，推进城市生态修复、功能完善工程，统筹城市规划、建设、管理，合理确定城市规模、人口密度、空间结构，促进大中小城市和小城镇协调发展。强化历史文化保护、塑造城市风貌，加强城镇老旧小区改造和社区建设，增强城市防洪排涝能力，建设海绵城市、韧性城市。提高城市治理水平，加强特大城市治理中的风险防控。……优化行政区划设置，发挥中心城市和城市群带动作用，建设现代化都市圈。……"参见2020年10月29日中国共产党第十九届中央委员会第五次全体会议通过的《中共中央关于制定国民经济和社会发展第十四个五年规划和二〇三五年远景目标的建议》。

要解决城市发展中的问题，如城市建筑的老化，功能的缺失，自然环境、文化环境的破坏修复，产业的升级等，通过历史印迹的呈现和现代功能的提升相结合，以解决城市的可持续发展问题。第三，开发建设模式不同。房地产开发以土地"招拍挂"方式为主，基本上是以单一的房地产开发企业来主导项目建设；城市更新则是片区统筹、规划引领，政府、企业、社区和原居民共同参与和主导的项目更新。

房地产开发中的成片开发在城中村改造、旧城改造等涉及城区内容时，与城市更新具有重合性，可成为城市更新的组成部分，但两者不可等量齐观。成片开发的概念出现相对较早，其存在贯穿于我国城镇化的前期、中期、后期；而城市更新则出现在城镇化的中后期。成片开发注重新建，其关注的空间范围相对较小，是在符合国家及地方规划的前提下，对具有一定规模，相对成片的区域进行系统性改造、投资、建设、运营和维护；而城市更新是对于特定城市区域的旧工业区、旧商业区、旧住宅区、城中村及旧屋村等开展的综合整治、功能改变拆除重建及历史保护等，其关注的空间范围相对较大，目的在于推动城市高质量发展，努力把城市建设成为人与人、人与自然和谐共处的美丽家园。

总之，我国实施的城市更新行动是在新发展阶段，坚持以人民为中心的发展思想的重大举措，是贯彻新发展理念，转变城市开发建设方式的必然要求。其内涵是推动城市结构优化、功能完善和品质提升，转变城市开发建设方式；路径是开展城市体检，统筹城市规划建设管理；目标是建设宜居、绿色、韧性、智慧、人文城市。推进城市更新，就是践行"人民城市人民建，人民城市为人民"重要理念，回应群众期盼，补齐城市基础设施和公共服务等突出问题和短板，让改革发展成果更多更公平地惠及全体人民。

二、房地产开发的原则

《城市房地产管理法》第25条规定："房地产开发必须严格执行城市规划，按照经济效益、社会效益、环境效益相统一的原则，实行全面规划、合理布局、综合开发、配套建设。"依此规定，我国房地产开发应遵循以下几个原则：

（一）严格执行国土空间规划

改革开放以来，为满足发展的空间需求和实施空间管理，我国空间类规划不断增加，如主体功能区规划、国土规划、土地利用规划、城乡规划、海洋功能区规划等。各级各类空间规划在服务引导经济社会和城镇化发展，促进国土空间合理利用和保护等方面发挥了积极作用，但也存在类型过多、技术标准不一、职责边界不清晰、内容重叠甚至矛盾等问题，以致出现了"多规打架"的现象。①2018年，中共中央印发《深化党和国家机构改革方案》，明确提出组建自然资源部，将国土资源部的职责、国家发展和改革委员会的组织编制主体功能区规划职责、住房城乡建设部规划管理职责整合，切实解决空间规划重叠等问题。至此，土地利用总体规划和城乡规划在国土空间规划编制实施后，完成了各自的历史使命，不再继续编制。

在立法层面，2019年修改的《土地管理法》在保留原有土地利用总体规划的条款和表述的同时，增设了关于国土空间规划的条款，第18条规定："国家建立国土空间规划体系。编制国土空间规划应当坚持生态优先，绿色、可持续发展，科学有序统筹安排生态、农业、城镇等功能空间，优化国土空间结构和布局，提升国土空间开发、保护的质量和效率。经依法批准的国土空间规划是各类开发、保护、建设活动的基本依据。已经编制国土空间规划的，不再编制土地利用总体规划和城乡规划。"《土地管理法实施条例》则把"多规合一"改革继续向前推进，并将"国土空间规划"的内容单设一章，明确了"土地开发、保护、建设应当坚持规划先行"，确立了先规划，后进行开发建设的原则。

我国1990年4月1日开始实施的《城市规划法》在2008年1月1日《城乡规划法》生效的同时失效，原来的城市规划被《城乡规划法》中的城乡规划取代；随着"多规合一"的推行，国土空间规划的编制已将城乡规划纳入其中，所以，房地产开发必须严格执行国土空间规划的有关规定。

（二）经济效益、社会效益、环境效益相统一

经济效益是房地产开发行为所产生的经济利益，是房地产商开发房地产的原始动机，也是开发商从事房地产开发的目的所在，但追逐经济效益不能成为房地产开发的唯一目的。成功的房地产开发还应实现良好的社会效益和环境效益，《房地产开发经营条例》第11条对房地产开发的社会效益和环境效益作了进一步规定："确定房地产开发项目，应当坚持旧区改建和新区建设相结合的原则，注重开发基础设施薄弱、交通拥挤、环境污染严重以及危旧房屋集中的区域，保护和改善城市生态环境，保护历史文化遗产。"

---

① 魏莉华.新《土地管理法实施条例》释义［M］.北京：中国大地出版社，2021：18.

社会效益指开发行为能给社会带来的效果和利益，以及给社会带来的正面效应，如居住环境的改善、配套设施的完善等。房地产开发商须承担相应的社会责任，负载相应的社会义务，具有回报社会的使命感，因此房地产开发实现一定的社会效益是房地产开发商义不容辞的社会责任。环境效益则要求开发行为不能破坏人类生存和居住的自然环境，应尽可能地在自然环境的承受限度内改善环境。我国《民法典》特别规定了民事主体从事民事活动应遵循"绿色原则"，或称"生态文明原则"，[①] 这也是房地产开发活动中环境效益的体现。保护环境是我国的一项基本国策，以破坏环境为代价追逐房地产开发的经济效益是一种得不偿失的短视行为。

总之，房地产开发的经济效益、社会效益和环境效益是相辅相成、相互促进、相互依存的有机整体，不能忽视任何一种效益的实现。兼顾三者效益的房地产开发，才是成功的房地产开发，也是法律的要求所在。

（三）全面规划、合理布局、综合开发、配套建设

全面规划、合理布局、综合开发、配套建设，既是房地产开发应遵循的原则，也是法律对房地产开发行为提出的具体要求。全面规划，应坚持规划先行。以城市居住区规划为例，一个完善的居住区规划，应当包括居住区规模规划、级别规划、建筑设计规划、公共建筑规划、道路规划、绿地规划等诸多方面的全面规划。合理布局，是在已完成全面规划的基础上，对具体的开发项目所做的综合安排。在房地产开发中，根据合理布局原则的要求，各开发项目的选址不得妨碍城乡功能定位和未来发展，不得危害城乡公共安全，破坏城乡工作、生活、休息环境。所谓综合开发，是指在国土空间规划和具体开发计划的指导下，进行一体化的全面开发。综合开发有利于城乡建设的协调发展，促进生产，便利生活；还有利于缩短建设周期、降低投资风险，从而提高经济效益、社会效益和环境效益。配套建设，主要指房地产开发中的基础设施建设，是保障房地产开发项目功能实现的关键环节。《房地产开发经营条例》第14条规定："房地产开发项目的开发建设应当统筹安排配套基础设施，并根据先地下、后地上的原则实施。"前面所谈的"三通一平"或"七通一平"，就是最重要的配套建设内容。

---

① 《民法典》第9条规定："民事主体从事民事活动，应当有利于节约资源、保护生态环境。"

（四）鼓励开发居民住宅，尤其是社会保障住宅

居住水平从不同程度上反映了人民生活水平和社会进步水平的高低。居民住宅既是人们基本的生活资料，也是人们的主要财产；居民住宅问题的解决既关系着人民的切身利益，也关乎一个国家的社会生活秩序。住宅紧缺与人民要求改善居住条件和居住环境的矛盾是世界各国普遍面临的社会问题。保障公民住宅权利，改善其居住条件和居住环境，对于维护社会稳定、构建和谐社会、促进经济发展有重大意义，因此法律应鼓励房地产开发企业积极兴建居民住宅。《城市房地产管理法》第 4 条规定："国家根据社会、经济发展水平，扶持发展居民住宅建设，逐步改善居民的居住条件。"第 29 条规定："国家采取税收等方面的优惠措施鼓励和扶持房地产开发企业开发建设居民住宅。"《中国式现代化的决定》指出，要"加快建立租购并举的住房制度，加快构建房地产发展新模式"，"支持城乡居民多样化改善性住房需求"。

保障国民的居住权利是一国政府义不容辞的责任。法律和政策在鼓励开发商开发建造居民住宅的同时，更应该鼓励开发建造保障性住房，解决中低收入居民的住房需求。《中国式现代化的决定》指出，要"加大保障性住房建设和供给，满足工薪群体刚性住房需求"。近些年，住房制度改革为房地产社会保障制度的建立和完善注入了动力，经过近些年的努力，我国已经初步建立了公共租赁住房、保障性住房等制度为主要内容的房地产社会保障制度体系，同时，也颁布了一些法律和政策，初步构建了房地产社会保障法律体系，并产生了良好的社会效果。

三、房地产开发中的建设工程合同

（一）概说

房地产开发是一项复杂的系统工程，涉及一系列法律关系和众多当事人。维系当事人之间法律关系的主要表现形式即合同关系，其中又以建设工程合同为主。根据《民法典》第 788 条的规定："建设工程合同是承包人进行工程建设，发包人支付价款的合同。建设工程合同包括工程勘察、设计、施工合同。" 建设工程合同是从加工承揽合同中分离出来的一大类合同，与加工承揽合同既有某些共性，又有其特殊性，如合同主体须具有特殊资质、履行具有程序性要求、标的物的社会公共性、国家监管的严格性以及与其他合同的关联性等等。建设

工程合同中的发包人，一般为工程的建设单位，即投资建设该项工程的单位，如房地产开发公司；建设工程的承包人是实施建设工程的勘察、设计、施工等业务的单位。建设工程合同的客体是工程项目，包括房屋工程、道路工程、设备安装工程、桥梁工程项目等。建设工程的合同内容因合同类型的不同而不同。

建设工程合同中，最主要也是最容易产生纠纷的是建设工程施工合同，该合同一般应包括以下主要内容：工程名称、地点、范围、内容、工程价款及开竣工日期；双方的权利、义务和一般责任；施工组织设计的编制要求和工期调整的处置办法；工程质量要求、检验与验收方法；合同价款调整与支付款方式；材料、设备的供应方式与质量标准；设计变更；竣工条件与结算方式；违约责任及处置办法；争议解决方式；安全生产防护措施。为切实指导和规范建设工程施工合同的签订、履行，维护合同当事人的合法权益，建设工程施工合同须采用合同示范文本，建设工程施工合同通常由三个正文部分和三个附件构成。第一部分是"合同协议书"，主要包括：工程概况、合同工期、质量标准、签约合同价和合同价格形式、项目经理、合同文件构成、承诺以及合同生效条件等重要内容，集中约定了合同当事人基本的合同权利义务。第二部分是"合同通用条款"，主要包括一般约定、发包人、承包人、监理人、工程质量、安全文明施工与环境保护、工期和进度、材料与设备、试验与检验、变更、价格调整、合同价格、计量与支付、验收和工程试车、竣工结算、缺陷责任与保修、违约、不可抗力、保险、索赔和争议解决等。第三部分是"合同专用条款"，是对通用合同条款原则性约定的细化、完善、补充、修改或另行约定的条款。需说明的是，该合同示范文本适用于房屋建筑工程、土木工程、线路管道和设备安装工程、装修工程等建设工程的施工承发包活动。属于非强制性使用文本，合同当事人可结合建设工程具体情况，根据该示范文本订立合同，并按照法律法规规定和合同约定承担相应的法律责任及合同权利义务。三个附件是：承包人承揽工程项目一览表、发包人供应材料设备一览表、工程质量保修书。建设工程施工合同的组成比较复杂，书面的《建设工程施工合同》只是其中一部分，还包括招投标文件、设计施工图纸、竣工图纸、变更签证、工程量清单、各种工程会议纪要等。明确建设工程施工合同的组成对于计算工程量和工程价款、判断合同是否依约履行都有重要意义。例如，《建设工程施工合同纠纷司法解释（一）》第20条规定："当事人对工程量有争议的，按照施工过程中形成的签证等书面文件确认。承包人能够证明发包人同意其施工，但未能提供签证文件证明工程量发生的，可以按照当事人提供的其他证据确认实际发生的工程量。"

无论何种类型的建设工程合同，根据《民法典》第789条的规定，应当采用书面形式。依据《招标投标法》的规定，形成建设工程合同采用招投标的，应当公开、公正、公平进行。

由于建设工程合同关系的复杂性、专业性、技术性，加之工程项目建设涉及人民生命财产安全，关乎社会公共安全，故法律要求建设工程推行监理制。所谓工程建设监理，是指监理单位受工程项目法人的委托，依据国家批准的工程项目建设文件，有关工程建设的法律、法规，工程建设监理合同及其他工程建设合同，对工程建设实施的监督管理。《民法典》第796条规定，建设工程实行监理的，发包人应当与监理人采用书面形式订立委托监理合同，故委托监理合同也是房地产开发中的重要合同。

（二）常见纠纷及处理规则

建设工程合同纠纷是常见的房地产纠纷类型，实践中的问题较多，常见的有：建设工程合同无效的认定情形及后果处理，"垫资施工"约定条款的效力及未对垫资进行约定的处理规则，施工合同开工日期、工程竣工日期的确定，建设工程合同涉及的"阴阳合同"（或称"黑白合同""抽屉协议"）的效力及性质认定，合同约定按照固定价格（俗称的"包死价"或称"固定价""一口价"）结算工程款能否申请鉴定的问题，实际施工人向发包人主张建设工程价款而突破合同相对性的问题，建设工程价款优先受偿权，以及"背靠背"条款的效力、"默示条款"的适用等等。

1. 建设工程施工合同无效的认定情形及后果处理

《建设工程施工合同纠纷司法解释（一）》第1条、第2条、第3条、第4条、第5条规定了认定建设工程施工合同无效的情形，以及合同效力的补正规则。

对于合同无效，《民法典》第157条规定了一般处理规则，建设工程施工合同也应当适用。问题是此类合同的履行过程是承包人将劳务及建筑材料物化到建设工程的过程，施工完成会产生建筑物等不动产，这一特性决定了合同虽然认定无效，但是发包人无法向承包人返还建设工程，也无法向其返还已经付出的劳务和使用的建筑材料，因此只能适用折价补偿。综合考量合同的效力及无效的处理规则、建设工程验收合格与否、建筑质量的安全性、建设工程的特殊性、社会资源的合理使用等因素，《民法典》第793条规定："建设工程施工合同无效，但是建设工程经验收合格的，可以参照合同关于工程价款的约定折价补偿承包人。建设工程施工合同无效，且建设工程经验收不合格的，按照以下情形处理：（一）修复后的建设工程经验收合格的，发包人可以请求承包人承担修复费用；（二）修复后的建设工程经验收不合格的，承包人无权请求参照合同关于工程价款的约定折价补偿。发包人对因建设工程不合格造成的损失有过错的，应当承担相应的责任。"

2. 建设工程施工合同领域的"黑白合同"

（1）"黑白合同"。"黑白合同"，通常是指合同当事人就同一事项订立两份以上的内容不相同的合同，一份对内，一份对外。对外的系"白合同"，通常是当事人为了规避行政监管等，以虚假意思表示订立的用于备案、批准或者办理财产权利的变更登记、转移登记等，非双方真实意思表示；对内的为"黑合同"，是双方真实意思表示，用于实际履行的合同。《民法典》第790条规定："建设工程的招标投标活动，应当依照有关法律的规定公开、公平、公正进行。"《招标投标法》第46条第1款规定："招标人和中标人应当自中标通知书发出之日起三十日内，按照招标文件和中标人的投标文件订立书面合同。招标人和中标人不得再行订立背离合同实质性内容的其他协议。"其中，中标合同系"白合同"，与中标合同实质性内容不一致的另行签订的协议，即所谓"黑合同"。背离合同实质性内容的其他协议，既损害了正常的招投标程序，也可能损害中标人的合法权益，扰乱了建筑市场。所以，现行法对此种行为作出了否定性评价。

（2）哪些合同内容属于建设工程施工合同中的"实质性内容"？《建设工程施工合同纠纷司法解释（一）》第2条采用了"等外等"的表述，不限定地列举了"工程范围、建设工期、工程质量、工程价款"这几项合同内容。需要注意的是，此处的合同实质性内容并非指合同的主要条款，也不是《民法典》第795条规定的建设工程施工合同的主要内容，凡是可能限制或者排除其他竞标人的条件都可能构成《招标投标法》第46条第1款中的"合同实质性内容"。

（3）"黑白合同"的效力关系。《建设工程施工合同纠纷司法解释（一）》第2条第1款规定："招标人和中标人另行签订的建设工程施工合同约定的工程范围、建设工期、工程质量、工程价款等实质性内容，与中标合同不一致，一方当事人请求按照中标合同确定权利义务的，人民法院应予支持。"建设工程施工合同中，"白合同"有效是认定"黑合同"无效的前提，"白合同"有效是指合同的签订符合招标投标程序且中标有效。如果"白合同"无效，[①]"白合同"为虚假的意思表示，"黑合同"则为隐藏的民事法律行为，在效力的认定上应适用《民法典》第146条规定，即"行为人与相对人以虚假的意思表示实施的民事法律行为无效。以虚假的意思表示隐藏的民事法律行为的效力，依照有关法律规定处理。"此时，须根据当事人的真实意思，合同实际履行情况等因素判断适用哪份合同，或者通过鉴定据实结算工程价款。

（4）合同"实质性内容背离"与合同变更的关系。建筑工程是一项复杂的系统工程，其履行周期长、变化大，容易受市场、政策、环境等因素的影响。合同签订后，履行过程中，因客观情况发生了在招投标时难以预见的变化进而对中标合同进行补充、变更是正常和普遍的；《民法典》对合同变更也采变更自由的原则，但原则上补充或者变更协议不能构成对"白合同"实质性内容的违反或者背离，此时即使合同发生变更，该变更协议通常也被认定无效。对此，《民法典合同编通则司法解释》第14条第3款规定："当事人就同一交易订立的多份合同均系真实意思表示，且不存在其他影响合同效力情形的，人民法院应当在查明各合同成立先后顺序和实际履行情况的基础上，认定合同内容是否发生变更。法律、行政法规禁止变更合同内容的，人民法院应当认定合同的相应变更无效。"

3. 建设工程价款优先受偿权

《民法典》第807条规定："发包人未按照约定支付价款的，承包人可以催告发包人在合理期限内支付价款。发包人逾期不支付的，除根据建设工程的性质不宜折价、拍卖外，承包人可以与发包人协议将该工程折价，也可以请求人民法院将该工程依法拍卖。建设工程的价款就该工程折价或者拍卖的价款优先受偿。"为了切实解决拖欠工程款的问题，保障承包人价款债权的实现，本条规定了承包人对建设工程价款享有优先受偿权。鉴于建设工程合同纠纷的复杂性，建设工程具有不宜适用恢复原状的特点，理论和实践中还存在一些争议问题。

（1）建设工程价款优先受偿权的性质。理论上主要有留置权、法定抵押权、法定优先权、劳动债权等观点。本文采法定优先权的观点，理由是：①建设工程价款优先受偿权只要符合法律规定的条件即可适用，无须像留置权以占

---

① 《招标投标法》和《招标投标法实施条例》具体规定了中标无效的情形。

有建设工程为要件，也不必如不动产抵押以登记为不动产物权的生效要件。②最高人民法院的司法解释使用了"优先受偿权"，《最高人民法院关于建设工程价款优先受偿权问题的批复》（以下简称《工程价款优先受偿批复》）采用了"优先权"一词，表明了我国的司法态度更倾向于优先权的观点。③比较法与我国现行法均有先例可循，《法国民法典》第2095条规定："优先权是指，依据债权的性质，给予某一债权人先于其他债权人，甚至先于抵押权人，受清偿的权利"。《意大利民法典》规定的优先权，《日本民法典》的先取特权，以及我国的《民事诉讼法》《民用航空法》《海商法》《企业破产法》等也规定了优先权。可见，优先权系立法者基于特定政策考量，为保护特定主体的权益，为追求实质公平而特别规定的一种物权性质的权利。

（2）建设工程价款优先受偿权的行使主体。我国《民法典》第788条规定："建设工程合同是承包人进行工程建设，发包人支付价款的合同。建设工程合同包括工程勘察、设计、施工合同。"第791条进一步规定，发包人可以与总承包人订立建设工程合同，也可以分别与勘察人、设计人、施工人订立勘察、设计、施工承包合同。而且，总承包人或者勘察、设计、施工承包人经发包人同意，还可以将自己承包的部分工作交由第三人完成。如此，建设工程合同就会涉及勘察方、设计方、分包人、监理方、实际施工人等主体。根据《民法典》第807条的规定，承包人是行使建设工程价款优先受偿权的权利主体，那么，该条限定的行使建设工程价款优先受偿权的主体包括哪些？对此，应作狭义解释，该条所指的承包人仅指建设工程施工合同中的承包人，不包括勘察合同、设计合同中的勘察人、设计人，因为建设工程价款优先受偿权制度的立法目的主要是优先保护社会中的弱势群体——相对低收入的建筑工人的工资报酬，而不是要保护勘察人、设计人这样的高收入群体。也不包括监理人，因为监理合同系委托合同，不属于建设工程合同，自然无适用《民法典》第807条的空间。由于无效施工合同的承包人被称为实际施工人，① 客观上实际施工人难以行使工程价款优先受偿权；而且，实际施工人可以突破合同相对性的理论，依据《建设工程施工合同纠纷司法解释（一）》第43条的规定，直接以发包人为被告进而主张权利。由于建设工程的主体结构施工不得分包，必须由承包人（即总承包单位）自行完成，在分包人只享有部分工程价款的情况下，赋予分包人超

---

① 建设工程中的"实际施工人"是特指无效建设工程施工合同中的实际完成工程建设的承包人，即非法转包、违法分包、借用资质情形下的实际承包人。

越承包人与发包人就工程价款或者请求人民法院拍卖工程以优先实现分包人应得工程价款的债权，对承包人有失公平且不合理。鉴于此，只有与发包人签订建设工程施工合同的承包人才享有工程价款优先受偿权。①另需注意的是，如果发包人与总承包人订立建设工程施工合同，则总承包人为建设工程价款优先受偿权的行使主体。实践中，"对于同一建设工程，可能存在多个承包人，如承包人完成的工程属于建设工程，且共同完成的建设工程宜于折价、拍卖的，则应依法保障承包人的优先受偿权。根据建筑行业管理规范和办法，深基坑工程施工包括支护结构施工、地下水和地表水控制、土石方开挖等内容，故基坑支护、降水、土石方挖运工程施工合同的承包人，要求在未受偿工程款范围内享有优先受偿权的，人民法院应予支持。"②

装饰装修工程属于建设工程，可以适用《民法典》第807条关于优先受偿权的规定，故此《建设工程施工合同纠纷司法解释（一）》第37条规定："装饰装修工程具备折价或者拍卖条件，装饰装修工程的承包人请求工程价款就该装饰装修工程折价或者拍卖的价款优先受偿的，人民法院应予支持。"鉴于家庭居室装饰装修工程应适用《民法典》合同编关于承揽合同的规定，所以家庭居室装饰装修工程的承包人不享有工程价款优先受偿权。

（3）建设工程价款优先受偿权的顺位。《民法典》第807条仅规定建设工程的价款就该工程折价或者拍卖的价款优先受偿。对于该优先权优先于哪些权利从而就该工程折价或者拍卖的价款优先受偿，《民法典》并未规定。《建设工程施工合同纠纷司法解释（一）》第36条规定："承包人根据民法典第八百零七条规定享有的建设工程价款优先受偿权优于抵押权和其他债权。"早在2002年6月，《工程价款优先受偿批复》第1条就规定："人民法院在审理房地产纠纷案件和办理执行案件中，应当依照《中华人民共和国合同法》第二百八十六条的规定，认定建筑工程的承包人的优先受偿权优于抵押权和其他债权。"2023年4月20日，《最高人民法院关于商品房消费者权利保护问题的批复》（以下简称《商品房消费者权利保护批复》）规定"建设工程价

---

① 最高人民法院民事审判第一庭.最高人民法院新建设工程施工合同司法解释（一）理解与适用［M］.北京：人民法院出版社，2021：356-365.

② 参见"四川中成煤炭建设（集团）有限责任公司与成都泓昌嘉泰房地产有限公司建设工程施工合同纠纷案"，【案例文号】：（2021）最高法民再审188号，【法宝引证码】CLI.C.504695505。

款优先受偿权、抵押权以及其他债权之间的权利顺位关系，按照《最高人民法院关于审理建设工程施工合同纠纷案件适用法律问题的解释（一）》第三十六条的规定处理。"此处所指"其他债权"是相对承包人享有的请求发包人支付工程款的债权而言，指工程价款之外的因工程建设而产生的所有债权，包括发包人对外借款、贷款或者设备款以及其他需要以建设工程折价或者拍卖、变卖的价款清偿的全部债务。

由于建设工程项目负载的当事人较多，因之产生的法律关系较为复杂，普通购房者因购买商品房享有的债权是否劣后于建设工程价款优先受偿权和抵押权？对此，《工程价款优先受偿批复》第2条规定："消费者交付购买商品房的全部或者大部分款项后，承包人就该商品房享有的工程价款优先受偿权不得对抗买受人。"问题是：如何理解"大部分款项"？2019年的《全国法院民商事审判工作会议纪要》认为："实践中，商品房消费者向房地产开发企业购买商品房，往往没有及时办理房地产过户手续。房地产开发企业因欠债而被强制执行，人民法院在对尚登记在房地产开发企业名下但已出卖给消费者的商品房采取执行措施时，商品房消费者往往会提出执行异议，以排除强制执行。"对此，"符合下列情形的，应当支持商品房消费者的诉讼请求：一是在人民法院查封之前已签订合法有效的书面买卖合同；二是所购商品房系用于居住且买受人名下无其他用于居住的房屋；三是已支付的价款超过合同约定总价款的百分之五十"。那么，"对于其中'已支付的价款超过合同约定总价款的百分之五十'如何理解，审判实践中掌握的标准也不一致。如果商品房消费者支付的价款接近于百分之五十，且已按照合同约定将剩余价款支付给申请执行人或者按照人民法院的要求交付执行的，可以理解为符合该规定的精神"。为了更好地保护购房消费者，《商品房消费者权利保护批复》第2条规定，只支付了部分价款的商品房消费者，在一审法庭辩论终结前已实际支付剩余价款的，可以适用前款规定。第3条规定，在房屋不能交付且无实际交付可能的情况下，商品房消费者主张价款返还请求权优先于建设工程价款优先受偿权、抵押权以及其他债权的，人民法院应当予以支持。

（4）建设工程价款优先受偿权的行使是否以建设工程施工合同有效为前提？从《民法典》第807条的文义来看，并不能得出以建设工程施工合同有效为条件的结论。而且，建设工程领域对主体的资质和招投标管理较为严苛，施工合同无效的情况较为普遍，如果将建设工程价款优先受偿权的行使条件限定为建设工程施工合同有效，会使大量承包人的此项权利落空，无助于保护处于弱势的承包人。故此，《建设工程施工合同纠纷司法解释（一）》明确指出不以施工合同有效为前提，而是以建设工程质量是否合格为条件，其第38条规定："建设工程质量合格，承包人请求其承建工程的价款就工程折价或者拍卖的价款优先受偿的，人民法院应予支持。"第39条规定："未竣工的建设工程质量合格，承包人请求其承建工程的价款就其承建工程部分折价或者拍卖的价款优先受偿的，人民法院应予支持。"

（5）"背靠背"条款。所谓"背靠背"条款，一般是指施工总承包商从业主（发包人、建设单位）处承包工程后，在与分包商签订施工分包合同时约定"总承包商在收到业主（发包人）付款后，才对分包商进行付款"。建设工程合同司法实践中，总承包商为转移业主拖欠工程款的风险，通常会在建设工程分包合同中作出此种约定，其核心内容是：总承包人收到业主支付的工程款后，向分包人支付分包款，即分包款的支付以业主向总承包人支付工程款为前提。由于司法实践中处理"背靠背"条款相关纠纷时出现"同案不同判"现象，不同法院对"背靠背"条款的性质、效力、举证责任分配等问题未形成一致观点。为了保护中小企业的权益，最高人民法院的批复认为"大型企业在建设工程施工、采购货物或者服务过程中，与中小企业约定以收到第三方向其支付的款项为付款前的，因其内容违反《保障中小企业款项支付条例》第六条、第八条的规定，人民法院应当根据《民法典》第一百五十三条第一款的规定，认定该约定条款无效"。[①]

（6）默示条款。所谓默示条款，是工程价款的结算规则，即发包人收到承包人提交的竣工结算文件后未在约定期限内提出异议，则视为其认可竣工结算文件的合同条款。实践中，为了应对发包人拖延结算工程价款的情况，承包人通常会在缔约时要求在合同中设置默示条款，即发包人在收到承包人竣工结算文件后一定期限内不予回复，即视为认可该竣工结算文件。该条款来源于 FIDIC 示范文本[②]，是国际上通行的规则，其有利于敦促发包人及时履行结算审核义务，保护承包人的合法权利。《建设工程施工合同纠纷司法

---

① 参见《最高人民法院关于大型企业与中小企业约定以第三方支付款项为前提条款效力问题的批复》（自 2024 年 8 月 27 日起施行）。

② FIDIC 是 "国际咨询工程师联合会" 的法文缩写。通常所说的 FIDIC 条款，是指 FIDIC 施工合同条件。条款以业主和承包商签订的承包合同作为基础，以独立、公正的第三方（施工监理）为核心，从而形成业主、监理、承包商三者之间互相联系、互相制约、互相监督的合同管理模式。FIDIC 条款虽然不是法律法规，却是全世界公认的一种国际惯例。

解释（一）》第21条规定："当事人约定，发包人收到竣工结算文件后，在约定期限内不予答复，视为认可竣工结算文件的，按照约定处理。承包人请求按照竣工结算文件结算工程价款的，人民法院应予支持。"囿于承包人在建筑市场中的劣势地位，该条的本意是敦促发包人及时结算，预防发包人对工程结算久拖不决，进而影响承包人的持续经营及广大农民工的利益，为营造良好的建筑市场环境提供法律支撑。

默示条款的法理基础系《民法典》第140条的规定，即"行为人可以明示或者默示作出意思表示。沉默只有在有法律规定、当事人约定或者符合当事人之间的交易习惯时，才可以视为意思表示"。据此，默示条款实质上即是该条所指"不作为的默示"，即沉默，其获得法律支持的前提须是法律规定、当事人约定、符合当事人之间的交易习惯。因此，默示条款的适用必须是双方当事人协商一致的结果，是作为意思表示的例外。然而，从建筑市场的实际情况来看，承包人提交的结算报告中的送审价普遍虚高，如果直接认可承包人的送审价或许不能反映实际发生的工程量和工程价款。对此，发包人应当及时对所接收的结算文件作出答复，即使提出的异议不具合理性，也应当向承包人作出相应的意思表示，以免因怠于履行义务承担不利后果。

第二节　房地产开发企业

一、房地产开发企业的定义与特征

（一）对房地产开发企业的理解

房地产开发企业是房地产开发法律关系中的重要主体，是相应房地产开发权利、义务和责任的享有者与承担者。在日常生活中，人们一般将"房地产开发企业"称为"房地产开发商"，但房地产开发商不同于房地产投资商，房地产投资商是指投资于房地产开发，成为开发商（房地产开发企业）的投资人，意即房地产开发企业的股东，房地产投资商不一定就是房地产开发商。因绝大多数房地产开发企业在组织形态上是以公司作为法律主体的人格的，所以一般又将"房地产开发企业"称为"房地产开发公司"。"房地产开发企业"是我国从事房地产开发主体的法定名称，在《建筑法》《物业管理条例》等法律法规中，房地产开发企业又被称为"建设单位"。

对于房地产开发企业的定义，《城市房地产管理法》第30条规定，房地产开发企业是以营利为目的，从事房地产开发和经营的企业。原建设部颁布的《房地产开发企业资质管理规定》第2条则规定，房地产开发企业是指依法设立、具有企业法人资格的经济实体。综合这两个规范性文件，房地产开发企业的定义可表述为：房地产开发企业，是指依法设立，从事房地产开发和经营的营利法人。

（二）房地产开发企业的特征

房地产开发企业有以下三个方面的法律特征：

1. 房地产开发企业是具有法人资格的企业

依据《房地产开发企业资质管理规定》第2条的规定，在我国凡从事房地产开发与经营的企业，必须是具备法人资格的企业。换言之，非法人企业不得从事房地产开发经营活动。对此，《房地产开发经营条例》第33条规定，未取得企业法人营业执照，擅自从事房地产开发经营的，由县级以上人民政府工商行政管理部门责令停止房地产开发经营活动，没收违法所得，可以并处违法所得5倍以下的罚款。法律之所以要求从事房地产开发的企业应具备法人资格，是出于对房地产开发资金投入大、投资风险高、专业技术性强等各方面的考虑，法人企业比非法人企业应更能胜任房地产开发这一复杂工作。

2. 房地产开发企业是以营利为目的的企业

原《民法通则》从法人是否以营利为目的，将法人分为企业法人和非企业法人，房地产开发企业为企业法人之一种；原《民法总则》和《民法典》改变了这种划分法人的分类方法，将法人划分为：营利法人、非营利法人、特别法人，房地产开发企业属于营利法人，追逐经营利润是房地产开发企业成立以及运转的原始动力。当然，根据"经济效益、社会效益、环境效益"相统一的房地产开发原则，房地产开发企业亦应承担相应的社会责任。

3. 房地产开发企业是从事房地产开发和经营的企业

虽然"房地产开发企业"的名称中只有"开发"一项内容，但因"开发"一词侧重于工程建设，而从事工程建设的目的是经营获利，因此，房地产"经营"是紧随房地产"开发"之后的重要内容，"开发"与"经营"是不可分割的一体化企业经营范围。开发和经营房地产是专营房地产开发企业的主要经营范围，也是兼营房地产开发企业的重要营业范围。

二、房地产开发企业的分类与设立

房地产开发企业可以按照所有制形式为标准进行划分，如全民所有制房地产开发企业、集体所有制房地产开发企业、股份制房地产开发企业、混合所有制房地产开发企业、私营（或称民营）房地产开发企业等，其设立的条件自然要符合相关法律的规定。实践中，房地产开发企业多是按照公司制形式运转的。

（一）房地产开发企业的分类

按照房地产开发企业的经营性质来划分，可将其分为专营房地产开发企业、兼营房地产开发企业和项目公司。

1. 专营房地产开发企业

专营房地产开发企业，是指以开发经营房地产为其主营业务的房地产综合开发企业。房地产开发企业大多数为专营房地产开发企业，其在依法登记注册的营业期限内，可对符合资质要求的、允许立项建设的各类房地产开发项目进行投资建设和经营管理。专营房地产开发企业是房地产开发经营业的生力军和主力军，其因开发经验丰富，管理水平高，具有较强的竞争力，所以是最主要的房地产开发企业。

2. 兼营房地产开发企业

兼营房地产开发企业，是指在经营其他种类业务的同时，兼营房地产开发业务的企业。房地产开发经营丰厚的利润回报，刺激着市场上其他营业领域中拥有雄厚资本和富余资金的企业将部分企业资金和管理力量投向房地产业，从事房地产开发活动。兼营房地产开发业务的企业，亦须依法登记注册，并应符合相关法律规定的开发经营条件，否则不得兼营房地产开发业务。

3. 项目公司

项目公司，是指以房地产开发经营为对象，专门从事单项、特定的房地产开发项目而成立的房地产开发经营公司。[①]这类公司的经营对象只限于批准的项目，和兼营房地产开发企业一样不定资质等级，经建设行政主管部门审定，核发一次性资质证书后，便可申请单项房地产开发经营的开业登记。项目开发

---

① 朱征夫.房地产项目公司的法律问题［M］.北京：法律出版社，2001：1.

经营完成后，这类公司应及时向主管的行政管理部门办理核销或核减经营范围的登记。项目公司是 20 世纪 80 年代末 90 年代初随着我国房地产开发业的市场化和深入发展而兴起的一种房地产开发运营机制。在法律性质上，项目公司是具有独立法人资格的房地产开发经营企业。因项目公司的经营范围和经营对象具有定向性、单一性和特定性，并且因其具有独立的法人主体资格，所以利用项目公司规避市场风险和法律风险，备受房地产开发商的青睐。

（二）设立房地产开发企业的实质要件

根据相关规定，设立房地产开发企业一般应具备以下条件：

1. 有自己的名称和组织机构

在民法的主体制度中，凡具有法律人格者都必须有自己的姓名（自然人）或名称（非自然人）。根据原《民法通则》《民法总则》和《城市房地产管理法》《民法典》等法律法规的规定，房地产开发企业必须具有自己的名称。房地产开发企业的名称是其区别于其他房地产开发企业的外在标志，也是将房地产开发企业与其成员区别开来，彰显其独立法律人格的外在表征。

房地产开发企业的组织机构是其意思机关，对外代表企业从事开发经营活动，对内行使组织管理职能。房地产开发企业的组织机构依企业形态的不同而不同，就公司形态的房地产开发企业而言，我国《公司法》对有限责任公司、国有独资公司、一人公司、股份有限公司的组织机构作了完整的规定。例如，房地产开发企业是有限责任公司的，其组织机构是由股东会、董事会（或执行董事）、监事会（或监事）组成。不论房地产开发企业采用何种公司组织形态，其组织机构的建立都应当符合法律的规定。

2. 有固定的经营场所

法人从事生产经营活动，都必须有固定的经营场所，房地产开发企业当然也不例外。在法律上明确房地产开发企业的住所，对于企业开展业务活动、履行债务以及政府对其进行监管等都有重要意义。首先，房地产开发企业应有经营场所，不论是自有场所还是仅享有使用权的场所，都可以作为经营场所。其次，房地产开发企业的经营场所应是固定的。所谓固定，并非永远不变或在其经营期间内一成不变，而是指在登记变更营业场所之前不变。法律之所以要求房地产开发企业应有固定的经营场所，目的在于防止房地产开发"皮包公司"的出现，防止这样的公司坑害消费者和损害房地产开发市场。

3. 有符合国务院规定的注册资本

房地产开发企业是典型的资金密集型企业，其开发投入所需资金量大，资金周转周期长，故为保障房地产开发的顺利进行以及房地产交易的安全，法律对房地产开发企业的注册资本作了特殊要求。注册资本的多少在一定程度上反映了企业的经济实力，因为注册资本既是房地产开发企业享有民事权利、承担民事义务的物质基础，也是其得以独立承担民事责任的财产保障。依《房地产开发经营条例》第 5 条的规定，房地产开发企业须有 100 万元以上的注册资本。根据 2013 年 12 月 28 日修改通过的《公司法》，将注册资本实缴登记制改为认缴登记制，亦即除另行规定外，修改后的《公司法》取消了关于公司股东应自公司成立之日起两年内缴足出资，投资公司在五年内缴足出资的规定；取消了一人公司股东应一次足额缴纳出资的规定。2023 年 12 月 29 日（2024 年 7 月 1 日施行）通过的新修订的《公司法》对此又进行了修改，第 47 条规定："有限责任公司的注册资本为在公司登记机关登记的全体股东认缴的出资额。全体股东认缴的出资额由股东按照公司章程的规定自公司成立之日起五年内缴足。"

4. 有足够的专业技术人员

房地产开发企业不仅是资金密集型企业，还是技术密集型企业。房地产开发企业的专业性决定了其设立必须有足够的专业技术人员，足够的专业技术人员是房地产开发企业正常运转的基本人力资源保障。"足够"一词的含义，包括专业技术人员的人数足够和专业技术人员的专业技术水平足够两个方面。从专业分工上讲，相关的专业技术人员包括会计、统计、财务、营销、规划、设计、施工等各个方面的人才。根据《房地产开发经营条例》第 5 条的规定，房地产开发企业须有 4 名以上持有资格证书的房地产专业、建筑工程专业的专职技术人员，2 名以上持有资格证书的专职会计人员。而按照《房地产开发企业资质管理规定》的规定，不同资质等级的房地产开发企业对专业技术人员的要求是不同的。房地产开发企业具有足够的专业技术人员，是保障房地产开发项目设计、施工和开发成功的内在要求。虽然现在房地产业的专业分工越来越细密，许多设计、施工工作可以委托专业的设计、施工人员来完成，但要求房地产开发企业内部具有相应资质的专业技术人员，还是非常必要的。

5. 法律、行政法规规定的其他条件

这是一项兜底条款。如依《房地产开发经营条例》第 5 条第 2 款的规定，

省、自治区、直辖市人民政府可以根据本地方的实际情况，对设立房地产开发企业的注册资本和专业技术人员的条件作出高于第 1 款的规定。《房地产开发经营条例》第 6 条还规定，外商投资设立房地产开发企业的，除应当符合本条例第 5 条的规定外，还应当依照外商投资企业法律、行政法规的规定，办理有关审批手续。依照上述规定，在设立房地产开发企业时，如果其他法律、行政法规、经授权立法的地方性法规对设立条件有更为严格要求的，房地产开发企业还必须符合这些条件的要求。

此外，根据现行法的规定，满足一定条件的企业可以兼营房地产开发业务，成为房地产开发兼营企业。

（三）设立房地产开发企业的程序要件

房地产开发企业的设立程序，包括设立登记和成立备案两个方面的内容。

1. 设立登记

《城市房地产管理法》第 31 条和《房地产开发经营条例》第 5 条对房地产开发企业的设立登记作了原则性规定。由于绝大多数房地产开发企业都以公司形态存在，其设立登记须遵循《公司法》《公司登记管理条例》的相关规定。依《公司登记管理条例》的规定，房地产开发企业（公司）的设立须经申请名称预先核准、申请设立登记和注册登记三个阶段。主管行政管理部门对符合设立条件的房地产开发企业，在法定期限内应予以登记；对不符合条件的不予登记并说明理由。

2. 成立备案

成立备案，是一种企业备案制度，是房地产开发企业的主管部门为便于管理而对房地产开发企业进行资质认定的要求。我国《城市房地产管理法》《房地产开发经营条例》和《房地产开发企业资质管理规定》等相关法律、法规、规章都规定了房地产开发企业的成立备案制度。根据《城市房地产管理法》《房地产开发经营条例》和《房地产开发企业资质管理规定》的规定，成立备案制度的具体内容是：房地产开发企业应当自领取营业执照之日起 30 日内，持营业执照副本、企业章程、验资证明、企业法定代表人的身份证明、专业技术人员的资格证书和劳动合同以及房地产开发主管部门认为应当出示的其他证件，到登记机关所在地的房地产开发企业主管部门备案。

三、房地产开发企业的资质

为落实国家对房地产开发企业的监管，《房地产开发经营条例》对房地产开发企业实行资质等级证书制度。《房地产开发经营条例》第9条规定："房地产开发主管部门应当根据房地产开发企业的资产、专业技术人员和开发经营业绩等，对备案的房地产开发企业核定资质等级。房地产开发企业应当按照核定的资质等级，承担相应的房地产开发项目。具体办法由国务院建设行政主管部门制定。"为使该条规定进一步具体化，原建设部于2000年3月29日颁布了《房地产开发企业资质管理规定》（2022年3月2日第三次修订）。依该规定，房地产开发企业按照企业条件被划分为一级、二级两个资质等级。

（一）企业资质等级条件

1. 一级资质等级企业的条件

从事房地产开发经营5年以上；近3年房屋建筑面积累计竣工30万平方米以上，或者累计完成与此相当的房地产开发投资额；连续5年建筑工程质量合格率达100%；上一年房屋建筑施工面积15万平方米以上，或者完成与此相当的房地产开发投资额；有职称的建筑、结构、财务、房地产及有关经济类的专业管理人员不少于40人，其中具有中级以上职称的管理人员不少于20人，专职会计人员不少于4人；工程技术、财务、统计等业务负责人具有相应专业中级以上职称；

具有完善的质量保证体系，商品住宅销售中实行了《住宅质量保证书》和《住宅使用说明书》制度；未发生过重大工程质量事故。

2. 二级资质等级企业的条件

有职称的建筑、结构、财务、房地产及有关经济类的专业管理人员不少于5人，其中专职会计人员不少于2人；工程技术负责人具有相应专业中级以上职称，财务负责人具有相应专业初级以上职称，配有统计人员；具有完善的质量保证体系。

（二）资质等级的申请核定

申请核定一级资质等级的房地产开发企业，应当提交下列材料：企业资质等级申报表；专业管理、技术人员的职称证件；已开发经营项目的有关材料。

申请核定二级资质等级的房地产开发企业，应当提交下列材料：企业资质等级申报表；专业管理、技术人员的职称证件；建立质量管理制度、具有质量管理部门及相应质量管理人员等质量保证体系情况说明。

（三）资质等级的分级审批

房地产开发企业资质等级实行分级审批制度。一级资质由省、自治区、直辖市人民政府住房和城乡建设主管部门初审，报国务院住房和城乡建设主管部门审批。二级资质由省、自治区、直辖市人民政府住房和城乡建设主管部门或者其确定的设区的市级人民政府房地产开发主管部门审批。申请核定资质的房地产开发企业，应当通过相应的政务服务平台提出申请。经资质审查合格的企业，由资质审批部门发给相应等级的资质证书。资质证书有效期为 3 年。资质证书由国务院住房和城乡建设主管部门统一制作。资质证书分为正本和副本，资质审批部门可以根据需要核发资质证书副本若干份。

（四）资质等级的变更、注销和年检

企业发生分立、合并的，应当在向市场监督管理部门办理变更手续后的 30 日内，到原资质审批部门申请办理资质证书注销手续，并重新申请资质等级。企业变更名称、法定代表人和主要管理、技术负责人，应当在变更 30 日内，向原资质审批部门办理变更手续。企业破产、歇业或者因其他原因终止业务时，应当在向市场监督管理部门办理注销营业执照后的 15 日内，到原资质审批部门注销资质证书。

房地产开发企业的资质实行年检制度。对于不符合原定资质条件或者有不良经营行为的企业，由原资质审批部门予以降级或者注销资质证书。一级资质房地产开发企业的资质年检由国务院住房和城乡建设主管部门或者其委托的机构负责。二级资质及二级资质以下房地产开发企业的资质年检由省、自治区、直辖市人民政府住房和城乡建设主管部门制定办法。房地产开发企业无正当理由不参加资质年检的，视为年检不合格，由原资质审批部门注销资质证书。房地产开发主管部门应当将房地产开发企业资质年检结果向社会公布。

（五）各资质等级企业可承揽的房地产开发项目

一级资质的房地产开发企业承揽的房地产开发项目的建设规模不受限制，可以在全国范围承揽房地产开发项目；二级资质的房地产开发企业可以承担建

筑面积 25 万平方米以下的开发建设项目。各资质等级企业应当在规定的业务范围内从事房地产开发经营业务，不得越级承揽业务。

（六）违反资质管理的法律责任

根据相关法律的规定，企业未取得资质证书从事房地产开发经营的，由县级以上地方人民政府房地产开发主管部门责令限期改正，处 5 万元以上 10 万元以下的罚款；逾期不改正的，由房地产开发主管部门提请市场监督管理部门吊销营业执照。企业超越资质等级从事房地产开发经营的，由县级以上地方人民政府房地产开发主管部门责令限期改正，处 5 万元以上 10 万元以下的罚款；逾期不改正的，由原资质审批部门吊销资质证书，并提请市场监督管理部门吊销营业执照，并依法注销资质证书。

此外，对于企业的资质证书有作弊行为的，例如企业隐瞒真实情况、弄虚作假骗取资质证书的，涂改、出租、出借、转让、出卖资质证书的，也要承担相应的法律责任。在房地产开发经营中，工程项目发生重大质量事故的，商品房销售中不按规定发放《住宅质量保证书》和《住宅使用说明书》的，要承担诸如降低资质等级，甚至吊销资质证书的法律后果。

第三节　房地产合作开发

一、房地产合作开发的含义与特征

房地产开发往往需要巨额的资金投入。房地产项目如果是由一家具有房地产开发资质的企业从事的开发行为，即为独立开发（或称单独开发、独资开发等），如果是由两家以上的企业从事的开发行为，则为合作开发。

（一）对房地产合作开发的理解

合作，是指两个以上主体相互配合、共同完成某项既定任务的活动，合作方式是现代社会在分工的基础上形成的一种较为普遍的生产经营方式。

1. 房地产合作开发的含义

我国现行法并没有对合作开发房地产作出明确规定。事实上，合作开发房地产有广、狭两义。《城市房地产管理法》第 28 条的规定为狭义的合作开发房地产，即："依法取得的土地使用权，可以依照本法和有关法律、行政法规的规定，作价入股，合资、合作开发经营房地产。"狭义的房地产合作开发，是指当事人双方约定，由一方提供土地使用权，另一方提供资金、技术、劳务等，共同开发土地、建造房屋，并在合作项目完成后按约定比例分享利益的一种法律行为。其中，提供土地使用权的一方称为"供地方"，提供资金进行房地产开发经营的另一方叫作"建筑方"或"出资方"。从广义范围来看，只要是双方合作在土地上增添建筑物的活动，都可归入房地产合作开发的范畴。它不限于一方出地，另一方出资，也可以是双方共同出地、出资；不限于开发后进入市场，也可以建设完毕后建筑物归自己使用；合建的主体也不限于企事业单位，可以是单位与自然人或自然人与自然人。① 下文所讨论的房地产合作开发，主要是从狭义角度来阐述的。

最高人民法院颁布的《土地使用权合同司法解释》从房地产合作开发的形式，即房地产合作开发合同的角度界定了此类合同的含义，《土地使用权合同司法解释》第 12 条规定："本解释所称的合作开发房地产合同，是指当事人订立的以提供出让土地使用权、资金等作为共同投资，共享利润、共担风险合作开发房地产为基本内容的合同。"

2. 对"联建""参建""合建""共建"的理解

在我国的房地产开发实践中，房地产合作开发出现了不同的称谓与形式，如"合建""联建""参建""共建"等，其中使用得较多的是联建和参建，但皆缺乏明确的法律规定。联建早在 20 世纪中叶就已出现，在一些城市主要是为了解决单位内部职工的住房困难，由单位出地，政府支持并提供优惠条件进行的建房行为，所谓"公建民助""民建公助""联建公助"等形式皆可纳入联建范畴。在法律上，"联建"这一术语最早出现在 1992 年原国家土地管理局出台的《划拨土地使用权管理暂行办法》第 40 条的规定中。② 参建则出现在 20 世纪 80 年代，但并无法律文件涉及该术语。由于联建、参建的开发主体主要是为追求经济效益而从事开发活动的，故出现了以联建、参建方式为名，采用规避法律转让土地使用权、预售房屋、非法融资等违法和不规范现象，这些不规范现象给法律实践中处理这些问题带来了难度。

---

① 符启林，邵延杰.房地产合同实务［M］.北京：法律出版社，2002：460.

② 《划拨土地使用权管理暂行办法》第 40 条规定："以土地使用权作为条件，与他人进行联建房屋，举办联营企业的，视为土地使用权转让行为。"

从字面意思上讲，联建应是联合建造的意思，强调联合、共同之义；参建则是参与建造的意思，强调主辅关系。联建是指两个以上的主体以协议的方式就房屋的开发建造约定共同负责立项和工程施工，并按照比例享受权利、承担一定义务的联合开发形式；参建应是指一方以投资的形式参与主建后的房屋开发建设，并以协议的方式约定享受一定的权利，承担一定义务的联合开发形式。从法律的角度理解，联建的含义应是具有房地产开发经营资格的企业，在双方依法共同取得建设用地使用权的土地上，以入股、合资、合作等形式共同开发经营房地产的联合形式，而参建应属联建的一种具体表现形式。具体而言，联建、参建虽然都是商品房开发的联合建房形式，但二者却存在明显的区别：一是在房屋建造的形式上，联建的主体双方须共同取得建设用地使用权，共同办理房屋建设立项，即共同取得联合建房审批手续，共同进行施工建设；而参建的主体只有一方取得建设用地使用权和建房审批手续，另一方则以投资等其他方式参与房屋的建设。二是联建合同的主体双方在开发同一项目中，没有时间的先后；而参建合同的主体是一方参与到另一方已经取得建设用地立项的项目中，往往是供地方开发在先，出资方参与在后。在房地产开发实践中，由于对联建和参建含义的理解模糊不清，参建大多是以联建的形式表现出来的，二者基本上被视为同一概念，并未进行严格的区分，这两种不同的联合形式也经常被统称为"合建"①或"共建"。总之，不论是联建、参建，还是合建或共建，因为都是出地和出资的结合，故皆属于房地产合作开发，但由于联建、参建、合建、共建等并非法律意义上的合作开发建房的术语，故有必要统一使用"房地产合作开发"这一术语，同时还应明确限定法律意义上的房地产合作开发的内涵和外延。

3. 具有房地产社会保障性质的合作建房

实践中还存在不同于以上类型的房屋合作建设方式，主要有两种：第一，职工利用单位土地集资建经济适用房。《经济适用住房管理办法》第34条规定："距离城区较远的独立工矿企业和住房困难户较多的企业，在符合土地利用总体规划、城市规划、住房建设规划的前提下，经市、县人民政府批准，可以利用单位自用土地进行集资合作建房。参加单位集资合作建房的对象，必须限定

---

① "合建"，可理解为"合作建房"的简称，该术语出现在《房地产管理法施行前房地产开发经营司法解释》第五部分，即"关于以国有土地使用权投资合作建房问题"，该部分对合建的程序、合同效力等问题作出了明确规定。

在本单位符合市、县人民政府规定的低收入住房困难家庭。"第二，以住宅合作社作为主体从事个人集资建房。《城镇住宅合作社管理暂行办法》规定，住宅合作社是有城镇正式户口、家庭为中低收入并愿意改善居住条件的居民自愿集资组成的，是不以营利为目的的公益性合作经济组织，具有法人资格。住宅合作社的建房用地是土地管理部门划拨的建设用地；所建房屋不能向合作社社员以外的其他人出售。

上述形式的合作建房行为不属于以营利为目的的房地产开发范畴，而是国家为缓解城市居民住房紧张状况，弥补国家建设资金短缺而给予政策性支持建造的住房，具有房地产社会保障的性质，这两种形式的合作建房不是狭义的房地产合作开发。

4. 个人合作建房 [①]

自北京的于凌罡于2003年12月首次发起个人合作建房的倡议以来，民间对于合作建房的热情一度十分高涨，各地纷纷组建合作建房组织。所谓个人合作建房，是指具有完全民事行为能力的自然人，通过协议组成相应的合作建房组织，以获得住房为目的，对房地产开发实行共同出资、共同决议、共同管理、共担风险，对所建房屋依照约定进行分配的一种非营利性民事行为。个人合作建房的本质特征在于签订协议组成组织，该组织的任务是有效集合有合作意向的建房人以及他们的资金，通过议事规则对资金进行通畅、透明的管理与运用，对合作人的利益进行符合合作建房目的的协调。个人合作建房不是对当今社会专业化分工的一种颠覆，它依然要借助于专业的公司进行开发、建设、设计、监理、勘测，实行社会分工。

从国外的法律实践以及我国曾经出现的个人合作建房组织形态来看，主要有以下几种：第一，合伙制，即所有的合作建房人都是合伙人；第二，公司制，合作建房人作为股东，组建公司，房屋建成后通过内部协议分配房屋；第三，代理制，即合作人将建房资金委托一外部组织管理运营，进行开发建设，房屋建成后依委托协议分配房屋；第四，社团制，即合作人成立社团，以社团名义从事建房行为，依社团章程分配住房；第五，代理制与公司制混合，即先由合作建房发起人成立的组织竞买建设用地使用权，之后再由所有合作人作为股东成立房地产开发公司，最后由全体股东依章程或协议分配所建房屋。上述个人合作建房无论采用何种模式，因所建成的房屋主要是合作人用于自住，不是用

---

① 吴彬.个人合作建房若干法律问题研究 [J].中国房地产，2007（10）.

于对外销售的商品房，故不能将个人合作建房这种建房模式纳入狭义的房地产合作开发之中。

此外，实践中还存在介于商品房的房地产合作开发与社会保障住房的合建之间的非商品房的联合建设，如学校为了解决教师住房问题或为了其他公益目的，学校出地，他方出钱，双方签订合作建房协议。这种非商品房的联合建设行为，也不是狭义的房地产合作开发。

（二）房地产合作开发的特征

与普通的合作开发行为相比，房地产合作开发具有如下特征：

1. 主体特殊性

在合作开发房地产活动中，合作各方中至少有一方必须具备合作开发房地产的资格，否则合作各方订立的开发合同无效。对此，《土地使用权合同司法解释》第13条规定："合作开发房地产合同的当事人一方具备房地产开发经营资质的，应当认定合同有效。当事人双方均不具备房地产开发经营资质的，应当认定合同无效。但起诉前当事人一方已经取得房地产开发资质或者已依法合作成立具有房地产开发经营资质的房地产开发企业的，应当认定合同有效。"有必要指出，根据《城市房地产管理法》第65条的规定，违反设立房地产开发企业的规定，未取得营业执照擅自从事房地产开发业务的，由县级以上人民政府市场监督管理部门责令停止房地产开发业务活动，没收违法所得，可以并处罚款。由此可知，若没有房地产开发资质，是不能从事房地产开发的。换言之，只要从事房地产开发，合作开发各方都应该具备开发资质，而《土地使用权合同司法解释》只要求合作各方中的一方具备房地产开发资质，显然对从事房地产开发的主体条件做了宽松的规定。

2. 标的特殊性

根据《城市房地产管理法》及相关法的规定，用于开发经营的土地必须是国有土地，且须是通过出让方式取得的城镇国有土地。同理，依据《土地管理法》的规定，依法取得的集体经营性建设用地使用权，也可以依法通过作价入股、合资、合作的方式进行开发经营。

3. 行为内容复杂性

实践中，房地产开发的行为过程是相当复杂的。就房地产合作开发而言，其行为内容覆盖范围极为广泛，表现为多种合作方式与内容的结合。例如，一方出地，另一方出钱，项目完成后双方共同销售房屋，共享利润；再如，一方为出地方投资，并协助办理建房手续、申请执照等，按照约定完成一定的建筑工作，并取得出地方一定数量的房屋及房屋占地范围内的建设用地使用权。此外，还有借合作开发之名的建设用地使用权转让关系、房屋买卖关系、借款关系等。对此，应从行为本质、内容、性质、方式等方面进行综合考察。

4. 共同投资、共担风险、共享利润

合作开发房地产不同于联营，联营除了共同投资、共担风险、共享利润外，还要联营各方共同经营，但共同经营并非合作开发房地产的必备要件，只要合作方共同投资、共担风险、共享利润即可。

二、房地产合作开发的性质和类型

（一）房地产合作开发性质纷争与认识

关于房地产合作开发的性质，学术界从合同角度出发，有以下几种观点：

1. 承揽合同说

建筑方依房屋联建合同建造房屋，就其分配给供地方的房屋而言，系建筑方自备材料为供地方完成一定的工作，即建造房屋；就供地方将建筑方分得的房屋所占用范围内的建设用地使用权转移给建筑方而言，乃系承揽报酬的给付，故房屋联建合同是一种承揽合同。

2. 互易合同说

建筑方经供地方同意，在供地方的土地上为自己建造房屋，待房屋建成后，将分配给供地方的房屋与供地方交换自己分得房屋所占地的建设用地使用权，系相互转移金钱以外的财产权，故此类合同具有互易合同的性质，适用买卖合同的规定。

3. 附和说

建筑方以自己的资金、材料和劳务在供地方提供的建设用地上建造房屋，依动产附和不动产的原理，房屋所有权应由供地方原始取得。

4. 承揽合同与买卖合同的混合合同说

房屋联建合同，就供地方分得的房屋而言系建筑方向供地方承揽完成一定的工作，而供地方以让与建筑方分得房屋所占地的建设用地使用权作为完成工作的报酬；就建筑方而言，则以此报酬抵充买取分给建筑方的房屋所占建设用地的使用权的价款，故联建合同是承揽合同与买卖合同的混合合同。

5. 承揽合同与互易合同的混合合同说

此类合同既然是以房屋与建设用地使用权相互交换，就应认为有互易合同的性质；而就建筑方完成房屋建造义务而言，又有承揽合同的性质，故此类合同是承揽合同与互易合同的混合合同。

6. 合伙合同说

房屋联建合同系供地方出土地，建筑方出资金，共同建造房屋，分享利益，故系合伙性质。①

实践中合作各方签订合同后，虽然出资方实际参与了开发行为，但在现行法的规定下，房地产开发项目的立项审批、规划审批、建设审批都要求以建设用地使用权人的名义进行，项目建成后建筑物所有权自然也登记在建设用地使用权人名下。在我国坚持建设用地使用权证、建设用地规划许可证、建设工程规划许可证、房屋销售许可证等证书为同一主体的前提下，除非供地方取得建设用地使用权后将建设用地使用权转移给建筑方，建筑方才能取得建设工程规划许可证，从而以自己的名义建房；或者建筑方在投资开发后，受让土地之上所建造的房屋并取得房屋所依附的建设用地使用权，才能以自己的名义售房。

另外，合作开发房地产行为的构成要件为共同投资、共享利润、共担风险，如果不符合这些要件，则与合作开发的旨意相背。依据《土地使用权合同司法解释》的规定，房地产合作开发各方的权利义务关系的界定主要取决于合同的约定，且强调各方的共同投资、共享利润、共担风险关系，这表明房地产合作开发在法律上的性质应属于合伙关系。因此，在法律无特别规定的情况下，房地产合作开发行为应符合《合伙企业法》等调整合伙关系的法律的规定。相应地，房地产开发合同应属于合伙合同。《民法典》将"合伙合同"规定为一类"典型合同"，其第967条规定："合伙合同是两个以上合伙人为了共同的事业目的，

---

① 曾隆兴.现代非典型契约论［M］.台北：三民书局，1988：159-162.转引自房绍坤，王莉萍.房地产法典型判例研究［M］.北京：人民法院出版社，2003：19-20.

订立的共享利益、共担风险的协议。"当事人签订的房地产合作开发合同符合合伙合同的特征，其合同关系应适用《民法典》关于合伙合同的规定。

（二）房地产合作开发类型归纳

在以往我国的房地产开发市场不甚规范的情况下，供地方作为建设用地使用权人取得建设用地使用权证书后，由出资建筑方申领建设工程规划许可证，在房屋建成后以自己的名义或者与供地方双方共同的名义领取房屋销售许可证，进而通过销售房屋获取售房利润的情形是大量存在的，但严格来说，这种做法并不符合法律的规定。

目前，我国的房地产合作开发主要有以下两种类型：

（1）双方共同提供建设用地，共同出资（或一方出资），共同办理建房审批手续、项目许可证书，共同负责建设施工；房屋竣工后，双方按照合同的约定共同取得或分别取得竣工房屋的所有权。此种房地产合作开发中，因为建设工程规划许可证是以双方的名义取得，根据原建设部《关于城镇房屋所有权登记中几个涉及政策性问题的原则意见》的有关规定，双方可以按照合同的约定或投资比例取得竣工房屋的所有权，办理房屋所有权的首次登记。这类房地产合作开发的主体双方为共同的事业而共同出资、共同经营、共享利益、共担风险，这种合作开发的权利义务关系是一种典型的合伙关系。

（2）一方提供建设用地，另一方出资，双方共同办理建设用地使用权转让及合作建房审批手续，共同负责建设施工，双方按照合同约定的投资比例共享利益，共担风险。此类房地产合作开发是在供地方转让建设用地使用权给投资方的基础上的合作开发，是基于双方对建设用地使用权的共有关系而形成的，近似于前面所谈到的联建，也是房地产合作开发的形式。

实践中大量存在的是对内为合作开发，对外则以一个主体的名义实施的合作开发行为。主要有：

（1）采取公司合并的形式，即两个或两个以上的公司，依照《公司法》规定的条件和程序，通过订立合并协议，共同组成一个公司从事房地产开发，具体包括吸收合并与新设合并。吸收合并中，被吸收的公司解散，丧失法律人格，并入存续公司；新设合并中，各方解散，皆丧失法律人格，新设公司取代合并各公司。这种形式的房地产合作开发在法律的外在关系上，或为吸收公司的名义，或为新设公司的名义从事房地产开发。

（2）采取参建的形式进行房地产合作开发。一方提供建设用地使用权，并以建设用地使用权作为投资，另一方提供资金、劳务、技术等，双方共同承担经营风险。在房地产开发中以供地方的名义申请建设工程规划许可证等建筑执照，以供地方的名义申请房屋销售许可证，房屋建成后由供地方取得房屋的所有权，并以供地方的名义销售房屋，取得售房款。出资方负责投资开发建设，按照约定获取固定数额的售房款。这种房地产合作开发形式上近似于前面所谈到的参建。

（3）采取收购股权形式的房地产合作开发，即出资方通过收购房地产开发企业股权，取得该企业的控制权，进而参与房地产开发，就法律关系而言，投资者通过收购股权取得了房地产开发企业的股东地位，但该块土地的开发主体依然是拥有建设用地使用权的房地产开发企业，各方在开发过程中形成的权利义务关系主要服从章程和合同的规定，并不因开发企业股东人数的增加而影响房地产开发的主体地位。在市场不景气的情况下，一些中小房地产开发企业因负债率高，企业运营风险大，现金流紧张，使得大企业往往通过收购股权形式进行房地产开发。

（4）采取兼并、并购等形式进行房地产合作开发。在我国，兼并有时与吸收合并同义，有时又与收购相同。企业兼并的主要形式有承担债务式兼并、购买式兼并、吸收股份式兼并、控股式兼并等。并购的含义则更为广泛，凡涉及目标公司控股权转移的各种产权交易形式都可称为并购，企业并购的过程实质上是企业权利主体不断变换的过程。兼并与并购两者仅仅是语意表达的侧重点有所不同，前者强调行为，而后者更重结果。

近些年，房地产开发企业采用兼并、并购、股权收购、企业重组等方式从事房地产开发的现象普遍存在。作为广义的房地产合作开发，这些不同形式的合作开发对于拓宽融资渠道，促进资金和土地使用权的结合；降低市场风险、避免不正当竞争，优化各方资源，提升房地产开发项目的品质等无疑有很大助益，但法律术语、法律关系、运行模式等方面的不规范之处，也有必要在实定法层面进行很好的规范与指引。

三、房地产合作开发中"名实不符"

房地产合作开发在实践中表现各异，出现了很多名为房地产合作开发，实属于其他民事法律行为的情形，对此需要理顺其间的法律关系。"名实不符"的情形，当事人订立的是一份合同，而非两份以上的合同。此时，需要运用辩证唯物主义"透过现象看本质"的"穿透式"思维方式来界定真实的法律关系。

第五章

《民法典合同编通则司法解释》第 15 条也规定："人民法院认定当事人之间的权利义务关系，不应当拘泥于合同使用的名称，而应当根据合同约定的内容。当事人主张的权利义务关系与根据合同内容认定的权利义务关系不一致的，人民法院应当结合缔约背景、交易目的、交易结构、履行行为以及当事人是否存在虚构交易标的等事实认定当事人之间的实际民事法律关系。"

第一，供地方以自己的名义办理建房审批手续，另一方出资并负责建设施工，双方按照合同约定的比例分别取得竣工房屋的所有权。这种合作开发的方式较为常见，主要发生在有地无钱和有钱无地的双方之间，建筑方是以投资方式参与一方的房地产开发，因规划工程许可证等建房审批文件系供地方领取，根据法律规定，这种方式实质上是一种房地产转让行为，建造的房屋所有权应首先归持有建房审批文件的供地方享有，只有办理了房屋所有权转移登记后，才能根据合同的约定将房屋所有权转移给建筑方。根据我国《城市房地产管理法》第 42 条的规定，房地产转让时，土地使用权出让合同载明的权利义务随之转移，供地方在向建筑方转移房屋所有权时，该房屋所占建设用地使用权也随之转移。因此，此种房地产合作开发在性质上应认定为房地产转让。

第二，一方提供建设用地和资金，以自己的名义办理建房审批手续，自行负责建设施工，另一方只是按照约定的单价和面积提供一定的资金，房屋竣工后，一方按合同的约定分配给另一方固定数量的房屋或高额回报，这种方式也较为常见。享有建设用地使用权的一方，在建房资金不足时，往往采取这种参建方式，吸引另一企业带资参与共同开发，由于参建投资方取得特定房屋所有权或高额回报是以不承担任何经济风险为前提的，且未办理建房审批手续，没有建房开发资质，未实际从事建房及其他房地产开发活动，因此，这种房地产合作开发实质上或为房屋买卖行为，或为借款行为。对此，《土地使用权合同司法解释》第 22 条规定："合作开发房地产合同约定提供资金的当事人不承担经营风险，只分配固定数量房屋的，应当认定为房屋买卖合同。"第 23 条规定："合作开发房地产合同约定提供资金的当事人不承担经营风险，只收取固定数额货币的，应当认定为借款合同。"

第三，一方提供建设用地，以自己的名义领取建房审批手续，自行负责建设施工，房屋竣工后，另一方不承担经营风险，只是按照约定使用（主要是租赁）一定的数量的房屋。因双方当事人的真实意思在于使一方当事人所提供的资金转化为其使用约定面积建成房屋的对价，而不是集双方之合力共享合作利润，共担经营风险，故此，此种名为合作开发的行为实为房屋租赁。对此，《土地使用权合同司法解释》第24条规定："合作开发房地产合同约定提供资金的当事人不承担经营风险，只以租赁或者其他形式使用房屋的，应当认定为房屋租赁合同。"

总之，房地产合作开发的形式在名义上多种多样，但无论是何种形式的合作开发，都应探求当事人的真实意思，根据行为的实质内容，结合缔约背景、交易目的、交易结构、履行行为等，正确把握其法律特征，确认其法律性质，只有这样，才能正确判定房地产合作开发行为的本质。

本章小结

房地产开发包括土地开发和房屋开发，是指在依法取得建设用地使用权的土地上进行基础设施、房屋建设的行为。房地产开发是一项极其复杂的系统工程，具有综合性、长期性、风险性、专业性、时序性和地域性的特征。按照不同的分类标准，房地产开发可划分为多种类型；同时，须正确理解房地产开发与城市更新的关系。我国的房地产开发活动应遵循严格执行城乡规划的原则，经济效益、社会效益、环境效益相统一的原则，全面规划、合理布局、综合开发、配套建设的原则，以及鼓励开发居民住宅，尤其是社会保障住宅的原则。

房地产开发法律关系的主体是房地产开发企业，包括专营房地产开发企业、兼营房地产开发企业和项目公司。由于房地产开发活动关乎个体及社会公共安全，故法律对设立房地产开发企业的实质要件及设立程序作了特别规定。为实现国家对房地产开发企业的监管，法律规定了房地产开发企业的资质等级制度，将房地产开发企业分为两级资质等级，不同的资质等级在法律上有不同的要求。

房地产开发实践中大量采用合作开发形式，即当事人双方约定，一方提供土地使用权，另一方提供资金、技术、劳务等，共同开发土地、建造房屋，并在合作项目完成后按约定比例分享利益的一种法律行为。房地产合作开发呈现出主体特殊性，标的特殊性，行为内容复杂性，以及当事人共同投资、共担风险、共享利润的法律特征。房地产合作开发的性质应属于合伙关系，由于合作开发的复杂性，极易产生合作开发行为性质的变化，出现"名实不符"的情形，对此应正确判定。

第五章

思考题

1. 简论房地产开发的含义与特征。

2. 试论房地产开发的基本原则。

3. 试述房地产开发与城市更新的关系。

4. 简答房地产合作开发的含义和特征。

5. 房地产合作开发中的"名实不符"有哪些情形？

参考文献

1. 最高人民法院民事审判第一庭 . 最高人民法院新建设工程施工合同司法解释（一）理解与适用 [M]. 北京：人民法院出版社，2021.

2. 陈文 . 房地产开发经营法律实务 [M]. 北京：法律出版社，2005.

3. 吕萍 . 房地产开发与经营 [M]. 北京：中国人民大学大学出版社，2021.

4. 冯斌 . 房地产开发与经营 [M]. 北京：清华大学出版社，2021.

5. 陈林杰 . 房地产开发与经营实务 [M]. 北京：机械工业出版社，2021.

第六章

房地产交易

[**知识要求**]

通过本章的学习，掌握：

● 房地产交易的概念、特征和基本原则；

● 建设用地使用权转让及相关制度；

● 商品房买卖的基本规定以及商品房预售与现售的区别；

● 房地产抵押的基本规定及相关制度；

● 房屋租赁的主要内容。

[**技能要求**]

通过本章的学习，能够了解：

● 最高人民法院关于审理土地使用权合同纠纷相关司法解释的规定；

● 最高人民法院关于审理商品房买卖合同纠纷相关司法解释的规定；

● 集体经营性建设用地使用权流转的现行法规定与拓展思考。

第一节　房地产交易概述

一、房地产交易的概念与特征

（一）房地产交易的概念

一般意义上所称的"交易"，指的是人与人之间相互交换的活动，主要是在经济活动中处理某项具体事务，如现金交易、期货交易等。现代社会，"交易"的内涵和外延已扩大到几乎全部流通领域。房地产交易与一般意义所称"交易"不能完全等同，其交易对象、交易方式等有其独特特征。

房地产交易，是指交易主体就房地产及其权益所进行的流通等各种经济活动的总称。《城市房地产管理法》第 2 条第 4 款规定"本法所称房地产交易包括房地产转让、房地产抵押和房屋租赁。"

（二）房地产交易的特征

1. 交易对象的特殊性

房地产交易的对象为建设用地、建设用地之上的建筑物、构筑物及其附属设施。其对象是固定的，具有不可移动性，其交易的过程和结果不发生交易标的物的空间流动；土地和房屋的结合，使得作为交易的建设用地和构筑于其上的房屋常常是结合在一起进行交易的。此外，也由于房地产交易的对象为房屋、土地等不动产，标的额较大，故法律制度的设计特别注重保护房地产交易的安全，以维护交易双方及第三人的权益。

2. 交易形式的特定性

交易形式的特定性在于法律对房地产交易的形式作了明确规定。例如，我国《民法典》《城市房地产管理法》《商品房销售管理办法》《城市房地产抵押管理办法》《土地使用权出让和转让暂行条例》等法律文件规定的房地产交易的形式主要包括房地产转让、房地产抵押和房屋租赁；《民法典》规定的建设用地使用权的流转方式有转让、互换、出资、赠与、抵押以及法律规定的其他形式。

3. 交易以要式法律行为为主

要式法律行为，是指依法律或行政法规的规定，应当采取一定形式或履行一定程序的法律行为。房地产是民事主体最主要的财产，因其标的额较大，所以房地产交易安全必须有程序上的保障。对房地产交易中的很多行为，法律通常规定了一定的形式要件，例如对房地产物权变动的登记要求，《民法典》第209条规定："不动产物权的设立、变更、转让和消灭，经依法登记，发生效力；未经登记，不发生效力，但法律另有规定的除外。"

二、房地产交易的基本原则

（一）房地产交易一体化原则

对于房地之间的关系，从罗马法"土地吸收地上物"的原则，即地上物作为添附财产归土地所有人所有，演变为大陆法系的地上权制度，以此来平衡土地所有人与地上物权利人之间的利害关系。我国的房地产法创设了建设用地使用权制度，使土地所有权与建设用地使用权相分离，土地开发者享有地上物的所有权。这样，在同一块宗地上存在土地所有权、建设用地使用权、地上物所有权三种独立的物权，并归不同的主体享有。当建设用地使用权和地上物所有权成为抵押、转让等交易行为的客体时，就面临着不容回避的权益问题。

房地产作为不动产，房屋一经建成就不能作空间上的移动，否则会损害其经济价值。所以，使用房屋就必然使用该房屋所占范围内的建设用地；使用建设用地，也必然使用其上的房屋。因此，房屋所有权与房屋所占范围内的建设用地使用权应为同一主体。如果将二者分开，分为不同的主体享有，会造成任何人均无法使用建设用地和房屋的局面。

为了协调主体之间的利益冲突，做到物尽其用，不损害建设用地及其地上物的价值，我国多部法律均有房地一体化处分原则的规定。如《民法典》第356条、第357条和第397条规定地上物随建设用地使用权的流转而一并处分，建设用地使用权随地上物流转而一并处分；《城市房地产管理法》第32条、《不动产登记条例细则》第36条亦有相同规定。依该原则，房地产转让时，受让人取得房屋所有权，必然获得房屋占地范围内建设用地使用权；取得建设用地使用权，也必然获得建设用地上的房屋所有权。同样，房地产抵押时，建设用地使用权与房屋所有权一并成为抵押的客体。

此外，房地产租赁也遵循同样的规则，如《土地使用权出让和转让暂行条例》

第 28 条规定："土地使用权出租是指土地使用者作为出租人应将建设用地使用权随同地上建筑物、其他附着物租赁给承租人使用，由承租人向出租人支付租金的行为。"

但是，在法律明确规定的特定情况下，建设用地使用权和房屋所有权也可单独交易。《土地使用权出让和转让暂行条例》第 24 条第 2 款规定："土地使用者转让建筑物、其他附着物所有权时，其使用范围内的土地使用权随之转让，但地上建筑物、其他附着物作为动产转让的除外。"其中，"作为动产转让"中的"动产"，根据原国家土地局 1992 年 8 月 20 日的批复，是指将建筑物、其他附着物整体转移或将其作为材料转移。《土地使用权出让和转让暂行条例》第 25 条第 2 款还规定："土地使用权和地上建筑物、其他附着物所有权分割转让的，应当经市、县人民政府土地管理部门和房产管理部门批准，并依照规定办理过户登记。"

（二）房地产交易价格国家管理原则

房地产作为一种特殊商品，其价格问题是房地产交易和房地产市场的核心问题。国家通过对房地产价格的管理，掌握价格信息，实现对房地产市场的宏观调控，保障房地产市场的良性发展，维护市场主体及相关权利人的合法权益。房地产交易价格管理的范围主要包括房地产价格评估和房地产价格规范两方面。我国实行房地产价格评估和成交申报制度。

《城市房地产管理法》第 34 条规定："国家实行房地产价格评估制度。房地产价格评估，应当遵循公正、公平、公开的估价原则，按照国家规定的技术标准和评估程序，以基准地价、标定地价和各类房屋的重置价格为基础，参照当地的市场价格进行评估。"1992 年，原建设部颁布了《城市房地产市场评估管理暂行办法》，对房地产评估制度作了详细规定。根据该办法，房地产评估机构分为两类：一类是由城市房地产行政主管部门设立的官方评估机构，它是房地产市场管理机构的组成部分，是房地产市场评估的职能机构，主要承担涉及政府税费及由政府给予当事人补偿或赔偿费用的房地产估价业务以及受当事人委托的其他房地产估价业务。另一类是经政府主管部门核准成立的民办房地产评估机构。此类机构欲从事房地产估价业务须向房地产行政主管部门提出申请，经审查取得执照后方可成立房地产估价或评估事务所。

《城市房地产管理法》第 35 条规定："国家实行房地产成交价格申报制度。房地产权利人转让房地产，应当向县以上地方人民政府规定的部门如实申报成交价，不得隐瞒或者作不实的申报。"房地产交易价格申报主要是为了防止交易当事人减逃税费。房地产权利人转让房地产,应当将房地产的成交价格、租赁价格、抵押价格等依法向县级以上地方人民政府规定的部门如实申报,不得瞒报或虚报。

(三)房地产交易市场调节和宏观调控相结合原则

市场经济要求各种生产要素的有机结合,要求各种资源通过市场得到合理配置。房地产市场作为各种经济活动必不可少的依托,将土地、资金、劳动力和各种物质资料通过市场机制集聚起来,成为了整个市场经济的重要组成部分。因此,房地产市场同样应遵循市场在资源配置中起基础作用这一客观规律,发挥自身的调节机制。但是,房地产市场依然存在自发性、盲目性和落后性的缺陷,当市场"无形之手"失灵时,就要发挥政府"有形之手"的作用,用宏观调控手段来调整房地产市场。

房地产宏观调控的措施包括国家产业政策、财税政策、土地政策、货币政策等手段,房地产市场的宏观调控也应从多方面整体推进。首先,应建立和完善土地使用规划和城乡规划的宏观调控。政府通过对市场需求的科学预估,通过土地供给和修改城乡规划,使土地市场供求基本平衡,促进房地产市场的有效运行。其次,进一步建立和完善房地产市场税费征管宏观调控。规范税费的收取,减免不必要的税费,是实现房地产市场正常发展的有效措施之一。再次,进一步建立和完善规范房地产交易市场秩序的宏观调控。为规范房地产交易秩序,维护消费者合法权益,须加大对房地产交易环节违法违规行为的查处力度,营造主体诚信、行为规范、监管有力的市场交易环境。最后,进一步建立和完善与房地产有关的金融调控政策。政府宏观调控的主要手段之一是金融政策的调控,可通过货币政策来调整土地的总供给和总需求之间的平衡关系。

第二节　房地产转让

一、房地产转让的基本法律问题

(一)房地产转让的概念与理解

根据《城市房地产管理法》的规定,房地产转让是指房地产权利人通过买卖、赠与或者其他合法方式将房地产转移给他人的行为。"其他合法方式"主要包括:

第一，以房地产作价入股与他人成立企业法人，房地产权属发生变更的；第二，一方提供土地使用权，另一方或者多方提供资金，合资、合作开发经营房地产，而使房地产权属发生变更的；第三，因企业被收购、兼并或合并，房地产权属随之转移的；第四，以房地产抵债的；第五，法律、法规规定的其他情形。可见，房地产转让的形式多种多样，其中最常见也是法律重点调整的是建设用地使用权的转让和房屋买卖。

对房地产转让的概念可从如下几方面理解：

第一，房地产转让的主体是房地产权利人，包括房地产所有人及建设用地使用权人。这意味着非房地产权利人在无法律明确规定和合同约定的情况下，一般无权实施转让行为；否则，就构成民法中的无权处分行为。

第二，房地产转让的客体是房屋所有权以及该房屋所占地范围内的建设用地使用权。一般情况下，由于房屋与土地不可分离，房屋所有权与该房屋占地范围内的建设用地使用权应一并转让。

第三，房地产转让的方式主要是买卖、赠与以及互易、投资入股等合法方式。

第四，房地产转让必然发生房屋所有权和建设用地使用权的转移，从而导致房地产主体的变更。这也是房地产转让区别于房地产租赁、房地产抵押等其他交易方式的本质特征。

（二）房地产转让的条件

房地产是特殊的商品，房地产转让在房地产交易中占据重要地位。为了保障房地产转让行为的合法性与有效性，保护当事人的合法权益，维护房地产市场秩序，法律对房地产转让的条件进行了规范。

1. 房地产转让主体须具备合法资格

房地产转让属于民事法律行为，当事人双方须具备相应的主体资格和能力。无论自然人、法人，还是非法人组织，作为房地产转让主体时，都应符合法律对主体资格的规定。

2. 房地产转让的客体须符合法定要求

根据《城市房地产管理法》和《城市房地产转让管理规定》的规定，房地产转让应符合以下要求：

（1）以出让方式取得土地使用权的房地产转让。①按照出让合同约定已经支付全部土地使用权出让金，并取得土地使用权证书；②按照出让合同约定进行投资开发，属于房屋建设工程的，应完成开发投资总额的 25% 以上；属于成片开发土地的，依照规划对土地进行开发建设，完成供排水、供电、供热、道路交通、通信等市政基础设施，公用设施的建设，达到场地平整，形成工业用地或者其他建设用地条件；③转让房地产时房屋已经建成的，还应持有房屋所有权证书。

（2）以划拨方式取得土地使用权的房地产转让。①按照国务院的规定，报有批准权的人民政府审批；②经人民政府批准转让的，受让方应依法办理土地使用权出让手续，并依照国家有关规定缴纳土地使用权出让金。有批准权的人民政府依法决定可以不办理土地使用权出让手续的，转让方应按照有关规定将转让房地产所获收益中的土地收益上缴国家或者作其他处理。

此外，法律还规定了禁止房地产转让的情形，如司法机关和行政机关依裁定、决定查封或者以其他形式限制房地产权利的；共有房地产，未经占份额 2/3 以上的按份共有人或者全体共有人同意的。

房地产转让双方达成一致意见后，应签订书面合同，明确载明房地产权利取得方式、双方权利与义务以及其他必备条款；并在合同签订后的一定时间内，到登记机构办理建设用地使用权及房屋所有权的转移登记，领取不动产权利证书。

（三）房地产转让的程序

房地产转让的程序，即房地产转让的步骤。根据《城市房地产转让管理规定》《不动产登记暂行条例》及其实施细则的规定，房地产转让应当按照下列程序办理：

（1）当事人签订书面转让合同；

（2）当事人在房地产转让合同签订后 90 日内持不动产权属证书、当事人的合法证明、转让合同等有关文件向房地产所在地的不动产登记机构提出申请相应的不动产权利转移登记，并申报成交价格；

（3）不动产登记机构对提供的有关文件进行审查，决定是否受理；

（4）不动产登记机构核实申报的成交价格，并根据需要对转让的房地产进行现场查勘和评估；

（5）房地产转让当事人按照规定缴纳有关税费；

（6）不动产登记机构完成登记，应当依法向申请人核发不动产权属证书或者登记证明。

二、国有建设用地使用权转让

建设用地使用权转让，以及出租、抵押等属于土地市场中的二级市场。在土地二级市场运行发展中，针对交易规则不健全、交易信息不对称、交易平台不规范、政府服务和监管不完善等问题所导致的要素流通不畅，存量土地资源配置效率较低，难以满足经济高质量发展需要所带来的一些问题。《国务院办公厅关于完善建设用地使用权转让、出租、抵押二级市场的指导意见》（国办发〔2019〕34号）（以下简称《指导意见》）指出，完善土地二级市场规则，要坚持"把握正确方向""规范市场运行""维护合法权益""提高服务效能"等原则。

（一）建设用地使用权转让的概念

建设用地使用权转让，指建设用地使用权人在其权利年限有效期内，将其受让的建设用地使用权依法转移给他人的民事法律行为。如果土地之上没有地上物，则是建设用地使用权的单独转让；倘若土地之上存在地上物，则与建设用地使用权一并转让。

建设用地使用权转让的形式有买卖、赠与、交换以及以土地使用权投资入股等方式。《指导意见》要求"要明确建设用地使用权转让形式"，并"将各类导致建设用地使用权转移的行为都视为建设用地使用权转让，包括买卖、交换、赠与、出资以及司法处置、资产处置、法人或其他组织合并或分立等形式涉及的建设用地使用权转移。建设用地使用权转移的，地上建筑物、其他附着物所有权应一并转移。涉及房地产转让的，按照房地产转让相关法律法规规定，办理房地产转让相关手续。"对于"以出让方式取得的建设用地使用权转让，在符合法律法规规定和出让合同约定的前提下，应充分保障交易自由；原出让合同对转让条件另有约定的，从其约定。以作价出资或入股方式取得的建设用地使用权转让，参照以出让方式取得的建设用地使用权转让有关规定，不再报经原批准建设用地使用权作价出资或入股的机关批准；转让后，可保留为作价出资或入股方式，或直接变更为出让方式。"建设用地使用权转让应坚持权利与义务一并移转的原则，该原则是指建设用地使用权转让时，原出让合同以及登记文件中所载明的权利与义务一并移转给受让人，建设用地使用权发生多次移转也是如此。具体而言，建设用地使用权无论移转给谁，国家与建设用地使用者之间的权利义务关系不变，新的土地使用者享有原出让合同和登记文件中所载明的权利，但同时必须履行相应的义务。建设用地使用权转让合同的受让方所享有的使用权年限，为原出让合同规定的使用年限减去原土地使用者已使用的年限后的剩余年限。

（二）建设用地使用权转让与相关制度的关系

1. 建设用地使用权转让与出让的关系

一般来说，建设用地使用权转让是建设用地使用权出让后，出让合同中的受让方按照出让合同约定的期限和条件对土地进行投资开发后将剩余年限的建设用地使用权让渡给其他受让人，受让人依法享有土地使用权的民事法律行为。可见，建设用地使用权出让是转让的前提和基础，没有出让就谈不上转让；出让属于房地产一级市场，转让则属于房地产二级市场；出让中的出让方是土地所有权人，即国家，转让则是普通民事主体之间实施的民事行为。

2. 建设用地使用权转让与土地使用权出租的关系

《土地使用权出让和转让暂行条例》第 28 条规定："土地使用权出租是指土地使用者作为出租人将土地使用权随同地上建筑物、其他附着物租赁给承租人使用，由承租人向出租人支付租金的行为。"[①]建设用地使用权转让与出租的相同点都是以土地使用权出让为前提和基础，区别在于：第一，建设用地使用权转让是处分行为，法律效果是使转让人丧失了该物权，受让人继受取得了该物权；土地使用权出租是负担行为，法律效果是在出租人与承租人之间设定了债权债务关系。第二，通过转让获得使用权的权利人可以依法占有、使用、收益、处分其权利；通过出租获得使用权的承租人仅有占有、使用、收益的权利，无处分权。第三，通过转让享有的使用权年限为出让合同约定的使用年限减去原使用年限后剩余的年限；对于使用权出租而言，《民法典》第 705 条规定："租赁期限不得超过 20 年。超过 20 年的，超过部分无效。"由此，通过出租取得使用权的年限一般最长为 20 年。当然，在租赁期限届满后，当事人可以约定续展年限。

---

① 此处所言及的出租等同于本书第二章谈到的"租赁土地使用权"，而非"承租土地使用权"。

（三）对最高人民法院相关司法解释的解读

2021年1月1日起实施的最高人民法院发布的《土地使用权合同司法解释》，从合同债权的角度对建设用地使用权转让合同纠纷进行了规定。其中，需要重点理解的内容如下：

1. 未办理权属变更登记的合同的效力问题

《土地使用权合同司法解释》第8条规定："土地使用权人作为转让方与受让方订立土地使用权转让合同后，当事人一方以双方之间未办理土地使用权变更登记手续为由，请求确认合同无效的，不予支持。"由于我国《民法典》对不动产物权变动模式采用的是债权合同加登记的规则，当事人未办理登记致使受让人不能取得建设用地使用权这种物权，而对于所签订的转让合同只要意思表示真实，不违反法律和行政法规的强制性规定，不违背公序良俗，[①]则是有效的。未办理登记，合同不能履行的，可追究违约方的违约责任。

2. 未取得建设用地使用权证书不影响转让合同的效力

2020年修正的《土地使用权合同司法解释》删去了原司法解释中第9条关于未取得土地使用权证书的土地使用权转让合同效力的规定，该条规定实质上是已失效的《合同法》第51条关于无权处分合同效力规定的进一步拓展。2007年《物权法》颁布实施之前，我国未采取物权变动的区分原则，因此在制定原《土地使用权合同司法解释》时，最高人民法院认为将无权处分行为按照效力待定观点中的债权合同效力待定处理更符合原《合同法》的立法精神。2007年《物权法》的颁布确立了物权变动区分原则，原《合同法》第51条引起了很大争议，因此《民法典》删去了原《合同法》第51条的规定，根据原《合同法》第51条制定的原《土地使用权合同司法解释》的第9条也在此次修改中被删除。目前，物权变动的区分原则已得到了普遍的认同，未取得建设用地使用权证书不影响建设用地使用权转让合同的效力，在符合《民法典》第143条的情况下，合同应当有效。

3. "一地数转"合同的处理原则

所谓"一地数转"，是指转让方就同一建设用地使用权与数个受让方订立转让合同，转让合同都有效下，受让方均要求履行合同的情况。对于"一地数转"

---

① 参见《民法典》第143条。

合同的处理规则，《土地使用权合同司法解释》第9条针对不同情况作了如下规定：第一，基于物权优于债权的规则，已经办理使用权转移登记手续的受让方，请求转让方履行交付土地等合同义务的，应予支持；第二，基于占有制度及保障交易安全和避免资源浪费的考虑，受让方均未办理使用权转移登记手续，已先行合法占有投资开发土地的受让方请求转让方履行使用权转移登记等合同义务的，应予支持；第三，基于民法的公平原则，均未办理使用权转移登记手续，又未合法占有投资开发土地，先行支付土地转让款的受让方请求转让方履行交付土地和办理土地使用权变更登记等合同义务的，应予支持；第四，基于民法的诚实信用原则，合同均未履行，依法成立在先的合同受让方请求履行合同的，应予支持。

4. 划拨土地使用权未经批准为转让行为的效力问题

《城市房地产管理法》第40条规定："以划拨方式取得土地使用权的，转让房地产时，应当按照国务院规定，报有批准权的人民政府审批。有批准权的人民政府准予转让的，应当由受让方办理土地使用权出让手续，并依照国家有关规定缴纳土地使用权出让金。""以划拨方式取得土地使用权的，转让房地产报批时，有批准权的人民政府按照国务院规定决定可以不办理土地使用权出让手续的，转让方应当按照国务院规定将转让房地产所获收益中的土地收益上缴国家或者作其他处理。"那么，划拨土地使用权未经批准为转让行为的效力为何？原《土地使用权合同司法解释》第11条规定："土地使用权人未经有批准权的人民政府批准，与受让方订立合同转让划拨土地使用权的，应当认定合同无效。"2020年修正的《土地使用权合同司法解释》删除了关于未获得政府批准的土地划拨合同无效的规定。对此，《民法典》第502条第2款规定："依照法律、行政法规的规定，合同应当办理批准等手续的，依照其规定。未办理批准等手续影响合同生效的，不影响合同中履行报批等义务条款以及相关条款的效力。应当办理申请批准等手续的当事人未履行义务的，对方可以请求其承担违反该义务的责任。"可见，划拨土地使用权未经批准为转让行为并非合同无效，而是尚未完全生效。

5. 划拨土地使用权转为出让的处理问题

《土地使用权合同司法解释》第10条规定："土地使用权人与受让方订立合同转让划拨土地使用权，起诉前经有批准权的人民政府同意转让，并由受让方办理土地使用权出让手续的，土地使用权人与受让方订立的合同可以按照补偿性质的合同处理。"

实践中，转让划拨土地更多的做法是由划拨土地的受让方直接与政府办理土地使用权出让手续而直接成为土地使用权人，对此，《城市房地产管理法》第40条第1款也予以确认："以划拨方式取得土地使用权的，转让房地产时，应当按照国务院规定，报有批准权的人民政府审批。有批准权的人民政府准予转让的，应当由受让方办理土地使用权出让手续，并依照国家规定缴纳土地使用权出让金。"此时，实际上形成了国家、划拨土地使用权人和受让人三者之间的法律关系，其基本运作过程是：政府将划拨土地使用权收回，再将土地使用权出让给受让人；原划拨土地使用权人因丧失土地使用权而从政府处获得一定的补偿。为了简化法律关系，应由受让人向转让人支付的转让费取代了政府应当向原划拨土地使用权人支付的补偿费，此种法律关系的转化被认定为是一种具有补偿性质的合同关系，即由受让人补偿转让人的损失（如对土地占有、使用的补偿费，拆除地上物的拆迁安置补偿费等）。

6. 划拨土地使用权直接转让的处理问题

《土地使用权合同司法解释》第11条规定："土地使用权人与受让方订立合同转让划拨土地使用权，起诉前经有批准权的人民政府决定不办理土地使用权出让手续，并将该划拨土地使用权直接划拨给受让方使用的，土地使用权人与受让方订立的合同可以按照补偿性质的合同处理。"《城市房地产管理法》第40条第2款规定："以划拨方式取得土地使用权的，转让房地产报批时，有批准权的人民政府按照国务院规定决定可以不办理土地使用权出让手续的，转让方应当按照国务院规定将转让房地产所获收益中的土地收益上缴国家或者作其他处理。"

至于哪些划拨土地转让时，可以不办理出让手续，《城市房地产转让管理规定》第12条作了明确规定：（1）经城市规划行政主管部门批准，转让的土地用于划拨项目的；①（2）私有住宅转让后仍用于居住的；（3）按照国务院住房制度改革有关规定出售公有住宅的；（4）同一宗土地上部分房屋转让而土地使用权不可分割转让的；（5）转让的房地产暂时难以确定土地使用权用途、年限和其他条件的；（6）根据城市规划土地使用权不宜出让的；（7）县级以上人民政府规定暂时无法或不需要采取土地使用权出让方式的其他情形。当然，

---

① 即《城市房地产管理法》第24条列举的建设项目。

在此种情形下，受让方必须具有成为划拨土地使用权人的主体资格，受让的土地必须符合划拨土地用途。

三、集体建设用地使用权转让

（一）肯定集体经营性建设用地使用权转让

2019 年修改的《土地管理法》第 63 条第 3 款规定："通过出让等方式取得的集体经营性建设用地使用权可以转让、互换、出资、赠与或者抵押，但法律、行政法规另有规定或者土地所有权人、土地使用权人签订的书面合同另有约定的除外"。2021 年修改的《土地管理法实施条例》第 43 条规定："通过出让等方式取得的集体经营性建设用地使用权依法转让、互换、出资、赠与或者抵押的，双方应当签订书面合同，并书面通知土地所有权人。集体经营性建设用地的出租，集体建设用地使用权的出让及其最高年限、转让、互换、出资、赠与、抵押等，参照同类用途的国有建设用地执行，法律、行政法规另有规定的除外。"

随着我国经济的不断发展，城乡发展的不平衡性日益显现。为此，我国提出要加快农村发展，着力解决农村问题，全面实施乡村振兴和社会主义新农村建设。只有土地流转起来才能实现资源的最优配置，集体经营性建设用地使用权的流转是市场经济的内在属性和基本要求，也是农业和农村经济逐步走向市场化的必然结果。我国正在逐步打破城乡经济的二元发展模式，在土地使用权流转方面将会形成城乡一体化的发展格局。国内外经济发展的历史也表明，一切稀有资源优化配置的主要途径是流通转让。

理解集体经营性建设用地使用权的转让，可以从以下几个方面把握：

第一，转让的主体系集体经营性建设用地的使用者。我国实行集体经营性建设用地使用权流转的主要目的是通过市场配置资源，使利用效率较低的集体经营性建设用地得到充分、合理的利用。集体经营性建设用地使用权无论采用何种形式转让，都是集体经营性建设用地使用权在土地使用者之间的转移，因此，集体经营性建设用地使用权转让的主体是集体经营性建设用地的使用者而非所有者。

第二，转让的客体为现实的集体经营性建设用地。为了保护耕地，避免滥用集体土地，应明确集体经营性建设用地使用权转让的客体为权利主体明确的现实建设用地，不包括规划中的建设用地；转让的是集体经营性建设用地，不包括集体公益性建设用地；转让的集体经营性建设用地用途要符合土地用途管制，主要用于工业、商业等经营性用途。在积极推动集体经营性建设用地入市流转的同时，从保护耕地与生态安全，便利房地产市场的管理角度，集体经营性建设用地可用于建造保障性租赁住房，但转让的集体经营性建设用地上建造商品住宅的不宜开放，反而应予以禁止。

第三，转让方与受让方应当签订书面转让合同并书面通知土地所有权人。《土地管理法实施条例》第43条规定，通过出让等方式取得的集体经营性建设用地使用权依法转让的，双方应当签订书面合同，并书面通知土地所有权人。在具体适用上，除非法律、行政法规有特殊规定，否则集体经营性建设用地的转让须参照同类用途的国有建设用地执行。

为了有序推进土地二级市场建设，顺畅推进集体经营性建设用地的流转，《指导意见》指出，"已依法入市的农村集体经营性建设用地使用权转让、出租、抵押，可参照本意见执行。"

（二）宅基地使用权转让及"小产权房"问题

1. 宅基地使用权的转让问题

在宅基地使用权转让的问题上，现行法也采取了严格的限制措施。尽管法律对宅基地使用权的转让持否定态度，但未禁止转让宅基地之上建造的村民住房。由此，根据"房地一致"的原则可以推导出，村民转让房屋所有权的，宅基地使用权可随之转让。同时，村民只有将自己的住房转让给同村的村民，方可确保受让方取得房屋建设范围内的宅基地使用权。

随着城乡经济一体化进程的加快，国家对农村宅基地使用权转让的管制有逐渐放松的趋势。2013年11月，中共十八届三中全会审议通过的《中共中央关于推进农村改革发展若干重大问题的决定》提出："保障农户宅基地用益物权，改革完善农村宅基地制度，选择若干试点，慎重稳妥推进农民住房财产权抵押、担保、转让，探索农民增加财产性收入渠道。"在司法态度上，2015年最高人民法院《全国民事审判工作会议纪要》第35条规定："现阶段，我国城市化还处于较低层次，农村社会保障体系还不完善，宅基地还具有较强的社会保障和社会福利性质，完全放开对宅基地使用权限制的条件还不具备。对于已将宅基地流转确定为试点地区的，可以按照国家政策即相关指导意见处理宅基地使用权因抵押担保、转让而产生的纠纷。对于宅基地流转处于非试点地区的，农民出售其宅基地上的房屋给城市居民或者出售给不同农村集体经济组织成员，该房屋买卖合同一般应认定无效。合同无效后，买受人可以请求返还购房款并支付中国人民银行同期同类银行贷款利息。买受人已经对该房屋进行改建或者翻建，也可以一并请求赔偿翻建或者改建成本。"

在宅基地使用权转让问题上，现行政策允许符合条件的内部转让，即"在征得宅基地所有权人同意的前提下，鼓励农村村民在本集体经济组织内部向符合宅基地申请条件的农户转让宅基地。各地可探索通过制定宅基地转让示范合同等方式，引导规范转让行为。转让合同生效后，应及时办理宅基地使用权变更手续"①。2020年的《农村宅基地试点工作指引》也提出要积极探索通过出租、入股、转让等方式流转宅基地使用权的具体途径。在法律层面，《民法典》规定"宅基地使用权的取得、行使和转让，适用土地管理法等法律和国家有关规定"，故尚需根据《民法典》的规定进一步完善《土地管理法》《土地管理法实施条例》等有关规定以及司法解释，通过法律明确宅基地使用权的转让条件与对象以及救济形式，在条件具备的情况下扩大宅基地可流转的范围并扩充流转形式。

2. 颇受争议的"小产权房"

（1）"小产权房"存在的问题。所谓"小产权房"，是指由农村的村集体或者村民个人在本村的农业用地、集体建设用地或者宅基地上修建的用于销售的商品房。"小产权房"因价格低廉而吸引城镇居民竞相购买，但现实中的"小产权房"却存在一些法律问题和风险。

在集体所有的土地上建造的所谓的"商品房"，通常只有乡镇政府或者村委会出具的"产权证明"，不能取得政府不动产登记机构颁发的不动产权利证书，因此"小产权房"是有物权瑕疵的房屋，不能像普通商品房一样进行流转。一旦遇到不动产征收以及出现房产纠纷，购房者会因该房屋的物权瑕疵而使自身的权益得不到保护。同时，"小产权房"给房地产行业正常的税收管理也带来严重影响，造成了一定额度的税收流失。

（2）"小产权房"买卖纠纷的处理。2011年最高人民法院《全国民事审判工作会议纪要》第15条明确规定："在农村集体所有土地上建造房屋并向社会公开销售，应当依据合同法第五十二条和土地管理法第四十三条规定，认

---

① 参见《中央农村工作领导小组办公室 农业农村部关于进一步加强农村宅基地管理的通知》（中农发〔2019〕11号）。https://www.moa.gov.cn/govpublic/NCJJTZ/201909/t20190920_6328397.htm.

第六章

定该买卖合同无效。将宅基地上建造的房屋出卖给本集体经济组织成员以外的人的合同，不具有法律效力；出售给本集体经济组织成员的，应当符合法律、行政法规和国家政策关于宅基地分配、使用条件的规定。在确定合同无效后的损失承担时，应综合考虑当事人的过错，避免处理结果导致当事人利益的失衡。"2015年最高人民法院《全国民事审判工作会议纪要》针对"小产权房"纠纷，其第34条规定"对于未履行相关土地征收、征用手续即占用耕地进行房屋建设引发的合作开发房地产及房屋买卖合同民事纠纷，应先由行政机关解决该被侵占耕地的保护问题。在行政机关未对违法占用耕地的行为进行处理之前，人民法院不宜直接审理民事纠纷。"

（3）合理解决既存"小产权房"的法律思考。"小产权房"的出现不是偶然的，其层出不穷、屡遏不止的背后潜藏着一种现实的需要。对于"既成事实"的大量"小产权房"，应本着具体问题具体分析的态度进行区别对待。

对于在永久基本农田和耕地上建造的"小产权房"，因其与现行法中耕地保护的原则相违背而应加以禁止，并严格依照《城乡规划法》第65条、《土地管理法》第77条、《行政强制法》第44条等法律的规定采取相应法律措施。对于在宅基地之上建造的"小产权房"，应根据具体情况加以保留。根据"法不禁止即可行"的法理，在原有的宅基地上修建的"小产权房"并不违反现行法的明文规定。《民法典》第362条规定："宅基地使用权人依法对集体所有的土地享有占用和使用的权利，有权依法利用该土地建造住宅及其附属设施。"因此，对于此类既成事实的"小产权房"可以通过政府的合理规划、有效管理，使其逐步走向合法化。对于在集体建设用地上修建的"小产权房"，如果符合国家有关产业政策及国土空间规划，则政府土地主管部门应当办理土地登记和相关权属证明，使其走向合法化；而对那些不符合规划和用途管制的"小产权房"，应当坚决予以拆除。[①]

四、房屋买卖

（一）商品房现售

商品房现售，也称商品房或者成品房销售，是指房地产开发商将竣工验收合格、符合法律规定条件的商品房向社会公众销售，社会公众购买商品房的行为。

---

① 陈耀东，吴彬."小产权房"及其买卖的法律困境与解决［J］.法学论坛，2010（1）.

1. 商品房现售的条件

（1）商品房销售单位须是具有独立企业法人资格，取得房地产开发主管部门核发的资质证书的房地产开发企业。开发商销售商品房的，须经房地产开发主管部门核准；委托中介机构销售商品房的，受委托的中介机构须取得相应的资格。

（2）取得建设用地使用权证书或者使用土地的批准文件，并依法缴纳全部土地出让金或者批准后抵缴。

（3）持有建设工程规划许可证和施工许可证。

（4）商品房工程建设已竣工验收，取得验收合格证书。

（5）拆迁安置补偿工作已经落实妥当。

（6）属于住宅商品房的，须经住宅建设管理部门审核，取得《住宅交付使用许可证》。

（7）测绘机构已对房屋和建设用地使用权面积进行测定。

（8）所销售的房屋已到不动产登记机构办理新建商品房首次登记，取得不动产权属证书或者登记证明。

（9）物业服务方案已经落实。

2. 商品房现售的程序

销售商品房，一般按照以下程序进行：

（1）签订商品房销售书面合同。开发商一般都在当地房地产管理部门拟定的合同示范文本的基础上，再增加少量的补充约定条款，与购房人签订合同。实践中，交易双方根据网上公示的合同文本协商拟定相关条款，由开发商通过网上签约系统，打印经双方确认的合同。同时，将合同电子文本信息提交到网签系统申请合同备案，生成合同编号，网签系统及网站上的商品房楼盘表公示该套商品房已销售的信息。

（2）根据规定或当事人的约定，将商品房销售合同办理公证手续。这一程序非必经程序，实践中大多数商品房买卖合同是不办理公证手续的。

（3）买卖双方持不动产权属证书、销售合同和合法身份证明等文件到房屋所在地的不动产登记机构申报买卖价格，申办房屋所有权转移登记手续，即俗称的"过户"手续。

（4）买卖双方根据规定缴纳契税、营业税、土地增值税、交易手续费等税费。

（5）不动产登记机构经审核、登簿，购房人领取不动产权属证书。只有办理了产权过户登记手续后，购房人才取得所购房屋的所有权，在此之前购房人是债权人而非所有权人。

（二）商品房预售

1. 商品房预售的概念及其与现售的区别

商品房预售，也称期房买卖，是指预售方（即房地产开发企业）将正在建设而尚未竣工的房屋预先出售给承购方（即买方、买受人、购房人），承购方交付定金或购房款，并在未来确定的日期由预售方交付房屋给承购方的法律行为。商品房预售的性质应为一种远期交货行为。[①]

商品房预售制度源于我国香港，1954年香港立信置业公司最先推出"分层售卖、分期付款"的楼宇销售方式。由于房屋被"拆零砸碎"分期分批地出售给广大投资者，犹如落叶片片飘落，故商品房预售被称为"买楼花"。预售商品房，既减轻了预购人一次性支付全部购房款的压力，又可解决开发商建设资金不足的问题，且极大地推动了楼宇的销售，把房地产市场行情变化的风险部分转嫁了出去，故为买卖双方所接受。

商品房现售不同于预售。具体而言，二者的主要区别如下：

（1）标的物的现实性与非现实性。商品房现售中，标的物明确、具体、特定，房屋现实存在，买卖行为生效后当事人即可办理房屋所有权转移登记手续，从而发生所有权变动的法律效果；而预售的商品房正在建设当中，作为完整实物形态的房屋尚不存在或虽房屋已竣工但尚不具备现房交付条件，预购方取得的只是房屋买卖合同的债权以及房屋所有权的期待权。

（2）合同履行的即时性与非即时性。现售中的出卖人交付房屋，买受人支付购房款，当事人均可即时履行；而预售中的出卖人只能在未来的某个日期交付房屋，不像现售那样即时交房。

（3）买卖条件的任意性与非任意性。虽然房屋买卖原则上属于当事人意思自治领域，但由于预售中的风险较大，与现售行为相比，国家对预售的干预要大于现售，购房条款中有的条款就排除了当事人的任意约定。

（4）行为性质的物权性与债权性。现售履行的即时性决定了当事人一经办理过户登记手续，就拥有了房屋所有权这种物权；而预售房屋履行的非现实性决定了买受人取得的房屋权利只能是一种债权性权利，即便进行了预告登记，买受人享有的也只是一种被物权化了的债权（或者被称为"物权期待权"），

---

① 陈耀东.商品房买卖法律问题专论［M］.北京：法律出版社，2003：57.

而不是物权。

2. 商品房预售的条件

根据《城市房地产管理法》第45条的规定，商品房预售应具备如下条件：

（1）房地产开发企业已交付全部土地使用权出让金，取得建设用地使用权证书。

（2）房地产开发企业持有建设工程规划许可证。

（3）按提供预售的商品房计算，投入开发建设的资金达到工程建设总投资的25%以上，并已经确定施工进度和竣工交付日期。

（4）向县级以上人民政府房产管理部门办理预售登记，取得商品房预售许可证明。

对于未取得商品房预售许可证能否销售期房，《商品房买卖合同司法解释》第2条规定："出卖人未取得商品房预售许可证明，与买受人订立的商品房预售合同，应当认定无效，但是在起诉前取得商品房预售许可证明的，可以认定有效。"

现实中，还存在着所谓"内部认购"的行为，这是一种规避商品房预售条件，变相预售的行为，法律上有必要予以禁止。

由于现行法对期房买卖的条件规定得比较宽松，实践中出现了很多问题，业内一直有取消期房买卖的建议，很多地方法规规定了更为严苛的销售条件。对此，《中国式现代化的决定》指出，应"改革房地产开发融资方式和商品房预售制度"。

3. 商品房预售的基本程序

（1）预售方申领预售许可证。预售商品房的房地产开发企业，应向房地产所在地的房地产管理部门提供相应的材料，申请办理预售许可证。

（2）签订商品房预售合同。取得商品房预售许可证后，预售方即可与承购者签订预售合同。为保护预售交易双方的合法权益，2014年4月住房城乡建设部、国家工商行政管理总局下发了《商品房买卖合同（预售）示范文本》（GF-2014-0171），[①] 以此来规范预售合同的内容。

---

① 新版对《商品房买卖合同示范文本》（GF-2000-0171）进行了修订，分别针对商品房预售和现售制定了《商品房买卖合同（预售）示范文本》（GF-2014-0171）、《商品房买卖合同（现售）示范文本》（GF-2014-0172）。

为了加强房地产行业管理、落实调控政策、规范市场秩序、更好地保护购房者的合法权益，2018 年 12 月 26 日，住房城乡建设部发布了《关于进一步规范和加强房屋网签备案工作的指导意见》，要求实行房屋交易合同网上签约备案（简称房屋网签备案），即"实现房屋网签备案全覆盖，在全国城市规划区国有土地范围内全面实行房屋交易合同网签备案制度"。

（3）预售合同登记备案。商品房预售合同签订之日起 30 日内，预售方应按有关规定将预售合同向房地产管理部门办理登记备案手续。鉴于预售合同登记备案只是房地产管理部门的一种行政管理行为，非产生民事法律效果的行为，故《商品房买卖合同司法解释》第 6 条规定："当事人以商品房预售合同未按照法律、行政法规规定办理登记备案手续为由，请求确认合同无效的，不予支持。""买卖双方签订的商品房买卖合同，虽然经过备案登记，但备案登记作为一种行政管理方式，不是预告登记，不能产生物权效力。"①

（4）交付房屋。房地产开发商须在房屋竣工后，按合同约定将房屋交付给购房者。房屋系不动产，原则上不能产生空间上的位移，故所谓房屋交付，是由开发商将房屋转移给购房人占有，其外在表现形式即交钥匙。在当事人没有另行约定的情况下，交钥匙即完成了交付行为。

（5）办理过户登记手续。如当事人未约定期限，按照《商品房买卖合同司法解释》第 14 条和第 15 条的规定，买受人应当在房屋交付使用之日起 90 日内取得房屋所有权证书。出卖人未在该期限内为买受人办理转移登记手续的，应承担违约责任；由于出卖人的原因，在当事人约定或办理房屋所有权登记的期限届满后超过一年，致使买受人无法办理房屋所有权登记的，买受人有权请求解除合同和赔偿损失。

为了规范商品房交易市场，防止私下交易，我国推行商品房预购实名制，即商品房买卖合同中的买受人与申请房屋所有权证的登记人须为同一姓名。

4. 商品房预售合同中预购人享有的主要权利

商品房预售合同是双务合同，双方当事人的权利义务是相对的，一方的权利即另一方的义务。其中，预购人的权利主要有：

（1）依法获得预售房屋的所有权。预购方取得的所有权必须是完整的、无瑕疵的，包括无权利瑕疵和无质量瑕疵。对于有权利瑕疵的房屋，买受人可

---

① 参见最高人民法院民事裁定书（2019）最高法民申 3875 号。

依据《商品房买卖合同司法解释》第 7 条的规定寻求法律救济；对于有质量瑕疵的房屋，可依据《商品房买卖合同司法解释》第 9 条、第 10 条的规定寻求救济。

（2）依法享有预售房屋的抵押权。《城市房地产抵押管理办法》第 3 条规定，预购商品房贷款抵押是指购房人在支付首期规定的房价款后，由贷款银行代其支付其余的购房款，将所购商品房抵押给贷款银行作为偿还贷款履行担保的行为。

（3）依法享有预售房屋的再行转让权。商品房预购人在商品房预售合同签订之后，将尚未竣工的预售房屋再行转让给他人的行为，即预售商品房的再转让，也称为"炒楼花"[①]。

预售商品房再转让属于债的权利与义务的一并让与，"是由预购人将预售关系中的债权或权利义务转让给第三人，是第三人与预售人（房地产开发经营企业）之间形成以原预售合同为内容的商品房预售法律关系"[②]。关于预购人能否将其预购的商品房再行转让，《城市房地产管理法》第 46 条规定："商品房预售的，商品房预购人将购买的未竣工的预售商品房再行转让的问题，由国务院规定。"理论上讲，预购方应享有转让预售房屋的权利，但为了整顿房地产市场秩序，更好地规制房地产的销售行为，亦为调控楼市所需，2005 年 5 月原建设部、国土资源部等七部门下发的《关于做好稳定住房价格工作的意见》规定，"根据《中华人民共和国城市房地产管理法》有关规定，国务院决定，禁止商品房预购人将购买的未竣工的预售商品房再行转让。在预售商品房竣工交付、预购人取得房屋所有权证之前，房地产主管部门不得为其办理转让等手续；房屋所有权申请人与登记备案的预售合同载明的预购人不一致的，房屋权属登记机关不得为其办理房屋权属登记手续"。鉴于《城市房地产管理法》未就预售商品房的再转让作出禁止性规定，预售商品房的再转让行为亦不属于《民法典》第 153 条规定的民事法律行为无效的情形，因此，预售商品房的再转让

---

① 　"炒楼花"一般指预购人在楼盘未落成之际，只交数量很少的定金，订下一套或多套单元，待签订预售合同之后再转手卖给第三人，从中赚取房屋差价的行为。

② 　陈耀东．商品房买卖法律问题专论［M］．北京：法律出版社，2003：62．

并非无效。有的地方性法规就预售商品房再转让的条件作出了具体规定，[1] 在符合相关条件时预购人可以转让预售商品房。

（三）商品房买卖中的几个特殊问题

1. 关于商品房销售广告

对于商品房销售广告属于要约还是要约引诱，一直存在争议。《商品房买卖合同司法解释》第 3 条规定："商品房的销售广告和宣传资料为要约邀请，但是出卖人就商品房开发规划范围内的房屋及相关设施所作的说明和允诺具体确定，并对商品房买卖合同的订立以及房屋价格的确定有重大影响的，应当视为要约。该说明和允诺即使未载入商品房买卖合同，亦应当视为合同内容，当事人违反的，应当承担违约责任。"

客观来讲，《商品房买卖合同司法解释》认定商品房销售广告构成要约的条件是比较严格的，其应符合的要件是：第一，须为就商品房开发规划范围内的房屋及相关设施所作的宣传与说明；第二，该宣传与说明和允诺的内容须具体确定；第三，须对购房合同的订立与否以及房屋价格的确定有重大影响。对此，本书认为商品房买卖合同作为合同的一种，应适用《民法典》的一般规定，对于符合《民法典》规定的要约条件的也应当认定为要约，《民法典》第 472 条规定："要约是希望和他人订立合同的意思表示"。该意思表示应当符合：第一，内容具体确定；第二，表明经要约人承诺，要约人即受该意思表示约束。故此，应综合《民法典》与《商品房买卖合同司法解释》的规定，对商品房销售广告的性质作出准确的判定。

2. 关于售房欺诈行为的适用

《消费者权益保护法》第 55 条规定："经营者提供商品或者服务有欺诈行为的，应当按照消费者的要求增加赔偿其受到的损失，增加赔偿的金额为消费者购买商品的价款或者接受服务的费用的三倍。"那么，商品房是否为商品，

---

[1] 例如《北京市城市房地产转让管理办法》第 44 条："预购人在预售合同登记备案后、商品房竣工前转让其预购的商品房的，按照下列规定办理：（一）未付清预售商品房预售合同约定的总价款的，预购人应当取得房地产开发企业同意；（二）已付清预售商品房预售合同约定的总价款的，预购人应当将其转让预购商品房的情况书面通知房地产开发企业。转让预购的商品房的，预购人与受让人应当签订书面合同，并在合同签订后 15 日内依照本办法第四十条的规定到原登记机关申请变更预售合同登记备案。"

售房中的欺诈行为能否适用这一惩罚性赔偿？对此，理论和实践均存在争议

反对观点的主要理由是：第一，《消费者权益保护法》第2条规定"消费者为生活消费需要购买、使用商品或者接受服务，其权益受本法保护；本法未作规定的，受其他有关法律、法规保护"，《消费者权益保护法》的立法目的是保护消费者日常生活消费时购买使用普通商品的利益，而商品房作为具有高昂价值的不动产应当与普通消费品进行区分，购买商品房不属于"生活消费"的范围；否则，会加重经营者负担，不利于公平交易。第二，《消费者权益保护法》制定时，主要针对的是普通商品市场存在的假冒伪劣和缺斤短两问题，其适用范围不包括商品房。第三，《消费者权益保护法》规定"本法未作规定的，受其他有关法律、法规保护"，对于商品房的特殊规定应当优先于《消费者权益保护法》适用，而2021年1月施行的《商品房买卖合同司法解释》中删除了旧司法解释中关于出卖人存在销售欺诈时承担已付购房款一倍的赔偿责任，对于商品房售房欺诈行为已不再规定惩罚性赔偿，故《消费者权益保护法》中的"三倍赔偿"也不应适用于商品房买卖。

肯定观点的主要理由是：第一，生活消费是指人们为满足个人生活需要而消费各种物质资料、精神产品，包括吃饭、穿衣、住房以及使用日用品和交通工具等消费活动。如果消费者以生活消费目的购买商品房，则该商品房应是《消费者权益保护法》所称的商品。第二，从解释论的视角来看，不能对《消费者权益保护法》第2条进行限缩解释，既然《消费者权益保护法》对于商品房并无明文规定加以排除适用，商品房自然可以适用《消费者权益保护法》的相关规定。

购房者遇到售房欺诈行为，一方面可选择适用《消费者权益保护法》第55条的规定，以寻求利益保护的最大化。另一方面，如果适用该条规定出现困境，买受人可依据《民法典》第577条"当事人一方不履行合同义务或者履行合同义务不符合约定的，应当承担继续履行、采取补救措施或者赔偿损失等违约责任"，要求出卖人承担责任。如果商品房已经登记至他人名下，可以依据《民法典》第580条"不能实现合同目的的，人民法院或者仲裁机构可以根据当事人的请求终止合同权利义务关系，但是不影响违约责任的承担"。具体的违约责任可由买受人与出卖人在合同中约定，没有约定或约定不明时可适用《民法典》第584条"当事人一方不履行合同义务或者履行合同义务不符合约定，造成对方损失的，损失赔偿额应当相当于因违约所造成的损失，包括合同履行后可以获得的利益"的规定，确定损失赔偿范围。

3. 关于商品房的计价方式

商品房的销售价格原则上可由当事人协商确定，但国家另有规定的除外。《商品房销售管理办法》第18条规定："商品房销售可以按套（单元）计价，也可以按套内建筑面积或者建筑面积计价。""按套（单元）计价或者按套内建筑面积计价的，商品房买卖合同中应当注明建筑面积和分摊的共有建筑面积。"该办法第19条规定："按套（单元）计价的现售房屋，当事人对现售房屋实地勘察后可以在合同中直接约定总价款。按套（单元）计价的预售房屋，房地产开发企业应当在合同中附所售房屋的平面图。平面图应当标明详细尺寸，并约定误差范围。房屋交付时，套型与设计图纸一致，相关尺寸也在约定的误差范围内，维持总价款不变；套型与设计图纸不一致或者相关尺寸超出约定的误差范围，合同中未约定处理方式的，买受人可以退房或者与房地产开发企业重新约定总价款。买受人退房的，由房地产开发企业承担违约责任。"

实践中，各地的商品房买卖价款通常采取的是按照建筑面积或套内面积计价的方式，但也允许当事人选择按套（单元）计价的方式。

4. 关于商品房交付面积误差的处理

《商品房销售管理办法》第20条规定，按套内建筑面积或者建筑面积计价的，当事人应当在合同中载明合同约定面积与产权登记面积发生误差的处理方式。合同未作约定的，按以下原则处理：①面积误差比绝对值在3%以内（含3%）的，据实结算房价款；②面积误差比绝对值超出3%时，买受人有权退房。买受人退房的，房地产开发企业应当在买受人提出退房之日起30日内将买受人已付房价款退还给买受人，同时支付已付房价款利息。买受人不退房的，产权登记面积大于合同约定面积时，面积误差比在3%以内（含3%）部分的房价款由买受人补足；超出3%部分的房价款由房地产开发企业承担，产权归买受人。产权登记面积小于合同约定面积时，面积误差比绝对值在3%以内（含3%）部分的房价款由房地产开发企业返还买受人；绝对值超出3%部分的房价款由房地产开发企业双倍返还买受人。

$$面积误差比 = \frac{产权登记面积 - 合同约定面积}{合同约定面积} \times 100\%$$

5. 关于质量瑕疵的法律后果

按照《民法典》的规定，出卖人应承担瑕疵担保责任。对于商品房的质量瑕疵，《商品房买卖合同司法解释》区分不同情况作了不同规定：第一，因房屋主体结构质量不合格不能交付使用，或者房屋交付使用后，房屋主体结构质量经核验确属不合格的情况，《商品房买卖合同司法解释》第9条规定买受人可以请求解除合同和赔偿损失；第二，因房屋质量问题严重影响正常居住使用，《商品房买卖合同司法解释》第10条规定买受人可以请求解除合同和赔偿损失；第三，对于其他质量问题，在保修期内由出卖人承担修复责任，出卖人拒绝修复或者在合理期限内拖延修复的，买受人可以自行或者委托他人修复，修复费用及修复期间造成的其他损失由出卖人承担。

6. 关于办理房屋权属证书迟延与不能办理的责任

因出卖人的原因买受人未能按期取得房屋权属证书的，按照《商品房买卖合同司法解释》第14条的规定，除当事人有特殊约定外，出卖人应当承担违约责任：①商品房买卖合同约定的办理房屋所有权登记的期限；②商品房买卖合同的标的物为尚未建成房屋的，自房屋交付使用之日起90日；③商品房买卖合同的标的物为已竣工房屋的，自合同订立之日起90日。《商品房买卖合同司法解释》第15条规定："商品房买卖合同约定或者城市房地产开发经营管理条例第32条规定的办理房屋所有权登记的期限届满后超过一年，[①]因为出卖人的原因，导致买受人无法办理房屋所有权登记，买受人请求解除合同和赔偿损失的，应予支持。"

7. 商品房消费者优先权的规定与适用

优先受偿权是指在某一特殊债权债务关系中某一债权人依照法律的规定对债务人的财产所享有的优先于其他债权人受偿的权利，其中就包括商品房消费者享有的物权期待权。消费者购买商品房关乎生存利益的实现，消费者的购房权属于生存权益。鉴于未办理房屋过户登记时的商品房消费者位于弱势地位，因此赋予商品房消费者以类似于所有权人的法律地位，以对抗其他债权人对目标房屋的执行，具有价值上的合理性，对商品房消费者物权期待权的保护亦是基于对消费者生存权这一价值的保护。

---

① 《城市房地产开发经营管理条例》第32条规定："预售商品房的购买人应当自商品房交付使用之日起90日内，办理土地使用权变更和房屋所有权登记手续；现售商品房的购买人应当自销售合同签订之日起90日内，办理土地使用权变更和房屋所有权登记手续。房地产开发企业应当协助商品房购买人办理土地使用权变更和房屋所有权登记手续，并提供必要的证明文件。"

2002 年的《工程价款优先受偿批复》曾规定："消费者交付购买商品房的全部或者大部分款项后，承包人就该商品房享有的优先受偿权不得对抗买受人"，据此批复，商品房消费者的权利优先于建设工程价款优先权，也优先于抵押权。

2023 年 4 月 20 日，《最高人民法院关于商品房消费者权利保护问题的批复》明确规定，商品房消费者以居住为目的购买房屋并已支付全部价款，主张其房屋交付请求权优先于建设工程价款优先受偿权、抵押权以及其他债权的，人民法院应当予以支持。在房屋不能交付且无实际交付可能的情况下，商品房消费者主张价款返还请求权优先于建设工程价款优先受偿权、抵押权以及其他债权的，人民法院应当予以支持。根据该规定，商品房消费者优先权有严格的适用条件：一是在人民法院查封之前已签订合法有效的书面买卖合同；二是所购商品房系用于居住且买受人名下无其他用于居住的房屋；三是已支付的价款超过合同约定总价款的 50%。其中，对于"买受人名下无其他用于居住的房屋"，可以理解为在案涉房屋同一设区的市或者县级市范围内商品房消费者名下没有用于居住的房屋。商品房消费者名下虽然已有 1 套房屋，但购买的房屋在面积上仍然属于满足基本居住需要的，可适用"买受人名下无其他用于居住的房屋"的精神。对于"已支付的价款超过合同约定总价款的 50%"，实践中如果商品房消费者支付的价款接近于 50%，且已按照合同约定将剩余价款支付给申请执行人或者按照人民法院的要求交付执行的，亦可适用。[1]

8. "带押过户"及其法律分析

"带押过户"是指依据《民法典》第 406 条之规定，在申请办理已抵押不动产转移登记时，无须提前归还旧贷款、注销抵押登记，即可完成过户、再次抵押和发放新贷款等手续，实现不动产登记和抵押贷款的有效衔接。[2]这主要适用于在银行业金融机构存在未结清的按揭贷款，且按揭贷款当前无逾期的情形。

"带押过户"系一种通俗说法，其精准的法律含义指的是抵押物所有权转移登记与抵押权转移登记，其所涉及的法律关系和相关登记制度的适用具有连续性与闭合性特征。"带押过户"的法律依据是《民法典》第 406 条的规定，

---

① 参见《全国法院民商事审判工作会议纪要》（法〔2019〕254 号）第 125—126 条。

② 参见 2023 年 3 月自然资源部、中国银行保险监督管理委员会发布的《协同做好不动产"带押过户"便民利企服务的通知》。

即"抵押期间，抵押人可以转让抵押财产。当事人另有约定的，按照其约定。抵押财产转让的，抵押权不受影响"。

"带押过户"主要有三种模式。模式一：新旧抵押权组合模式。通过借新贷、还旧贷无缝衔接，实现"带押过户"。买卖双方及涉及的贷款方达成一致，约定发放新贷款、偿还旧贷款的时间和方式等内容，不动产登记机构合并办理转移登记、新抵押权首次登记与旧抵押权注销登记。模式二：新旧抵押权分段模式。通过借新贷、过户后还旧贷，实现"带押过户"。买卖双方及涉及的贷款方达成一致，约定发放新贷款、偿还旧贷款的时间和方式等内容，不动产登记机构合并办理转移登记、新抵押权首次登记等，卖方贷款结清后及时办理旧抵押权注销登记。模式三：抵押权变更模式。通过抵押权变更实现"带押过户"。买卖双方及涉及的贷款方达成一致，约定抵押权变更等内容，不动产登记机构合并办理转移登记、抵押权转移登记以及变更登记。

"带押过户"交易的主要法律功能体现在三方面：一是保障银行及债权人在抵押物被流转的情形下其原抵押权效力依然具有持续性和安全性；二是授权抵押物所有人在未消灭抵押物权利负担的情形下可与第三方直接构建抵押物流转合同法律关系；三是确保抵押物受让人通过"带押过户"交易可及时办理转移登记以获取抵押物所有权。该三项法律功能的实现，有赖于不动产登记机构对原抵押权的转移登记、注销登记以及对新抵押权的设立登记等事项实施"并件连环"的方式提供登记服务，同时在确保债权人原抵押权安全性的基础上，一并办理抵押物所有权的转移登记，从而极大地节省了交易时间，降低了交易难度和成本。

"带押过户"法律功能的实现需要"预告登记"制度的支持，由于抵押物所有权在转移登记前，其法定物权依然属于抵押人，如果此时抵押物被第三方采取司法保全措施，则增加了买受人获取所有权的法律障碍。在"带押过户"交易中引入预告登记制度，可有效地防范各方的法律风险。根据《民法典》第221条规定，当事人签订买卖房屋的协议或者签订其他不动产物权的协议，为保障将来实现物权，按照约定可以向登记机构申请预告登记。预告登记后，未经预告登记的权利人同意，处分该不动产的不发生物权效力。依此，"带押过户"交易中，转让方与受让方在签订抵押物流转合同时即可办理对抵押物的预告登记。此外，由于地方实践做法不一，在明确"带押过户"涉及的登记类型的基础上，应理顺各登记类型的登记顺位；否则，会架空连续登记原则。

9. 借名购买商品房的法律问题

借名购买商品房是指当事人约定一方以他人名义购买商品房，并将房屋登记在他人名下，借名人实际享有房屋权益的一种合同关系。借名是一种双方法律行为，是借名人与出名人合意的结果，当事人双方存在口头或者书面借名的意思表示，并成立借名合同。从借名购买的房屋类型划分，一类是借名购买商品房；另一类是借名购买保障性住房。借名购房引发的法律争议主要为借名购房合同的效力以及房屋的物权归属。

关于借名商品房合同的性质，借名购房合同是借名人与出名人双方意思表示一致的前提下，所达成的设定民事权利义务的约定，属于合同的范畴当无疑义。其作为合同之一种，系双方约定出名人受借名人委托，由出名人订立买卖合同、办理不动产登记等手续，该行为符合委托合同的特征，应准用委托合同的规定。在类型上，因出名人与借名人之间在缔约事宜上存在委托关系，故可称之为"委托型借名购房"。[①] 因此，借名购商品房合同的设立和生效条件等应当符合《民法典》的相关规定，其效力受《民法典》的调整。

《民法典》第209条规定不动产物权的设立、变更、转让和消灭，经依法登记，发生效力。但对于借名购买商品房，不动产登记并不具有绝对性，不能仅依不动产登记来确定不动产物权归属，还应当考察不动产的真实权利状况与双方的真实意思表示，进而确定不动产的权属，即遵循事实物权优于法律物权的规则。由于登记表彰的物权状态并不必然与真实物权状态一致，当出名人与借名人就登记簿上记载的商品房物权归属发生争议时，应依据真实的权利状况，对借名人的借名、出资购房、房贷偿还及占有居住房屋等事实进行综合考量，以此来确定房屋的真实物权人，使其回归真实物权状态。对此，《民法典物权编司法解释（一）》第2条规定："当事人有证据证明不动产登记簿的记载与

[①] 实践中，借名购买商品房的情形较为复杂。例如，《北京市高级人民法院关于审理房屋买卖合同纠纷案件适用法律若干问题的指导意见（试行）》（京高法发〔2010〕458号）第15条规定："当事人约定一方以他人名义购买房屋，并将房屋登记在他人名下，借名人实际享有房屋权益，借名人依据合同约定要求登记人（出名人）办理房屋所有权转移登记的，可予支持。但是，该房屋因登记人的债权人查封或其他原因依法不能办理转移登记，或者涉及善意交易第三人利益的除外。当事人一方提供证据证明其对房屋的购买确实存在出资关系，但不足以证明双方之间存在借名登记的约定，其主张确认房屋归其所有或要求登记人办理房屋所有权转移登记的，不予支持；其向登记人另行主张出资债权的，应当根据出资的性质按照相关法律规定处理。"

真实权利状态不符、其为该不动产物权的真实权利人，请求确认其享有物权的，应予支持。"

第三节　房地产抵押及相关制度

一、房地产抵押的基本规定

（一）房地产抵押的特征

1. 房地产抵押物具有复合性

《城市房地产管理法》第32条规定："房地产转让、抵押时，房屋的所有权和该房屋占用范围内的土地使用权同时转让、抵押。"《民法典》第397条规定："以建筑物抵押的，该建筑物占用范围内的建设用地使用权一并抵押。以建设用地使用权抵押的，该土地上的建筑物一并抵押。"因此，房地产抵押的标的既包括地上物，还包括地上物占用范围内的建设用地使用权。当然，如果土地之上没有地上物，可仅以建设用地使用权单独设定抵押。对于乡镇、村企业的建设用地使用权，《民法典》第398条规定其不得单独抵押，只能"地随房走"，即乡镇、村企业的厂房等建筑物抵押的，其占用范围内的建设用地使用权一并抵押。

2. 房地产抵押具有要式性

设定房地产抵押，抵押人和抵押权人应订立书面合同。《民法典》第400条规定："设立抵押权，当事人应当采取书面形式订立抵押合同。"此外，房地产抵押权这种物权的生效还需办理房地产抵押权登记。[①]

3. 房地产抵押具有从属性

房地产抵押与其所担保的债权形成主从关系，房地产抵押权依附于被担保的债权而存在，其成立以债权存在为前提，随被担保债权的移转而移转，随被担保债权的消灭而消灭。《民法典》第393条规定："有下列情形之一的，担保物权消灭：（一）主债权消灭；（二）担保物权实现；（三）债权人放弃担

---

① 参见《民法典》第402条。

保物权；（四）法律规定担保物权消灭的其他情形。"《民法典》第 407 条规定："抵押权不得与债权分离而为单独转让或者作为其他债权的担保。债权转让的，担保该抵押的抵押权一并转让，法律法规另有规定或当事人另有约定的除外。"

房地产抵押违反从属性的不予保护。《担保制度司法解释》第 3 条规定："当事人对担保责任的承担约定专门的违约责任，或者约定的担保责任范围超出债务人应当承担的责任范围，担保人主张仅在债务人应当承担的责任范围内承担责任的，人民法院应予支持。担保人承担的责任超出债务人应当承担的责任范围，担保人向债务人追偿，债务人主张仅在其应当承担的责任范围内承担责任的，人民法院应予支持；担保人请求债权人返还超出部分的，人民法院依法予以支持。"

4. 房地产抵押具有物上代位性

房地产抵押以支配抵押物的价值为目的，无论抵押物形态如何变化，只要抵押物的价值存在，抵押权就存在并可实现抵押担保的目的。因此，当抵押的房地产原有形态发生变化时，房地产抵押权的效力及于该抵押房地产的代位物。《民法典》第 390 条对担保物权的物上代位性作了规定："担保期间，担保财产损毁、灭失或者被征收等，担保物权人可以就获得的保险金、赔偿金或者补偿金等优先受偿。"

5. 房地产抵押具有期限性

《民法典》第 419 条规定，抵押权人应在主债权诉讼时效期间行使抵押权；未行使的，人民法院不予保护。理论上讲，房地产抵押权作为担保物权的一种，本身不适用诉讼时效制度，如果抵押权人未在主债权诉讼时效期间行使抵押权，抵押权仍然存在，抵押人自愿履行担保义务的，抵押权人依然可行使抵押权。但是，为了防止抵押权人怠于行使抵押权，充分发挥房地产抵押财产的经济效用，基于抵押权的从属性，现行法规定抵押权人应在主债权诉讼时效期间内行使抵押权。

（二）房地产抵押权设定的条件

1. 抵押合同

依据《民法典》第 388 条、《城市房地产管理法》第 50 条以及《民法典》

第 400 条的规定，房地产抵押权的设定应当签订书面抵押合同，未签订书面抵押合同，但已经履行合同的，例如办理了抵押登记的，房地产抵押合同仍可生效。房地产抵押合同是主债权合同的从合同，抵押合同既可以单独订立，也可以抵押条款的形式在主债权合同中体现。房地产抵押合同生效，即产生债权的法律效果。

2. 抵押登记

抵押登记是房地产抵押权这种物权变动公示原则的体现，目的是使第三人能够了解抵押存在的事实，防止第三人因不知房地产已经抵押的事实而遭受损失。依《城市房地产抵押管理办法》第 30 条的规定，抵押当事人应自抵押合同签订之日起 30 日内到不动产登记机构办理房地产抵押登记。但是，是否办理抵押登记并不影响抵押合同本身产生的合同债权法律效力。

3. 抵押标的物

房地产抵押的标的物应当是合法的房地产。依照《城市房地产抵押管理办法》和《民法典》的相关规定，可以抵押的房地产包括：建筑物、建设用地使用权、正在建造的建筑物等。

不得设定抵押权的房地产包括：①权属有争议的房地产；②用于教育、医疗、市政等公共福利事业的房地产；③列入文物保护范围的建筑物和有重要纪念意义的其他建筑物；④已依法公告列入拆迁范围的房地产；⑤被依法查封、扣押、监管或者以其他形式限制的房地产；⑥依法不得抵押的其他房地产，如《民法典》规定土地所有权不得抵押，宅基地、自留地、自留山等集体所有土地的使用权（法律另有规定的除外）。

（三）房地产抵押担保的效力范围

1. 房地产抵押担保的债权范围

根据我国《民法典》第 389 条的规定，房地产抵押担保的债权范围主要包括：

（1）主债权。又称原债权或本债权，是担保的债权的主要内容。

（2）利息。包括法定利息、约定利息和迟延利息。

（3）违约金。如果当事人在合同中约定了违约金，违约金属于担保范围；如果抵押合同并未将违约金列入所担保的债权范围，则抵押权的效力不及于违约金。

（4）损害赔偿金。是债务人在履行主合同过程中的过失给债权人造成损害而给予债权人的赔偿金额。损害赔偿金具有法定性，即使当事人未约定，只要能证明实际损失的存在，债务人即应予以赔偿。

（5）实现抵押权的费用。是指抵押权人为实现其抵押权所支付的费用，包括申请费、抵押物的拍卖费、评估费、保全费、保管费等。

（6）当事人约定的其他债权。房地产抵押担保的债权范围由当事人在担保合同中自由约定。有疑问的是，如果合同约定的担保范围与登记簿不一致，以何者为准？《担保制度司法解释》第47条规定："不动产登记簿就抵押财产、被担保的债权范围等所作的记载与抵押合同约定不一致的，人民法院应当根据登记簿的记载确定抵押财产、被担保的债权范围等事项。"考虑到实践中我国不同地区的不动产登记系统设置及登记规则的差异，《全国法院民商事审判工作会议纪要》（法〔2019〕254号）第58条"担保债权的范围"作了规定，即"以登记作为公示方式的不动产担保物权的担保范围，一般应当以登记的范围为准。但是，我国目前不动产担保物权登记，不同地区的系统设置及登记规则并不一致，人民法院在审理案件时应当充分注意制度设计上的差别，作出符合实际的判断：一是多数省区市的登记系统未设置'担保范围'栏目，仅有'被担保主债权数额（最高债权数额）'的表述，且只能填写固定数字。而当事人在合同中又往往约定担保物权的担保范围包括主债权及其利息、违约金等附属债权，致使合同约定的担保范围与登记不一致。显然，这种不一致是由于该地区登记系统设置及登记规则造成的该地区的普遍现象。人民法院以合同约定认定担保物权的担保范围，是符合实际的妥当选择。二是一些省区市不动产登记系统设置与登记规则比较规范，担保物权登记范围与合同约定一致在该地区是常态或者普遍现象，人民法院在审理案件时，应当以登记的担保范围为准。"

2. 房地产抵押担保所涉及物的范围

（1）房地产本身。除了现实的房地产，我国《城市房地产抵押管理办法》《民法典》等规定预售商品房和在建工程亦可抵押。

（2）附属物。附属物即主物的从物。建筑物往往存在附属物，如取暖设施、通信设施、照明设施等。如果法律没有规定或当事人没有约定，房地产抵押权的效力不仅及于设定抵押权时已存在的附属物，还及于设定抵押权后产生的附属物。

（3）孳息。《民法典》第412条规定："债务人不履行到期债务或者发生当事人约定的实现抵押权的情形，致使抵押财产被人民法院依法扣押的，自扣押之日起抵押权人有权收取该抵押财产的天然孳息或者法定孳息。但是抵押权人未通知应当清偿法定孳息义务人的除外。"因此，房地产抵押权及于抵押物自扣押时起至抵押权实现时止所产生的孳息。

（4）新增房屋的处理。《城市房地产管理法》第52条以及《民法典》第417条都明确规定，建设用地使用权抵押后，该土地上新增建筑物不属于抵押财产。这主要是因为抵押权在设定时，该新增房屋尚未动工，当事人只是就已经存在的房地产设定抵押，所以新增房屋不属于抵押物范围符合当事人的意思表示。为了便于抵押权的实现，需要拍卖该抵押的房地产时，可以依法将该土地上新增的房屋与抵押物一同拍卖，但对于拍卖新增房屋所得，抵押权人无权优先受偿。

（5）抵押物的代位物。根据《民法典》第390条的规定，担保期间，担保财产损毁、灭失或者被征收等情况下，房地产抵押权的效力应当及于抵押物的代位物。

（四）房地产抵押权的实现

1. 房地产抵押权实现的条件

《民法典》410条第1款规定："债务人不履行到期债务或者发生当事人约定的实现抵押权的情形，抵押权人可以与抵押人协议以抵押财产折价或者以拍卖、变卖该抵押财产所得的价款优先受偿。"依此规定，房地产抵押权人处分抵押房地产一是以债务人不履行债务为前提；二是发生了当事人约定的实现抵押权的情形。

根据《城市房地产抵押管理办法》第40条的规定，当出现下列情况时，抵押权人有权要求实现抵押权：①债务履行期满，抵押权人未受清偿，债务人又未能与抵押权人达成延期履行协议的；②抵押人死亡或者被宣告死亡而无人代为履行到期债务的；或者抵押人的合法继承人、受遗赠人拒绝履行到期债务的；③抵押人被依法宣告解散或者破产的；④抵押人违反有关规定，擅自处分抵押房地产的；⑤抵押合同约定的其他情况。

2. 房地产抵押权实现的方式

房地产抵押权实现的方式一般有折价、变卖、拍卖等，当事人可以通过协商选择采取上述方式实现抵押权；协商不成，可以向人民法院提起诉讼，请求拍卖或变卖该房地产。实践中，多采用拍卖的方式实现抵押权。《城市房地产抵押管理办法》第 41 条规定："有本办法第四十条规定情况之一的，经抵押当事人协商可以通过拍卖等合法方式处分抵押房地产。协议不成的，抵押权人可以向人民法院提起诉讼。"但是，该协议不得损害其他债权人的权益。对此，《民法典》第 410 条第 1 款后句规定："协议损害其他债权人利益的，其他债权人可以在知道或应当知道撤销事由之日起一年内请求人民法院撤销该协议。"有必要说明的是，根据《民法典》第 410 条第 2 款的规定，^① 我国抵押权实现采行的是"司法保护下的自救主义"，当事人未就抵押权实现方式达成一致的，通过司法救济的程序是非诉程序，即无须经过诉讼全过程，法院即可裁判实现抵押权。该程序效率高、成本低，有利于抵押权人的权益保护。

3. 处分抵押房地产所得金额的分配

处分抵押房地产所得金额，依下列顺序分配：①支付处分抵押房地产的费用；②扣除抵押房地产应缴纳的税款；③偿还抵押权人债权本息及支付违约金；④赔偿由债务人违反合同而对抵押权人造成的损害；⑤剩余金额交还抵押人。处分抵押房地产所得金额不足以支付债务和违约金、赔偿金时，抵押权人有权向债务人追索不足部分。《民法典》第 413 条规定："抵押财产折价或者拍卖、变卖后，其价款超过债权数额的部分归抵押人所有，不足部分由债务人清偿。"

4. 处分抵押房地产时应注意的其他法律问题

（1）抵押权人处分抵押房地产时，应事先书面通知抵押人；抵押房地产为共有或者出租的，还应当同时书面通知共有人、承租人、居住权人；同等条件下，按份共有人或承租人依法享有优先购买权。

（2）同一房地产设定两个以上抵押权时，以抵押登记的先后顺序受偿，抵押权已登记的优于未登记的受偿。^②

（3）以两宗以上房地产设定抵押的，视为同一抵押房地产，当事人另有约定的除外。

（4）以划拨方式取得的建设用地使用权连同地上物设定的房地产抵押进行处分时，应当从处分所得的价款中缴纳相当于应当缴纳的建设用地使用权出

---

① 《民法典》第 410 条第 2 款的规定："抵押权人与抵押人未就抵押权实现方式达成协议的，抵押权人可以请求人民法院拍卖、变卖抵押财产。"

② 参见《民法典》第 414 条。

让金的款额后，抵押权人方可优先受偿。

（5）在集体经营性建设用地使用权上设定抵押，实现抵押权时，未经法定程序，不得改变建设用地使用权的性质和用途。

（6）抵押期间，抵押的房地产可以转让或者出租，当事人另有约定的，按照其约定。抵押人转让抵押财产的，应当及时通知抵押权人。抵押权人能够证明抵押财产转让可能损害抵押权的，可以请求抵押人将转让所得的价款向抵押权人提前清偿债务或者提存。转让的价款超过债权数额的部分归抵押人所有，不足部分由债务人清偿。

（7）因处分抵押房地产而取得建设用地使用权和房屋所有权的，应当依法办理转移登记。

（五）房地产抵押权的终止

依据《民法典》第393条的规定，出现下列情形之一的，房地产抵押权终止：

1. 主债权消灭

房地产抵押权为担保主债权而存在，主债权因清偿、抵消、免除等原因而消灭，房地产抵押权应当随之终止。

2. 抵押权实行

抵押权的实行，即抵押权的实现。抵押权一旦得到实现，房地产抵押权随之终止。

3. 抵押权抛弃

抵押权人可任意处分其抵押权，除非这种处分危及第三人的利益。抵押权人放弃其优先受偿的抵押权益时，抵押权归于消灭。根据《民法典》第409条的规定，抵押权人可以放弃抵押权或抵押权的顺位。抵押权人与抵押人可以协议变更抵押权顺位以及被担保的债权数额等内容，但抵押权的变更，未经其他抵押权人书面同意，不得对其他抵押权人产生不利影响，否则其他担保人在抵押权人丧失优先受偿权益的范围内免除担保责任。

4. 抵押物灭失

抵押物是抵押权的客体，抵押物灭失之后抵押权作为设定在抵押物之上的物权也随之消灭。但抵押物灭失之后存在代位物的，抵押权人依据物上代位的规定，可继续在代位物上设置抵押权。在以房地产作为抵押物的情形下，抵押房地产灭失后没有其他替代物，抵押权随即灭失，所担保的债权变成普通债权。

二、住房反向抵押

（一）住房反向抵押与普通房屋抵押的区别

所谓住房反向抵押，也称"倒按揭"或"反按揭"，是指达到一定年龄条件的老年人将其拥有的有处分权的房产抵押给商业银行、保险机构或者是具有政府背景的公益性机构，由该机构按照房产的价值依据一定的方式支付现金给老年人，以保障老年人晚年生活。

住房反向抵押制度最早源于荷兰。目前，美国、加拿大、德国、法国等西方发达国家及亚洲的日本、新加坡等国已经建立起比较成熟的住房反向抵押制度。

在我国，2013 年 9 月《国务院关于加快发展养老服务业的若干意见》提出"开展老年人住房反向抵押养老保险试点"。2014 年 6 月，保监会发布《中国保监会关于开展老年人住房反向抵押养老保险试点的指导意见》，决定开展住房反向抵押养老保险试点。2016 年 7 月，保监会发布了《中国保监会关于延长老年人住房反向抵押养老保险试点期间并扩大试点范围的通知》，延长住房反向抵押养老保险试点期间，扩大试点范围。2018 年 7 月，保监会发布了《关于扩大老年人住房反向抵押养老保险开展范围的通知》，进一步扩大住房反向抵押养老保险的范围，将老年人住房反向抵押养老保险扩大到全国范围开展。2020 年 1 月 23 日，中国银保监会等 13 部门联合发布的《关于促进社会服务领域商业保险发展的意见》指出，要优化老年人住房反向抵押养老保险支持政策，建立完善支持老年人住房反向抵押养老保险业务发展的合同赋予强制执行效力、公证遗产管理人、房产差异化处置等制度，促进相关业务规范发展。

住房反向抵押不同于普通房屋抵押：一是主体不同。住房反向抵押的主体为达到一定年龄的老年人；普通房屋抵押的主体则无此限制。二是贷款目的不同。住房反向抵押设立的目的不仅仅是融资，从某种意义上是为老年人的晚年生活提供一种保障，具有一定的社会福利性质；普通房屋抵押一般情况下是借款人基于一定的经济目的设立的。三是期限不同。住房反向抵押的期限一般是到抵押人死亡或永久搬离房屋之时，这个期限是不确定的；普通房屋抵押则有一定的确定期限。四是贷款机构不同。普通房屋抵押贷款机构一般是商业银行；住房反向抵押的贷款机构则可以是商业银行、保险机构或者是具有政府背景的公益性机构。我国现行政策倾向于商业保险机构开展此项业务。

（二）住房反向抵押法律关系

1. 住房反向抵押的主体

住房反向抵押法律关系的主体即房屋所有权人与金融或保险机构之间兼具双重法律关系：一是借贷法律关系，属于基础法律关系。房屋所有权人为债务人，金融或保险机构为债权人；二是抵押担保法律关系，属于从属地位的法律关系。房屋所有权人为抵押人，金融或保险机构为抵押权人。在双重法律关系中，为担保借贷合同的履行，债务人将房屋所有权移转至债权人，债权人成为房屋的所有权人。由于设定抵押以担保主债权的实现为目的，故债权人仅得以担保债权清偿为限行使其对担保房屋的所有权，担保房屋并不转移占有，债务人仍有权占有、使用该房屋。

2. 住房反向抵押的客体

住房反向抵押的客体即用于抵押担保的私有房屋。成为住房反向抵押客体的前提系抵押人对该抵押房屋拥有完整的所有权，对抵押房屋以及该房屋所依附的土地使用权均无权利瑕疵。

3. 住房反向抵押双方的权利义务

（1）抵押人的权利与义务。抵押人享有的权利包括：取得贷款权；对抵押房屋的占有、使用、收益权利；解除合同权；房屋增值收益权；优先购买权以及其他权利。抵押人承担的义务包括：房屋的瑕疵担保义务，包括权利瑕疵担保和物的瑕疵担保；严格遵守合同约定的时间、方式、数额收取和使用贷款等义务；在合同期限内随时接受抵押权人的监督检查；负担居住房屋所产生的物业费、房产税、维修费等费用；保证债权的实现；其他法定或约定的附随义务。

（2）抵押权人的权利与义务。抵押权人享有的权利包括：贷款额度确定权；法定合同解除权（抵押人违约时）；房屋监督和定期检查权；对抵押人享有合法的担保物权和债权；依规定收取费用。抵押权人承担的义务包括：依约按时足额支付贷款；不得行使房屋升值的追索权；对抵押人在合同有效期内居住房屋以及提前还贷的容忍义务；信息披露义务；依法定或约定对抵押人提供的资料或信息负有保密义务以及其他义务。

三、房地产按揭与让与担保

（一）房地产按揭

1. 房地产按揭的概念及特征

按揭制度是借鉴英美法的产物，"按揭"一词是我国香港学者对英文"mortgage"的汉译。英美法上的按揭是指以土地或动产为担保给定的债务的履行或其他义务的解除而进行的转移和让渡。[1]我国香港法律中的按揭与英美法中的按揭含义大致相同，均是通过转移特定财产即按揭物的权利以保障债权的实现，同时赋予按揭人以赎回权的一种担保形式。

随着住房制度改革的不断深入，我国内地从香港地区引进了按揭制度，但现行法中尚无"按揭"一词，《商品房买卖合同司法解释》使用了"商品房担保贷款"这一术语。我国内地所谓的商品房按揭实际上是银行在吸收、发展英美法和我国香港地区的按揭制度的基础上而创设出的一种新型担保形式。与英美法和我国香港的按揭制度相比，我国内地的按揭制度具有以下特点：

（1）英美法和我国香港地区的按揭在设定时，要求将按揭物权利转移给按揭权人；而我国内地的按揭在设定时，并不要求特定财产权利的转移，贷款银行只要求按揭人将按揭物的权利证书或债权文书交其保管。

（2）英美法和我国香港地区的按揭制度中，若债务人不履行债务，债权人可以确定地取得标的物的所有权；但在我国内地的按揭中，银行作为债权人并不取得按揭物的所有权，通常是由银行将按揭物拍卖或变卖优先受偿或由房产商将房屋回购，并以回购款偿付银行本息。

（3）由于我国内地的按揭在设立时并不移转财产权利，因此按揭人的分期付款行为只是债务履行行为，而不是赎回按揭房屋所有权的行为；而英美法和我国香港地区的按揭中，债务人是享有赎回权的。

2. 房地产抵押与按揭的区别

由于我国内地的按揭在设立时并不移转按揭物的所有权给按揭权人，所以，现实中按揭的运行与房地产抵押并无实质区别，但与英美法和我国香港地区法

---

[1] Cheshire and Burn's, *Modern Law of Real Property*, 13th, ed. Butterworths, 1982, p. 617.

律中的按揭相比较，抵押与按揭还是有区别的。

（1）房地产抵押不转移房地产的所有权，也不移转占有权，抵押人在抵押期间内仍可以占有、使用抵押物并从中受益；而按揭要转移标的物所有权，即按揭权人取得标的物的所有权，以此为债权实现的保障。

（2）抵押权的标的物可以是动产，也可以是房地产。房地产抵押的标的物，可以是现房，也可以是期房和在建工程；而房地产按揭的标的物只能是房地产，且主要是期房。

（3）发生纠纷时，房地产抵押权人是以担保物权人的身份主张受偿权的；而按揭权人是以所有权人的身份主张权利的。

（二）房地产转按揭与加按揭

1. 房地产转按揭

房地产转按揭，是指已经在贷款银行办理个人住房贷款的借款人，在贷款期间内，因所购房屋出售、赠与等原因，将房屋所有权和按揭借款余额同时转让给他人，并由贷款银行为其办理贷款转移手续。其中，转让人即原个人住房贷款借款人，受让人即转按揭之后的新借款人。

在按揭贷款中，借款人既是债务人又是抵押人，贷款银行既是债权人又是抵押权人。因此，转按揭就是借款人在贷款尚未清偿完毕的情况下将作为抵押物的房产转移给受让人，同时将其尚未清偿的债务转移给受让人并由受让人继续清偿。

转按揭涉及的是债务转移问题。《民法典》第551条规定，债务人将合同的义务全部或者部分转移给第三人的，应当经债权人同意。可见，在贷款银行同意的情况下，原借款人可以将尚未清偿的贷款本息转移给受让人并由受让人继续清偿。此外，按揭也涉及抵押房产的转让问题。对此，《民法典》第406条有明确规定。

2. 房地产加按揭

房地产加按揭，是指对银行现有个人住房贷款人发放的以原贷款抵押物为担保的用于购买新住房及家居消费的贷款。在办理过程中，银行根据房屋价值提升幅度，释放出房产升值的资金给贷款人。实操层面，房屋加按揭的贷款金额通常不超过房屋增值部分的价值。

在房价持续上涨的环境下，住房信贷规模容易被放大。银行为抢占个人住房贷款市场，以金融创新的名义推出诸如"循环贷""净值贷""随心贷""存抵贷"等命名的房屋加按揭和转按揭业务。为确保金融安全，中国人民银行曾明确禁止商业银行办理房地产加按揭业务。^①属于再抵押性质的房地产加按揭，与前述房地产转按揭一样，只要在现行法的框架内运行，均应肯定其合法性。

（三）房地产让与担保

1. 让与担保的概念及现行法规定

对于让与担保的概念，学者们认识不一。依多数学者的见解，所谓让与担保，是指为了担保债权的实现，将债务人或第三人的财产转移给债权人，债务履行后，债权人应当将该财产返还债务人或者第三人；不履行债务的，债权人有权就该财产优先受偿。^②让与担保属于非典型担保，是民法典所规定的抵押权、质权等典型担保物权的对称。让与担保的标的物可以是动产，也可以是不动产或者权利，如果以房地产或者房地产权利作为履行债务的担保，而其设计模式又符合让与担保的，则为房地产让与担保。

世界各国民法典鲜有明文规定让与担保制度的，该制度主要由德国、日本等国的判例所确立。我国对让与担保制度争议较大，2002年的《中华人民共和国民法典（草案）》曾规定了让与担保制度。该草案倾向于将房地产让与担保设计为近似于房地产抵押的模式。^③对是否应肯定让与担保的法律地位，立法界有很大的争议，最终出台的《民法典》未明确规定让与担保制度。《民法典》生效前，最高人民法院《全国法院民商事审判工作会议纪要》（法

---

① 2007年9月27日，中国人民银行、中国银行业监督管理委员会发布的《关于加强商业性房地产信贷管理的通知》规定："商业银行不得发放贷款额度随房产评估价值浮动、不指明用途的住房抵押贷款；对已抵押房产在购房人没有全部归还贷款前，不得以再评估后的净值为抵押追加贷款。"

② 梁慧星，陈华彬. 物权法 [M]. 3版. 北京：法律出版社，2003：364.

③ 《中华人民共和国民法典（草案）·物权法编》第313条的规定，以不动产或者权利作为让与担保标的的，设立让与担保的权利适用法律有关不动产抵押以及权利质权的规定。

〔2019〕254号）第71条规定了让与担保。①《担保制度司法解释》第68条则进一步明确了让与担保的认定及权利实现的程序，即"债务人或者第三人与债权人约定将财产形式上转移至债权人名下，债务人不履行到期债务，债权人有权对财产折价或者以拍卖、变卖该财产所得价款偿还债务的，人民法院应当认定该约定有效。当事人已经完成财产权利变动的公示，债务人不履行到期债务，债权人请求参照民法典关于担保物权的有关规定就该财产优先受偿的，人民法院应予支持。债务人或者第三人与债权人约定将财产形式上转移至债权人名下，债务人不履行到期债务，财产归债权人所有的，人民法院应当认定该约定无效，但是不影响当事人有关提供担保的意思表示的效力。当事人已经完成财产权利变动的公示，债务人不履行到期债务，债权人请求对该财产享有所有权的，人民法院不予支持；债权人请求参照民法典关于担保物权的规定对财产折价或者以拍卖、变卖该财产所得的价款优先受偿的，人民法院应予支持；债务人履行债务后请求返还财产，或者请求对财产折价或者以拍卖、变卖所得的价款清偿债务的，人民法院应予支持。债务人与债权人约定将财产转移至债权人名下，在一定期间后再由债务人或者其指定的第三人以交易本金加上溢价款回购，债务人到期不履行回购义务，财产归债权人所有的，人民法院应当参照第二款规定处理。回购对象自始不存在的，人民法院应当依照民法典第一百四十六条第二款的规定，按照其实际构成的法律关系处理。"依该规定：一是明确了让与担保的一般情形，当事人约定将财产形式上转移至债权人名下，债务人不履行到期债务，债权人有权对财产折价或者以拍卖、变卖该财产所得价款偿还债务的，应认定此类合法有效。二是当事人约定将财产形式上转移至债权人名下，债务人不履行到期债务，财产归债权人所有的，应当认定该约定无效，但是不影响当事人有关提供担保的意思表示的效

---

① "债务人或者第三人与债权人订立合同，约定将财产形式上转让至债权人名下，债务人到期清偿债务，债权人将该财产返还给债务人或第三人，债务人到期没有清偿债务，债权人可以对财产拍卖、变卖、折价偿还债权的，人民法院应当认定合同有效。合同如果约定债务人到期没有清偿债务，财产归债权人所有的，人民法院应当认定该部分约定无效，但不影响合同其他部分的效力。当事人根据上述合同约定，已经完成财产权利变动的公示方式转让至债权人名下，债务人到期没有清偿债务，债权人请求确认财产归其所有的，人民法院不予支持，但债权人请求参照法律关于担保物权的规定对财产拍卖、变卖、折价优先偿还其债权的，人民法院依法予以支持。债务人因到期没有清偿债务，请求对该财产拍卖、变卖、折价偿还所欠债权人合同项下债务的，人民法院亦应依法予以支持。"

力。三是明确了实践中出现的溢价回购情形，应当认定其具备让与担保合同的构成要件，在审查回购对象是否真实存在的情况下，按照不同的规则进行处理。

有疑问的是，让与担保是否违反了流担保（流质、流押）的规定？我国《民法典》是否规定了让与担保？对此，《民法典》虽未明确规定让与担保，但通过第401条、第428对流押、流质条款的修改，在解释上亦能产生让与担保的制度效果。在适用上，不能简单依据流担保之禁止规定认定让与担保合同无效。鉴于让与担保本质上属于非典型担保，债权人签订让与担保合同的目的在于支配财产的交换价值进而使债权获得清偿，而非取得财产的所有权，如果当事人约定债务人不履行到期债务，未经清算程序财产即归债权人所有，则有违担保的本质，故应对其效力进行否定性评价。

2. 房地产让与担保的法律特征

（1）让与担保是转移所有权的担保物权。让与担保设定时，债务人或第三人将房地产所有权转移给债权人，债权人成为担保物形式上的所有权人。

（2）让与担保具有从属性。让与担保以清偿担保债权为目的，债权债务关系先于让与担保而存在。让与担保以债权债务关系的存在为基础，从属于债权债务关系，而非独立存在。

（3）所有权转移具有临时性。让与担保不同于买卖，标的物的所有权虽然转移给债权人，但并非永久转移。因为让与担保的目的不在于使债权人取得标的物的所有权，而是用标的物所有权担保其债权的实现。债务人履行债务后，让与担保权人须承担返还的义务。

（4）不转移标的物的占有。房地产让与担保的设定，无须移转标的物的占有。

3. 房地产让与担保与按揭

英美法按揭与大陆法让与担保有相似之处：第一，二者都是因交易发展的需要而产生的，目的都是为了担保债权的实现；第二，二者在设定时都将担保标的物的权利转移给债权人，债权人成为形式上的所有人。两者的区别主要有：

（1）从设立的目的看，按揭的目的是为融资购置房地产；让与担保虽然也有融资目的，但不限于购置房地产，可适用于各种交易方式。

（2）从主体上看，按揭中的按揭权人只能是银行，按揭人是购房人以及以房地产项目担保贷款的开发商；让与担保的主体是设定人和让与担保权人，让与担保权人不限于银行，担保设定人也不限于债务人。

（3）从标的物上看，按揭的标的物一般为不动产，主要是期房；让与担保的标的物包括各种动产、不动产和权利等。

4. 房地产抵押与让与担保

房地产抵押和让与担保的相似之处是：第一，设定时都不必转移对标的物的占有；第二，都具有担保债权实现的目的；第三，房地产抵押人和让与担保人都可以是债务人或债务人以外的第三人；第四，在物权变动的模式上，都以登记要件主义为原则；第五，在权利的实现方式上权利人都可以通过拍卖、变卖、折价的方式优先受偿。但二者亦有区别：

（1）标的物范围不同。房地产抵押的标的物只能是房地产及其权利；而让与担保的标的物除了房地产等不动产，还包括动产及权利。

（2）所有权是否转移不同。房地产抵押人不需要将标的物的所有权转移给抵押权人；而让与担保人则需将标的物的所有权形式上转移给让与担保权人。

第四节　房地产使用权转移

一、房屋租赁

（一）房屋租赁概述

1. 房屋租赁的概念和特征

《城市房地产管理法》第53条规定："房屋租赁，是指房屋所有权人作为出租人将其房屋出租给承租人使用，由承租人向出租人支付租金的行为。"房屋租赁与房屋买卖不同，前者转移的仅是占有权和使用权，享有所有权的出租人并不因出租而丧失其对房屋的所有权；后者则通过买卖双方的金钱和房屋的交付与登记实现物之所有权的让渡。房屋租赁的特征如下：

（1）当事人转移的是房屋的占有权、使用权，不涉及所有权。

（2）转移房屋使用权是有一定期限的。根据《民法典》第705条规定，租赁期限不得超过 20 年，超过 20 年的，超过的部分无效。租赁期限届满，承租人应当将房屋的占有权和使用权返还给出租人。

（3）房屋租赁的当事人双方应当签订书面合同。《城市房地产管理法》第 54 条规定，出租人和承租人应当签订书面租赁合同，并向房地产管理部门登记备案。《民法典》第 707 条规定，租赁期限 6 个月以上的，应当采用书面形式。当事人未采用书面形式，无法确定租赁期限的，视为不定期租赁。

（4）房屋租赁是双务、有偿民事法律行为。

2. 房屋租赁的种类

根据不同的分类标准，房屋租赁可分为不同种类。

（1）根据房屋权利的所有制性质，可将房屋租赁分为公房租赁、私房租赁等。公房租赁可划分为国有房屋租赁和集体房屋租赁，国有房屋租赁又可分为直管房租赁和自管房租赁，现阶段公房租赁主要指的是出租公共租赁房。

（2）根据房屋的用途，可将房屋租赁分为住宅房屋租赁和非住宅房屋租赁。

（3）根据房屋的商品化程度，可将房屋租赁分为商品房租赁和非商品房租赁。

（4）根据城镇与农村房屋的不同，可分为城镇房屋租赁和农村房屋租赁。

（二）房屋租赁合同

房屋租赁合同，是租赁双方签订的约定出租人将房屋交给承租人使用，承租人按约定交纳租金并于合同终止时将房屋退还给出租人的协议。房屋租赁合同是财产租赁合同的一种，具有与其他财产租赁合同相同的法律特征，但又与其他财产租赁合同有所区别，如房屋租赁的标的物是不动产，其成立须采用书面合同形式等。

1. 房屋租赁合同的主要条款

根据《城市房屋租赁管理办法》的规定，房屋租赁合同应当具备以下条款：当事人的姓名或者名称及住所；房屋的坐落、面积、装修及设施状况；租赁用途；租赁期限；租金及交付方式；房屋修缮责任；转租的约定；变更和解除合同的条件；违约责任；当事人约定的其他条款。

2. 房屋租赁合同当事人的权利和义务

房屋租赁当事人按照租赁合同的约定，享有权利并承担相应的义务。

（1）出租人的权利和义务。①出租人在租赁期限内，确需提前收回房屋时，应事先征得承租人同意；给承租人造成损失的，应当予以赔偿。②出租人应依照租赁合同约定的期限将房屋交付承租人；不能按期交付的，应当支付违约金，给承租人造成损失的，应承担赔偿责任。③出租住宅用房的自然损坏或合同约定由出租人修缮的，出租人应负责修复；不及时修复，致使房屋发生破坏性事故，造成承租人财产损失或人身伤害的，应承担赔偿责任。租用房屋从事生产、经营活动的，修缮责任由双方当事人在租赁合同中约定。

（2）承租人的权利和义务。①承担按期交纳租金的义务。②爱护并合理使用所承租的房屋及附属设施，不得擅自拆改、扩建或增添。确需变动的，须征得出租人的同意并签订书面合同。③因承租人过错造成房屋损坏的，由其负责修复或者赔偿。④房屋租赁期限届满，租赁合同终止。承租人需要继续租用的，应当在租赁期限届满前 3 个月提出，并经出租人同意，重新签订租赁合同。

2016 年 5 月 17 日，国务院办公厅发布的《国务院办公厅关于加快培育和发展住房租赁市场的若干意见》特别指出，要"明确各方权利义务。出租人应当按照相关法律法规和合同约定履行义务，保证住房和室内设施符合要求。住房租赁合同期限内，出租人无正当理由不得解除合同，不得单方面提高租金，不得随意克扣押金；承租人应当按照合同约定使用住房和室内设施，并按时缴纳租金"[1]。

（3）房屋租赁合同相关当事人的权利和义务。①租赁期限内，房屋出租人转让房屋所有权的，房屋受让人应当继续履行原租赁合同的约定。②出租人在租赁期限内死亡的，其继承人应当继续履行原租赁合同。③住宅用房承租人在租赁期限内死亡的，其共同居住两年以上的家庭成员有权继续承租。

3. 房屋租赁合同的终止

（1）租赁合同期限届满导致租赁合同终止。

（2）承租人有下列行为之一的，出租人有权终止合同，收回房屋，因此

---

[1]　2016 年 5 月 17 日《国务院办公厅关于加快培育和发展住房租赁市场的若干意见》之"（八）明确各方权利义务"，国办发〔2016〕39 号。

造成损失的，由承租人赔偿：①将承租的房屋擅自转租的；②将承租的房屋擅自转让、转借他人或擅自调换使用的；③将承租的房屋擅自拆改结构或改变用途的；④拖欠租金累计 6 个月以上的；⑤公用住宅用房无正当理由闲置 6 个月以上的；⑥利用承租房屋进行违法活动的；⑦故意损坏承租房屋的；⑧法律、法规规定的其他可以收回的行为。

（3）出现以下情形，承租人有权解除合同：①租赁物危及承租人的安全或者健康的，即使承租人订立合同时明知该租赁物质量不合格，承租人仍然可以随时解除合同。②因不可归责于承租人的事由，致使租赁物部分或者全部毁损、灭失，不能实现合同目的的。③因第三人对租赁物主张权利，以致承租人无法对标的物使用、收益，行使租赁权的。

以营利为目的，房屋所有权人将以划拨方式取得使用权的国有土地上建成的房屋出租的，应当将租金中所含土地收益上缴国家。土地收益的上缴办法，按照财政部《关于国有土地使用权有偿使用收入征收管理的暂行办法》和《关于国有土地使用权有偿使用收入若干财政问题的暂行规定》的规定，由市、县人民政府房地产管理部门代收代缴。国务院颁布新的规定的，应从其规定。

（三）其他需讨论的法律问题

1. 关于房屋租赁登记备案

近些年，随着我国城乡人口流动日益频繁，一些城市尤其是大中城市新市民越来越多，住房租赁市场需求旺盛。与此同时，特别是在一些人口净流入的大中城市，存在着租赁房源总量不足、租赁市场管理秩序不规范等问题。对此，我国建立了房屋租赁合同备案制度。我国的房屋租赁合同备案制度内容主要有：第一，交易时的住房租赁合同网上备案。[①] 第二，签订、变更、终止租

---

① "城市住房城乡建设主管部门要会同有关部门共同搭建政府住房租赁交易服务平台，提供便捷的租赁信息发布服务，推行统一的住房租赁合同示范文本，实现住房租赁合同网上备案。"参见 2017 年 7 月 18 日住房城乡建设部会同国家发展改革委等八部门联合发布的《关于在人口净流入的大中城市加快发展住房租赁市场的通知》之"二、多措并举，加快发展住房租赁市场"之"（二）建设政府住房租赁交易服务平台"。

赁合同的登记备案。[①] 房屋租赁备案制度的目的在于加强出租房屋市场的管理，使房屋租赁活动有序进行。但是，备案在性质上是国家对房屋租赁行为所为的公法意义上的管理行为，不是确认合同效力的要件，与租赁合同的成立和生效并无关系，不能因为当事人未办理交易时的网上备案，或者租赁合同签订、变更、终止时未到房地产管理部门办理登记备案而否认租赁合同本身的法律效力。

2. 关于房屋转租

房屋转租，是指房屋承租人不脱离租赁关系，将承租房屋的部分或全部在一定期限内交付第三人使用、收益，并由第三人支付租金的行为。房屋转租涉及出租人、承租人、次承租人三方当事人的关系，需要当事人签订书面合同。房屋转租合同可以是三方当事人共同签订，也可以在出租人同意的前提下，由承租人与次承租人签订。

根据《民法典》第 716 条的规定，承租人经出租人同意，可以将租赁物转租给第三人，但转租期间不能超过承租人剩余租赁期限。承租人转租的，承租人与出租人之间的租赁合同继续有效；第三人造成租赁物损失的，承租人应当赔偿损失。承租人未经出租人同意转租的，出租人可以解除合同。依据《民法典》第 718 条的规定，出租人知道或者应当知道承租人转租，但是在 6 个月内未提出异议的，视为出租人同意转租。

3. 关于房屋承租人的优先购买权

（1）房屋承租人优先购买权的适用条件。《民法典》第 726 条规定，出租人出卖租赁房屋的，应当在出卖之前的合理期限内通知承租人，承租人享有以同等条件优先购买的权利。出租人履行通知义务后，承租人在 15 日内未明确表示购买的，视为承租人放弃优先购买权。该条款规定了承租人优先购买权的行使需要满足三个条件。

第一，出租人有出卖租赁房屋的行为。《民法典》第 726 条规定的出租人"出卖"租赁房屋，是指出租人与第三人订立房屋买卖合同且该出卖行为发生在合同的租赁期限内。出租人仅具有出卖意图或者向第三人作出出卖房屋的要约邀请或要约的，不属于"出卖"，承租人不得行使优先购

---

① 《城市房地产管理法》第 53 条规定："房屋租赁，出租人和承租人应当签订书面租赁合同，约定租赁期限、租赁用途、租赁价格、修缮责任等条款，以及双方的其他权利和义务，并向房产管理部门登记备案。"另参见《房地产开发经营条例》第 14—第 20 条。

买权。因继承、遗赠、赠与等原因导致房屋所有权无偿转移给第三人的，承租人不得行使优先购买权。如果出租人与第三人之间的合同名为房屋赠与、实为房屋买卖，赠与合同因属虚假意思表示而无效，隐藏的买卖合同如不存在效力瑕疵，应为合法有效，此时承租人可因此行使优先购买权；如果名为房屋买卖、实为房屋赠与，买卖合同因属虚假意思表示而无效，即使赠与合同有效，承租人也不能行使优先购买权。因遗赠抚养协议、投资入股、政府的征收行为、法院没收财产的判决等"出卖"以外的法律事实导致房屋所有权转移给第三人的，承租人也不能行使优先购买权。出租人出卖的须是已转移给承租人占有的租赁房屋，出租人出卖租赁房屋以外的其他房屋，或者承租人无法证明租赁房屋已被出租人出卖的，承租人均不能行使优先购买权。

第二，承租人以同等条件表示购买。此处的"承租人"是依据《民法典》第726条享有和行使优先购买权的主体，承租人以第三人的名义利用租赁房屋对外经营的，第三人不能享有和行使优先购买权。与承租人共同居住的人或者共同经营人，或者根据与承租人的离婚协议实际使用租赁房屋的第三人，均非本条所称的承租人。法律、行政法规等对购房人资格设有限制的，承租人取得购房资格后才能行使优先购买权。"同等条件"应以出租人与第三人订立的有效的房屋买卖合同中约定的内容为准，包括价款、履行方式、履行期限等条款。"表示购买"是指承租人向出租人作出以同等条件购买的意思表示。

第三，承租人在收到出租人通知的15日内作出明确的意思表示。出租人出卖租赁房屋的，应当在出卖之前的合理期限内通知承租人。通知的目的在于使承租人知晓出租人出卖房屋的事实，以便考虑是否行使优先购买权及为行使该权利进行必要的准备。承租人收到出租人通知后的15日内可能产生如下法律效果：其一，承租人明确表示不购买或放弃优先购买权的，优先购买权消灭；其二，承租人未明确表示是否购买的，视为承租人放弃优先购买权，实质上是该权利因除斥期间届满而消灭；其三，承租人明确表示购买的，还需要判断买卖合同是否满足"同等条件"方能适用。

（2）房屋承租人行使优先购买权的限制情形。第一，共有人的优先购买权与承租人优先购买权的竞合。《民法典》第305条规定，按份共有人可以转让其享有的共有的不动产或者动产份额，其他共有人在同等条件下享有优先购买的权利。当房屋属于按份共有且数个按份共有人作为出租人与承租人订立租赁合同，其中一个按份共有人转让共有份额时，就会产生共有人的优先购买权与承租人的优先购买权发生竞合的情形。此时，共有人的优先购买权优先于承租人的优先购买权，理由在于共有人的优先购买权是基于所有权这一物权而产生，而承租人的优先购买权基于租赁权这一债权而产生，物权应当优于债权。《民法典》第726条第1款也对此作出了明确规定，房屋按份共有人行使优先购买权为房屋承租人行使优先购买权的例外情形，即共有人的优先购买权优先于承租人的优先购买权。

第二，出租人将租赁房屋出售给近亲属。根据《民法典》第726条第1款的规定，出租人将房屋出卖给近亲属的，承租人不能行使优先购买权。理由在于：近亲属之间的房屋买卖具有浓厚的人身色彩，迥异于纯粹的买卖关系，故近亲属买受该房屋的，构成了对承租人行使优先购买权的限制情形。该条款中"近亲属"的范围应当符合《民法典》第1045条"配偶、父母、子女、兄弟姐妹、祖父母、外祖父母、孙子女、外孙子女为近亲属"的规定。

（3）出租人妨害承租人行使优先购买权的法律后果。《民法典》第728条规定，出租人未通知承租人或者有其他妨害承租人行使优先购买权情形的，承租人可以请求出租人承担赔偿责任。对于优先购买权的性质，理论上存在附条件的形成权说、期待权说、请求权说、附双重条件的买卖合同说等观点，对此本条采纳了请求权说的观点，其实质是法律赋予承租人享有的，在出租人出卖房屋时优先于其他人的定约请求权。[①] 进而，出租人侵害优先购买权的情形，承租人可以请求出租人承担赔偿责任，而不是请求直接在出租人和承租人之间形成买卖合同关系。出租人对承租人优先购买权未能行使的损害赔偿责任，以其存在妨害行为为基础，承租人的优先购买权行使没有受到妨害行为影响的，出租人不承担责任。具体而言，出租人损害赔偿责任的内容包括两方面内容：其一，承租人在租赁合同到期之后，为重新寻找类似房屋进行租赁或者购买而产生的费用，包括承租人在优先购买权受到侵害后，不能享有直接从先买权人转为所有人带来的便利而必须支付的额外费用，例如另行寻找、购买或租赁房屋而支出的必要费用；其二，承租人优先购买权实现的可得利益损失，即由于房屋市场价格的变化，在出租人侵害承租人优先购买权时，因市场价格上涨而致使承租人如替代购买类似房屋而多支付的费用。这一部分费用实际上是正常履约状态下本可以避免的损失，或者说是当事人正常预期不

---

① 黄薇．中华人民共和国民法典合同编释义［M］．北京：法律出版社，2020：560.

必支付的费用，故亦在期待利益的范围之内。

《民法典》第728条同时包含了一条但书规定，即"出租人与第三人订立的房屋买卖合同的效力不受影响"，基于该规定，承租人的优先购买权不具有对抗第三人的效力，承租人优先购买权被侵害的，可以主张损害赔偿，但无权主张出租人与第三人之间房屋买卖合同无效。

（4）租赁房屋中的次承租人与承租人行使优先购买权的冲突与解决。在转租合同有效的情况下，若出租人出售租赁房屋，承租人和次承租人谁有优先购买权是一个颇有争议的问题。本书认为，次承租人的优先购买权优先于承租人的优先权。理由是：第一，依据物权法原理，租赁房屋既然已经被次承租人占有，则事实占有本身就赋予了合法占有人对抗第三人的效力；第二，根据"买卖不破租赁"的规则，亦应强化保护实际占有人即次承租人的利益，以利于稳定社会秩序；第三，符合物尽其用的原则，更利于操作的方便、快捷和高效。当然，如果次承租人放弃优先购买权，原承租人则取代次承租人而享有优先购买权。

4. 关于房屋次承租人代为清偿权的理解与适用

《民法典》第524条规定了当债务人不履行债务时第三人享有代为清偿权，该条规定是对债的相对性的突破，赋予第三人代为履行的权利。在房屋租赁中，如果承租人无正当理由未支付或者迟延支付租金时，出租人享有法定解除合同的权利，如此，次承租人能否继续承租该房屋就取决于承租人是否履行缴纳房屋的义务。为了强化次承租人权利的稳定性，增强对出租人收取租金权利的保障，亦可防止出租人和承租人恶意串通损害次承租人的利益，《民法典》第719条规定："承租人拖欠租金的，次承租人可以代承租人支付其欠付的租金和违约金，但是转租合同对出租人不具有法律约束力的除外"，该条规定可视为《民法典》第524条第三人代为履行制度的一个具体体现。次承租人并非租赁合同当事人，替代承租人向出租人支付租赁合同项下款项，其性质属于第三人代为履行，并因此产生债务人清偿债务的法律效果。法律赋予次承租人代替承租人向出租人支付租金及违约金以继续占有、使用租赁物的权利，承租人不得提出异议，出租人无正当理由无权加以拒绝，以维护租赁关系的稳定。房屋次承租人代为清偿权的适用条件为：①转租合同有效，对出租人具有法律约束力；②承租人欠付租金；③次承租人的代为清偿无须征求承租人、出租人同意；④次承租人代为支付的租金和违约金以完全清偿为基础。

5. 关于"一房数租"问题的规定与适用

"一房数租"是指出租人就同一房屋订立两份以上的租赁合同，在合同均有效的情况下，承租人均主张履行合同的，应当按照《城镇房屋租赁合同司法解释》第 5 条规定的先后顺序确定履行合同的承租人：已经合法占有租赁房屋的；已经办理登记备案手续的；合同成立在先的。其中，不能取得租赁房屋的承租人向出租人请求解除合同、赔偿损失的，依照民法典的有关规定处理。

6. 关于设立居住权房屋的出租问题

居住权，是指对他人所有的住房及其附属设施享有占有、使用的权利。居住权制度本质是将房屋的居住权从所有权中剥离，在房屋上划分出"居住权"和"虚空所有权"，居住权人有权按照合同约定，对他人的住宅享有占有、使用的用益物权，以满足生活居住的需要。我国《民法典》规定的居住权主要是满足居住权人生活居住的需要，对于已设立居住权的房屋原则上不得出租，《民法典》第 369 条规定："设立居住权的住宅不得出租，但是当事人另有约定的除外。"该规定明确了通过事先的概括性允许，经双方意思表示一致，居住权人有权利用住宅产生收益。因此，在房屋所有权人与居住权人有约定的条件下，设立居住权的房屋可以出租。当然，居住权人出租住宅的，不应超过居住权的期限。同时，居住权人应当对承租人的行为负责，如承租人造成住宅损害的，居住权人应当承担赔偿责任。

7. 关于公共租赁房租赁权

公共租赁住房（以下简称"公租房"），是指限定建设标准和租金水平，面向符合规定条件的城镇中等偏下收入住房困难家庭、新就业无房职工和在城镇稳定就业的外来务工人员出租的保障性住房。2013 年 12 月，住房城乡建设部、财政部、国家发展改革委联合印发《关于公共租赁住房和廉租住房并轨运行的通知》，各地公租房和廉租住房已并轨运行。公租房作为一种为满足过渡性需求的保障住房，其租赁权有其特殊之处。

（1）公租房租赁权的产生具有单向性。政府是公租房住房和补贴资金的主要供应者，政府这种行为属于行政给付的范畴。租住公租房的申请条件以及公租房租金价格都要由政府来核定，获得租赁补贴的申请人与出租人的协议要经房地产行政主管部门审查，并由主管部门将补贴资金直接拨付给出租人。以实物配租方式获得公租房的承租人同样由房地产行政主管部门审查、确定。尽管公租房租赁权主要依政府的意志产生，具有单向性。但从更好地经营公租房的角度，现行政策"鼓励地方政府采取购买服务或政府和社会资本合作（PPP）模式，将现有政府投资和管理的公租房交由专业化、社会化企业运营管理，不断提高管理和服务水平"①。

（2）公租房租赁权取得的受限性。《公共租赁住房管理办法》第7条规定，申请公共租赁住房，应当符合以下条件：①在本地无住房或者住房面积低于规定标准；②收入、财产低于规定标准；③申请人为外来务工人员的，在本地稳定就业达到规定年限。具体条件由直辖市和市、县级人民政府住房保障主管部门根据本地区实际情况确定。值得注意的是，《国务院办公厅关于加快培育和发展住房租赁市场的若干意见》将新就业大学生和青年医生、青年教师等专业技术人员，也纳入公租房保障范围。②

（3）公租房租赁权内容的受限性。一般来讲，租赁权人享有占有、使用和收益权，租赁权人符合约定情况下，可以转租、转借承租的房屋，但公租房租赁权的内容却受到限制。例如，公租房承租人将公租房转借、转租、空置的或擅自改变承租住房居住用途的，出租人有权依法单方解除与承租人签订的租赁合同并收回出租房屋，同时，承租人应当承担相应责任。

（4）公租房租赁权消灭的法定性。承租人有下列行为之一的，应当退回公共租赁住房：①转借、转租或者擅自调换所承租公租房的；②改变所承租公租房用途的；③破坏或者擅自装修所承租公租房，拒不恢复原状的；④在公租房内从事违法活动的；⑤无正当理由连续6个月以上闲置公租房的。此外，政府征收、征用公租房或者因不可抗力致使该房屋无法继续出租的，租赁合同终止，承租人退出公租房。

二、房屋借用

房屋借用作为房屋使用权转移方式的一种，与房屋出租、出典不同，一般多发生在亲属、朋友等具有特定关系的成员之间，不如房屋租赁、出典的适用范围广泛。现实生活中，房屋借用在弘扬社会成员之间相互无私帮助的善良道

---

① 参见2016年5月17日《国务院办公厅关于加快培育和发展住房租赁市场的若干意见》之"（十）提高公租房运营保障能力"。

② 参见2016年5月17日《国务院办公厅关于加快培育和发展住房租赁市场的若干意见》之"（十）提高公租房运营保障能力"。

德风尚，实现社会财富的最大化利用等方面，具有重要作用和意义。

1. **房屋借用的概念和法律特征**

房屋借用是指出借人将其所有的房屋交与借用人使用的法律行为。如双方未约定借用期限，房屋所有权人享有随时收回房屋的权利。一般认为房屋借用为单务、无偿、实践合同。房屋借用具有以下法律特征：

（1）以转移房屋的使用权为目的。借用人不能处分房屋，使用完毕后应返还房屋给出借人。

（2）无偿性。借用人取得房屋的使用权，无须支付任何财产代价；如果借用合同中有支付财产代价的约定，则是房屋租赁。

（3）单务性。房屋借用关系终止时，仅借用人一方负担归还房屋的义务，借用人的该项义务不以出借人负担对应义务为条件。

（4）实践性。房屋借用不为诺成性法律行为，只有在出借人与借用人达成合意并交付房屋时才生效。

2. **房屋借用当事人的权利义务**

（1）房屋借用人的权利义务。①依约定使用房屋的权利，这是借用人最基本的权利。②正当使用房屋的义务。当事人未约定使用方法或约定不明时，借用人应当按照房屋的性质、用途而为利用；否则，出借人有权解除合同，提前收回出借的房屋，并有权请求借用人赔偿损失。③妥善保管和维护房屋的义务。如因借用人的原因导致房屋毁损灭失的，借用人应负损害赔偿责任。在借用期间，借用人有义务采取合理措施，保持房屋的价值和使用价值，并负担因此支出的必要费用。④返还房屋的义务。借用期限届满，借用人应当向出借人返还房屋。由于使用房屋属于借用人的权利而非义务，保管、维护房屋也仅限于借用人使用房屋而发生的相应义务。借用人在不需使用房屋时，可以提前返还房屋，而不受借用期间的约束。借用人在返还房屋时，应当使房屋符合返还状态。如果当事人就返还原物的状态没有约定或约定不明，借用人应使房屋保持在依其性质使用后的合理状态。在返还房屋的损耗超过合理限度时，借用人负有恢复原状或赔偿损失之责。

（2）房屋出借人的权利义务。①请求返还出借房屋的权利。如果没有约定借用期限，出借人可以随时催告借用人在合理期限返还房屋。如果约定为满足借用人的特定用途，一旦借用人使用完毕，出借人即有权请求返还；借用人违反约定方式使用房屋或实施有损房屋的行为时，出借人可提前请求返还。②

容忍借用人使用的义务。这是出借人应当负担的一项消极义务。对于借用人依约定使用房屋的行为，出借人不得干预或妨碍。借用期间，出借人不得随意收回房屋。③出借人的瑕疵告知义务。房屋借用合同是无偿合同，房屋有瑕疵的，出借人不承担责任。但基于诚实信用原则的要求，出借人仍应当负担瑕疵告知义务。如果出借人明知房屋有瑕疵而故意不告知借用人或向借用人保证其出借房屋无瑕疵的，出借人对借用人因房屋瑕疵所受损害负赔偿责任。

三、集体建设用地及其上房屋出租

（一）集体建设用地的出租

根据《土地管理法》的规定，集体建设用地，一般指乡（镇）村集体建设项目占用和使用范围内的土地,包括农村居民住宅建设用地(即宅基地),乡(镇)村企业建设用地，乡（镇）村公共设施、公益事业用地。集体建设用地的出租，包括集体经营性建设用地和宅基地的出租。

1. 集体经营性建设用地出租的现行法规定

（1）集体经营性建设用地的首次出租。集体经营性建设用地出租，与出让一样，其作为流转方式之一种属于土地流转的一级市场，类似于国有土地租赁。其出租人系集体土地的所有权人，承租人是不限于本集体经济组织的任何符合条件的单位或者个人，土地流转一级市场中的集体经营性建设用地出租系集体经营性建设用地的首次流转。

修改后的《土地管理法》及《土地管理法实施条例》明确承认了集体经营性建设用地的出租。《土地管理法》第63条第1款规定："土地利用总体规划、城乡规划确定为工业、商业等经营性用途，并经依法登记的集体经营性建设用地，土地所有权人可以通过出让、出租等方式交由单位或者个人使用。"《土地管理法实施条例》第38条规定："国土空间规划确定为工业、商业等经营性用途，且已依法办理土地所有权登记的集体经营性建设用地，土地所有权人可以通过出让、出租等方式交由单位或者个人在一定年限内有偿使用。"《土地管理法实施条例》第39条对集体经营性建设用地出租的规划条件，第40条对出租方案，第41条对出租合同进行了细化规定。

肯定集体经营性建设用地的出租，有利于释放集体建设用地的价值，构建城乡统一的建设用地市场；推动农村土地由分散经营向规模经营转变，促进农村新兴产业发展，有利于农村劳动力转移和劳务经济发展，实现农业投资主体多元化，有助于增加农民收入，是城乡一体化发展的重要内容。

（2）集体经营性建设用地的再次出租。集体经营性建设用地的再次出租，系集体经营性建设用地的再次流转，其出租人系集体经营性建设用地首次流转中租赁取得集体经营性建设用地的单位或者个人，承租人是不限于本集体经济组织的任何符合条件的单位或者个人。

（3）集体经营性建设用地的租赁期限。《土地管理法》第63条第4款规定："集体经营性建设用地的出租，集体建设用地使用权的出让及其最高年限、转让、互换、出资、赠与、抵押等，参照同类用途的国有建设用地执行。具体办法由国务院制定。"《土地管理法实施条例》第64条第2款作出了同样规定。

《民法典》第705条第1款规定："租赁期限不得超过二十年。超过二十年的，超过部分无效。"那么，《民法典》规定的租赁期限能否适用于集体经营性建设用地的租赁期限？根据《土地管理法》《土地管理法实施条例》的规定，集体经营性建设用地出租期限是比照国有土地租赁年限来设定，最长租赁期限不得超过法律规定的同类用途土地出让最高年限，即居住用地70年；工业用地50年；教科文卫体用地50年；商业、旅游、娱乐用地40年；综合或者其他用地50年。《土地管理法》规定的土地流转一级市场中以出租方式取得的集体经营性建设用地使用权性质上属于物权，应不受《民法典》第705条租赁期限不得超过20年的规定。集体经营性建设用地再次出租的，才适用《民法典》关于最长租赁期限不得超过20年的规定。如此，集体经营性建设用地的出租与出让的区别何在？前者是按照出租合同约定分期缴纳土地出让价款，后者是一次性缴清土地出让价款，但是通过出让和出租方式取得的集体经营性建设用地使用权的属性都是物权，这样才能更有利于土地使用者更好地实现物尽其用。[①]

2. 宅基地的出租

《土地管理法》第62条是允许农民出租住宅的，2019年中央农村工作领导小组办公室、农业农村部发布的《关于进一步加强农村宅基地管理的通知》也规定"城镇居民、工商资本等租赁农房居住或开展经营的，要严格遵守合同

[①]　魏莉华.新《土地管理法实施条例》释义［M］.北京：中国大地出版社，2021：244.

法的规定，租赁合同的期限不得超过二十年"。2022年农业农村部起草的《农村宅基地管理暂行办法（征求意见稿）》第28条规定："宅基地及其房屋出租的，出租人和承租人应当按照相关法律法规订立租赁合同，明确双方当事人的权利义务。"通过出租宅基地上的住宅，必然导致"地随房走"，即宅基地使用权随房屋而出租。法理而言，既然法不禁止，就可以理解为是允许出租宅基地的，而且出租宅基地不会导致宅基地使用权主体的变更，也不违反"一户一宅"的法律规定。

（二）集体建设用地之上的房屋出租

2017年8月21日，（原）国土资源部、住房城乡建设部印发的《利用集体建设用地建设租赁住房试点方案》，确定第一批在北京、上海等13个城市开展试点，允许村镇集体经济组织自行开发运营或通过其他方式建设运营集体所有的租赁住房。2021年7月2日国务院办公厅印发的《关于加快发展保障性住房的意见》明确规定，人口净流入的大城市和省级人民政府确定的城市，可探索利用集体经营性建设用地建设保障性租赁住房；应支持利用城区、靠近产业园区或交通便利区域的集体经营性建设用地建设保障性租赁住房；农村集体经济组织可通过自建或联营、入股等方式建设运营保障性租赁住房。

利用集体经营性建设用地建设租赁住房、保障性租赁住房，可以增加租赁住房供应，缓解住房供需矛盾，有助于构建购租并举的住房体系，建立健全房地产平稳健康发展长效机制。利用集体经营性建设用地建设租赁房、保障性租赁住房，应注意以下几点：

第一，用地应当符合国土空间规划，以存量土地为主，不得占用耕地以增加租赁住房的供给。

第二，不经征地程序，村镇集体经济组织可以自行开发运营，也可以通过联营、入股等方式建设运营集体所有的租赁住房、保障性租赁住房。集体经济组织要兼顾政府、农民集体、企业和个人利益，理清权利义务关系，平衡项目收益与征地成本关系。注重契约精神，土地所有权人和建设用地使用权人、出租人和承租人（主体不受本集体经济组织成员的限制）要依法履行合同和登记文件中所载明的权利和义务。

第三，充分考量集体经营性建设用地所建住房用于出租的特殊性，集体租赁住房出租，应遵守相关法律法规和租赁合同约定，不得以租代售；承租的集体租赁住房、保障性租赁住房，不得转租；承租人可按照国家有关规定凭登记备案的住房租赁合同依法申领居住证，享受规定的基本公共服务。有条件的城市，要进一步建立健全对非本地户籍承租人的社会保障机制。

本章小结

房地产交易制度是房地产法律制度的重点和核心内容。房地产交易涉及的法律关系较为复杂，包括房地产转让、房地产抵押、房地产使用权转移等行为。房地产交易应贯彻房地产交易一体化、房地产交易价格的国家管理以及房地产交易市场调节和宏观调控相结合的原则。

房地产转让应按照法定的转让条件、程序进行，并办理房地产转让物权登记。商品房预售作为实践中争议较多的热点问题引起了普遍关注，在保留房地产预售制度的同时应对其进行严格的规范和管理。作为农村经济体制改革的重要内容，集体经营性建设用地使用权的合法流转已成为今后发展的方向。集体经营性建设用地使用权流转既是农村生产力发展的客观要求，也是农业和农村经济逐步走向市场化的必然结果。房地产抵押涉及众多法律制度，应明确区分抵押、按揭、让与担保之间的关系，进一步规范现有的房地产按揭制度，肯定住房反向抵押制度，建立中国特色的让与担保制度。

房地产使用权转移包括房屋出租、房屋借用以及土地使用权出租等。肯定集体建设用地及其上房屋出租，有助于构建城乡统一的集体建设用地市场，促进农村经济发展。

思考题

1. 简述房地产交易一体化原则及其例外。
2. 简述建设用地使用权转让与出让、出租的关系。
3. 试述商品房预售的条件及其与现售的区别。
4. 房地产抵押的法律特征以及房地产抵押与按揭、让与担保的区别。
5. 房屋租赁的基本规定及应注意的法律问题。
6. 集体经营性建设用地使用权流转的现行法规定及其理解。

参考文献

1. 高富平，黄武双 . 房地产法学 [M]. 5 版 . 北京：高等教育出版社，2023.
2. 黄薇 . 中华人民共和国民法典合同编释义 [M]. 5 版 . 北京：法律出版社，

第
六
章

2020.

3. 尹田. 物权法 [M].3 版. 北京：北京大学出版社，2022.

4. 王者洁. 房地产法诸问题与新展望 [M]. 北京：知识产权出版社，2016.

5. 郑承华. 房地产交易法律实务 [M]. 武汉：武汉大学出版社，2015.

第七章

房地产服务

[知识要求]

通过本章的学习，掌握：

- 房地产中介服务的含义与法律特征；

- 房地产中介服务主体的权利与义务；

- 业主、业主大会、业主委员会的概念、法律地位及其权利义务；

- 物业服务合同所涉及的主要法律问题。

[技能要求]

通过本章的学习，能够了解：

- 房地产中介服务机构设立的条件与程序；

- 如何从法律上理解物业和物业服务的含义及物业服务法律关系；

- 物业服务法律责任的各种类型与主要内容。

第一节　房地产中介服务

一、房地产中介服务的含义及其法律关系

（一）房地产中介服务的概念及特征

1. 对房地产中介服务概念的理解

一般认为，中介服务是指介于政府、企业和个人之间，为市场交易活动提供沟通、协调、咨询、经纪和评估等各项业务的行为。房地产中介是联结房地产业与社会消费群体、房地产与社会其他经济部门以及房地产经济内部各种经济关系的环节和纽带。房地产中介服务是房地产市场发展到一定阶段的产物，特别是伴随 20 世纪 90 年代房地产经济的高速发展，我国的房地产中介服务逐渐开展起来。随着房地产业的蓬勃发展和市场交易的日趋活跃，房地产中介服务日益丰富。

房地产中介服务有狭义和广义之分。狭义房地产中介服务"是指房地产咨询、房地产价格评估、房地产经纪等活动的总称"。在广义上，房地产中介服务可理解为，凡是为房地产开发、经营、交易等活动提供各种媒介、服务活动的都是房地产中介服务，因此房地产信托、保险、策划、广告、房地产律师服务等也可纳入其中。广义界定是从抽象意义上对房地产中介服务的本质内涵进行的总结，其外延形式具有包容性和多样性。可以预料，随着我国市场经济的不断发展，房地产中介服务的内容也会更加丰富。

房地产交易中心是房地产中介服务发展的一个产物，是房地产开发企业、中介机构展示交易服务的平台，目的是为房地产买卖双方及其他交易主体提供一个长期、专业化、正规化、系统化、合法化的交易场所。房地产交易中心的职责主要包括为房地产交易提供洽谈协议、交流信息、展示行情等各种服务；为房地产交易提供政策咨询，接受有关房地产交易和经营管理委托业务；对房地产经营、交易进行指导和监督，调控市场价格；协助办理交易登记，签证及权属转移手续等。目前，我国各地区都建立了各类型的房地产交易

中心。

2. 房地产中介服务的特征

从经济角度看，房地产中介服务是一种服务性经营活动；从法律角度看，房地产中介服务是一种民事法律行为。房地产中介服务具有如下特征：

（1）房地产中介服务不直接涉及房地产开发经营活动，只为房地产经济活动提供服务。房地产开发经营是通过向房地产经济领域投放货币或房地产商品从事开发经营活动，以此获取经济利益。房地产中介服务以促成房地产开发、交易顺利进行为目的，但不直接从事房地产开发经营活动。

（2）房地产中介服务的内容是专业知识和专业信息服务。房地产中介机构主要依靠房地产中介人员的专业知识为房地产开发经营、流转交易提供专业服务，包括提供信息、咨询、估价、代理业务等。

（3）房地产中介服务系有偿性民事法律行为。房地产中介服务属于提供专业服务的第三产业，中介服务机构提供专业服务是为了获取相应的服务报酬，即劳务费、中介费、佣金、咨询服务费等。房地产中介服务的有偿性是其在经济上成为独立行业的必要要求。

（4）房地产中介服务人员须有相应资质。房地产中介服务是一种专业性服务活动，房地产中介服务从业人员是取得特定资格的专业人员，这样可以保证中介服务发挥其促进市场交易顺利进行的功能。

（5）房地产中介服务行为从法律上讲是一种平等、自愿的委托服务行为。房地产中介服务是受当事人委托进行的，并在当事人委托范围内从事房地产中介服务活动，提供当事人所要求的服务。

（二）房地产中介服务法律关系

房地产中介服务法律关系是房地产中介服务主体接受委托，为委托主体提供与房地产相关的专业服务所形成的权利义务关系。从法律关系的三要素分析，其主体是委托主体和中介服务主体，委托主体可以是自然人、法人或非法人组织。房地产法所言的中介服务主体必须是依法成立的专门从事房地产中介服务业务的营利性法人组织，即房地产中介服务机构；其客体是房地产中介服务行为，即中介服务主体为委托主体提供的与房地产相关的专业服务；其内容是在房地产中介服务合同中所约定的，对双方当事人皆有约束力的权利义务关系。

1. 房地产中介服务主体及中介业务

理解房地产中介服务主体要注意区分房地产中介服务机构和房地产中介服务人员。需要明确的是，房地产中介服务机构才是房地产中介服务法律关系的主体。房地产中介服务人员承办业务，由其所在中介机构统一受理并与委托人签订书面中介服务合同。因房地产中介服务人员过失，给当事人造成经济损失的，由所在中介服务机构承担赔偿责任。所在中介服务机构可以向有关人员追偿。因此，房地产中介服务人员是具体完成委托业务的专业服务人员，非房地产中介服务的一方独立当事人。《城市房地产管理法》第 57 条规定："房地产中介服务机构包括房地产咨询机构、房地产价格评估机构、房地产经纪机构等。"

（1）房地产咨询机构。房地产咨询机构，是为房地产活动当事人提供法律法规、政策、信息、技术等方面咨询服务的机构。房地产咨询机构在房地产市场中的业务范围较广，比如为房地产开发、经营和物业管理等各类企业和社会各界人士提供有关政策、法律法规、房地产信息等方面的知识和情报；受托进行项目策划、可行性研究；提供其他有关房地产投资、交易的政策、技术、法律方面的咨询等，如为开发商提供各城市不同地段的地价、房价信息，分析房地产市场走势和研究投资决策。

（2）房地产价格评估机构。房地产价格评估机构，是对房地产进行测算，评定其经济价值和价格的经营活动机构。《城市房地产管理法》第 34 条第 1 款规定："国家实行房地产价格评估制度。"实行房地产价格评估制度的前提是建立规范的房地产价格评估机构。因此，房地产价格评估机构在房地产业的发展中处于十分重要的地位。价格评估的内容主要包括土地价格评估和房地产价格综合评估。从委托的当事人来看，一是接受政府委托，测算基准地价、标定地价、各类服务的重要价格，作为政府出让建设用地使用权和进行征收补偿等的计价基础和标准；二是接受房地产交易当事人的委托，为进入市场的房地产进行价格评估，以促进公平交易，保护双方当事人的合法权益。此外，实行房地产价格评估制度也有利于保障国家税收，维护市场价格秩序。

（3）房地产经纪机构。房地产经纪机构，是为委托人提供房地产信息和居间业务的经营活动机构。房地产经纪机构在完善市场媒介、提高房地产成交率和加速房地产流通等方面具有重要作用。房地产经纪机构的业务范围主要包括：房地产买卖、租赁、调换、抵押及土地使用权的让渡等房地产流通领域中的中介活动，以及接受委托代理房地产策划、广告、咨询、估价、法律服务等服务性工作。

2. 房地产中介服务主体的权利义务

房地产中介服务的具体内容根据房地产中介服务合同确定。通常来说，房地产中介服务合同的内容主要包括：当事人的姓名或名称、住所；中介服务项目的名称、内容、要求和标准；合同有效履行期限；中介收费金额和支付方式、时间；违约责任和纠纷解决的方式；当事人约定的其他内容。

房地产中介服务主体一般有如下权利义务：

（1）房地产中介服务主体的权利。第一，报酬请求权。房地产中介机构为委托人提供中介服务后，委托人应当向其支付报酬（服务费），中介机构有权请求委托人支付。《民法典》第963条规定，中介人促成合同成立的，委托人应当按照约定支付报酬。对中介人的报酬没有约定或者约定不明确，根据中介人的劳务合理确定。因中介人提供订立合同的媒介服务而促成合同成立的，由该合同的当事人平均负担中介人的报酬。应注意的是，中介机构获取报酬的对价是其提供的媒介服务，至于委托人是否基于中介机构的服务而获得预期利益，比如与第三人的合同是否最终实现，并不是衡量中介服务机构是否完成合同义务的标准。如果房地产中介机构未促成合同成立的，根据《民法典》第964条的规定，中介机构不得请求支付报酬；但是，可以按照约定请求委托人支付从事中介活动支出的必要费用。

第二，调查权或请求协助权。房地产中介机构执行业务，基于真实性的考虑，可以根据需要查阅委托人的有关资料和文件，可以查看房地产现场。对此，委托人应当协助，提供方便。如果由于委托人经营上的不合法或其他原因，提供虚假信息和资料，故意隐瞒事实真相或有欺诈行为，房地产中介机构对出现的问题不承担责任，并有权拒绝继续提供服务。

第三，赔偿请求权。因委托人原因给房地产中介机构造成经济损失的，委托人应当承担赔偿责任，房地产中介机构有权请求赔偿。

（2）房地产中介服务主体的义务。房地产中介机构接受委托人委托后，应当按照诚实信用原则的要求履行服务合同，从委托人利益出发，忠诚地完成委托事项。通常包括：

第一，如实提供信息的义务。中介机构应按照合同约定事项，全面、及时、准确地向委托人提供信息服务，不得隐瞒或提供虚假信息。《民法典》第962条规定："中介人应当就有关订立合同的事项向委托人如实报告。中介人故意隐瞒与订立合同有关的重要事实或者提供虚假情况，损害委托人利益的，不得请求支付报酬并应当承担赔偿责任。"

第二，保密义务。房地产中介机构在与委托人的双向信息流动中，可能涉及委托人的重要信息及商业秘密，对此中介机构不得无故泄露；即便委托关系结束，基于《民法典》附随义务的要求，仍应承担该义务。

第三，公平中介的义务。在进行房地产中介业务时，可能涉及接受双方当事人委托提供法律服务的情况，对此中介机构应该保持中立立场，公平对待双方当事人，不能为了一方利益而侵犯或损害另一方利益。

第四，赔偿义务。房地产中介服务机构的工作人员在履行中介服务过程中给委托人造成经济损失的，由工作人员所在的中介机构承担民事赔偿责任，所在中介机构享有对工作人员的追偿权。

（三）房地产中介服务"跳单"行为的法律分析

在房地产中介服务的实践中，经常会出现委托人"跳单"的现象，所谓"跳单"是指委托人与中介人订立中介合同后，就中介人报告的标的物绕开中介人，与交易对象达成买卖合同或者另行委托他人提供中介服务的行为。《民法典》第965条规定委托人在接受中介人的服务后，利用中介提供的交易机会或者媒介服务，绕开中介人直接订立合同的，应当向中介人支付报酬。该条规定是对"跳单"行为的明确禁止，中介合同中"跳单"违约条款的法律效力据此得到认可。在发生"跳单"行为时，无论委托人与中介人是否在合同中就禁止"跳单"行为作出约定，中介人可以直接依照该规定向委托人主张权利。如果委托人和中介人签署的合同对于"跳单"行为有明确的违约条款，中介人也可以要求委托人按照合同约定承担违约责任。

"跳单"行为的认定标准中最重要的是信息获取途径须具有唯一性，即委托人利用了该中介人提供的房源信息、机会等，该信息、机会等不属于其他公众可以通过正当途径获得的。最高人民法院指导案例1号明确指出："房屋买卖居间合同中关于禁止买方利用中介公司提供的房源信息却绕开该中介公司与卖方签订房屋买卖合同的约定合法有效。但是，当卖方将同一房屋通过多个中介公司挂牌出售时，买方通过其他公众可以获知的正当途径获得相同房源信息的，买方有权选择报价低、服务好的中介公司促成房屋买卖合同成立，其行为并没有利用先前与之签约中介公司的房源信息，故不构成违约。"[1] 因此，当中介人提供的信息不具有唯一性，委托人从其他公众可以获知的正当途径得到消息从而与第三人订立合同的，不属于《民法典》第 965 条规定的"跳单"行为。

二、房地产中介服务市场准入制度

市场准入制度，是有关国家和政府准许民事主体进入市场从事商品生产经营活动的条件和程序的各种制度和规范的总称。房地产中介服务市场普遍存在着信息不对称问题，这就要求房地产中介市场必须诚信执业；市场准入制度提高了房地产中介服务的门槛，是房地产中介诚信服务的制度保障。

（一）房地产中介服务机构市场准入

1. 房地产中介服务机构的设立条件

房地产中介服务机构应是具备独立人格的法人实体，即在提供中介服务经营活动中名义独立、意志独立、财产独立、责任独立。作为独立的法人实体，其设立须符合《民法典》《公司法》规定的成立公司制法人所必备的条件。

此外，房地产中介服务机构的设立还必须符合《城市房地产管理法》第 58 条规定，设立房地产中介服务机构应当具备下列条件：①有自己的名称和组织机构；②有固定的服务场所；③有必要的财产和经费；④有足够数量的专业人员；⑤法律、行政法规规定的其他条件。

2. 房地产中介服务机构的设立程序

我国房地产中介服务组织的成立，采取的是"准则设立主义"。《城市房地产管理法》第 58 条第 2 款规定："设立房地产中介服务机构，应当向工商行政管理部门申请设立登记，领取营业执照后，方可开业。"

（二）房地产价格评估人员资格认证制度

借鉴国际上的先进做法，我国实行房地产价格评估人员资格认证制度。在符合法定要求的条件下，评估人员必须参加由国务院建设行政主管部门和人事主管部门共同组织的国家统一考试。考试合格者发给资格证书或岗位合格证书。

---

[1]　参见"上海中原物业顾问有限公司诉陶德华居间合同纠纷案"，【案例文号】：（2009）沪二中民二（民）终字第 1508 号。

房地产价格评估人员分为房地产估价师和房地产估价员。房地产估价师是经国家统一考试、执业资格认证，取得《房地产估价师执业资格证书》，经注册登记取得《房地产估价师注册证》的人员；未取得《房地产估价师注册证》的，不得以房地产估价师的名义从事房地产估价业务。房地产估价员是经考试合格并取得《房地产估价员岗位合格证》的人员；未取得《房地产估价员岗位合格证》的，不得从事房地产估价业务。

房地产价格评估是一项专业知识要求高、计算复杂的工作，所以要求评估工作必须有严格的规范、标准和程序，做到统一评估管理、统一评估标准、统一评估人员。统一评估管理要求有统一的评估法规、统一的评估管理机构和权威的专业评估业务机构。统一的评估标准是指为房地产商品估价制定一个明确的测算细则，为多类房地产商品尤其是房屋的估价提供一个定性、定量的分析方法和程序，用以统一评估口径。统一评估人员即培养专业评估人员和建立评估人员的资格认证和职称聘任制度。

（三）房地产估价机构资质等级管理

根据《房地产估价机构管理办法》（2015年5月4日修正）的规定，房地产估价机构资质等级分为一、二、三级。从事房地产估价活动的机构，应当依法取得房地产估价机构资质，并在其资质等级许可范围内从事估价业务。一级资质房地产估价机构可以从事各类房地产估价业务。二级资质房地产估价机构可以从事除公司上市、企业清算以外的房地产估价业务。三级资质房地产估价机构可以从事除公司上市、企业清算、司法鉴定以外的房地产估价业务。暂定期内的三级资质房地产估价机构可以从事除公司上市、企业清算、司法鉴定、房屋征收、在建工程抵押以外的房地产估价业务。

《房地产估价机构管理办法》第10条规定，各资质等级房地产估价机构的条件如下：

1. 一级资质

（1）机构名称有房地产估价或者房地产评估字样；

（2）从事房地产估价活动连续6年以上，且取得二级房地产估价机构资质3年以上；

（3）有15名以上专职注册房地产估价师；

（4）在申请核定资质等级之日前3年平均每年完成估价标的物建筑面积

50 万平方米以上或者土地面积 25 万平方米以上；

（5）法定代表人或者执行合伙人是注册后从事房地产估价工作 3 年以上的专职注册房地产估价师；

（6）有限责任公司的股东中有 3 名以上、合伙企业的合伙人中有 2 名以上专职注册房地产估价师，股东或者合伙人中有一半以上是注册后从事房地产估价工作 3 年以上的专职注册房地产估价师；

（7）有限责任公司的股份或者合伙企业的出资额中专职注册房地产估价师的股份或者出资额合计不低于 60%；

（8）有固定的经营服务场所；

（9）估价质量管理、估价档案管理、财务管理等各项企业内部管理制度健全；

（10）随机抽查的 1 份房地产估价报告符合《房地产估价规范》的要求；

（11）在申请核定资质等级之日前 3 年内无本办法第 32 条禁止的行为。

2. 二级资质

（1）机构名称有房地产估价或者房地产评估字样；

（2）取得三级房地产估价机构资质后从事房地产估价活动连续 4 年以上；

（3）有 8 名以上专职注册房地产估价师；

（4）在申请核定资质等级之日前 3 年平均每年完成估价标的物建筑面积 30 万平方米以上或者土地面积 15 万平方米以上；

（5）法定代表人或者执行合伙人是注册后从事房地产估价工作 3 年以上的专职注册房地产估价师；

（6）有限责任公司的股东中有 3 名以上、合伙企业的合伙人中有 2 名以上专职注册房地产估价师，股东或者合伙人中有一半以上是注册后从事房地产估价工作 3 年以上的专职注册房地产估价师；

（7）有限责任公司的股份或者合伙企业的出资额中专职注册房地产估价师的股份或者出资额合计不低于 60%；

（8）有固定的经营服务场所；

（9）估价质量管理、估价档案管理、财务管理等各项企业内部管理制度健全；

（10）随机抽查的 1 份房地产估价报告符合《房地产估价规范》的要求；

（11）在申请核定资质等级之日前 3 年内无本办法第 32 条禁止的行为。

第七章

3. 三级资质

（1）机构名称有房地产估价或者房地产评估字样；

（2）有 3 名以上专职注册房地产估价师；

（3）在暂定期内完成估价标的物建筑面积 8 万平方米以上或者土地面积 3 万平方米以上；

（4）法定代表人或者执行合伙人是注册后从事房地产估价工作 3 年以上的专职注册房地产估价师；

（5）有限责任公司的股东中有 2 名以上、合伙企业的合伙人中有 2 名以上专职注册房地产估价师，股东或者合伙人中有一半以上是注册后从事房地产估价工作 3 年以上的专职注册房地产估价师；

（6）有限责任公司的股份或者合伙企业的出资额中专职注册房地产估价师的股份或者出资额合计不低于 60%；

（7）有固定的经营服务场所；

（8）估价质量管理、估价档案管理、财务管理等各项企业内部管理制度健全；

（9）随机抽查的 1 份房地产估价报告符合《房地产估价规范》的要求；

（10）在申请核定资质等级之日前 3 年内无本办法第 32 条禁止的行为。

三、房地产中介业务的管理

房地产中介行业是房地产业的重要组成部分。近年来，我国的房地产中介行业发展较快，在活跃市场、促进交易等方面发挥了重要作用。但同时，部分中介机构和从业人员存在着经营行为不规范、侵害当事人合法权益、扰乱市场秩序等问题。为加强房地产中介管理，保护当事人合法权益，促进行业健康发展，住房城乡建设部等部门于 2016 年 7 月 29 日发布了《关于加强房地产中介管理促进行业健康发展的意见》（建房〔2016〕168 号），住房城乡建设部与市场监管总局于 2023 年 5 月 9 日发布了《关于规范房地产经纪服务的意见》（建房规〔2023〕2 号）。

（一）规范中介业务行为

1. 规范中介机构承接业务

中介机构在接受业务委托时，应当与委托人签订书面房地产中介服务合同并归档备查，房地产中介服务合同中应当约定进行房源信息核验的内容。中介机构不得为不符合交易条件的保障性住房和禁止交易的房屋提供中介服务。

2. 加强房源信息尽职调查

中介机构对外发布房源信息前，应当核对房屋产权信息和委托人身份证明等材料，经委托人同意后到房地产主管部门进行房源信息核验，并编制房屋状况说明书。房屋状况说明书要标明房源信息核验情况、房地产中介服务合同编号、房屋坐落、面积、产权状况、挂牌价格、物业服务费、房屋图片等，以及其他应当说明的重要事项。

3. 加强房源信息发布管理

中介机构发布的房源信息应当内容真实、全面、准确，在门店、网站等不同渠道发布的同一房源信息应当一致。房地产中介从业人员应当实名在网站等渠道上发布房源信息。中介机构不得发布未经产权人书面委托的房源信息，不得隐瞒抵押等影响房屋交易的信息。对已出售或出租的房屋，促成交易的中介机构要在房屋买卖或租赁合同签订之日起 2 个工作日内，将房源信息从门店、网站等发布渠道上撤除；对委托人已取消委托的房屋，中介机构要在 2 个工作日内将房源信息从各类渠道上撤除。

4. 规范中介服务价格行为

房地产中介服务收费由当事人依据服务内容、服务成本、服务质量和市场供求状况协商确定。中介机构应当严格遵守《价格法》《明码标价和禁止价格欺诈规定》及《商品房销售明码标价规定》等法律法规，在经营场所醒目位置标识全部服务项目、服务内容、计费方式和收费标准，各项服务均须单独标价。提供代办产权过户、贷款等服务的，应当由委托人自愿选择，并在房地产中介服务合同中约定。中介机构不得实施违反《价格法》《反垄断法》规定的价格违法行为。

5. 规范中介机构与金融机构业务合作

中介机构提供住房贷款代办服务的，应当由委托人自主选择金融机构，并提供当地的贷款条件、最低首付比例和利率等房地产信贷政策，供委托人参考。中介机构不得强迫委托人选择其指定的金融机构，不得将金融服务与其他服务捆绑，不得提供或与其他机构合作提供首付贷等违法违规的金融产品和服务，不得向金融机构收取或变相收取返佣等费用。金融机构不得与未在房地产主管部门备案的中介机构合作提供金融服务。

6. 规范中介机构涉税服务

中介机构和从业人员在协助房地产交易当事人办理纳税申报等涉税事项时，应当如实告知税收规定和优惠政策，协助交易当事人依法诚信纳税。税务机关对在房地产主管部门备案的中介机构和取得职业资格的从业人员协助房地产交易当事人办理申报纳税事项诚信记录良好的，应当提供方便快捷的服务。从业人员在办理涉税业务时，应当主动出示标明姓名、机构名称、国家职业资格等信息的工作牌。中介机构和从业人员不得诱导、唆使、协助交易当事人签订"阴阳合同"，低报成交价格；不得帮助或唆使交易当事人伪造虚假证明，骗取税收优惠；不得倒卖纳税预约号码。

（二）规范行业管理

1. 房源核验

市、县房地产主管部门要对房屋产权人、备案的中介机构提供房源核验服务，发放房源核验二维码，并实时更新产权状况。积极推行房地产中介服务合同网签和统一编号管理制度。房地产中介服务合同编号应当与房源核验二维码关联，确保真实房源、真实委托。中介机构应当在发布的房源信息中明确标示房源核验二维码。

2. 交易合同网签制度

市、县房地产主管部门应当按照《国务院办公厅关于促进房地产市场平稳健康发展的通知》（国办发〔2010〕4号）要求，全面推进存量房交易合同网签系统建设。备案的中介机构可进行存量房交易合同网上签约。已建立存量房交易合同网签系统的市、县，要进一步完善系统，实现行政区域的全覆盖和交易产权档案的数字化；尚未建立系统的，要按规定完成系统建设并投入使用。住房城乡建设部将开展存量房交易合同网签系统建设和使用情况的专项督查。

3. 交易资金监管制度

市、县房地产主管部门要建立健全存量房交易资金监管制度。中介机构及其从业人员不得通过监管账户以外的账户代收代付交易资金，不得侵占、挪用交易资金。已建立存量房交易资金监管制度的市、县，要对制度执行情况进行评估，不断优化监管方式。

4. 房屋成交价格和租金定期发布制度

市、县房地产主管部门要会同价格主管部门加强房屋成交价格和租金的监测分析工作，指导房屋交易机构、价格监测机构等建立分区域房屋成交价格和租金定期发布制度，合理引导市场预期。

（三）规范市场监管

1. 中介机构备案制度

中介机构及其分支机构应当按规定到房地产主管部门备案。通过互联网提供房地产中介服务的机构，应当到机构所在地省级通信主管部门办理网站备案，并到服务覆盖地的市、县房地产主管部门备案。房地产、通信、工商行政主管部门要建立联动机制，定期交换中介机构工商登记和备案信息，并在政府网站等媒体上公示备案、未备案的中介机构名单，提醒群众防范交易风险，审慎选择中介机构。

2. 从业人员实名服务制度

中介机构备案时，要提供本机构所有从事经纪业务的人员信息。市、县房地产主管部门要对中介从业人员实名登记。中介从业人员服务时应当佩戴标明姓名、机构名称、国家职业资格等信息的工作牌等，公示从业信息，接受社会监督。各地房地产主管部门要积极落实房地产经纪专业人员职业资格制度，鼓励中介从业人员参加职业资格考试、接受继续教育和培训，不断提升职业能力和服务水平。

3. 行业信用管理

市、县房地产主管部门要会同价格、通信、金融、税务、工商行政等主管部门加快建设房地产中介行业信用管理平台，定期交换中介机构及从业人员的诚信记录，及时将中介机构及从业人员的基本情况、良好行为以及不良行为记入信用管理平台，并向社会公示。对违法违规的中介机构和从业人员，有关部门要在依法依规对失信行为作出处理和评价的基础上，通过信息共享，对严重失信行为采取联合惩戒措施，将严重失信主体列为重点监管对象，限制其从事各类房地产中介服务。有关部门对中介机构作出的违法违规决定和"黑名单"情况，要通过企业信用信息公示系统依法公示。对严重失信中介机构及其法定

第七章

代表人、主要负责人和对失信行为负有直接责任的从业人员等，要联合实施市场和行业禁入措施。

4. 行业自律管理

充分发挥行业协会作用，建立健全地方行业协会组织。行业协会要建立健全行规行约、职业道德准则、争议处理规则，推行行业质量检查，公开检查和处分的信息，增强行业协会在行业自律、监督、协调、服务等方面的功能。各级行业协会要积极开展行业诚信服务承诺活动，督促房地产中介从业人员遵守职业道德准则，保护消费者权益，及时向主管部门提出行业发展的意见和建议。

5. 多部门联动机制

省级房地产、价格、通信、金融、税务、工商行政等主管部门要加强对市、县工作的监督和指导，建立联动监管机制。市、县房地产主管部门负责房地产中介行业管理和组织协调，加强中介机构和从业人员管理；价格主管部门负责中介价格行为监管，充分发挥12358价格监管平台作用，及时处理投诉举报，依法查处价格违法行为；通信主管部门负责房地产中介网站管理，依法处置违法违规房地产中介网站；工商行政主管部门负责中介机构工商登记，依法查处未办理营业执照从事中介业务的机构；金融、税务等监管部门按照职责分工，配合做好房地产中介行业管理工作。

6. 行业监督检查

市、县房地产主管部门要加强房地产中介行业管理队伍建设，会同有关部门建立健全日常巡查、投诉受理等制度，大力推广随机抽查监管，建立"双随机"抽查机制，开展联合抽查。对存在违法违规行为的中介机构和从业人员，应当责令限期改正，依法给予罚款等行政处罚，记入信用档案；对违法违规的中介机构，按规定取消其网上签约资格；对严重侵害群众权益、扰乱市场秩序的中介机构，工商行政主管部门要依法将其清出市场。

针对房地产经纪服务行为，《关于规范房地产经纪服务的意见》从加强从业主体管理、明确经纪服务内容、合理确定经纪服务收费、严格实行明码标价、严禁操纵经纪服务收费、规范签订交易合同、加强个人信息保护、提升管理服务水平、加强行业自律管理等方面，提出了对房地产经纪服务的规范和要求。

第二节　物业服务

一、物业服务法律制度概述

（一）物业与物业服务

1. 对物业的理解

"物业"是在 20 世纪 70 年代由我国香港地区传入我国内地的一个术语。物业一词译自英语 real estate 或 real property，该词在我国香港地区业界被理解为单元性地产，既可以是单元性土地，也可以是单元性建筑物。需要说明的是，因我国香港地区的法律属于英美法系，采用的是土地吸收建筑物的做法，土地也包括建筑物，故为单元性地产。李宗锷先生认为："一住宅单位是一物业，一工厂楼宇是一物业，一农庄也是一物业。"[①]

随着物业服务的发展，物业成为一个具有特定内涵的法律术语。目前，我国调整物业服务的规范性文件对物业这一概念的内涵和外延的理解基本是一致的。我国最早定义物业概念的是 1994 年《深圳经济特区住宅物业管理条例》，其对住宅物业的定义是："住宅区内的各类房屋及相配套的设施、设备和相关场地。"1998 年的《广东省物业管理条例》首次对各类物业的概念作了一般性规定，即"是指已建成并交付使用的住宅、工业厂房、商业用房等建筑物及其附属的设施、设备和相关场地"。从物业服务的角度来说，物业特指各类已经建成并竣工验收的，可投入使用或已投入使用的房屋、相关建筑及与之相配套的设施、设备和相关场地。其中，房屋是指土地上的房屋等建筑物及构筑物，各类房屋可以是一片建筑群，如住宅小区、工业区等，也可以是单位建筑，如一幢高层或者多层住宅楼、停车场等。同一宗物业往往分属一个或者多个产权所有者。与房屋配套的设施、设备和相关场地则是指与上述建筑物相配套或者为建筑物使用者服务的室内外各类设备，市政公用设施和与之相邻的场地、庭院、干道等。

[①]　李宗锷. 香港房地产 [M]. 北京：商务印书馆，1988：9.

物业这一概念通常与房地产、不动产、房屋、住宅等相关概念联系在一起，有时会被混用，但从严格意义上看，它们之间还是有区别的。第一，物业与房地产所指对象不同。房地产相对于物业而言是一个比较宏观抽象的概念；而物业则是一个比较微观具体的概念。物业是房地产的一个下位概念，主要指处于交易和售后服务阶段的房地产，一般已经建成并经过验收合格，未经开发的房地产，通常不称之为物业。第二，物业与不动产所强调的重点不同。不动产是对物进行划分的一类，侧重以物的不可移动性来说明和界定某类物，除房地产以外，还包括林木、道路等其他定着物和固定物；而物业强调的是限定在一定范围内的不动产具有定限性和单元性，同时物业中还包括了一些可移动的配套设备。第三，物业与房屋、住宅等的内涵也有区别。物业尽管是以房屋、住宅为主，但其范围不仅仅是房屋、住宅等房屋建筑本体，它是一定空间环境范围的集合体，并具有社区人文与环境的公益性。

从法律关系角度讲，"物业"与"业主的建筑物区分所有权"概念密切相关。现代"物业"多是以多层高楼建筑或住宅公寓大厦的形式出现，因此，物业内的权利义务关系多是以区分所有的法律形式表现出来的。在一个大"物业"里，一方面，每个人都拥有专有的物业产权；另一方面，各专有部分又联为一体，密不可分，每一物业的权利人，要按照份额比例或相互间的约定享有共有权利、承担相应的义务，并对物业共同事务享有共同管理的成员权利。因此，在处理物业服务相关问题时，业主的建筑物区分所有权是其权利基础和逻辑前提。

2. 对物业管理与物业服务的理解

要理解"物业服务"的概念，首先需要明晰"物业管理"的含义。物业管理是一个传统的概念，从不同层次对其有不同的界定。广义的物业管理是指针对物业财产的保存、改良和利用，以及维持业主共同生活秩序的一切活动，包括业主自身对物业进行的自主有效的管理与维护、物业服务企业接受业主委托从事的物业管理与服务、国家行政主管机关对所辖区域范围内的物业行使的一种行政监督和管理。广义的物业服务是指以业主的建筑物区分所有权为基础，对物业财产所进行的一种管理行为，这种行为本质上是一种民事法律行为，包括业主自身对物业的管理和物业服务企业或其他管理人接受业主委托所进行的管理。狭义的物业服务是指业主通过选聘物业服务企业，按照业主和物业服务人签订的物业服务合同，[①]对房屋及配套的设施、设备和相关场地进行维修、

---

① 参见《民法典》第 937 条："物业服务人包括物业服务企业和其他管理人。"

养护、管理，维护相关区域内的环境卫生和秩序的活动。《物业管理条例》第2条采用的是狭义说来界定物业服务；[①] 而《民法典》第284条第1款则是从广义上界定物业管理。[②] 从广义上界定物业管理可更好地明确业主在物业管理中的权利主体地位，有利于进一步明晰物业管理法律关系。本书论及的物业服务更多指的是狭义上的物业管理。

现代意义上的物业管理越来越集中于由物业服务企业作为专业性管理机构向业主提供专业化管理。但由于"管理"一词具有行政隶属、服从之义，不符合现代物业管理专业化、社会化、市场化的平等关系本质，故宜用"物业服务"取而代之。采用物业服务概念有利于明确物业服务企业参与到物业管理中的地位，理顺其与业主之间的法律关系，但是不能一概笼统地将物业管理与物业服务等同起来。如前所述，物业管理本身具有丰富的内涵，而物业服务所指行为仅是其中的委托型物业管理，虽为现代物业管理的主要方面，但绝非全部内容。这也是原《物权法》以及《民法典》将"物业管理企业"改称为"物业服务企业"的原因所在，但就"物业管理"行为而言，《民法典》仍然保留了"物业管理"概念。在特指物业服务企业所进行的物业管理活动时，使用"物业服务"的称谓更为妥当。《物业服务纠纷司法解释》中所规定的物业服务也是指物业服务企业依照物业服务合同所提供的物业服务。

物业服务最基本的特征是委托关系和有偿服务，即委托方（业主）与受委托方（物业服务人）通过签订物业服务合同，受委托方依约为委托方提供服务，委托方接受受托方提供的有偿服务并交纳物业服务费用。物业服务集经营、服务、管理于一体，属于第三产业，是社会分工的产物，是伴随我国住房制度改革的推进而出现的社会化、专业化、市场化的服务活动，具有广阔的发展前景与空间。

（二）物业服务法律关系

物业服务法律关系是民事法律关系的一种，是法律调整物业服务过程中形成的权利与义务关系。须明确的是，首先，物业服务过程中形成的主体法律关

第七章

---

① 《物业管理条例》第2条规定："本条例所称物业管理，是指业主通过选聘物业服务企业，由业主和物业服务企业按照物业服务合同约定，对房屋及配套的设施设备和相关场地进行维修、养护、管理，维护物业管理区域内的环境卫生和相关秩序的活动。"

② 《民法典》第284条第1款规定："业主可以自行管理建筑物及其附属设施，也可以委托物业服务企业或者其他管理人管理。"

系是以物业服务合同为基础的委托服务法律关系；其次，接受物业服务企业提供服务的主体是一个集合概念，包括业主、业主共同体、物业使用人等。所以，物业服务法律关系可以分为内部法律关系和外部法律关系。

1. 物业服务内部法律关系

物业服务内部法律关系，是指一个物业区域内业主内部，因对物业占有、使用、收益、处分而产生的相互之间的法律关系，主要是民事法律关系。

（1）业主与业主之间、单个业主与全体业主之间、业主与物业使用人之间产生的与业主的建筑物区分所有权相关的各种关系。基于业主的建筑物区分所有权法律制度形成的物业管理区域内相关权利人之间的社会关系，涉及业主专有部分权利、义务，业主共有权利的行使、义务的履行，业主资格身份认定和成员权的实现，业主参与重大管理事项共同决策的权利义务，业主之间相邻关系等各类法律关系。

（2）业主与业主管理团体之间基于自治而产生的管理与协作关系。业主管理权利实现的重要方式就是通过业主管理团体，这就涉及物业管理区域内业主与业主管理组织机构即业主大会、业主委员会之间以及业主管理组织机构相互之间基于小区管理规约结成的带有管理协作和相互制约性质的社会关系。例如，管理规约的达成，业主团体组织机构的设计，业主大会和业主委员会的议事规则、职责范围等。

2. 物业服务外部法律关系

物业服务外部法律关系，是指参与和提供物业服务的主体、其他建设单位与业主、业主管理团体之间以及各方主体相互之间产生的法律关系，主要是以物业服务合同（包括前期物业服务合同）为基础形成的业主、其他建设单位、业主管理团体与物业服务企业之间的委托服务民事法律关系。

这种法律关系是物业服务法律关系的主体，是物业服务合同双方当事人在物业服务中以合意为基础设定的自愿平等的权利、义务与相互责任。具体内容主要由物业服务合同决定，一般包括服务事项、服务质量、服务费用的标准和收取办法、维修资金的使用、服务用房的管理和使用、服务期限、服务交接等条款。

（三）我国物业服务法治建设的发展

我国物业服务在迅速发展的同时，相关法律法规也在探索中不断完善，这也为推进物业服务的发展奠定了坚实的基础。

1994 年建设部颁布了《城市新建住宅小区管理办法》，[1]明确要求在新建小区推行物业管理制度，这是新中国成立以来我国有关物业服务的第一部主要部门规章。该办法虽已被废止，但物业管理制度却在房地产管理中逐渐发展并成熟起来。

《物业管理条例》是我国现行的效力最高的一部调整物业服务的专门性行政法规。《物业管理条例》确立了十项基本制度：告知制度、业主委员会备案制度、招标投标制度、承接验收制度、保修责任制度、资质管理制度、人员资格制度、交接制度、报告制度、专项维修资金制度。《物业管理条例》的出台，对业主、物业服务企业、房地产开发建设单位及相关部门的权利义务作了较为详尽的规定，创设了以物业自治为中心的一些物业管理基本制度，强调了物业管理的市场化、服务化发展。但是，2003 年出台的《物业管理条例》仍然存在着较强的行政管理色彩，且有维护部门利益的倾向。随着 2007 年《物权法》的颁行，国务院于 2007 年 10 月 1 日修改了《物业管理条例》，进一步回归了物业管理的服务本质，突出业主的权利本位，彰显业主自治精神。之后，国务院于 2018 年 3 月 19 日修改的《物业管理条例》，提出建立守信联合激励和失信联合惩戒机制，加强了行业诚信管理。

二、业主及业主自治机构

（一）业主及其权利和义务

1. 对业主概念的理解

何谓"业主"？我国台湾地区的《公寓大厦管理条例》将业主称"住户"，其范围较为广泛，包括公寓大厦的区分所有权人、承租人以及其他经所有权人同意而使用其专有部分之人。我国香港地区的《多层大厦（业主立案法团）条例》中的业主，除了房地产所有权人，还包括经注册登记的抵押权人。

我国内地的房地产法仅将业主限定为房屋所有权人。《物业管理条例》第 6 条规定，业主是指房屋的所有权人。《建筑物区分所有权司法解释》第 1 条规定：

---

[1]　我国早期的物业服务，带有一定的行政管理特性，故称之为《城市新建住宅小区管理办法》《物业管理条例》，最高人民法院颁布的《物业服务纠纷司法解释》，则从民事角度对物业服务行为进行了规范。

"依法登记取得或者依据民法典第 229 条至第 231 条规定取得建筑物专有部分所有权的人，应当认定为民法典第二编第六章所称的业主。基于与建设单位之间的商品房买卖民事法律行为，已经合法占有建筑物专有部分，但尚未依法办理所有权登记的人，可以认定为民法典第二编第六章所称的业主。"该解释进一步拓展了业主的主体范围，除了法律业主，还包括事实业主。

除此以外的其他物业使用人并不是业主，比如拥有公房使用权的人不是业主，国家或者单位是业主；承租人也不是业主。明确界定业主的范围，将其与物业使用人区分开来，是因为与业主相比，物业使用人在物业管理中享有的权利要受到一定的限制，其权利是不完整的。在物业服务中，业主是物业管理权的主体，即物业服务法律关系的当事人，其有权决定将其管理权授予特定的物业服务企业，而物业使用人则不具有此权。例如，物业使用人不能以自己的名义参加业主大会，更不能在业主大会上就物业管理事项独立进行投票表决。一般情况下，物业使用人在物业管理活动中的权利义务由业主和物业使用人约定，但不得违反法律、法规和管理规约的有关规定。[①]

2. 业主的权利与义务

（1）业主享有的权利。在物业服务活动中，业主享有对物业和相关共同事务进行管理的权利。根据《物业管理条例》第 6 条的规定，业主享有的主要权利如下：

第一，按照物业服务合同的约定，接受物业服务企业提供的服务；

第二，提议召开业主大会会议，并就物业管理的有关事项提出建议；

第三，提出制定和修改管理规约、业主大会议事规则的建议；

第四，参加业主大会会议，行使投票权；

第五，选举业主委员会成员，并享有被选举权；

第六，监督业主委员会的工作；

第七，监督物业服务企业履行物业服务合同；

第八，对物业共用部位、共用设施设备和相关场地使用情况享有知情权和监督权；

第九，监督物业共用部位、共用设施设备专项维修资金；

第十，法律、法规规定的其他权利。例如，如果业主大会或者业主委员会

---

① 参见《物业管理条例》第 47 条的规定。

作出的决定侵害业主合法权益的，受侵害的业主可以请求人民法院予以撤销。

（2）业主承担的义务。根据《物业管理条例》第7条的规定，业主在物业服务活动中，应履行下列义务：

第一，遵守管理规约、业主大会议事规则；

第二，遵守物业服务区域内物业共用部位和共用设施设备的使用、公共秩序和环境卫生的维护等方面的规章制度；

第三，执行业主大会的决定和业主大会授权业主委员会作出的决定；

第四，按照国家有关规定交纳专项维修资金；

第五，按时交纳物业服务费用；

第六，法律、法规规定的其他义务。

以上业主应承担的义务，是基于业主的建筑物区分所有权和业主身份而必须履行的，业主不得以放弃其共有权为由而拒绝履行。此外，基于建筑物区分所有权的理论，《民法典》第279条亦作出相应规定："业主不得违反法律、法规以及管理规约，将住宅改变为经营性用房。业主将住宅改变为经营性用房的，除遵守法律、法规以及管理规约外，应当经有利害关系的业主一致同意。"

（二）业主大会

1. 业主大会的概念

业主大会是由一个物业区域内全体业组成的自治性机构。其性质类似于股份有限责任公司中的股东大会，为物业区域内最高的意思决定机关，是代表和维护物业区域内全体业主在物业服务活动中的合法权益的自治、自律组织，既是群众团体和物业监督管理组织，也是代表物业区域内全体业主实施自治、自律服务的组织。

2. 业主大会的法律地位

（1）域外规定与做法——对业主团体主体资格的规定。发达国家的物业服务立法构造中，首先规定全体业主构成一个团体（如德国的住宅所有人团体）或协会（如美国的业主协会），并赋予该团体或协会一定的民事主体资格。

对业主团体的性质认定有以下几种模式：第一，具备法人资格，如美国、法国、新加坡认为业主团体具有法人地位，有独立的民事权利能力、民事行为能力、民事责任能力和民事诉讼能力。在具体做法上，法国法律规定，只要有

2 名以上拥有建筑物不同部分的区分所有者，就当然构成法人人格；新加坡法律则规定必须经过登记才能成为法人，而非当然成立。第二，无法人资格，如德国认为业主团体的内部成员之间的共同关系是由契约确定的，对外无法人资格，如果涉及诉讼则以单个的住宅所有权人为当事人。第三，折中模式，如日本规定如果 30 人以上业主组成了业主团体，只要有 3/4 的成员同意成立法人，有名称，有办公场所，并办理了登记，就具备法人资格。此外，也有国家在法律上不承认业主团体的法人地位，但在诉讼中认可其资格。

（2）我国的做法与选择。明确业主大会或业主委员会的法律地位，需要解决的问题有：第一，业主大会是当然组成还是依契约组成；第二，业主大会是否具有实体法上的主体资格；第三，业主大会是否具备诉讼法中的主体资格。本书认为，业主大会实际上是业主团体的决策机构和权力机构，我国房地产法尚无国外法律中的"业主团体"或"业主协会"概念，业主大会不过是该团体行使权利、表达意思的机构，在我国没有业主团体概念的情况下，实际上是用业主大会取代了其功能。购房者在购买了房屋，取得房屋所有权后就成为业主，自然也就成为业主团体的成员，是不以登记或契约成为团体成员资格要件的。如果团体成员形成了成立法人的意思表示，且成立时符合法人的条件，可依法按法人的主体资格运行；如果未形成成立法人的意思表示，应肯定业主大会作为非法人组织的主体地位，享有在物业服务中的民事权利能力，以及诉讼上的当事人地位。对此，《建筑物区分所有权司法解释（征求意见稿）》第 13 条曾规定："业主共同权益受到侵害、妨害或者可能受到妨害的，原告的诉讼主体资格按照下列方式确定：（一）已经选举出业主委员会的，为业主委员会；（二）没有选举出业主委员会，或者业主委员会怠于行使权利的，为业主大会或者业主。有关业主共同权益的生效裁判，对全体业主具有约束力。其诉讼利益归属于全体业主。"但该司法解释的定稿删除了该条款。尽管现行法依然未明确规定业主大会（和业主委员会）在诉讼中的当事人地位，但从《民法典》及《建筑物区分所有权司法解释》《物业服务纠纷司法解释》的具体规定来看，肯定其在诉讼中的当事人地位是有法律依据的。

《民法典》亦肯认了业主大会的诉讼主体资格，第 280 条规定业主大会作出的决定侵害业主合法权益的，受害的业主可以请求人民法院予以撤销。第 286 条第 2 款规定业主大会对任意弃置垃圾、排放污染物或者噪声、违反规定饲养动物、违章搭建、侵占通道、拒付物业费等损害他人合法权益的行为，有权依照法律、法规以及管理规约，请求行为人停止侵害、排除妨碍、消除危险、恢复原状、赔偿损失。

3. 业主大会的成立与召开

（1）业主大会成立条件。一个物业服务区域只能成立一个业主大会。同一个物业服务区域内的业主应当在物业所在地的区、县人民政府房地产行政主管部门或者街道办事处、乡镇人民政府的指导下成立业主大会，并选举业主委员会。如果只有一个业主的或者业主人数较少且经全体业主一致同意，由业主共同履行业主大会、业主委员会的职责的，可以不成立业主大会。我国很多地方性法规对业主大会的成立条件进行了细化规定，如《上海市住宅物业管理规定》第 13 条："一个物业管理区域内，房屋出售并交付使用的建筑面积达到百分之五十以上，或者首套房屋出售并交付使用已满两年的，应当召开首次业主大会会议，成立业主大会。"

（2）业主大会的召开。首次业主大会会议筹备组由业主代表、建设单位代表、街道办事处、乡镇人民政府代表和居民委员会代表组成。筹备组成员人数应为单数，其中业主代表人数不低于筹备组总人数的一半，筹备组组长由街道办事处、乡镇人民政府代表担任。筹备组筹备以下工作：①确认并公示业主身份、业主人数以及所拥有的专有部分面积；②确定首次业主大会会议召开的时间、地点、形式和内容；③草拟管理规约、业主大会议事规则；④依法确定首次业主大会会议表决规则；⑤制定业主委员会委员候选人产生办法，确定业主委员会委员候选人名单；⑥制定业主委员会选举办法；⑦完成召开首次业主大会会议的其他准备工作。并在首次业主大会会议召开 15 日前以书面形式在物业管理区域内公告。筹备组应当自组成之日起 90 日内完成筹备工作，组织召开首次业主大会会议。业主大会自首次业主大会会议表决通过管理规约、业主大会议事规则，并选举产生业主委员会之日起成立。

业主大会成立后，其工作会议分为定期会议和临时会议。业主大会定期会议应当按照业主大会议事规则的规定由业主委员会组织召开。业主大会临时会议的召开不受时间限制，有下列情况之一的，业主委员会应当及时组织召开业主大会临时会议：①经专有部分占建筑物总面积 20% 以上且占总人数 20% 以上业主提议的；②发生重大事故或者紧急事件需要及时处理的；③业主大会议事规则或者管理规约规定的其他情况。

4. 业主大会的职责与决议

（1）业主大会的职责。业主大会的职责体现在以下方面：①制定和修改业主大会议事规则；②制定和修改管理规约；③选举业主委员会或者更换业主委员会成员；④选聘和解聘物业服务企业或者其他管理人；⑤使用建筑物及其附属设施的维修资金；⑥筹集建筑物及其附属设施的维修资金；⑦改建、重建建筑物及其附属设施；⑧改变共有部分的用途或者利用共有部分从事经营活动；⑨有关共有和共同管理权利的其他重大事项。①

（2）业主大会的决议。业主大会职责的履行在于业主大会的召开及作出决议。对于业主共同决定事项，应当由专有部分面积占比 2/3 以上的业主且人数占比 2/3 以上的业主参与表决。其中，普通决议事项，应当经参与表决专有部分面积过半数的业主且参与表决人数过半数的业主同意，如制定和修改业主大会议事规则；选聘和解聘物业服务企业或者其他管理人等等。特殊决议事项，应当经参与表决专有部分面积 3/4 以上的业主且参与表决人数 3/4 以上的业主同意。例如，业主大会做出关于筹集建筑物及其附属设施的维修资金；改建、重建建筑物及其附属设施；改变共有部分的用途或者利用共有部分从事经营活动，② 这些特殊事项的决定就属于特殊决议。

投票权，是指业主作为投票人的权利，按照每一位业主所拥有的物业专有部分占建筑物总面积的比例和业主总人数等因素来确定。《业主大会和业主委员会指导规则》第 24 条规定，业主大会确定业主投票权数，可以按照下列方法认定业主人数和总人数：①业主人数，按照专有部分的数量计算，一个专有部分按一人计算。但建设单位尚未出售和虽已出售但尚未交付的部分，以及同一买受人拥有一个以上专有部分的，按一人计算；②总人数，按照前项的统计总和计算。

业主大会会议可以采用集体讨论的形式，也可以采用书面征求意见的形式。业主不能出席时，可以委托代理人参加业主大会会议。业主大会的合法决议对业主具有约束力。业主大会或者业主委员会作出的决定侵害业主合法权益的，受侵害的业主可以请求人民法院予以撤销。

---

① 参见《民法典》第 278 条第 1 款。

② 参见《民法典》第 278 条第 2 款。

（三）业主委员会

1. 业主委员会的概念与产生

业主委员会是根据业主管理规约或者法定的程序，通过召开业主大会由全体业主选举产生，是业主大会的执行机构。业主委员会实行业主自治、自律的管理体制，是业主实现民主管理的最基本的组织形式。

业主委员会由业主大会会议选举产生，由 5 至 11 人单数组成。业主委员会委员应当是物业管理区域内的业主，并符合下列条件：①具有完全民事行为能力；②遵守国家有关法律、法规；③遵守业主大会议事规则、管理规约，模范履行业主义务；④热心公益事业，责任心强，公正廉洁；⑤具有一定的组织能力；⑥具备必要的工作时间。业主委员会委员实行任期制，每届任期不超过 5 年，可连选连任，业主委员会委员具有同等表决权。业主委员会应当自选举之日起 7 日内召开首次会议，推选业主委员会主任和副主任。

业主委员会应当自选举产生之日起 30 日内，持下列文件向物业所在地的区、县房地产行政主管部门或街道办事处、乡镇人民政府办理备案手续：①业主大会成立和业主委员会选举的情况；②管理规约；③业主大会议事规则；④业主大会决定的其他重大事项。

2. 业主委员会的法律地位

业主委员会的法律地位为何？理论界和实务界一直存在争议。大致有以下观点：第一，业主委员会是非营利性法人，完全独立于各个业主，享有拟制的法人资格。第二，业主委员会是享有独立诉讼主体资格的非法人组织，但由于业主委员会不是法人实体，其行为的后果、责任应由全体业主承担补充责任。第三，业主委员会既非法人，也不是非法人组织，没有独立的法律地位。发生纠纷，或由全体业主参加，或由全体业主授权业主委员会只能以全体业主的代表身份参加民事诉讼，诉讼活动的法律后果也直接归于全体业主。

影响业主委员会法律地位判断的关键因素在于：①业主委员会由业主大会选举产生，其职能也是由业主大会赋予的，其本身并没有管理小区物业的权利。②业主委员会并无独立于业主大会的财产和责任，业主委员会本身不具有独立人格。业主委员会作为业主大会的执行机构可行使业主大会的各项权利，也可以自己名义直接对外实施民事法律行为，但在业主委员会与第三人进行法律行为时，其自身并不是这一法律行为的承担者。业主委员会有权与物业服务人订立物业服务合同，但在代表业主订立合同时，其本身不是合同主体。而且，在我国目前的实践操作中，也没有为业主委员会登记注册而使其具备法人资格的机构，虽然法律规定业主委员会应在选举之日起 30 天内到房地产行政主管部门办理登记备案，但这种备案并不意味着对业主委员会主体资格的确认。我国台湾学者王泽鉴教授也认为，"管理委员会和管理负责人不具法人地位，无权利能力，其权利主体为全体区分所有人"[1]。这表明，业主委员会应该是业主大会的执行机构和代表机构。

本书认为，业主委员会具有《民事诉讼法》上的诉讼主体资格，应属于《民法典》规定的非法人组织。业主委员会的职权虽然由业主大会赋予，但业主委员会是合法成立的、是独立的组织机构，能够以自己的名义从事一定的法律行为，具有特定的目的和职责。至于业主委员会的财产和责任能力问题，并不足以影响其作为诉讼主体的资格。因为，独立财产和独立承担法律责任的能力只是一个团体或组织具有法人资格的标准，而对于非法人团体或其他组织而言，则并非必备要件。对其他组织的"一定财产"的要求，并不要求对该财产享有独立的所有权，只要该财产和经费为"非法人组织"所独立支配即可。

《民法典》对业主委员会的诉讼主体资格作出了确认，第 280 条规定业主委员会作出的决定侵害业主合法权益的，受害的业主可以请求人民法院予以撤销。第 286 条则规定了业主委员会对于侵权行为的请求权，可以作为原告请求行为人停止侵权行为。一些地方性法规亦承认了业主委员会的诉讼主体资格，[2] 也有地方实践赋予业主委员会社团法人资格；[3] 在司法实践中，最高人民法院认为，业主委员会作为业主大会的执行机构，具有对外代表全体业主、对内具体实施与物业管理有关行为的职能，其行为的法律效果及于全体业主。从最高人民法院的观点来看，其倾向于承认业主委员会的当事人地位，并将其界定为

---

[1] 王泽鉴.民法物权：第一册 [M].北京：法律出版社，2001：262.

[2] 例如，《浙江省物业管理条例》第 16 条规定，业主委员会在物业管理活动中为维护物业管理区域内业主共同权益的需要，经业主大会决定，可以以自己的名义依法提起诉讼。《安徽省物业管理条例》第 64 条规定，被解聘的物业服务企业拒不撤出物业管理区域的，街道办事处或者乡镇人民政府应当责令其限期撤出，发生治安事件的，公安机关应当依法及时处理；业主委员会或者业主可以依法提起诉讼或者申请仲裁。

[3] 例如，2013 年 3 月温州开全国先例进行试点，南塘五组团和嘉鸿花园两个小区的业主委员会获批具备法人资格。

非法人组织。①

　　赋予业主委员会当事人地位，肯定其非法人组织主体地位，可以达到明确责任主体、简化程序、降低诉讼成本的效果。

3. 业主委员会的职责

　　业主委员会作为业主大会的执行机构应当履行以下职责：

　　（1）执行业主大会的决定和决议；

　　（2）召集业主大会会议，报告物业管理实施情况；

　　（3）与业主大会选聘的物业服务企业签订物业服务合同；

　　（4）及时了解业主、物业使用人的意见和建议，监督和协助物业服务企业履行物业服务合同；

　　（5）监督管理规约的实施；

　　（6）督促业主交纳物业服务费及其他相关费用；

　　（7）组织和监督专项维修资金的筹集和使用；

　　（8）调解业主之间因物业使用、维护和管理产生的纠纷；

　　（9）业主大会赋予的其他职责。

---

　　①　例如，2003年8月20日，最高人民法院对安徽省高级人民法院《关于金湖新村业主委员会是否具备民事诉讼主体资格的请示报告》，作出〔2002〕民立他字第46号批复，指出："根据《中华人民共和国民事诉讼法》第四十九条，《最高人民法院关于适用〈中华人民共和国民事诉讼法〉若干问题的意见》第四十条的规定，金湖新村业主委员会符合'其他组织'条件，对房地产开发单位未向业主委员会移交住宅区规划图等资料，未提供配套公共设施、公用设施专项费、公共部位维护及物业管理用房、商业用房的，可以自己的名义提起诉讼。"2005年8月15日，最高人民法院在《关于春雨花园业主委员会是否具有民事诉讼主体资格的复函》（〔2005〕民立他字第8号）指出："根据《物业管理条例》规定，业主委员会是业主大会的执行机构，根据业主大会的授权对外代表业主进行民事活动，所产生的法律后果由全体业主承担。业主委员会与他人发生民事争议的，可以作为被告参加诉讼。"2016年8月22日，最高人民法院发布的《十起关于弘扬社会主义核心价值观典型案例》中的第七例"某小区业主委员会诉邓某某物业服务合同纠纷案"中对其典型意义分析道："……出于保护当事人合理诉求的考虑，同时业主委员会自管小区有利于维护小区和谐稳定的角度考虑，我们对现阶段业主委员会自管模式中的业主委员会的主体资格予以认定。"2021年最高人民法院在国电小区业主委员会诉地产开发公司一案（〔2021〕最高法民再344号）中指出："业主委员会根据业主大会的授权对外代表业主进行民事活动，可以成为民事诉讼活动的主体。业主委员会符合'其他组织'条件，是业主大会的执行机构，根据业主大会的授权对外代表业主进行民事活动，对于业主共有事项和物业共同管理事项，可以自己名义提起诉讼。"

（四）管理规约

管理规约是一种公共契约，是由业主承诺的，是全体业主共同约定、相互制约、共同遵守的有关物业使用、维护、管理及公共利益等方面的行为准则。其实质是在合法前提下以民事合约的形式对业主和物业使用人的行为进行的自律性约束。管理规约是对物业服务区域内物业管理法律法规和政策的补充，在物业服务区域内具有普遍的约束力，其效力及于全体业主、非业主物业使用人、管理人和物业服务企业，违反管理规约应承担相应的法律责任；业主大会和业主委员会的决议均不得与之相抵触，否则无效。

管理规约一般由业主通过业主大会共同制定，并由业主签署意见承诺遵守。管理规约遵循业主自治原则和契约自由原则，只要不违反宪法和法律，业主可以通过协商的方式自由设定内容。通常涉及以下内容：有关物业的使用、维护和管理，业主的共同利益事项，业主享有的权利与应当履行的义务，违反业主公约的法律责任，其他应当约定的有关事项。

规约产生的一般程序是：由房地产开发企业或者物业服务企业根据政府房地产行政主管部门统一制订的示范文本制订物业服务项目的管理规约草案，将草案提交业主大会讨论修改，业主签字通过后，管理规约生效。由于业主委员会的成立与业主大会的召开需要物业区域入住业主达到一定的比例，在物业入住率符合要求前，管理规约无法通过上述程序由业主大会民主决议产生。因此，前期物业服务中，建设单位应当在销售物业之前制定临时管理规约，建设单位在物业销售前应当将临时管理规约向物业买受人明示，并予以说明。临时管理规约与管理规约相比，内容基本相同，但具有一定的强制性和临时性特点，物业买受人在与建设单位签订物业买卖合同时，应当对遵守临时管理规约予以书面承诺，这种约束只适用于业主大会成立前的前期物业管理阶段。业主大会成立、业主大会会议制定通过的管理规约生效后，临时管理规约自行失效。

三、物业服务企业与物业服务

（一）物业服务企业

物业服务企业，是指按照法定程序成立并具备相应资质条件，经营物业服务业务的营利性法人。物业服务企业的资质是企业实力、规模和业绩的综合反映。国家对从事物业服务活动的企业实行资质管理制度，目的是加强对物业服务企业的管理，提高物业服务水平，促进物业服务行业健康发展，保障物业委托人的合法权益。

（二）前期物业服务

前期物业服务，是在业主、业主大会选聘物业服务企业之前，由开发商等建设单位选聘的物业服务企业依照合同的约定实施的物业服务。《民法典》第939条规定，建设单位依法与物业服务人订立的前期物业服务合同，对业主具有法律约束力。

实践中，房地产开发企业往往选择与自己有关联的物业服务企业从事前期物业服务，这种"自己建设、自己管理""分工不分家"的物业服务模式，既是物业服务纠纷产生的主要原因之一，也容易导致物业服务企业不能很好地协调开发建设和物业服务的关系，以及前期建设和后期维修养护的关系，可能会给后期物业的使用与服务留下诸多隐患。所以，《物业管理条例》规定，国家提倡房地产开发与物业服务相分离的原则，建设单位应当通过招投标的方式选聘相应资质的物业服务企业。如果投标人少于3个或者住宅规模较小，经物业所在地的区、县人民政府房地产行政主管部门批准，可以采用协议方式选聘具有相应资质的物业服务企业。建设单位与物业买受人签订的买卖合同应当包含前期物业服务合同约定的内容。前期物业服务合同可以约定期限；但期限未满，业主委员会或者业主与物业服务企业签订的物业服务合同生效的，前期物业服务合同终止。

（三）物业服务合同

物业服务合同包括前期物业服务合同和物业服务合同，所以，广义上讲物业服务合同是指建设单位或者业主与物业服务人订立的，由物业服务人提供物业服务，业主支付物业费的合同。

1. 物业服务合同的含义

民法典将物业服务合同规定为典型合同之一种，是与委托合同、承揽合同等并列的有名合同，设立专章规定物业服务合同是我国民法典的创新之举。《民法典》第937条规定，物业服务合同是物业服务人在物业服务区域内，为业主提供建筑物及其附属设施的维修养护、环境卫生和相关秩序的管理维护等物业服务，业主支付物业费的合同。

2. 物业服务合同的特征

物业服务合同作为平等主体之间的民事合同，既有合同的一般法律特征，也有着自身鲜明的特点。其特点主要表现为：

（1）合同主体特定。合同当事人一方是业主，而且是全体业主。由于物业服务小区中业主人数通常众多，不可能由每个业主亲自与物业服务人签订合同，所以全体业主需要按照一定的程序作出决定，由某个特定主体（如业主委员会）代表全体业主与物业服务人签订合同。另一方当事人是物业服务人，物业服务人包括物业服务企业和其他管理人；物业服务企业作为物业服务人，应当是经合法登记注册并具有相应资质的物业服务企业。

（2）合同客体复杂。物业服务合同内容的多样性决定了合同服务行为的复杂性，合同客体涉及物业综合服务行为、服务效果等。

（3）合同关系以特定物业为依托。物业服务是在特定物业区域内产生的特定服务。

（4）合同内容具有综合性与专业性。通常与物业物权和业主、物业使用人的人身、财产权益紧密关联。物业服务合同所涉及的内容绝大多数关乎业主和物业使用人的群体权益乃至公共利益。一旦发生合同争议，极易引起业主、物业使用人甚至社会媒体等社会组织的介入，影响面大。

（5）合同的类型属于双务、有偿、要式、继续性合同。

3. 物业服务合同的内容

《民法典》第938条规定，物业服务合同的内容一般包括服务事项、服务质量、服务费用的标准和收取办法、维修资金的使用、服务用房的管理和使用、服务期限、服务交接等。按照物业服务人提供的服务和方式一般可分为三大类：常规性公共服务、针对性专项服务和委托性特约服务。

（1）常规性公共服务。常规性公共服务，是指物业服务中公共性的服务工作，是物业服务人面向所有业主、物业使用人提供的最基本的服务，其目的是确保物业的完好与正常使用，维持物业区域内的正常生活、工作秩序和良好环境。小区物业的公共服务主要包括以下内容：①房屋共用部位、共用设施设备及其运行的维护与管理；②保持小区内市政公用设施的完好；③环境卫生、绿化服务；④小区内交通、消防和公共秩序等协助事项的服务；⑤物业装饰装修服务，包括房屋装饰装修的申请与批准以及房屋装饰装修的设计、安全等各项服务工作；⑥房屋共用部位、共用设施设备专项维修资金的代管服务，即物业服务人接受业主、业主委员会委托对专项维修资金的服务工作；⑦ 物业档案资料的服务工作；⑧ 代收代缴收费服务。

物业服务人对建筑区划内的建筑物及其附属设施和业主共同的生活、工作秩序进行服务时，业主不得进行干涉和妨碍；对于实施妨碍行为的，2020 年 12 月 23 日修改通过的《物业服务纠纷司法解释》第 1 条规定："业主违反物业服务合同或者法律、法规、管理规约，实施妨碍物业服务与管理的行为，物业服务人请求业主承担停止侵害、排除妨碍、恢复原状等相应民事责任的，人民法院应予支持。"

（2）针对性专项服务。针对性专项服务，是指物业服务人面向全体业主、物业使用人为满足其中部分业主和物业使用人的需要而提供的各项服务。其特点是物业服务人事先设立服务项目并将服务内容、质量与收费标准公布于众。业主、物业使用人需要这种服务时，可自行选择。专项服务实质上是一种代理业务服务，专为业主、物业使用人提供生活、工作的方便。专项服务是物业服务人开展多种经营的主要渠道之一。专项服务的主要内容覆盖日常生活、商业服务、文教卫生、社会福利以及各类中介服务等方面。

（3）委托性特约服务。委托性特约服务，是指物业服务人为了满足业主、物业使用人的个别需求，受其委托而提供的服务。通常而言，物业服务合同中对此并未约定，物业服务人在专项服务中也未设立，而业主、物业使用人又就该方面服务项目提出需求。特约服务实际上是专项服务的补充和完善，当有较多业主和物业使用人有某种特殊需求时，物业服务人可以将此项特约服务纳入专项服务。

4. 物业服务费用

物业服务费用，是物业服务人按照物业服务合同的约定，对房屋及配套设施设备和相关场地进行维修、养护，维护相关区域内环境卫生和秩序而向业主收取的费用。《物业管理条例》第 40 条规定，物业服务收费应当遵循合理、公开以及费用与服务水平相适应的原则，区别不同物业的性质和特点，由业主和物业服务企业按照国务院价格主管部门会同国务院建设行政主管部门制定的物业服务收费办法，在物业服务合同中约定。2003 年 11 月 13 日国家发改委、建设部联合印发了《物业服务收费管理办法》（2016 年 2 月 6 日修订），以规范物业服务收费行为。

《民法典》第 944 条规定，业主应当按照约定向物业服务人支付物业费。

第
七
章

物业服务人已经按照约定和有关规定提供服务的，业主不得以未接受或者无须接受相关物业服务为由拒绝支付物业费。物业服务人不得采取停止供电、供水、供热、供燃气等方式催交物业费。其中，已竣工但尚未出售或者尚未交给物业买受人的物业，物业服务费用由建设单位交纳。业主与物业使用人约定由物业使用人交纳物业服务费用的，从其约定，业主负连带交纳责任；物业使用人未按合同约定交纳物业服务费用的，物业服务人可请求业主交纳。业主交纳物业服务费用后享有依法向物业使用人追偿的权利。

业主和物业服务人可以采取包干制或酬金制等形式约定物业服务费用。前者是业主向物业服务人支付固定的服务费用，盈余或亏损均由物业服务人享有或承担的计费方式；后者是在预收的物业服务资金中按约定比例或者约定数额提取酬金支付给物业服务公司，其余全部用于物业服务合同约定的支出，结余或者不足均由业主享有或者承担的计费方式。实践中，多采用包干制收费方式。无论采用何种方式，物业服务人都应当按照政府价格主管部门的规定明码标价，并在物业区域内的显著位置将服务内容、服务标准以及收费项目、收费标准等有关情况进行公示。物业服务人违反规定擅自扩大收费范围，提高收费标准，重复收费，或者不当收取手续费、备付金等额外费用的，业主委员会或者业主可以请求退还。需要特别说明的是，物业区域内的供水、供电、供气、供热、通信、有线电视等单位应当向最终用户收取有关费用。物业服务人接受委托代收这些费用的，不得向业主收取手续费等额外费用。物业服务人应当向业主大会或者全体业主公布物业服务资金年度预决算，并且每年不少于一次公布物业服务资金的收支情况。

5. 物业服务专项服务业务转委托的约定

依据《民法典》第 941 条第 1 款的规定，物业服务人可以在物业服务合同中约定，将物业区域内的专项服务业务委托给专业性服务组织或者其他第三人，但应当就该部分专项服务事项向业主负责。物业服务是一项长期、复杂的专业性工作，服务项目较多，物业服务人难以独立完成所有的服务项目。例如，物业服务人委托保安公司专门负责小区的安保工作，委托保洁公司负责保洁工作等。因此，物业服务人将专业性的服务事项委托给专业性服务组织或者其他第三人也是为了维护业主的利益，本质上受益的是业主。基于合同相对性的考量，物业服务人与专业性服务组织或者其他第三人形成的转委托合同，对业主无法律拘束力。物业服务人应对转委托的服务事项向业主负责，因专业性服务组织或者其他第三人的原因导致物业服务人违反物业服务合同的，系物业服务人而非专业性服务组织或者其他第三人向业主承担违约责任。

《民法典》第941条第2款规定，物业服务人不得将其应当提供的全部物业服务转委托给第三人，或者将全部物业服务肢解后分别转委托给第三人。物业服务人是业主经过招标或其他方式选聘的，是建立在对该企业信誉、资金、服务等的充分了解和信任的基础上的，如果再将全部物业服务一并委托给其他企业，无异于业主丧失了按照自己意愿来选择物业服务人的权利。故此，《物业管理条例》第39条规定："物业服务企业可以将物业管理区域内的专项服务业务委托给专业性服务企业，但不得将该区域内的全部物业管理一并委托给他人。"

需要注意的是，尽管物业服务合同具有委托合同的特征，但是其毕竟是与委托合同并列的一类有名合同。《民法典》第941条规定的转委托，并非委托合同中的转委托，物业服务人将物业区域内的部分专项服务业务委托给专业性服务组织或者其他第三人的，无须经过业主事先同意或者事后追认，而委托合同中的受托人原则上应当亲自处理受托事项，其转委托的通常须经委托人的同意或者追认。①

6. 物业服务合同终止

物业服务合同终止的情形主要有：

（1）物业服务合同期限届满，业主依法决定不续聘或者已另聘物业服务人的，物业服务合同终止。

（2）对于前期物业服务合同，建设单位依法与物业服务人订立的前期物业服务合同约定的服务期限届满前，业主委员会或者业主与新物业服务人订立的物业服务合同生效的，前期物业服务合同终止。

（3）对于不定期物业服务合同，当事人可以随时解除不定期物业服务合同，当事人提前60日书面通知对方解除合同的，物业服务合同终止。

（4）业主、物业服务人因协商解除物业服务合同，物业服务合同终止。

（5）当事人依据《民法典》第563条第1款规定行使法定解除权解除合同的，物业服务合同终止。

（6）当事人依据约定的解除合同的事由解除合同的，物业服务合同终止。

---

① 参见《民法典》第923条。

物业服务合同终止后，《民法典》第949条进一步规定了物业服务人的退出义务、交还义务、交接义务、告知义务等后合同义务，即"物业服务合同终止的，原物业服务人应当在约定期限或者合理期限内退出物业服务区域，将物业服务用房、相关设施、物业服务所必需的相关资料等交还给业主委员会、决定自行管理的业主或者其指定的人，配合新物业服务人做好交接工作，并如实告知物业的使用和管理状况"，"原物业服务人违反前款规定的，不得请求业主支付物业服务合同终止后的物业费；造成业主损失的，应当赔偿损失"。

物业服务合同终止后，一方面，业主请求物业服务人退还已经预收，但尚未提供物业服务期间的物业费的，人民法院应予支持。[①]另一方面，根据《民法典》第950条的规定，出于保护业主利益的考量，并基于诚信原则等，物业服务合同终止后，在业主或者业主大会选聘的新物业服务人或者决定自行管理的业主接管之前，原物业服务人还应当继续处理物业服务事项，并可以请求业主支付该期间的物业费。[②]

四、物业服务法律责任

物业服务法律责任，是所有与物业服务相关的主体因违反了物业服务法律法规规定的义务以及物业服务合同约定的义务，或者因不正当行使权利，或者因某种法律事实出现而依法承担的具有强制性的不利法律后果。根据法律责任的性质，物业服务中涉及的法律责任有：

（一）民事责任

1. 违约责任

物业服务人从事物业服务活动，主要依据的是其与业主签订的物业服务合同；同样，业主享受物业服务，也主要以与物业服务人签订的合同为依据，故双方均应按照合同履行各自的义务。物业服务中的违约责任主要涉及物业服务人和业主违约的情形。

（1）物业服务人违约。《物业管理条例》第35条规定，物业服务企业应

---

① 参见《物业服务纠纷司法解释》第3条。

② 物业服务人之所以可以请求此期间的报酬，其继续处理此期间的物业服务事项的性质为何？争议观点有当事人形成事实合同关系、构成无因管理、以默示的方式变更了物业服务合同的履行期限、依据诚信原则履行附随义务中的后合同义务等等。

当按照物业服务合同的约定，提供相应的服务。物业服务企业未能履行物业服务合同的约定，导致业主人身、财产安全受到损害的，应当依法承担相应的法律责任。《民法典》第942条规定，物业服务人应当按照约定和物业的使用性质，妥善维修、养护、清洁、绿化和经营管理物业服务区域内的业主共有部分，维护物业服务区域内的基本秩序，采取合理措施保护业主的人身、财产安全，物业服务人未履行义务或者履行义务不符合合同的约定，业主委员会或者业主可以请求物业服务人承担继续履行、采取补救措施或者赔偿损失等违约责任。物业服务人拒绝履行或者在合理期限内拖延履行合同约定的义务，或者虽经履行仍不能达到合同约定的标准，业主委员会或者业主自行或者委托他人对物业进行维修、养护和维护的，可以请求物业服务人承担相关费用。此外，物业服务人对物业服务事项转委托的，因专业性服务组织或者其他第三人的原因导致物业服务人违反物业服务合同的，物业服务人应向业主承担违约责任。

（2）业主违约。《民法典》第944条第1款规定，业主有按照约定支付物业服务费用的义务，物业服务人已经按照约定和有关规定提供服务的，业主不得以未接受或者无须接受相关物业服务为由拒绝支付物业费。业主违约主要表现为业主逾期不支付或者少支付物业服务费用。对业主违约的处理通常有两种做法：第一，由于合同是由全体业主与物业服务人签订的，对个别业主逾期不支付物业服务费的，作为全体业主代表的业主委员会有权督促其限期支付。第二，《民法典》第944条第2款和第3款规定，物业服务人可以催告其在合理期限内支付，合理期限届满仍不支付的，物业服务人可以提起诉讼或者申请仲裁，但物业服务人不得采取停止供电、供水、供热、供燃气等方式催交物业费。

实践中，物业服务人违约的，业主可以依据《民法典》规定的履行抗辩权主张权利，但要用之得当。物业服务人部分违约的，业主不得以拒交物业服务费进行抗辩。例如，物业服务人没有提供相应的环境卫生服务，业主可拒交保洁费；对于物业服务人提供的其他服务项目的费用业主则须按时交纳，否则就构成违约。此外，物业服务人已经按照合同约定以及相关规定提供了服务，业主仅以未享受或者无须接受相关物业服务为抗辩理由的，不能得到支持。

2. 侵权责任

（1）业主的侵权责任。业主的行为侵犯了其他业主、物业服务人等相关民事主体的人身权益和财产权益的，应承担民事侵权责任；造成损失的，还应承担赔偿损失的民事责任。《民法典》第286条规定，业主大会或者业主委员会，对任意弃置垃圾、排放污染物或者噪声、违反规定饲养动物、违章搭建、侵占通道、拒付物业费等损害他人合法权益的行为，有权依照法律、法规以及管理规约，请求行为人停止侵害、排除妨碍、消除危险、恢复原状、赔偿损失。

实践中，业主实施侵权行为的表现方式多种多样，如《民法典》第279条规定，业主违反法律、法规以及管理规约，将住宅改变为经营性用房；违反《民法典》第945条的规定，装饰装修房屋未事先告知物业服务人，也未遵守物业服务人提示的合理注意事项；超过设计负荷使用房屋，在建筑物和小区共用部分违法堆物、搭建，占用共用场地、公用设施，破坏环境卫生，妨碍小区观瞻；践踏、破坏共用部分的绿地，攀折花木；随意开行和停放车辆；饲养动物造成他人损害；挪用共用场地中沟井坎穴的覆盖物、标志、防围，或者故意移动覆盖物、标志、防围；私拉电线；私设管道，乱挖土壤危及地下管线光缆的安全；从事法律、管理规约和其他物业服务自治规则所禁止的行为。

（2）物业服务人的侵权责任。物业服务人侵害业主和他人合法权益，侵害业主共同权益的，应承担民事侵权责任；造成损失的，还应承担赔偿损失的民事责任。《民法典》第287条规定，业主对物业服务企业或者其他管理人侵害自己合法权益的行为，有权请求其承担民事责任。

实践中，物业服务人实施侵权行为的表现形式也很多，如物业服务人的施工人员在维修施工时，违反施工规章制度，不设置明示标志或不采取其他安全措施，造成业主人身或财产损害的；物业服务人擅自将共有道路、绿地改造成车位、车库的，或者未满足本小区业主的需要，将车位、车库出售、赠与本小区之外的业主；物业服务人的受雇人员在履行职务中给业主造成人身或财产损害的；因物业服务人的过失，致使物业区域内的娱乐、运动器材等公共设施存在不安全因素，造成业主在使用或靠近这些设施时受到伤害的；物业服务人怠于行使职责，致使物业区域内发生火灾、水灾、物业坍塌等事故，造成业主人身或财产损害的等等。

第三人侵权造成业主人身或财产损害，受害人要求物业服务人赔偿损失的，可根据物业服务人是否采取了必要的安全保障措施来确定物业服务企业是否应承担相应的赔偿责任。例如，对因第三人高空抛掷物，物业服务企业产生的民事责任问题，《民法典》第1254条、第1198条第2款，《民法典侵权责任编司法解释（一）》（2024年9月27日施行）第24条、第25条作了明确规定。

（二）行政责任

1. 建设单位的行政责任

开发商等建设单位也须承担相应的义务，其行为如果违反行政法规的规定，则需承担行政责任。例如，住宅物业的建设单位未通过招投标的方式选聘物业服务企业或者未经批准，擅自采用协议方式选聘物业服务企业的；建设单位擅自处分属于业主的物业共用部位、共用设施设备的所有权或使用权的。对于建设单位的这些违法行为，由县级以上地方人民政府房地产行政主管部门责令限期改正，给予警告，并可处以罚款。

2. 物业服务人的行政责任

物业服务人实施行政违法行为应承担相应的行政责任，例如前期物业服务合同终止时物业服务人未向业主委员会或者新的物业服务人移交物业承接的有关资料；未取得资质证书从事物业服务，或者以欺骗手段取得资质证书从事物业服务。对于物业服务人的这些违法行为，县级以上地方人民政府房地产行政主管部门有权没收违法所得，吊销资质证书并处以罚款。

3. 业主的行政责任

《民法典》第286条第3款规定，业主拒不履行相关义务的，当事人可以向有关行政主管部门报告或者投诉，有关行政主管部门应当依法处理。业主的违法行为如果情节较为严重，相关行政主管部门，如城建监察、市容卫生、市政公用、城市绿化、环境保护、规划、土地资源与房屋管理等部门可依职权进行查处，对违反行政法规的业主施以行政处罚。

业主的行政违法行为，既包括业主的擅自作为行为，如业主擅自改变物业区域内按照规划建设的公共建筑和共用设施的用途，擅自占用、挖掘物业区域内道路、场地，损害业主共同利益，擅自利用物业共用部位、共用设施设备进行经营；也包括业主不履行法定应为义务的行为。

4. 业主自治机构的行政责任

业主大会、业主委员会等业主自治组织应承担的行政责任主要有三类：第一，作出的决定违法而应当承担的行政责任，如不符合担任业主委员会委员的条件而被业主大会选举为委员的，由房地产行政主管部门撤销选举结果，责令业主大会再行补选。第二，擅自作为行为而应承担的行政责任，如业主委员会违反不得从事各种投资和经营活动的禁令而擅自经营的，由房地产行政主管部门责令其限期改正，并处以罚款。第三，不履行法定应为义务行为，如业主委员会成立、变更和撤销不登记备案或不适当登记备案的，须给予罚款处罚。[①]

（三）刑事责任

刑事责任因犯罪行为引起。业主、业主自治机构、物业服务人、房地产开发商、相关主管部门工作人员的行为触犯刑律的，须承担刑事责任。例如，物业服务人挪用专项维修资金，情节严重构成犯罪的，依法追究直接负责的主要人员和其他直接责任人员的刑事责任；业主以业主大会或者业主委员会的名义，从事违反法律的行为，构成犯罪的，依法追究刑事责任；国务院建设行政主管部门、县级以上地方人民政府房地产行政主管部门或者其他有关行政管理部门的工作人员违反《物业管理条例》的规定，利用职务上的便利，收受他人财物或者其他利益，不依法履行监督管理职责，或者发现违法行为不予查处，构成犯罪的，须依法承担刑事责任。

本章小结

房地产服务是围绕房地产开发、经营、使用等提供服务的活动，主要包括中介服务和物业服务两类。

从广义上界定，房地产中介服务是指为房地产开发、经营、交易等活动提供的各种媒介、服务活动的总称。狭义而言，房地产中介服务主要包括房地产咨询、房地产价格评估和房地产经纪活动。房地产中介服务是以专业机构接受委托提供专业服务为核心内容，目的在于消除房地产市场交易中的信息及专业不对称问题。为实现其基本功能，我国是从中介机构及中介服务业务两方面对其进行法律上的规制。但对比国外先进立法，我国对中介服务的法律规制仍存在一些问题，有待于法律的进一步完善，尤其是应在正确定位中介服务民事属性的基础上，推进中介服务市场及中介服务行业的发展。

物业服务是房地产服务不可或缺的另一大类。物业服务是广义物业管理概念的下位概念，专指物业服务企业接受委托而提供的专业化、市场化服务。《民法典》肯定了业主的建筑物区分所有权，理顺了物业服务的基本法律关系，将物业服务合同上升为民事基本法上的典型合同。业主是物业的权利主体，其可

---

① 夏善胜.物业管理法［M］.北京：法律出版社，2003：319.

以自主管理物业，也可以委托授权物业服务人为其提供物业服务。业主的权利既可以通过自己的行为来实现，也可以通过业主大会、业主委员会等机构以及管理规约、物业服务合同等形式来实现。

思考题

1. 简述房地产中介服务的概念与法律特征。
2. 哪些是房地产中介服务人？其享有的权利与承担的义务有哪些？
3. 如何理解物业、物业服务、业主、业主大会、业主委员会、管理规约的概念？
4. 业主享有哪些权利，应承担哪些义务？
5. 如何理解业主大会、业主委员会的法律地位？
6. 简答物业服务合同的法律特征及其主要内容。

参考文献

1. 陈华彬.建筑物区分所有权 [M].北京：中国法制出版社，2011.
2. 黄薇.中华人民共和国民法典合同编释义 [M].北京：法律出版社，2020.
3. 王雷.房地产法学 [M].北京：中国人民大学出版社，2021.
4. 房绍坤.房地产法 [M].6 版.北京：北京大学出版社，2020.
5. 孙永一.物业纠纷常见疑难问题解答与法律依据 [M].北京：法律出版社，2016.

下 编

第八章

房地产征收

[知识要求]

通过本章的学习，掌握：

● 不动产征收的概念、特征及其与征用的区别；

● 现行法对不动产征收的规定及适用；

● 土地征收补偿与安置；

● 房屋征收补偿与安置。

[技能要求]

通过本章的学习，能够了解：

● 不动产征收的程序；

● 我国土地征收中存在的问题及改进；

● 我国房屋征收中存在的问题及改进。

　　20世纪90年代以来，我国各地的城市建设都在迅速发展，对土地的需求量急剧增加，当时，每年因拆迁征地而失去土地的人口达到二百多万。[①]长期以来，征地拆迁被视为"天下第一难"，不动产征收事关不动产财产权的自由与保护、限制与消灭，是关乎城乡建设、经济发展、社会稳定的重大问题；既是社会关注的热点，也是各级人民法院司法审查的难点。

　　为了公共利益的需要，政府可以依照法律规定的权限和程序，将集体土地经征收转化为国有土地，并让渡该国有土地的建设用地使用权，然后由建设单位实施具体的开发建设行为；如果国有土地之上有房屋等建筑物，政府通过启动房屋征收或提前收回土地使用权的程序，收回房屋之下的建设用地使用权，并拆除土地之上的房屋，然后由建设单位进行房地产开发建设。这样，法律上就会涉及征收房地产的问题。

　　需说明的是，《物权法》出台前，我国分别在《宪法》《土地管理法》《房屋拆迁条例》等法律法规中使用了土地征收（或征用）、房屋拆迁等术语。而原《物权法》则明确采用了不动产征收的概念，[②]覆盖了土地征收和房屋征收。2007年8月30日修订的《城市房地产管理法》增添了征收房屋这个术语；2011年1月19日国务院通过了《房屋征收与补偿条例》，用"房屋征收"取代了以往的"房屋拆迁"。2019年8月26日修改的《城市房地产管理法》明晰了房屋征收的条款，同日修订的《土地管理法》和2021年修订的《土地管理法实施条例》则细化了土地征收的内容。《民法典》延续了不动产征收的概念，并丰富了原《物权法》相关条款的内容。

第一节　不动产征收基本法律问题

一、对不动产征收的理解

（一）不动产征收的概念与特征

　　不动产征收，是指国家依法定程序，以社会公共利益为目的，强制获得他

---

① 阿辉，童建军，王学思.拆迁：让民心工程得民心[N].中国纪检监察报，2007-02-02（2）.

② 需说明的是，房地产不等于不动产，其为不动产的下位概念。但考虑到本书各章名称的协调统一，故采用"房地产征收"作为本章名称。基于本章讲述内容及实定法上的规范称谓，本章所称"房地产征收"等同于"不动产征收"。

人不动产所有权及其他物权，并支付补偿、安置等费用的行为。不动产征收有如下法律特征：

1. 性质的强制性

传统不动产征收理论认为，不动产征收行为是公法性质的行为，具有明显的强制性。政府作为征收者有权在法定目的和范围内依法定程序直接实施征收行为。征收的法律效果是使被征收者的私权被强制转移给国家，并由不动产征收权人将该不动产转移给不动产征收利益需要人使用。

2. 目的的公益性

不动产征收发生的目的只能是为社会公共利益。凡是同社会公共利益无关的欲强制取得他人不动产的行为，均不符合不动产征收发生的目的，更不能以不动产征收的方式获取他人的不动产。

3. 程序的法定性

任何不动产征收行为的发生必须按法定程序进行，否则就是不合法的。不动产征收程序的设计应当体现正义性、科学性、公示性，每一个环节都要公开、公平、公正。现代法治社会的基本要求是：任何机构既不能在没有法律规定的情况下剥夺他人财产，更不能不依法定程序剥夺他人财产。

4. 代价的补偿性

因为不动产征收，导致被征收者不动产物权的消灭，故按照完全补偿或公平补偿原则依公正标准获得合理补偿是被征收者的基本权利。如《美国宪法修正案》第5条规定："没有公正的补偿，私有财产不得为公共所收用。"

5. 主体的特定性

各国立法大多规定不动产征收的主体只能是国家，由于国家本身是一个抽象的集合概念而非具体的主体，实践中，征收权皆由政府来行使。

6. 不动产征收对物权的取得属于非基于法律行为引起的物权变动

由于被征收者不动产物权的消灭排斥了被征收者的意思表示，因此在物权变动的类型上属于非依法律行为引起的不动产物权变动。

（二）不动产征收的理论基础

在欧陆国家，渊源于罗马法的所有权思想影响巨大。在罗马法中，极为浓厚的个人主义观念是以所有权为核心构建的财产权利的基础。就大陆法系物权制度而言，所有权神圣不可侵犯是物权制度得以存在和发展的不可或缺的理论基础。但是，权利自由一旦被推向极端，被放大到严重影响权利行使之时，就会发生为了个体利益而置社会公共利益于不顾的现象，反过来又会危及甚至损害个人利益。19世纪末20世纪初，所有权义务论逐渐被人们接受，且作为一种理念被应用于大陆法系国家的物权领域。所有权义务论亦称所有权社会化，强调所有权行使的目的，不应仅为个人利益，同时亦应为社会的利益，负载社会使命。但所有权承担义务的同时，法律也应关注所有权义务的承担所应得到的法律救济，如《德国基本法》第14条第3款规定："剥夺所有权只有为公共福利的目的才能被允许。剥夺所有权只能依照法律或者根据法律的原因进行，而且该法律对损害赔偿的方式和措施有所规定。该损害赔偿必须在对公共利益和当事人的利益进行公平衡量之后确定。对于损害赔偿额的高低有争议时可以向地方法院提起诉讼。"① 正是基于这种观念，不动产征收制度作为一种强制取得他人财产并公正补偿他人权利丧失的法律制度得以出现。

现在，世界上很多国家都存在不动产征收制度，如英国的"强制收买"、美国的"最高土地权的行使"等，虽然称谓不尽相同，但实质都是国家在法定条件下对不动产的强制取得，与通常的不动产自由交易大相径庭；虽然也属于有价取得，但补偿毕竟不能与自由买卖相比。那么，这种强制取得的基础何在，法理依据是什么？这就是前面所谈的不动产所有权的社会化或不动产所有权的义务论。不动产所有权在具有绝对性和排他性的同时，又具有财产权应负载的社会性、义务拘束性。国家为了维护社会生活秩序有序进行，约束个体因任性而阻碍社会发展，有必要基于社会公共利益，制定必要的法律对不动产所有权人的权利加以限制。不动产征收，即是对不动产所有权人进行限制的一种重要制度，是由法律赋予国家在无须征得所有者同意的情况下，强制取得他人不动产用于公共目的的权力。因此，不动产征收权被称为"最高权力"或"统治权"。但是，法律在授权的同时，又必须限权，以防止国家滥用征收权，过度干预私人的财产权，动摇私人财产权保护制度的社会基础，故对不动产征收权的限制在立法中体现为不动产征收行为的构成要件，包括公益目的、公正补偿、正当程序等。

---

① 孙宪忠. 德国当代物权法 [M]. 法律出版社 1997：56.

（三）不动产征收的程序

在不动产征收的法律实践中，各国都极为重视征收的程序设计，并试图用一种较为平和的方式化解征收中的矛盾与冲突，以避免被征者与征收者的情绪对立。虽然各国、各地区规定的征收程序各异，但大体都包括以下基本内容：

1. 征收事业的认定

即确认用地申请人的拟用土地事业是否符合法律规定的征收目的，以解决事业用地的公共利益问题。对此，有的国家采用列举式来界定公共利益，有的国家采用一般概括式来界定公共利益，有的国家采用例示加概括式来界定公共利益。无论哪种模式，多数国家规定如果对征收的目的有异议，则交由享有该权限的认定部门认定。

2. 征收范围的确定

一般由不动产需要人拟订征收计划，由主管机关决定并予以公告。

3. 损失补偿金额的确定

多数国家和地区规定，征收范围的确定与损失金额的确定要区分开来，且要依不同的程序进行，如德国规定前者为地方行政官属的权限，后者为司法权限；法国规定前者属于司法权限，后者由陪审官会议决定。对于补偿金额，实践中多由需要土地之人与被征收者商定，遵循公平、公开、公正的原则；商定不成，由有关机构决定。

4. 征收的完成

征收产生了物权变动的法律效果，不动产物权最终要转移给需要土地之人。但在物权转移的时间上，各国和各地区的规定存在差异，有的为征收决定时，如法国；有的依补偿金的支付发生物权变动的效果，如德国和我国台湾地区；有的规定支付补偿金后，还须发布征收公告，依公告的确认行为始生物权变动的效力，如意大利。[①]

（四）不动产征收与征用的区别

1. 2004 年宪法修正案之前的不动产征用

我国长期以来只有"征用"，而无"征收"一词，如修正前的《城市房地

[①]　王太高.行政补偿制度研究［M］.北京：北京大学出版社，2004：170-171.

产管理法》第 8 条规定："城市规划区内的集体所有的土地，经依法征用转为国有土地后，该幅国有土地的使用权方可有偿出让。"理论上虽有"征收独立说"之观点，但主流观点是"征收与征用混同说"，且对两者不作区分，在名称上统称为"征用"，认为征用是国家为进行经济、文化、国防建设以及兴办社会公共事业的需要，依法将集体所有的土地转为国有；被征用的土地所有权归国家，使用权归用地建设单位，建设单位向被征用的集体组织支付规定的土地补偿费、土地附着物和青苗补偿费以及安置补助费等。

2. 不动产征收与征用的区别

2004 年的《宪法修正案》第 10 条第 3 款规定："国家为了公共利益的需要，可以依照法律规定对土地实行征收或者征用并给予补偿。"2004 年修改的《土地管理法》将其中的"征用"全部修改为"征收"。自此，对两者进行了区分。原《物权法》及《民法典》则对征收和征用分别进行了规定。两者的区别主要表现为：

（1）性质不同。"收"意在"接收"，"用"意在"使用"，故通过"征"的方式，将被征之物完全"收"入征者的控制支配之下，并引起物的所有权转移；"用"则通过对被征之物的利用来实现其目的，引起物的使用权转移，具有期限性，故为征用。

（2）追求的目的不同。虽都经过"征"的过程，但在"征"的最终目的上，征收旨在获得对被征客体的所有权；征用旨在通过"用"来满足征者的需求。尽管被征的土地依然存在，但为了实现诸如基本建设或房地产开发的目的，征收中土地上的地上物通常会被事实处分，而征用仅为使用。

（3）标的物和效力不同。征收的标的物是不动产；征用的标的物可以是不动产，亦可以是动产。二者均涉及财产权转移的效力，但征收的效力是导致被征收者财产所有权的最终转移并产生补偿费用请求权；征用的效力则是导致被征用者的财产使用权移转且产生使用费请求权、返还财产请求权和损害赔偿请求权。如果被征用的标的物是可消耗的动产，如食品、燃料等，返还的应是同质同量的种类物。

（4）启动的因由不同。征收是基于公共利益的需要而强制取得他人的不动产；征用通常是因抢险、救灾等紧急情况的发生而使用他人的财产。

2. 2017 年《民法总则》区分征收与征用

原《民法总则》第 117 条规定："为了公共利益的需要，依照法律规定的权限和程序征收、征用不动产或者动产的，应当给予公平、合理补偿。"因抢险、救灾亦是基于社会公共利益的需要，且征收和征用都是国家对民事权利的限制，又是取得民事权利（取得所有权或者使用权）的一种方式，故原《民法总则》从民事角度对两者一并进行原则性规定。同时，也是对《中共中央　国务院关于完善产权保护制度依法保护产权的意见》涉及征收征用中对不动产权利人的保护在民事基本法上的精神延续。[①]《民法典》第117条延续了原《民法总则》的该条规定。

（五）土地征收与房屋征收

最高人民法院"（2020）最高法行再276号"行政判决书比较清晰地对两者进行了区分，具体如下：

"我国土地性质分为国有土地和集体土地。因土地性质不同，行政机关实施征收时所适用的征收程序受不同的法律、法规调整。国有土地上房屋的征收与集体土地（及地上房屋）的征收，虽均为征收，但依照我国法律法规，二者在征收主体、征收对象、征收程序、征收补偿安置的内容和方式等方面均存在明显区别。

从征收主体看，国有土地上房屋征收主体由市、县级人民政府作出征收决定；集体土地征收需省级人民政府或国务院批准，由市、县级人民政府予以公告并组织实施。

从征收对象看，国有土地上房屋征收针对的是房屋，国有土地使用权一并征收，即'地随房走'；集体土地征收针对的是土地，地上房屋随集体土地一并收回，即'房随地走'，不存在仅征收房屋而不征收土地的情况。

从征收程序看，国有土地上房屋征收主要依据《国有土地上房屋征收与补偿条例》规定的程序进行；而集体土地征收主要依据《中华人民共和国土地管理法》及《中华人民共和国土地管理法实施条例》规定的程序进行。

从征收补偿安置的内容、方式来看，国有土地上房屋征收主要是通过评估的方式确定被征收房屋的价值，根据《国有土地上房屋征收与补偿条例》第17

[①]　2016年11月4日《中共中央　国务院关于完善产权保护制度依法保护产权的意见》之"八、完善财产征收征用制度"中指出："完善土地、房屋等财产征收征用法律制度，合理界定征收征用适用的公共利益范围，不将公共利益扩大化，细化规范征收征用法定权限和程序。遵循及时合理补偿原则，完善国家补偿制度，进一步明确补偿的范围、形式和标准，给予被征收征用者公平合理补偿。"

条和第25条确定的项目进行补偿；而集体土地征收涉及土地补偿费、安置补助费、地上附着物和青苗的补偿标准以及住房安置等，根据《中华人民共和国土地管理法》（2004年修正）第47条规定，由省、自治区、直辖市确定。①

因此，行政机关针对不同征收对象实施征收时，应当区分土地性质适用不同的征收程序。行政机关直接按国有土地上房屋征收的程序对集体土地实施征收，已超越法定职权且缺乏法律依据。"

二、《民法典》对不动产征收的规定

《民法典》多个条款涉及不动产征收的规定。主要有以下内容：

（1）明确不动产征收是引起物权变动的一种行为。不动产征收属于非依法律行为引起的物权变动。《民法典》第229条规定，因人民法院、仲裁机构的法律文书或者人民政府的征收决定等，导致物权设立、变更、转让或者消灭的，自法律文书或者征收决定等生效时发生效力。这里，政府的征收决定就包括不动产征收决定。

（2）对不动产征收制度作了高度概括性、原则性规定。《民法典》第243条规定："为了公共利益的需要，依照法律规定的权限和程序可以征收集体所有的土地和组织、个人的房屋以及其他不动产。征收集体所有的土地，应当依法及时足额支付土地补偿费、安置补助费以及农村村民住宅、其他地上附着物和青苗等的补偿费用，并安排被征地农民的社会保障费用，保障被征地农民的生活，维护被征地农民的合法权益。征收组织、个人的房屋以及其他不动产，应当依法给予征收补偿，维护被征收人的合法权益；征收个人住宅的，还应当保障被征收人的居住条件。任何组织或者个人不得贪污、挪用、私分、截留、拖欠征收补偿费等费用。"当然，《民法典》对不动产征收的原则性规定，还有待于其他法律法规进一步细化和完善。

（3）对农用地的征收作了特别规定。《民法典》强化了对耕地资源的特殊保护。第244条规定："国家对耕地实行特殊保护，严格限制农用地转为建设用地，控制建设用地总量。不得违反法律规定的权限和程序征收集体所有的土地。"

（4）明确了征用的法律适用，以更好地与征收进行区别。《民法典》第245条规定："因抢险救灾、疫情防控等紧急需要，依照法律规定的权限和程序可以征用组织、个人的不动产或者动产。被征用的不动产或者动产使用后，应当返还被征用人。组织、个人的不动产或动产被征用或者征用后毁损、灭

---

① 因该行为发生在2019年修订的《土地管理法》之前，故其适用的是2004年的《土地管理法》。如果适用2019年《土地管理法》，应系第48条。

失的，应当给予补偿。"

（5）征收不动产应对用益物权给予补偿。按照物权法理论，不动产所有权可以和不动产用益物权并存于同一个客体之上，如集体土地所有权和建设用地使用权并存于同一块宗地。如果征收该块土地，不仅导致集体土地所有权的消灭，必然还会影响其上的建设用地使用权，故对该用益物权也要给予补偿。《民法典》第327条规定，因不动产或者动产被征收、征用致使用益物权消灭或者影响用益物权行使的，用益物权人有权依法获得相应补偿。

（6）对房屋征收模式进行了清晰定位，以此与商业性的房屋拆迁相区分。已失效的原《房屋拆迁条例》对拆迁项目的公益性和商业性没有区分。原《物权法》和《民法典》明确了因"公共利益"需要，政府对房屋实施行政征收行为的房屋拆迁模式，以此与开发商实施的商业拆迁行为进行区分，两者分属行政行为与民事行为，前者恪守公共利益，后者贯彻契约自由原则。

第二节　土地征收

一、征地概念与特征

征地，包括土地征收和征用，但谈起征地一般是指土地征收。[①] 所谓土地征收，在我国是指为了公共利益的需要，以补偿为条件，依法强制将集体所有土地变为国家所有的行为。土地征用则是指国家因公共事业的需要或在紧急状态下，以给予补偿为条件，取得他人土地所有权以外的土地权利并加以利用，待特定公共事业完成后，将土地归还原土地权利人的行为。征地制度一直为我国法律政策所高度重视，除《土地管理法》《民法典》等，国家先后颁布了一些政策文件都力图使征地制度规范运行，如2008年10月12日《中共中央关于推进农村改革发展若干重大问题的决定》明确指出："改革征地制度，严格界定公益性和经营性建设用地，逐步缩小征地范围，完善征地补偿机制。依法征收农村集体土地，按照同地同价原则及时足额给农村集体组织和农民合理补偿，解决好被征地农民就业、住房、社会保障。"《中共中央 国务院关于完善产权保护制度依法保护产权的意见》更加明确了完善财产征收制度的指导精神。

---

① 下文如无特别说明，所论及的"征地"与"土地征收"同义。

　　征地的特征有下述几点：

　　（1）征地的主体是国家。征地的主体仅限于国家，这是世界各国征地立法的惯例，我国也是如此。国家征地权的行使虽由具体的政府机关实施，但它们是代表国家行使征地权。申请用地的单位不是征地主体，该单位可以取得被征地的建设用地使用权，但有无必要通过征地的方式满足其用地申请，只能由国家决定。

　　（2）征地的标的是集体所有土地。土地公有制决定了我国的征地标的不同于土地私有制国家，我国被征的土地只能是集体所有土地。

　　（3）征地的目的是公共利益的需要。征地的公益目的性是限制征地权启动的实体性条件。但鉴于"公共利益"本身的不确定性，不同的国家在不同时期常有不同的认识和理解。

　　"公共利益"一词由"公共"和"利益"两部分构成。公共一般指属于社会的事物或公有公用的事物；利益一般是指好处，是能够满足人们某种需要的条件，是人基于自身的需要对社会条件的选取。就字面含义而言，公共利益是指社会公众能够得到的好处，应该是直接造福于民众而不是益于商人的，是关乎人们生活质量的环境、交通、医院、学校等社会公共事业或关系公众安全的国防事业等方面的利益。当然，鉴于公共利益这一概念本身的不确定性，在理解上还应把握适用公共利益时所应遵循的一些规则，如正当法律程序（确定认定"公共利益"的方法和程序，明确由谁判定和怎样判定）、有利于相对人（社会共同体全体成员或大多数人的利益，还要兼顾私人利益）、实现的现实可能性（该利益应是可见的或可实现的，不是虚无缥缈或可望而不可即的）以及司法最终审查等。

　　通常而言，根据法律追求正义的价值取向，征收权的行使应以社会全体或不特定多数人的共同利益为目的。因此，在立法上如何将公共利益的认定标准、内涵、事由、程序等具体化，是关键问题。现行《土地管理法》明确了启动征地的公共利益事由，①而用于商业目的的房地产开发用地，原则上不能满足征

---

　　① 在综合考虑国际立法经验的基础上，也为了与《房屋征收与补偿条例》相衔接，修改后的《土地管理法》第45条第1款规定："为了公共利益的需要，有下列情形之一，确需征收农民集体所有的土地的，可以依法实施征收：（一）军事和外交需要用地的；（二）由政府组织实施的能源、交通、水利、通信、邮政等基础设施建设需要用地的；（三）由政府组织实施的科技、教育、文化、卫生、体育、生态环境和资源保护、防灾减灾、文物保护、社区综合服务、社会福利、市政公用、优抚安置、英烈保护等公共事业需要用地的；（四）由政府组织实施的扶贫搬迁、保障性安居工程建设需要用地的；（五）在土地利用总体规划确定的城镇建设用地范围内，经省级以上人民政府批准由县级以上地方人民政府组织实施的成片开发建设需要用地的；（六）法律规定为公共利益需要可以征收农民集体所有的土地的其他情形。"

地的公益性要求。对公共利益的适用，既要体现相当的刚性，使公共利益的限定范围能够明确、具体；也要体现适当的弹性，保留适用公共利益的一定空间。在程序方面，实施征地前，应先通过一定的方式、途径（如网络、媒体、座谈会、听证会、论证会、恳谈会等）征求和听取相应社会共同体内成员的意见；对公益目的以及征收补偿款等提出异议的，应设立由专家组成的不动产征收审查委员会，对征收的目的性进行审查；对该审查决定不服的，通过司法程序由法院作出最后的裁决认定。

（4）征地的对价是必须给予补偿。征地与没收土地、剥夺土地具有本质性区别，前者是有偿取得，后者是无偿取得。因此，征地补偿是国家行使征地权必须具备的实体性条件要求。应说明的是，国家虽是征地权主体，但国家并不负担征地补偿费，征地补偿费由用地单位支付，即实行"谁用地，谁受益，谁补偿"的原则。

（5）征地的行为具有强制性。因征地法律关系的产生并非基于双方自愿和协商一致，不以被征地区域的农民是否同意为要件，故征地行为具有很强的行政强制色彩。

二、征地程序与权限

（一）征地程序 [①]

《土地管理法》在完善土地征收制度方面有多项创新规定，特别是建立了以充分尊重被征地农民意愿为核心价值的新型征地程序。根据现行《土

[①] 《土地管理法》第47条规定："国家征收土地的，依照法定程序批准后，由县级以上地方人民政府予以公告并组织实施。县级以上地方人民政府拟申请征收土地的，应当开展拟征收土地现状调查和社会稳定风险评估，并将征收范围、土地现状、征收目的、补偿标准、安置方式和社会保障等在拟征收土地所在的乡（镇）和村、村民小组范围内公告至少三十日，听取被征地的农村集体经济组织及其成员、村民委员会和其他利害关系人的意见。多数被征地的农村集体经济组织成员认为征地补偿安置方案不符合法律、法规规定的，县级以上地方人民政府应当组织召开听证会，并根据法律、法规的规定和听证会情况修改方案。拟征收土地的所有权人、使用权人应当在公告规定期限内，持不动产权属证明材料办理补偿登记。县级以上地方人民政府应当组织有关部门测算并落实有关费用，保证足额到位，与拟征收土地的所有权人、使用权人就补偿、安置等签订协议；个别确实难以达成协议的，应当在申请征收土地时如实说明。相关前期工作完成后，县级以上地方人民政府方可申请征收土地。"

地管理法》《土地管理法实施条例》等法律的规定，征地主要包括以下两大程序：

1. 征地前期工作程序

（1）第一步：发布土地征收预公告。需要征收土地，县（市）人民政府认为符合《土地管理法》第45条规定的为了公共利益确需征收农民集体所有的土地的，应当发布土地征收预公告，土地征收预公告内容主要包括征收范围、土地现状、征收目的、开展土地现状调查的安排等。征收土地预公告应当采用有利于社会公众知晓的方式，在拟征收土地所在的乡（镇）和村、村民小组范围内发布，预公告时间不少于10个工作日。自征收土地预公告发布之日起，任何单位和个人不得在拟征收范围内抢栽抢建；违反规定抢栽抢建的，对抢栽抢建部分不予补偿。

（2）第二步：土地现状调查。县（市）人民政府发布土地征收预公告后，应当开展拟征收土地现状调查，以准确了解和掌握被征收土地的基本情况。土地现状调查应当查明土地的位置、权属、地类、面积，以及农村村民住宅、其他地上附着物和青苗等的权属、种类、数量等情况。被调查人签字确认的土地现状调查结果是拟订土地补偿费、安置补助费、地上附着物和青苗补偿费、村民住宅补偿的重要依据。

（3）第三步：社会稳定风险评估。土地征收预公告发布后，县（市）人民政府应当开展社会稳定风险评估。在程序上，拟征收土地现状调查和社会稳定风险评估可以同步进行。社会稳定风险评估应当对征收土地的社会稳定风险状况进行综合研判，确定风险点，提出风险防范措施和处置预案。社会稳定风险评估应当有被征地的农村集体经济组织及其成员、村民委员会和其他利害关系人参加，评估结果是申请征收土地的重要依据。

（4）第四步：拟定征地补偿安置方案。《土地管理法实施条例》第27条规定，县级以上地方人民政府应当依据社会稳定风险评估结果，结合土地现状调查情况，组织自然资源、财政、农业农村、人力资源和社会保障等有关部门拟定征地补偿安置方案。社会稳定风险评估报告，决定了是否推进后续征地程序。我国有的地区将社会稳定风险评估结果分为高、中、低三种情况，以决定是否继续实施征地行为。《土地管理法》第48条确立了征收土地的公平、合理补偿原则，并明确以区片综合地价取代原来的年产值倍数法，在原来的土地补偿费、安置补助费、地上附着物和青苗补偿费的基础上，增加农村村民住宅补偿费用和被征地农民的社会保障费用。所以，拟定的征地补偿安置方案应当包括征收范围、土地现状、征收目的、补偿方式和标准、安置对象、安置方式、社会保障等内容。

（5）第五步：发布补偿安置方案公告。征地补偿安置方案拟定后，县（市）人民政府应当在拟征收土地所在的乡（镇）和村、村民小组范围内发布征地补偿安置公告，公告时间不少于 30 日。征地补偿安置公告应当同时载明办理补偿登记的方式和期限、异议反馈渠道等内容。至于公告的方式，应尽量采用有利于被征地的集体经济组织和村民知晓的方式，如张贴纸质公告，用广播、有线电视等媒体，用互联网、微信、新媒体等方式。

（6）第六步：补偿安置方案异议听证。如果多数被征地的农村集体经济组织成员认为征地补偿安置方案不符合法律、法规规定的，县级以上地方人民政府应当组织召开听证会，并根据法律、法规的规定和听证会情况修改方案，以保障被征地农民的知情权、参与权和监督权。这里的"多数"应如何把握？是简单多数，还是绝对多数？从征地的目的以及保护征地农民的权益等角度来考量，采绝对多数更为公平合理。如何认定"征地补偿安置方案不符合法律、法规规定"？应严格按照《土地管理法》《土地管理法实施条例》的规定拟定征地补偿安置方案，例如涉及征收农村村民住宅的，应当按照先补偿后搬迁、居住条件有改善的原则，尊重农村村民意愿，采取重新安排宅基地建房、提供安置房或者货币补偿等方式给予公平、合理的补偿，并对因征收造成的搬迁、临时安置等费用予以补偿，保障农村村民居住的权利和合法的住房财产权益；否则，该征地补偿安置方案就不符合法律、法规的规定。关于听证，2020 年 3 月，自然资源部颁布的《自然资源听证规定》是征地补偿安置方案异议听证的重要依据，县级以上地方人民政府组织听证应严格依此规定。

（7）第七步：签订征地补偿安置协议。县级以上地方人民政府根据法律、法规规定和听证会等情况确定征地补偿安置方案后，应当组织有关部门与拟征收土地的所有权人、使用权人签订征地补偿安置协议。征地补偿安置协议示范文本由省、自治区、直辖市人民政府制定。对个别确实难以达成征地补偿安置协议的，县级以上地方人民政府应当在申请征收土地时如实说明。对于"对个别确实难以达成征地补偿安置协议的"情形，如何把握？现行法无规定，尚需结合征地实践进一步摸索。否则，不能因少数人的不配合，而导致为了公共利益的征地行为被搁置，久拖不决。县级以上地方人民政府如实说明情况后，有批准权的人民政府经审批，就应依法作出征地补偿安置的决定。

2. 征地申请与实施程序

所有上述程序进行完毕，市、县人民政府才可以提出征地申请，向有批准权的人民政府申请土地征收审批并具体实施征地行为。

（1）征地申请审批。以上征地前期工作完成后，县级以上地方人民政府方可提出土地征收申请，按照《土地管理法》第46条的规定报有批准权的人民政府批准。有批准权的人民政府应当对征收土地的必要性、合理性、是否符合《土地管理法》第45条规定的为了公共利益确需征收土地的情形以及是否符合法定程序进行审查。

（2）发布土地征收公告。征收土地申请经依法批准后，县级以上地方人民政府应当自收到批准文件之日起15个工作日内在拟征收土地所在的乡（镇）和村、村民小组范围内发布征收土地公告，公布征收范围、征收时间等具体工作安排，对个别未达成征地补偿安置协议的应当作出征地补偿安置决定，并依法组织实施。此次公告是征地批后公告，不同于征地批前的土地征收预公告和征地补偿安置方案公告，征地批前预公告具有征求意见的功能，目的是保护和尊重被征地农村集体经济组织和农民在征地中的主体地位和话语权；征地批后公告的主要目的在于表明征地开始进入正式实施阶段。

（3）征收补偿安置决定的实施。征收土地申请经国务院或者省级人民政府批准后，市、县级人民政府应及时组织实施，实施的内容既包括征地补偿安置方案，以及根据征地补偿安置方案签订的征地补偿安置协议，也包括个别未达成征地补偿安置协议而作出的征地补偿安置决定。

（二）征地审批权限

征地权的主体是国家，代表国家行使征地权的主体是人民政府，因此，所谓征地审批权限，是中央和地方政府的审批权限。我国的征地审批权高度集中于国务院和省级人民政府，省级以下政府无征地审批权。依《土地管理法》第46条的规定，征收下列土地的，由国务院批准：（一）永久基本农田；（二）永久基本农田以外的耕地超过35公顷的；（三）其他土地超过70公顷的。征收前款规定以外的土地的，由省、自治区、直辖市人民政府批准。如果征收的是农用地，应当依法先行办理农用地转用审批。其中，经国务院批准农用地转用的，同时办理征地审批手续，不再另行办理征地审批；经省、自治区、直辖市人民政府在征地批准权限内批准农用地转用的，同时办理征地审批手续，不再另行办理征地审批，超过征地批准权限的，应当依法另行办理征地审批。

根据《土地管理法》第 47 条规定，国家征收土地的，依照法定程序批准后，由县级以上地方人民政府予以公告并组织实施。依此，土地征收的批准主体系国务院和省级人民政府；土地征收的实施主体则为被征土地所在地的市、县人民政府。

根据《土地管理法》第 79 条的规定："无权批准征收、使用土地的单位或者个人非法批准占用土地的，超越批准权限非法批准占用土地的，不按照土地利用总体规划确定的用途批准用地的，或者违反法律规定的程序批准占用、征收土地的，其批准文件无效，对非法批准征收、使用土地的直接负责的主管人员和其他直接责任人员，依法给予行政处分；构成犯罪的，依法追究刑事责任。非法批准、使用的土地应当收回，有关当事人拒不归还的，以非法占用土地论处。非法批准征收、使用土地，对当事人造成损失的，依法应当承担赔偿责任。"依此规定，征地的审批权限属强制性规范，违反法定的审批权限非法作出征地审批的，需承担相应的法律责任。

三、征地补偿与安置

在补偿安置方面，修改前的《土地管理法》按照被征收土地的原用途给予补偿，根据年产值倍数法确定土地补偿费和安置补助费，[①] 其补偿标准偏低，补偿机制不健全。现行《土地管理法》以区片综合地价取代原来的年产值倍数法，增加农村村民住宅补偿费用和被征地农民社会保障费用，从法律上为被征地农民构建了更加完善的保障机制。

（一）现行法对征地补偿和安置费用的规定

《土地管理法》第 48 条第 1 款规定，征收土地应当给予公平、合理的补偿，保障被征地农民原有生活水平不降低、长远生计有保障。第 2 款规定，征收土地应当依法及时足额支付土地补偿费、安置补助费以及农村村民住宅、其他地上附着物和青苗等的补偿费用，并安排被征地农民的社会保障费用。

1. 土地补偿费和安置补助费

区片综合地价是以区位理论为指导的，该概念系 2004 年《国务院深化改

---

① 参见修改前的《土地管理法》第 47 条。

革严格土地管理的决定》中首次提出，《土地管理法》将区片综合地价上升为法律规定，并取代了原来的年产值倍数法，第48条第3款规定："征收农用地的土地补偿费、安置补助费标准由省、自治区、直辖市通过制定公布区片综合地价确定。制定区片综合地价应当综合考虑土地原用途、土地资源条件、土地产值、土地区位、土地供求关系、人口以及经济社会发展水平等因素，并至少每三年调整或者重新公布一次。"《土地管理法实施条例》第32条第2款进一步规定："省、自治区、直辖市应当制定公布区片综合地价，确定征收农用地的土地补偿费、安置补助费标准，并制定土地补偿费、安置补助费分配办法。"需要说明的是，通过区片综合地价标准确定的是土地补偿费和安置补助费两笔费用的总和，不是之前区分此两笔费用。在我国的征地实践中，实行区片综合地价进行征地补偿还存在一些问题，省、自治区、直辖市应因地制宜地制定出符合当地实际情况的区片综合地价标准。

如何分配通过区片综合地价确定的土地补偿费、安置补助费，由省、自治区、直辖市确定。通常而言，土地补偿费归被征地的集体经济组织所有。安置补助费根据需要安置的农业人口的安置方式确定：不需要安置的，可以将安置补助费发放给需要安置的农民个人；由集体经济组织统一安置的，安置补助费发放给该集体经济组织；由建设单位统一安置的，安置补助费给该建设单位。

2. 农用地以外的其他土地、地上附着物和青苗等的补偿费

《土地管理法》第48条第4款规定，征收农用地以外的其他土地、地上附着物和青苗等的补偿标准，由省、自治区、直辖市制定。其中，地上附着物主要指依附于土地的工程物体，如围墙、水井、院坝、水渠管线、晒谷场等。青苗，指土地被征收时，该土地从播种到收获前正生长在农田里的农作物，分为粮食作物、经济作物和蔬菜等，青苗补偿费就是征地者给农民青苗损失的补偿，一般是对被征收土地当年或当季的青苗给予补偿。被征收土地上的附着物和青苗的补偿标准，由省、自治区、直辖市规定。

地上附着物及青苗的补偿费归地上附着物及青苗的所有者所有。

3. 农村村民住宅补偿费

修改前的《土地管理法》对村民住宅主要是按照地上附着物进行补偿的，现行《土地管理法》将其进行单独规定，凸显对农村村民居住权利和合法住房财产权益的保护。其第48条第4款规定，农村村民住宅，应当按照先补偿后搬迁、居住条件有改善的原则，尊重农村村民意愿，采取重新安排宅基地建房、提供

安置房或者货币补偿等方式给予公平、合理的补偿，并对因征收造成的搬迁、临时安置等费用予以补偿，保障农村村民居住的权利和合法的住房财产权益。

4. 被征地农民的社会保障费用

征地是以被征地区域的农民丧失土地为代价的，故征地补偿不仅要考虑丧失土地的经济损失，更重要的是能够使这些依赖土地为生的农民未来的生活水平不会降低，乃至过上有"尊严"的生活，不致成为"三无农民"（无岗可上、无地可耕、无低保可享受）。对此，除了《土地管理法》规定的上述费用外，与被征地农民生存利益紧密相关的社会保障费愈发受到关注，《土地管理法》第48条第5款规定，县级以上地方人民政府应当将被征地农民纳入相应的养老等社会保障体系。被征地农民的社会保障费用主要用于符合条件的被征地农民的养老保险等社会保险缴费补贴。被征地农民社会保障费用的筹集、管理和使用办法，由省、自治区、直辖市制定。该规定无疑体现了对民生的关怀。

关于被征地农民的社会保障费用，各地做法不同，大致有以下几种模式：①城保模式，即将被征地农民纳入城镇社会保险框架，其社会保障待遇与城镇职工相同。这种做法的典型代表地区是北京。②镇保模式，即用小城镇社会保险体系覆盖失地农民，是将基本社保与补充保险两者融合，前者涵盖传统"五险"，后者由单位和个人自行选择参加，实行个人账户制，当满足相关年龄和缴费年限等要求时，该体系就会完全发挥作用，被征地农民就能得到多种保障。这种做法的典型代表地区是上海。③农保模式，即用农村社会保障体系覆盖失地农民，范围主要限于社会养老保险体系。这种做法的典型代表地区是青岛。④商保模式，即用商业保险体系覆盖被征地农民。这种做法的典型代表地区是重庆。

（二）征地补偿和安置费用的足额到位

征地工作的关键是要保障征地补偿安置资金的足额到位。《土地管理法实施条例》第32条第4款规定："申请征收土地的县级以上地方人民政府应当及时落实土地补偿费、安置补助费、农村村民住宅以及其他地上附着物和青苗等的补偿费用、社会保障费用等，并保证足额到位，专款专用。有关费用未足额到位的，不得批准征收土地。"

实践中，为了确保征地补偿和安置费用的足额到位，很多地区，如广州、江苏、辽宁、贵州、上海等，建立了征地补偿费用预存制度，要求在征地报批前先预存征地补偿安置费用，以确保征地行为的顺利实施。《土地管理法实施条例》亦明确规定"有关费用未足额到位的，不得批准征收土地"，所以国务院和省级人民政府在审批土地征收申请时，只要征地补偿和安置费用未能足额到位，就不得批准征地。

第三节　房屋征收

一、房屋征收的概念理解与基本原则

（一）房屋征收的概念理解与法律适用

1. 房屋征收的概念

（1）房屋征收概念理解。房屋征收，是指为了公共利益的需要，政府强制性取得国有土地上单位、个人的房屋，并对被征收房屋所有权人给予公平补偿的行为。《房屋征收与补偿条例》虽然将被征收的对象界定为房屋，但由于国有土地上的房屋所有权人对房屋之下的土地享有国有建设用地使用权，故征收时实际上是征收了这两个权利，所以，国有土地上房屋征收的对象既包括房屋所有权，也包括国有建设用地使用权。

（2）从房屋拆迁到房屋征收。在我国，从房屋拆迁到房屋征收的转变，经历了从侧重行政管理、维护公权力到强化私权保护、注重救济程序的一个法治化进程。

党的十一届三中全会以后，为了加快城市建设的步伐，1991年1月18日国务院颁布了《房屋拆迁条例》。自此，"拆迁"一词在我国广为使用，并为民众所熟悉。"拆"是将土地上原有的房屋等建筑物拆除，"迁"是指原有房屋的居住者暂时或永久迁移被拆除房屋所在地；"拆迁"，即城市房屋拆迁，是指拆迁人依法对城市规划区内国有土地上的房屋予以拆除，并对被拆除房屋的所有权人或使用权人给予补偿或安置的行为。当时制定《房屋拆迁条例》的主要目的"在于依靠高层次行政法规的权威，运用立法的手段，调整城市房屋拆迁中各种法律关系，把城市房屋拆迁纳入到法制的轨道，使城市房屋拆迁工作有序地、合理地实施，达到实现城市总体规划和社会经济发展的目标，又使拆迁当事人的合法权益受到保护"①。可见,"保障城市建设顺利进行"是制定《房屋拆迁条例》的重要立法宗旨。②

鉴于拆迁行为中被拆迁人的合法权益不能得到切实保障,由此引发了诸多社会问题。而近些年来,伴随我国市场经济的发展,民众私权保护意识勃兴,"拆迁"一词逐渐也让位给了"征收"。2004年的《宪法修正案》、2004年修改的《土地管理法》就将土地的"征用"一词全部修改为"征收";2007年的《物权法》则用"征收"取代"拆迁",并明确只有"为了公共利益的需要",才能依法定程序征收房屋;2007年8月30日修订的《城市房地产管理法》第6条亦规定只有"为了公共利益的需要",国家才能征收国有土地上的房屋。2017年的《民法总则》第117条则进一步重申,只有为了公共利益的需要,才能依照法律规定的权限和程序征收不动产。

就征收与拆迁的关系而言,根据现行法来理解,房屋拆迁以征收为前提,属于征收的一个阶段,即拆迁使得被拆迁房屋的所有权转归拆迁人所有。③ 所谓拆迁,首先是将该房屋征收为国家所有,使其成为国家所有权的客体,终止房屋的私人所有权,然后再将房屋拆除。此时的房屋拆迁,在尚未出让建设用地使用权之前,是拆除国有的房屋;在完成建设用地使用权出让之后,是拆除开发商(或其他单位)所有的房屋,而非国家基于行政权强行拆除被拆迁人的房屋,更不是开发商凭借自己的权利强行拆除被拆迁人的房屋。所以,房屋拆迁是在房屋征收后实施的一种法律行为,是房屋征收所附带解决的问题,没有独立的地位,不是一个独立的法律问题。④

2. 房屋征收的适用

《城市房地产管理法》第6条将房屋征收的适用范围限定在"国有土地上单位和个人的房屋";《房屋征收与补偿条例》第1条也明确规定了房屋征收的适用范围是"国有土地上的房屋"。考虑到农村地区也有国有土地,故其上房屋基于社会公共利益而被强制取得时,亦适用《房屋征收与补偿条例》。如此,适用该条例进行征收时,既包括城市规划区的国有土地,也包括城市规划

---

① 建设部房地产业司,体改法规司.城市房屋拆迁管理条例释义[M].北京:中国法制出版社,1991:12.

② 参见原《房屋拆迁条例》第1条。

③ 江平.中国物权法教程[M].北京:知识产权出版社,2007:190.

④ 崔建远.房屋拆迁的法律分析[N].人民法院报,2006-01-18.

区范围外的国有土地之上的房屋，而异于原《房屋拆迁条例》第2条规定的拆迁的对象仅为"城市规划区内国有土地上的房屋"。对于集体所有土地上房屋的征收问题，根据修改前的《土地管理法》，一是在征收土地时，将被拆迁的房屋作为被征土地上的附着物给予拆迁补偿或者以同等数量和质量的房屋予以置换；二是不按照地上物进行补偿，而是先把被征土地上的农民转化为城市市民，然后按照城市房屋的规定进行拆迁安置。[①] 现行《土地管理法》第48条第4款对其进行单独规定，凸显对被征地农民居住权利和合法住房财产权益的保护。

（二）房屋征收的当事人

国有土地上房屋征收涉及征收人与被征收人两方当事人。

1. 征收人

《房屋征收与补偿条例》第4条规定，市、县级人民政府负责本行政区域的房屋征收与补偿工作。市、县级人民政府确定的房屋征收部门组织实施本行政区域的房屋征收与补偿工作。房屋征收是政府行使行政征收权的体现，故房屋征收的征收人是政府。当然，由于政府有很多部门，每个部门负责不同的事务，因此，应当由政府的征收部门来具体实施房屋征收工作。征收部门虽然组织实施本行政区域的房屋征收与补偿工作，但其不是房屋征收的征收人，只是代为行使，征收人仍然是政府。

需要指出的是，《房屋征收与补偿条例》第5条规定，"房屋征收部门可以委托房屋征收实施单位，承担房屋征收与补偿的具体工作。房屋征收实施单位不得以营利为目的。房屋征收部门对房屋征收实施单位在委托范围内实施的房屋征收与补偿行为负责监督，并对其行为后果承担法律责任。"这在性质上是一种行政委托，即房屋征收部门委托非行政机关的房屋征收实施单位承担房屋征收与补偿的具体工作。

2. 被征收人

房屋征收的被征收人是征收中的行政相对人，也是被征收房屋的所有权人和房屋之下的国有建设用地使用权人。在我国，由于采"房地一体"主义，所以，被征收房屋的所有权人和房屋下面国有建设用地使用权人是同一个人。需要注

---

① 李延荣.房地产法研究［M］.北京：中国人民大学出版社，2007：238-239.

意的是，该房屋和国有建设用地使用权可能负载他人的权利，如房屋抵押后债权人的抵押权或者房屋出租后承租人的承租权，那么，该他人是否为房屋征收中的被征收人呢？

第一，抵押权人不是被征收人，其利益可以通过对补偿金的限制而得以保障，如《民法典》第390条规定："担保期间，担保财产毁损、灭失或者被征收等，担保物权人可以就获得的保险金、赔偿金或者补偿金等优先受偿。被担保债权的履行期未届满的，也可以提存该保险金、赔偿金或者补偿金等。"

第二，承租人不是被征收人。原《房屋拆迁条例》曾规定，出租的房屋被拆迁的，如果出租人与承租人无法对解除租赁关系达成协议的，作为出租人的被拆迁人应当选择产权调换，而不能选择货币补偿。这样，承租人也参与到房屋拆迁中。这样规定固然保护了承租人的利益，却是以损害出租人利益为代价的。房屋出租之后，房屋上面承载两个权利：出租人的所有权和承租人的承租权。当租赁房屋遭遇征收时，因房屋绝对灭失，出租人的所有权将消灭，承租权也自然随之消灭，不可能也不应该出现出租人的所有权消灭而承租人的承租权依然存在的情况。易言之，承租权消灭是所有权消灭的必然后果。征收行为直接消灭的是被征收人的所有权，故在征收补偿中，征收人仅仅需要面对出租人而无须考虑承租人，至于承租人因承租权的消灭而获弥补则是征收补偿之外的另外一个法律关系。[①] 所以，尽管《房屋征收与补偿条例（征求意见稿）》曾对此作了规定，但最终出台的《房屋征收与补偿条例》删去了该项规定。

值得注意的是，房屋承租人不是被征收人，但鉴于公有房屋的承租人或者公有房屋的使用人主体地位较为特殊，故为了保护其合法权益，一些地区颁布的地方规定亦给予他们以特殊保护，如《上海市国有土地上房屋征收与补偿实施细则》（2011年10月19日起施行）第12条规定："因旧城区改建房屋征收范围确定后，房屋征收部门应当组织征询被征收人、公有房屋承租人的改建意愿；有90%以上的被征收人、公有房屋承租人同意的，方可进行旧城区改建。"第26条第1款规定："征收居住房屋的，被征收人、公有房屋承租人可以选择货币补偿，也可以选择房屋产权调换。"《武汉市国有土地上房屋征收与补偿实施办法》（2013年1月10日起施行）第33条第1款规定，征收公有住宅房屋，公有房屋承租人可以获得征收补偿。选择货币补偿的，租赁关系终止，给予其被征收房屋价值90%的补偿，给予被征收人被征收房屋价值10%的补偿，

---

① 杨会.城市房屋拆迁的实体完善[J].内蒙古农业大学学报（社会科学版），2011（5）.

房屋征收部门与被征收人、公有房屋承租人分别签订房屋征收补偿协议。第34条第2款规定，征收公有非住宅房屋，被征收人选择产权调换的，房屋征收部门与被征收人签订房屋产权调换协议，被征收人与公有房屋承租人签订房屋租赁协议，继续保持租赁关系。被征收人选择货币补偿的，租赁关系终止，给予公有房屋承租人被征收房屋价值70%的补偿、被征收人被征收房屋价值30%的补偿。房屋征收部门与被征收人、公有房屋承租人分别签订房屋征收补偿协议。可见，尽管公房的所有权属于国家，但并不妨碍公房租赁权作为一项独立的权利在房屋征收中作为征收对象存在并获得完全保障，《房屋征收与补偿条例》在此方面的缺失需要通过实施细则尽快予以弥补。[①]

第三，居住权人不是被征收人，但其受到的损失亦可获得相应补偿。《民法典》第327条规定："因不动产或者动产被征收、征用致使用益物权消灭或者影响用益物权行使的，用益物权人有权依据本法第二百四十三条、第二百四十五条的规定获得相应补偿。"

值得注意的是，尽管抵押权人、承租人、居住权人不是被征收人，但鉴于不动产的用益物权人、公房承租人与不动产征收行为存在较大的利害关系，故司法实践中肯定了这两类主体的原告地位。《行政协议案件若干问题的规定》（2020年1月1日生效实施）第5条规定，"下列与行政协议有利害关系的公民、法人或者其他组织提起行政诉讼的，人民法院应当依法受理"，其中的第（二）项即"征收征用补偿协议损害其合法权益的被征收征用土地、房屋等不动产的用益物权人、公房承租人"。已有判决中亦有先例，例如最高人民法院"（2019）最高法行再202号"行政判决认为"房屋征收案件中，房屋所有权人是房屋征收决定的行政相对人，与房屋征收决定存在利害关系，具有原告主体资格；同时，享受国有公房或国有单位产权房租赁权的承租人，对被征收的国有公房或国有单位产权房实际享有以低于市场价格占用、使用的权利，这种权利是一种历史形成的福利权，不同于平等主体之间的房屋租赁关系。房屋征收决定不仅造成房屋租赁关系的解除，而且将会对承租人低价租赁房屋的福利权产生现实、直接的影响。因此，国有公房或国有单位产权房的承租人，亦与房屋征收决定存在利害关系，具有原告主体资格。"

[①] 江必新.国有土地上房屋征收与补偿条例理解与适用［M］.北京：中国法制出版社，2012：25.

（三）房屋征收的基本原则

1. 公共利益原则

现代法治社会，公共利益应是启动不动产征收，强制取得民事主体不动产财产权的法定事由；也是政府启动征收的实质性要件和最终目的所在，我国《宪法》《民法典》《城市房地产管理法》等相关条款均有明确规定。《房屋征收与补偿条例》第 8 条则细化了适用公共利益征收房屋的几种情形，即"为了保障国家安全、促进国民经济和社会发展等公共利益的需要，有下列情形之一，确需征收房屋的，由市、县级人民政府作出房屋征收决定：（一）国防和外交的需要；（二）由政府组织实施的能源、交通、水利等基础设施建设的需要；（三）由政府组织实施的科技、教育、文化、卫生、体育、环境和资源保护、防灾减灾、文物保护、社会福利、市政公用等公共事业的需要；（四）由政府组织实施的保障性安居工程建设的需要；（五）由政府依照城乡规划法有关规定组织实施的对危房集中、基础设施落后等地段进行旧城区改建的需要；（六）法律、行政法规规定的其他公共利益的需要"。

2. 公平补偿原则

不动产征收补偿原则，是不动产征收补偿中所应遵循的基本准则。它具有统领作用，直接决定着补偿的范围、标准等。目前，国际上主要有三种补偿原则：完全补偿原则、公平补偿原则和相当补偿原则，不同国家和地区在不同时期采取的补偿原则不尽完全相同，我国的《宪法》《民法典》《城市房地产管理法》等法律对此没有规定。《房屋征收与补偿条例》第 2 条规定的是公平补偿原则，该条例第 17 条、第 18 条、第 19 条等明确规定了公平补偿的范围和具体方法。

3. 决策民主、程序正当、结果公开

决策民主是指行政机关通过预定的程序、规则和方式，确保决策能广泛吸取各方意见、集中各方智慧、符合本地区实际、反映事物发展规律的制度设计和程序安排。决策民主原则在《房屋征收与补偿条例》的第 10 条、第 11 条、第 12 条等条款中作了具体规定。程序正当既要求政府必须严格依照法律规定的方式、顺序和时限等程序性要求实施征收和补偿行为，也要求征收过程中必须保障被征收人的程序性权利。公开原则是除了依法应当保密的以外，政府实施的行为应一律公开；对于结果公开原则，不应仅从狭义上理解，应指征收和

补偿的过程及最终结果都应该公开，应该贯穿于征收和补偿活动的始终。①

二、房屋征收的程序

无程序即无正义。在房屋征收领域，征收程序具有确保征收程序公开透明性、确保征收程序参加人的平等参与性、确保程序性权利义务完整性、确保征收阶段时序展开的合理性、确保征收救济的及时有效性、确保征收程序的公正与效率等六大价值。

（一）房屋征收的基本步骤②

根据《房屋征收与补偿条例》的规定，我国房屋征收的流程是：

第一步：因涉及公共利益的建设有征收房地产的需要；

第二步：房地产所在地的政府有征收房地产的意图；

第三步：政府审查该房地产征收是否符合国民经济和社会发展规划、土地利用总体规划、城乡规划和专项规划（第9条）；

第四步：政府进行社会稳定风险评估（第12条第1款）；

第五步：房屋征收部门拟定征收补偿方案，报市、县级人民政府（第10条第1款）；

第六步：市、县级人民政府对征收补偿方案进行论证并予以公布，征求公众意见（第10条第2款）；

第七步：根据公众意见政府修改补偿方案，然后公布（第11条）；

第八步：征收补偿费用足额到位，且保证专户存储（第12条第2款）；

第九步：县级人民政府作出房屋征收决定（第12条）；

第十步：政府公告房地产征收决定（第13条第1款）；

第十一步：被征收人对房屋征收决定不服的，依法申请行政复议或依法提起行政诉讼（第14条）；

第十二步：房屋征收部门调查登记被征收房屋情况，并公布调查结果（第15条）；

第十三步：具有相应资质的房地产价格评估机构评估被征收房屋的价值（第

---

① 王锡锌.国有土地上房屋征收与补偿条例专家解读与法律适用［M］.北京：中国法制出版社，2011：14-16.

② 陈耀东.房地产法［M］.北京：清华大学出版社，2012：96.

19 条第 1 款）；

第十四步：被征收人对评估确定的被征收房屋价值有异议的，向房地产价格评估机构申请复核评估。对复核结果有异议的，向房地产价格评估专家委员会申请鉴定（第 19 条第 2 款）；

第十五步：房屋征收部门与被征收人订立补偿协议（第 25 条）；

第十六步：房屋征收部门与被征收人在指定期限内达不成补偿协议的，由作出房屋征收决定的市、县级人民政府作出补偿决定，并且公告（第 26 条第 1 款）；

第十七步：被征收人对补偿决定不服，申请行政复议或提起行政诉讼（第 26 条第 3 款）；

第十八步：政府向被征收人先行支付补偿费（第 27 条第 1 款）；

第十九步：被征收人接受补偿费后自行搬离房屋（第 27 条第 2 款）；

第二十步：被征收人不搬迁的，由作出房屋征收决定的市、县级人民政府依法申请人民法院强制执行（第 28 条第 1 款）。[①]

（二）房屋征收程序需要讨论的问题

与《房屋拆迁条例》相比，《房屋征收与补偿条例》在程序方面有了很大的进步，例如作出房屋征收决定前政府应当按照有关规定进行社会稳定风险评估，先补偿后搬迁等等，这些制度改进更加注重通过程序对政府征收权的限制和被征收人利益的保护。但在程序方面，《房屋征收与补偿条例》仍然存在一些需要讨论的问题。

第一，关于被征收人的参与问题。《房屋征收和补偿条例》第 9 条第 2 款虽然规定"制定国民经济和社会发展规划、土地利用总体规划、城乡规划和专项规划，应当广泛征求社会公众意见，经过科学论证"，但该条款对"公众参与"的规定，不是针对征收行为，而是关于制定该四类规划的要求。对于征收决定和补偿，这两个涉及被征收人切身重大利益的行为，都应该最大限度地让被征收人参与，从而保障被征收人的利益。而在《房屋征收与补偿条例》中，征收的环节中被征收人的参与度较低，比如在征收决定作出之前的论证阶段，被征

---

① 值得注意的是，2012 年 4 月 10 日实施的《申请人民法院强制执行房屋征收补偿决定的规定》第 9 条规定了执行的主体，即"人民法院裁定准予执行的，一律由作出征收补偿决定的市、县级人民政府组织实施，也可以由人民法院执行。"

第八章

收人无法参与；只有在论证结束后才听取社会公众的意见，这无疑不利于保护被征收人的权益。即便如前述该条款之规定，如果相关部门违反本条的"公众参与"原则，只涉及四类规划的合法性判断，并不影响征收决定的合法性。此外，我国现行法所规定的"公众参与"更多表现为一种政策性倡导，并无违反"公众参与"而导致的惩罚性措施。有鉴于此，在不动产征收领域尚有必要进一步强化被征收人参与的规定，并明确违反"公众参与"原则的惩罚后果。

第二，关于听证程序问题。行政法上的听证是指行政机关为了合理、有效地制作和实施行政决定，公开听取相对人的意见、申诉、建议等。听证既包括书面听证，也包括口头听证、听证会等其他形式的听证。听证的目的在于广泛听取各方面意见，通过公开、合理的程序形式，将行政决定建立在合法适当的基础上，避免违法或不当行政决定给行政相对人带来不利或不公正的影响。房屋征收涉及面广、被征收人或潜在的被征收人人数众多。因此，政府应该尽可能地通过听证会来广泛听取广大利害关系人的意见，从而做出科学、合理的行政决定。但在《房屋征收与补偿条例》中，出现"听证"一词的只有1处，即第11条第2款，对于"因旧城区改建需要征收房屋，多数被征收人认为征收补偿方案不符合本条例规定的，市、县级人民政府应当组织由被征收人和公众代表参加的听证会，并根据听证会情况修改方案"。此条款所规定的听证会情况究竟对旧城改造中的房屋征收补偿方案的修改有何影响？听证会笔录是否是决定征收补偿方案的唯一依据？抑或听证会笔录只是修改征收补偿方案的参考依据？现行法并无明确规定。从强化听证程序的法治建设，提高听证的权威性，保护被征收人的权益角度出发，应明确旧城改造房屋征收补偿方案应听证而未听证的，系违反法定程序，作出的征收补偿方案无效；听证会制作的听证会笔录系修改征收补偿方案的唯一法律依据。

此外，同土地征收一样，这里的"多数被征收人"应如何把握？是简单多数，还是绝对多数？从房屋征收的目的以及保护被征收人的权益等角度来考量，采绝对多数，应更为公平合理。

第三，关于征收补偿协议的性质与诉讼程序问题。《房屋征收与补偿条例》第25条第1款规定了房屋征收部门与被征收人应就征收补偿与安置等问题订立补偿协议。对于该征收补偿协议的性质，行政法学者认为应属于行政合同，民法学者则认为属于民事合同。由于补偿协议的性质存在争议，虽然《房屋征收与补偿条例》第25条第2款规定"补偿协议订立后，一方当事人不履行补偿协议约定的义务的，另一方当事人可以依法提起诉讼。"然而，该纠纷属于民事诉讼还是行政诉讼，当事人是按照民事诉讼程序还是依行政诉讼程序提起诉讼？传统的拆迁法律关系中，对达成拆迁补偿协议后一方反悔引起的诉讼，依民事诉讼程序解决。①《行政诉讼法》第12条第1款第11项，②以及《行政诉讼法若干问题的司法解释》第11条将房屋征收补偿协议纳入行政诉讼受案范围，③明确了被征收人起诉行政机关不依法履行、未按照约定履行或者违法变更、解除房屋征收补偿协议的行政诉讼性质和程序。《行政协议案件若干问题的规定》第2条明确规定，公民、法人或者其他组织就下列行政协议提起行政诉讼的，人民法院应当依法受理，其中的第（二）项就是"土地、房屋等征收征用补偿协议"。

三、房屋征收补偿与安置

（一）房屋征收补偿的原则

房屋征收补偿原则，是指城市房屋征收补偿中所应遵循的基本准则。它具有统领作用，直接决定着补偿的范围、标准等。

1. 房屋征收补偿的原则

房屋征收补偿的原则主要有以下三种：

（1）完全补偿原则。是以被征收人完全恢复到与征收前同一的生活状态所需要的代价为补偿标准。"补偿必须将不平等还原为平等，即对于所产生损失的全部进行补偿。"这种补偿不仅包括直接损失，还包括因此而造成的间接损失，如期待利益丧失、残余价值减损、环境变化导致的干扰等，甚至包括非经济上的损失，如对新生活环境的不适、精神上的痛苦等。

---

① 参见1996年7月24日法复〔1996〕12号最高人民法院《关于受理房屋拆迁、补偿、安置等案件问题的批复》规定："拆迁人与被拆迁人因房屋补偿、安置等问题发生争议，或者双方当事人达成协议后，一方或者双方当事人反悔，未经行政机关裁决，仅就房屋补偿、安置等问题，依法向人民法院提起诉讼的，人民法院应当作为民事案件受理。"

② 《行政诉讼法》第12条第1款第11项规定："认为行政机关不依法履行、未按照约定履行或者违法变更、解除政府特许经营协议、土地房屋征收补偿协议等协议的。"

③ 《行政诉讼法若干问题的司法解释》第11条规定："行政机关为实现公共利益或者行政管理目标，在法定职责范围内，与公民、法人或者其他组织协商订立的具有行政法上权利义务内容的协议，属于行政诉讼法第十二条第一款第十一项规定的行政协议。公民、法人或者其他组织就下列行政协议提起行政诉讼的，人民法院应当依法受理：（一）政府特许经营协议；（二）土地、房屋等征收征用补偿协议；（三）其他行政协议。"

第八章

（2）公平补偿原则。补偿范围仅限于被征收财产的市场价值，这是可以量化的、确定的财产上的损失，如迁移损失、营业损失以及各种必要的费用等具有客观价值而又能举证的具体损失；难以量化确定的精神损失等具有个人主观价值的损失，不予补偿。

（3）相当补偿原则。基于征收财产权的公共目的性，正当补偿只需斟酌社会、经济等情况，给予妥当或合理补偿即可，其算定基础只要合理，就无须补偿被征收人财产实际价格的全额。相当补偿说把"正当补偿"的含义解释为相当性或妥协性的补偿。

2. 我国的选择

众所周知，一个国家采用何种补偿原则，与该国的国力、经济制度及相应的思想、文化、观念等有很大关联，不同国家在不同时期采取的补偿原则也不相同。那么，我国目前应该采用什么补偿原则呢？我国的《宪法》《民法典》《城市房地产管理法》等法律对此尚无明确规定。《房屋征收与补偿条例》第2条规定，为了公共利益的需要，征收国有土地上单位、个人的房屋，应当对被征收房屋所有权人给予公平补偿，依此，我国房屋征收补偿的原则应为公平补偿原则。相比《房屋征收与补偿条例》出台之前的做法，公平补偿原则已是进步。鉴于房屋征收乃民生大事，关乎群众安居乐业、城市长远发展，其规则、制度的制定应最大限度地让利于民，体现以人民为中心的发展思想。正如2018年12月18日，习近平总书记在庆祝改革开放40周年大会上的重要讲话中指出："我们要着力解决人民群众所需所急所盼，让人民共享经济、政治、文化、社会、生态等各方面发展成果，有更多、更直接、更实在的获得感、幸福感、安全感，不断促进人的全面发展、全体人民共同富裕。"为了体现以人民为中心的发展思想，在中国式现代化建设的新征程中，对于房屋征收这一涉及广大人民群众切身利益的民生工程，要给广大人民群众带来看得见、摸得着、既利当下又利长远的福祉，使人民群众的获得感、幸福感、安全感更加充实、更有保障。本书认为，完全补偿原则应是时下的最佳选择。理由如下：

第一，避免被征收人的第二次牺牲。房屋征收具有强制性，即使被征收人不愿意也只能搬迁，这是为公共利益作出的牺牲。如果被征收人的损失得不到全部补偿，就是遭遇第二次牺牲，所谓保护私人财产权只是一句口号。所以，不能用公共利益之名让被征收人的利益遭受第二次牺牲。当今，强化对被征收人的私权保护实有必要。

第二，政府征收的必要成本。从政府的角度考量利益平衡问题，也应当采完全补偿原则。政府的行政行为是为了公共利益，而政府的任何行为都是有成本的。也就是说，政府在征收时就应该具备相应的经济补偿能力；否则，即使为了公共利益，也不应该进行征收。

第三，存在相应的物质基础。政府征收房屋后使用其下之土地，将会产生一系列的经济和社会效益，公共利益所带来的经济和社会效益必然大于被征收人所受到的损失，这是完全补偿原则存在的物质基础。结合我国的国情，更应该采取完全补偿原则。改革开放四十多年的发展，我国经济已经达到相当高的水平，国力日益强大，采行完全补偿原则并不会给政府带来财政负担。

第四，遏制权力寻租，减少腐败。如果补偿的价格低于其市场价格，那就意味着差价的存在。在差价的利益驱动下，必然会鼓励许多非公共利益者去谋求通过征收的方式获得土地，也就是鼓励了某些官员的寻租活动，这也必然增加相关政府官员的腐败倾向。相反，如果是全部补偿，则不会给权力寻租提供激励，也会减少政府官员的腐败。

我国以往的房屋征收拆迁实践已经表明，房屋拆迁是腐败的"重灾区"，所以对征收补偿采用完全补偿原则尤为必要。

（二）房屋征收的补偿方式

经征收房屋，政府既然从被征收人处获得了房屋的所有权，并提前收回了国有建设用地使用权，就需要向被征收人进行补偿，该补偿需要通过一定的形式体现出来，这就是补偿的方式。根据《房屋征收与补偿条例》第 21 条第 1 款的规定，房屋征收的补偿方式有两种：货币补偿和房屋产权调换。是采用货币补偿还是房屋产权调换，被征收人有权选择，[①]"被征收人可以选择货币补偿，也可以选择房屋产权调换"。被征收人的该项权利必须得到尊重。一方面，征收人应确保被征收人在进行比较、甄别两种补偿方式的基础上作出理性选择；另一方面，征收人应当提供具体金额的货币补偿和已经特定化的房屋供被征收人进行比较、权衡和选择，不能无视更不能侵犯被征收人的此项权利。

1. 货币补偿

货币补偿就是金钱补偿，即政府向被征收人支付一定数额的金钱来补偿被

---

① 原《房屋拆迁条例》曾对被征收人的选择权进行了限制，而《房屋征收与补偿条例》则删去了这些限制，被征收人享有完全的选择权。

征收人因房屋征收而带来的损失。根据法律行为的性质，货币补偿的形式分为协议货币补偿和决定货币补偿。[①] 政府向被征收人支付一定金额的货币后，则不再另行配置房屋给被征收人。货币补偿的方式将征收的补偿变成单纯的金钱支付，简便易行且有效率。

2. 房屋产权调换

房屋产权调换，是指政府以原地或异地再建的房屋来补偿被征收人因房屋征收而带来的损失。通过房屋产权调换，被征收人从政府处获得的不是货币，而是另一个房屋。换言之，被征收人以旧房屋的所有权和房屋之下的国有建设用地使用权换取新的房屋所有权和房屋之下的国有建设用地使用权。

当然，实行房屋产权调换的，政府与被征收人应当计算被征收房屋的价格和新获得房屋的价格，结清差价。对此，《房屋征收与补偿条例》第21条第2款规定："被征收人选择房屋产权调换的，市、县级人民政府应当提供用于产权调换的房屋，并与被征收人计算、结清被征收房屋价值与用于产权调换房屋价值的差价"。

此外，因旧城区改建政府征收个人住宅的，如果被征收人选择在改建地段进行房屋产权调换的，征收人应当满足被征收人的需要，向被征收人提供改建地段的房屋；如果确实难以提供的，则应当提供就近地段的房屋。对此，《房屋征收与补偿条例》第21条第3款规定："因旧城区改建征收个人住宅，被征收人选择在改建地段进行房屋产权调换的，作出房屋征收决定的市、县级人民政府应当提供改建地段或者就近地段的房屋。"

（三）房屋征收的补偿范围

房屋征收补偿范围，是指因征收致被征收人的损失中应予以补偿的项目，即政府应补偿被征收人的哪些损失。

根据《房屋征收与补偿条例》第17条、第19条、第22条、第23条的规定，我国房屋征收的补偿范围包括被征收房屋的价值、搬迁费或安置费、停产停业损失等。

1. 被征收房屋的价值

被征收房屋的价值不仅包括房屋本体的价值，还包括该房屋的附属物价值

---

① 协议货币补偿，参见《房屋征收与补偿条例》第25条第1款；决定货币补偿，参见《房屋征收与补偿条例》第26条第1款。

等。对房屋及其附属物进行补偿的前提条件是，该房屋及其附属物是合法建筑，对于违法建筑或者超过批准期限的临时建筑不予补偿。《房屋征收与补偿条例》第 24 条第 2 款规定："市、县级人民政府作出房屋征收决定前，应当组织有关部门依法对征收范围内未经登记的建筑进行调查、认定和处理。对认定为合法建筑和未超过批准期限的临时建筑的，应当给予补偿；对认定为违法建筑和超过批准期限的临时建筑的，不予补偿。"所以，不能简单地以被征收房屋是否登记作为判断违法建筑与否的标准，正如最高人民法院"（2018）最高法行申 5424号"裁决书认为："在房屋征收过程中，对因历史原因形成的没有建设审批手续和产权证照的房屋，行政机关应当在征收之前依法予以甄别，作出处理，不能简单将无证房屋一律认定为违法建筑，不予征收补偿；违法拆除因历史形成的无证房屋造成损失的，也不能简单以无证房屋即为违法建筑为由，不予行政赔偿。在行政机关没有充分证据证明被拆除的无证房屋属于违法建筑的情况下，应当将该房屋视为合法建筑，依法予以行政赔偿。行政赔偿的项目、数额不得少于被征收人通过合法征收补偿程序获得的行政补偿项目、数额。"

《房屋征收与补偿条例》第 16 条第 1 款规定，房屋征收范围确定后，被征收人在自己土地的范围内实施新建、扩建、改建房屋和改变房屋用途等行为的，尽管可能会导致房屋或者附属物的价值有所增加，但这部分增值是被征收人"不当增加补偿费用"的增值，故不予补偿。

2. 搬迁费或安置费

被征收人因需要搬离到异地，该搬迁费属于征收补偿的范围。《房屋征收与补偿条例》第 22 条规定，被征收人选择房屋产权调换的，从房屋被征收到产权调换房屋交付这一过渡期内，政府可能会提供周转用房，也可能是被征收人自行安排。如果被征收人自行安排，则过渡期内的租赁或借用房屋所花的费用属于临时安置费，应该由征收人承担。即使政府提供周转用房，在实际提供之前被征收人所花费的临时安置费，也属于补偿的范围。

3. 停产停业损失

停产停业损失，是指房屋因被征收而造成被征收人生产经营活动暂停或者终止而带来的损失。当被征收的房屋用于生产经营用途时，房屋征收行为使得被征收人的生产经营活动或暂停，或终止，致使被征收人通过生产经营活动能够获取的收益丧失，这就给被征收人造成了经济损失以及因征收而发生的一些费用（如机器设备的搬迁运输费用、损坏费用、重新安装调试费用等）支出，征收人对此应予以补偿。《房屋征收与补偿条例》第 23 条规定，对于停产停业损失的补偿数额，应当根据房屋被征收前的效益、停产停业期限等因素来确定。对于停产停业损失的补偿额的确定，遵循先协商，后评估的原则；《房屋征收评估办法》第 14 条第 2 款："被征收房屋室内装饰装修价值，机器设备、物资等搬迁费用，以及停产停业损失等补偿，由征收当事人协商确定；协商不成的，可以委托房地产价格评估机构通过评估确定。"

此外，为了让被征收人早日自行搬离，政府往往提供金钱上的激励，即一定数额的补助或奖励，如对困难群体、病残者的补助，提前搬家奖励。对此，《房屋征收与补偿条例》第 17 条第 2 款规定："市、县级人民政府应当制定补助和奖励办法，对被征收人给予补助和奖励。"需要说明的是，补助或奖励不是必需的补偿范围，主要取决于当地政府具体的规定。

5. 尚需考虑的其他补偿范围

（1）国有建设用地使用权。房下有地，承载房屋的国有建设用地使用权在房屋征收时是否予以补偿？《房屋征收与补偿条例》第 17 条列举的补偿项目中没有包括国有建设用地使用权，但第 15 条中又有"区位"二字，似乎国有建设用地使用权的补偿已经隐含于房屋的补偿之中；《房屋征收评估办法》第 14 条第 1 款不仅提及了"区位"，还提及了"土地使用权"，其第 11 条第 1 款规定："被征收房屋价值评估应当考虑被征收房屋的区位、用途、建筑结构、新旧程度、建筑面积以及占地面积、土地使用权等影响被征收房屋价值的因素。"该规定列举的"被征收房屋的土地使用权"似乎又将国有建设用地使用权独立出来作为评估被征收房屋价值的因素，并与区位相区别。《房屋征收与补偿条例》第 19 条规定的对被征收房屋补偿的"房屋价值评估"，系"房地产市场价值"，此"房屋价值评估"，也应该包含该房屋之下的"建设用地使用权价值"。

无论现行法如何规定，国有建设用地使用权的价值是应该给予补偿的。因为，房屋征收的终极目标是为了取得被征收人房屋之下的土地，而非房屋的所有权，因此，征收补偿时对房屋价值的补偿应该隐含了对地价的补偿，若只对房屋进行补偿而不对国有建设用地使用权进行补偿，是不符合常理的。而且，就房屋与土地的关系来说，土地处于主导地位而房屋处于依附从属地位，这就有必要在征收补偿中显化处于主导地位的土地价值而非显化房屋价值。至于对土地价值系单独补偿还是与房屋合并补偿，则视具体情况而定。例如，"山西省安业集团有限公司诉山西省太原市人民政府收回国有土地使用权决定案"中，法院判决认为：对房屋价值的评估，必须包含土地使用权。对房屋所有权人补偿内容已经包含了国有土地使用权补偿的，对同时收回的国有土地的土地使用权人不再单独给予补偿。对被征收不动产价值评估的时点，一般应当为征收决定公告之日或者征收决定送达被征收人之日。[①] 最高人民法院"（2017）最高法行申 3542 号"行政裁定书也认为："国有土地上房屋征收补偿中，房屋被征收人合法享有国有土地使用权的院落，与被征收房屋所占国有土地一并予以征收补偿。"根据《最高人民法院关于征收国有土地上房屋时是否应当对被征收人未经登记的空地和院落予以补偿的答复》（〔2012〕行他字第 16 号）第二项"国有土地上房屋征收补偿中，应将当事人合法享有国有土地使用权的院落、空地面积纳入评估范围，按照征收时的房地产市场价格，一并予以征收补偿"的规定，被征收人合法享有的国有土地使用权的院落，无论其为国有划拨土地抑或国有出让土地，都应当一并予以评估补偿。

（2）违法建筑。所谓违法建筑，是指在城乡规划区内，未取得建设工程规划许可证或违反建设工程规划许可证的规定而建设的影响城乡规划的建筑。主要包括：第一，未申请或申请未获批准，没有取得建设用地规划许可证和建设工程规划许可证而建成的建筑；第二，擅自改变建设工程规划许可证建成的建筑；第三，擅自改变使用性质建成的建筑；第四，擅自将临时建筑建设成永久性的建筑。

对于违法建筑的定位，理论上存在争议，有不动产所有权说（原始取得所有权）[②]、动产所有权说（建筑材料）、不完全产权说（受限制的所有权）、无所有权说、占有权说等观点。第一，持所有权的观点认为，在性质上违法建筑不因建造行为的违法性丧失其作为物权客体的资格。违法建筑可以分为"尚可采取改正措施"的违法建筑与"无法采取改正措施"的违法建筑。"尚可采取改正措施"的违法建筑，属于《民法典》第 231 条"合法建造"的建筑物，可以成为所有权的客体。"无法采取补救措施"的违法建筑，属于应予拆除的违法建筑，但在尚未拆除之前，建造人对违法建筑依然享有物权。因此，就权属而言，被征收人对违法建筑享有所有权，这点与合法建筑一样。第二，持占有权的观点认为，占有是一种事实而非一种权利，是人对物的控制与支配状态。占有可因享有所有权、他物权或者其他权利而发生，也可因某种缺乏权利依据

---

①　（2016）最高法行再 80 号，详见"山西省安业集团有限公司诉山西省太原市人民政府收回国有土地使用权决定案"，《最高人民法院公报》，2017 年第 1 期（总第 24 期）。

②　苏永钦.民事立法与公私法的接轨 [M].北京：北京大学出版社，2005：100.

的行为以及单纯的自然事实而发生。因建造人对违法建筑物具有事实上的管领力，可以成立占有，这种占有的事实状态应受法律保护。第三，持建筑材料动产所有权的观点认为，即便否认违法建筑的合法所有权属性，违法建筑物的建造人对建筑物的建造材料也享有所有权，不能因该不动产系违法建筑而否认建造该不动产的动产建筑材料的合法属性。在我国，违法建设行为因没有规划许可或者违反规划许可，故确定不会产生违法建筑物所有权的首次登记，该所有权因登记禁止机制属于不能登记的所有权；而且，违法建筑所有权处于不稳定状态，难以同合法建筑所有权等同对待，故不宜采行不动产所有权的观点。虽然将违法建筑界定为占有权有合理性，占有在法律规范中也有独立地位，但在实际保护时，尚有进一步区分有无本权的必要。因对违法建筑的占有是一种没有本权的无权占有，故难以解释建造人在违法建筑受侵害时的救济路径。比较而言，建筑材料动产所有权的观点更为可取，因此，私法领域应承认违法建筑的财产利益属性，且为动产所有权。只有违法建筑因补办、变更规划许可或限期改正而质变成合法建筑后，建造人的不动产所有权才能得以确认。

那么，在房屋征收时，拆除违法建筑是否予以补偿？有不予补偿、予以补偿护（违法建筑的实际价值参照合法建筑的价值予以补偿）、赔偿建筑材料损失等观点。原《房屋拆迁条例》第22条明确规定不予补偿。《房屋征收与补偿条例》第24条规定，在征收决定前，政府对未经登记的建筑物进行调查、认定和处理，对认定为违法建筑的不予补偿。针对违法建筑，公法和私法对违法建筑的调整角度不同，公法管制决定违法建筑是保留还是拆除，私法在此基础上还要调整建造人对违法建筑的利益及其交易行为。公法管制旨在惩治违法建设行为，消除违法建筑的负面作用，并引导其他主体进行合法建设。违法建筑的"违法"指的是行为人的建造行为，物品本身本无合法与非法区分，只是因为当事人的违法行为，才使物品转化为"非法财产"，原本合法的建筑材料经个人的动产和劳务结合在一起的物才被冠以"违法建筑"。所以，在私法领域，违法建筑本身体现了一种利益，即便否认建造人对其法律意义上的所有权或者享有的占有利益，建造人对建筑材料也应拥有合法的权利，拆除违法建筑导致的建筑材料价值损失也应予以补偿。在司法实践中，法院有的判决例亦持此观点，例如最高人民法院"（2016）最高法行申6号"行政裁定认为："违法建筑物、构筑物中的建筑材料，属于当事人的合法财产。行政机关对违法建筑物、构筑物实施强制拆除，手段、方式必须科学、适中，不得以野蛮方式实施强制拆除。因强制拆除手段、方式不当，造成当事人建筑材料合法权益损失的，行政机关应当依法予以赔偿。"最高人民法院"（2018）最高法行申8656号"行政裁定书认为："违法建筑不属于合法财产权益，对违法建筑的拆除自然不会产生国家赔偿。但建筑本身违法并不意味着组成建筑物的建筑材料及建筑内的物品亦随之变成非法财物，建筑材料及建筑内的物品属于当事人的合法财产，当事人因违法建筑所负的法律责任，不应当涉及其合法的私有财产。行政机关在对违法建设实施强制拆除的过程中，若违反法定程序及采取的手段、方式不适当，导致建筑材料及建筑内的物品受到明显不合理、过度毁损的，应当根据建筑材料及建筑内的物品的合理价值、违法强制拆除行为造成的合理损失等因素承担相应的赔偿责任。"

（3）无形损失。对于被征收人来说，他们不仅丧失了土地使用权及其上之房屋，其生产、生活也会受到不同程度的影响，具体表现为各种各样的无形损失，如被征收人被迫丧失了原来住宅区域内良好的邻里关系、便利休闲和熟悉的教育、医疗、市场设施等无形利益。对于这部分损失，也应当予以补偿。对于住宅房屋而言，房屋征收将会对被征收人私人生活的安宁造成不利影响，导致被征收人变换居住地点、社会关系重组、社区重建等结果。对于经营用房而言，经营者的商业信誉可能直接与经营场所挂钩，一个经营者在原地可能商业信誉极佳，口碑较好，财源广进；而搬到异地之后，当地消费者可能对其并不认同，从而导致其生意萧条，利益受损，对此也应予以补偿。

（4）居住房屋的预期收益。《房屋征收与补偿条例》仅对经营性房屋的预期收益予以补偿，即停产停业损失；对住宅房屋的预期收益则没有规定。这样的区别对待似乎不妥，因为即使是住宅房屋也存在着预期利益，比如住宅房屋所有权人出租房屋，租金就是住宅房屋所有权人的预期利益。因此，住宅房屋的预期收益也应予以考虑，当然应有别于经营性房屋。

（四）房屋征收的补偿标准

房屋征收补偿标准，是对房屋征收补偿项目的计算准则。通常来说，政府要确定计算补偿财产的日期、确定补偿财产计算的方法，从而最终确定对被征收人的补偿价格。可见，补偿标准有两项内容：时间标准和价值标准。

1. 时间标准

依《房屋征收与补偿条例》第19条第1款和《房屋征收评估办法》第10条第1款的规定，我国房屋征收补偿的时间标准是"房屋征收决定公告之日"。

一方面，应严格按照"房屋征收决定公告之日"评估被征收房屋的价值，且"对被征收房屋价值的补偿，不得低于房屋征收决定公告之日被征收房屋类似房地产的市场价格"。另一方面，也要考量其他因素，不能将征收决定之日绝对化。正如最高人民法院"（2018）最高法行再202号"行政判决书认为："基于《国有土地上房屋征收与补偿条例》（以下简称《征补条例》）《国有土地上房屋征收评估办法》《房地产估价规范》《房地产抵押估价指导意见》等规定，市、县级人民政府因公共利益征收国有土地上被征收人房屋时，应当对被征收人给予公平补偿；而公平补偿的基本要求即为不得低于房屋征收决定公告之日被征收房屋类似房地产的市场价格。市、县级人民政府在以征收决定公告日作为评估时点后，应当尽可能快速通过签订补偿安置协议或者作出补偿决定的方式，及时对被征收人进行补偿，并固定双方的权利义务，确保补偿的实质公平。因此，对上述法律规定中有关'被征收房屋价值评估时点为房屋征收决定公告之日'的规定，就应当结合《征补条例》有关'公平补偿'条款，作统一的法律解释，而不能静止、孤立、机械地强调不论征收项目大小、征收项目实施日期、以及是否存在市、县级人民政府及其职能部门的单方责任，也不考虑实际协议签订日或者补偿决定作出日甚至实际货币补偿款支付到位日的区别，均以征收决定公告之日作为评估时点"。如果"补偿决定时点明显迟延且主要归责于市、县级人民政府与其职能部门自身原因的，同时房地产市场价格发生剧烈波动，按照超过'应用有效期'的评估报告补偿，明显不利于被征收人得到公平补偿的，则不宜再坚持必须以'征收决定公告之日'为确定补偿的评估时点"。

2. 价值标准

根据《房屋征收与补偿条例》第19条第1款的规定，房屋征收补偿的价值标准是"被征收房屋类似房地产的市场价格"，从而取代了以往的"政府指导价"。

被征收房屋的类似房地产，是指与被征收房屋处在同一供求范围内，并在用途、规模、建筑结构、新旧程度、档次、权利性质等方面相同或者相似的房地产。被征收房屋类似房地产的市场价格，是指被征收房屋的类似房地产在市场上的平均水平价格。在评估实践中，类似房地产的市场价格应当通过搜集评估时点近期类似房地产的实际成交价格，剔除偶然和不正常的因素之后计算得出的价格。类似房地产的实际成交价格以真实成交、可以质证或房地产交易登记的实际成交价格为依据。对此，《房屋征收评估办法》有相应规定。

此外，如何进行房地产价格评估？这就需要对评估机构进行相应的规定。房地产价格评估机构作为一个中介服务机构，在从事房地产评估时必须要独立、客观、公正；征收人、被征收人，特别是前者，都不能干预其工作。《房屋征收评估办法》第4条第1款规定，房地产价格评估机构应由被征收人协商选定；如果在规定时间内协商不成的，由房屋征收部门通过组织被征收人按照少数服从多数的原则投票决定，或者采取摇号、抽签等随机方式确定。

估价方法对于房地产价值的评估意义重大。目前有市场法、收益法、成本法、假设开发法、基准地价修正法、意愿调查法等。在众多的估价方法中，没有绝对的最佳估价方法，只有相对较好的估价方法。房地产价格评估机构应当根据评估对象和当地房地产市场状况，考量各种评估方法进行适用性分析，然后再选择一个最适应的评估方法。被征收房屋的类似房地产有交易的，应当选用市场法评估；被征收房屋或者其类似房地产有经济收益的，应当选用收益法评估；被征收房屋是在建工程的，应当选用假设开发法评估。此外，还需考虑我国地区发展不平衡的国情，采用哪种估价方法须根据本地经济发展情况而定，不能一刀切。

依《房屋征收评估办法》第14条第1款规定，房地产价格评估机构在评估被征收房地产价值时，应当考虑被征收房屋的区位、用途、建筑结构、新旧程度、建筑面积以及占地面积、土地使用权等因素，因为这些因素直接影响着被征收房屋的价值。

本章小结

不动产征收是事关财产权的自由、消灭、保护，公权力与私权利的冲突，公共利益与私人利益的协调，以及城乡建设和经济发展的重大社会问题。所以，不动产征收制度是公法与私法共同关注和重点研究的问题。

不动产征收是指国家依法定程序，以社会公共利益为目的，强制获得他人不动产所有权及其他物权，并支付补偿、安置等费用的行为。不动产所有权的社会化决定了不动产权利人应负载的社会公共利益，但为了防止国家滥用征收权，动摇私人财产权保护制度的社会基础，对不动产征收权的限制，在立法中应体现公益目的、完全补偿、正当程序等。我国《民法典》明确规定了不动产征收制度，将其设计为非基于法律行为引起物权变动的一种行为，并与征用制度作了区分；同时，将房屋拆迁纳入不动产征收之中。

我国的土地征收不同于土地私有制国家，是指为了公共利益的需要，以补偿为条件，依法强制将集体所有土地变为国家所有的行为。现行的《土地管理法》《土地管理法实施条例》以及其他法律法规在完善土地征收制度方面有多项创新规定，建立了以充分尊重被征地农民意愿为核心价值的新型征地程序，对于保护被征地地区的集体经济组织和被征地农民的合法权益有重要意义。

房屋征收，是指为了公共利益的需要，政府强制性取得国有土地上单位、个人的房屋，并对被征收房屋所有权人给予公平补偿的行为。《民法典》《城市房地产管理法》肯定了公益性质的房屋征收，并将房屋拆迁作为房屋征收的组成部分。《房屋征收与补偿条例》规定了房屋征收的程序、征收补偿和安置等，相较之前的《房屋拆迁条例》有很大进步，但依然存在一些尚待完善的问题。

思考题

1. 试述不动产征收的概念、特征及其与不动产征用的区别。

2. 现行法对土地、房屋的征收补偿与安置是如何规定的？

3. 如何理解我国现行法建立了以充分尊重被征地农民意愿为核心价值的新型征地程序？

4. 如何进一步完善国有土地上的房屋征收制度？

参考文献

1. 魏莉华. 新《土地管理法实施条例》释义 [M]. 北京：中国大地出版社，2021.

2. 徐凤真. 集体土地征收制度创新研究 [M]. 北京：法律出版社，2012.

3. 江必新. 国有土地上房屋征收与补偿条例理解与适用 [M]. 北京：中国法制出版社，2012.

4. 陈耀东. 房地产法 [M]. 北京：清华大学出版社，2012.

5. 谢哲胜. 土地征收 [M]. 台北：台湾元照出版有限公司，2016.

第九章

房地产社会保障

[知识要求]

通过本章的学习，掌握：

● 房地产社会保障的概念和特征；

● 我国房地产社会保障各项具体制度及其内容。

[技能要求]

通过本章的学习，能够了解：

● 我国房地产社会保障的具体制度安排；

● 我国房屋社会保障制度的发展方向。

第一节　房地产社会保障概说

一、社会保障与房地产社会保障的概念和特征

（一）社会保障

社会保障是社会成员享有的基本权利，是国家的一种法律责任，是稳定社会和经济秩序的重要机制，故当代各国普遍建立了社会保障制度。《简明不列颠百科全书》把社会保障定义为：一项公共福利计划，旨在保护个人及家庭免除因失业、年老、疾病或死亡而在收入上所受的损失，并通过公益服务和家庭生活补助提高其福利。一般而言，社会保障是国家为了维护社会稳定，通过国民收入再分配的方法，对社会成员的生存权利予以保障的制度。

通常而言，社会保障的特征是：第一，给付性，通过给付以维护保障对象的基本生存权利；第二，强制性，通过社会保障立法明确政府和社会成员的权利义务关系，各种社会保障责任主体必须依法履行责任；第三，公平性，使每一个社会成员在生活遇到困难时都能依靠社会保障制度获得平等救助；第四，福利性，即社会保障制度不以营利为目的。

我国在 1986 年六届人大四次会议通过的第七个五年计划中首次使用了"社会保障"一词，把社会保障定义为：国家和社会通过立法，采取强制手段对国民收入进行再分配，形成社会消费基金，对年老、疾病、伤残、死亡、失业及其他灾难的发生而采取的一系列有组织的措施、制度和事业的总称。1995 年中共中央十四届三中全会通过《关于建立社会主义市场经济体制若干问题的决定》，为社会保障规定了三项原则：第一，建立多层次的社会保障体系；第二，城镇职工养老和医疗保险金由单位和个人共同负担，社会统筹和个人账户相结合；第三，社会保障行政管理和社会保险基金经营要分开。

目前，我国尚无综合性社会保障法，社会保障制度的运行主要依据零散的社会保障规范性文件，"摸着石头过河"是我国社会保障转型时期的实践特点。可喜的是，我国的根本大法《宪法》非常重视社会保障制度，其第 14 条第 1 款明确规定："国家建立健全同经济发展水平相适应的社会保障制度。"这一

规定确认了公民的社会保障权，为进行社会保障方面的立法确立了最高的法律根据和法律准则。《宪法》第45条进一步规定："中华人民共和国公民在年老、疾病或者丧失劳动能力的情况下，有从国家和社会获得物质帮助的权利。国家发展为公民享受这些权利所需要的社会保险、社会救济和医疗卫生事业。国家和社会保障残疾军人的生活，抚恤烈士家属，优待军人家属。国家和社会帮助安排盲、聋、哑和其他有残疾的公民的劳动、生活和教育。"在《宪法》的指导下，我国初步建立起了与市场经济体制相适应，由中央政府和地方政府分级负责的包含社会保险、社会福利、优抚安置、社会救助和住房保障等制度的社会保障体系基本框架。

（二）房地产社会保障

1. 房地产社会保障的概念

房地产社会保障是指国家和社会为保障公民房地产质量或水平，实现土地、住房目标而依法建立的公民在获得建设用地使用权、租购住房等行为过程中，通过国民收入分配、提供物资帮助等方式以保障和满足公民住房等需求的法律制度。低收入者的住房困难问题是世界各国在经济发展、城市化、工业化过程中不容回避的现实难题，需要借助于房地产社会保障法律制度来解决。

联合国《世界人权宣言》指出："人人有权享受为维持本人和家属的健康和福利所需的生活水准，包括食物、衣着、住房、医疗和必要的社会服务；在遭受失业、疾病、残疾、守寡、衰老或在其他不能控制的情况下丧失谋生能力时，有权享受保障。"吃穿住行是人们生活的基本需求，获得适当的住房是公民的基本人权，"安居"才能"乐业"，住房是人类生活及人类社会任何生产经营活动都不可缺少的，故对住房的需求具有普遍性。自由竞争的市场赋予每一个主体平等地分享住房的机会，但市场竞争无法保障每一个参与者都能获得住房。

针对所有群体，按是否发生（完全）支付行为来划分，解决居住的方式可以区分为社会（保障）方式和市场方式两种。社会保障方式一般是指不发生（完全）支付行为的居住方式，比如政府提供的有针对性的住宅、公益性的老年公寓等；市场方式则是通过完全支付租金或房款的形式自我实现居住的居住方式。自我国推行房屋商品化、私有化以来，个体不能再依赖国家、单位的实物分配住房制来解决住房问题。对于有购买力的人来说，可以通过市场方式在市场上购买自己满意的房屋，但并不是所有的人都有能力在市场上购买房屋，大量的中低收入者只能通过社会保障方式依靠国家、政府、社会的救济措施来解决基本居住问题。房地产社会保障就是要通过转移支付强制分配部分社会资源给弱势群体，保障他们基本的住房需要以及个体发展机会，以规范社会财富的再分配，满足社会公平需要，实现结果公平，为实现经济持续发展提供稳定安全的社会条件。[①]

在西方社会保障理论中，房地产社会保障主要是住房社会保障，包括广义的住房保障和狭义的住房保障。广义的住房保障是指以实现"居者有其屋"为目标而建立的针对全体居民的住房社会保障；狭义的住房保障指对一部分有特殊困难者或低收入居民建立的由政府和社会来解决其住房需求的住房社会保障。我国现行制度下，房地产社会保障在城镇主要是住房社会保障；在农村包括土地社会保障和住房社会保障。

2. 房地产社会保障的特点

（1）法定性。房地产社会保障涉及人最基本的生存权利，故房地产社会保障制度的构建与践行必须依法进行。

（2）责任主体的特定性。一是国家、政府有责任组织社会力量为中低收入者提供房地产社会保障；二是企事业单位等社会组织有责任出让部分利益，通过政府和非政府公共机构为公民提供房地产社会保障。

（3）对象是中低收入者。生存权是公民的基本人权，住房困难或自身缺乏物质条件租购房地产的中低收入者有权要求国家和社会提供相应的物质帮助。

（4）形式的多样性。住房社会保障的形式有住房公积金、经济适用房、公共租赁住房、合作建房等；我国农村的土地社会保障还包括土地承包责任制和宅基地制度等。

（5）强制性。这是各国房地产社会保障得以运行的通行做法。

（6）人道性。人道性体现为：一是"普惠"，即针对所有公民采取的平等性保障措施；二是"特惠"，如对中低收入者提供公共租赁住房或相应的住房保障措施。

二、二元社会结构下我国房地产社会保障制度安排

（一）二元社会划分

二元社会结构最早是由荷兰经济学家博克在观察荷兰殖民地印度尼西亚的

---

① 杨燕绥.论社会保障法 [M].北京：中国劳动社会保障出版社，2003：39.

社会经济时提出的一个概念，指的是一国内存在着两个在生活条件、生活方式、生活观念等方面完全不同质的相互独立运行的社会子系统。

中国的工业化过程是在计划经济体制下进行的，为了解决工业化过程中城乡差别所引起的农村人口向城市大量流动问题，通过行政和法律手段把全体社会成员划分为城市户口与农村户口两大类，将其职业和居住、生活空间固定化，由此形成了中国的城乡二元社会结构。在二元社会结构下，我国农村和城市社会保障制度呈现出不同的特点。在城市，独立于生产系统的服务型社会保障制度虽不完善，但已基本构建起来，国家建立了针对城市居民的养老、医疗、失业等社会保险制度，建立了公租房、经济适用房等住房保障制度；而在农村仍然是以土地为基础的农村"土地社会保障"制度，仍然由生产系统为农民提供保障，也就是农民依靠自己经营所得解决自己的养老、医疗和住房需求。2014年国务院发布《关于建立统一的城乡居民基本养老保险制度的意见》（国发〔2014〕8号）决定在全国范围内建立统一的城乡居民基本养老保险制度。《中华人民共和国 2022 年国民经济和社会发展统计公报》数据显示，截至 2022 年全国有 4.9 亿农民，农村社会保障体系逐步健全，但各项农村社会保障项目保障水平仍然较低。2021 年，我国政府财政用于社会保障的金额占中央财政总支出的比例为 13.7%，且绝大部分给了城镇居民，农村居民所享受的份额较小。近些年，随着农村社会保障制度的进一步完善，农村居民医疗、养老等领域相关制度逐步完善，但农村住房保障制度并没有取得实质性突破。

（二）二元社会结构下我国的房地产社会保障

宪法赋予公民的平等权在社会保障领域并没有得到充分体现，我国社会的二元结构在房地产等社会保障领域继续存在。

1. 土地社会保障

土地对于城镇居民和农村居民具有不同的意义。在城镇，土地已不是城镇居民主要的生产资料和收入来源；在农村，我国很多地区的农民仍将土地作为重要的生产资料和收入来源。

在城镇地区，虽然 1983 年颁布的《城镇个人建造住宅管理办法》（2008年 1 月 15 日国务院令第 516 号明文废止）规定，城镇符合条件、住房确有困难的居民，经批准以自筹自建、民建公助、互助自建等形式可以建造一定标准的住宅，但实际上，城镇居民很难获得建房所需的建设用地，法律并没有为城镇居民建房提供一种可行的获得土地的方式。城镇居民实际上是通过取得房屋所有权而取得房屋之下的建设用地使用权。因此，事实上我国并不存在对城镇居民的土地社会保障制度。

我国农村尚未建立起真正的现代社会保障制度，而是通过保证农民拥有一定数量土地使用权的方式为农民提供就业和生活保障。农民获得土地社会保障的方式主要是依法承包本集体组织发包的农业用地，通过耕种土地，获得就业机会、生活资料，满足其生存、生活需求。

2. 住房社会保障

20世纪80年代，我国城镇推行住房商品化，但城镇中低收入居民在正常情况下难以购买商品房，为保障其基本的住房需要，城镇住房社会保障制度由此诞生；在农村，集体组织成员可以无偿获得宅基地使用权，并以较低的成本建房。在这种安排下，住房社会保障制度在城镇和农村有不同的体现：第一，城镇住房制度改革为我国城镇房地产社会保障制度的建立和完善注入了动力，经过几十年的努力，我国已经初步建立了以住房公积金、经济适用住房、公有住房、保障性租赁住房、公共租赁住房、限价商品房、共有产权房等制度为主要内容的房地产社会保障制度，并逐步形成以公共租赁住房、保障性租赁住房和保障性住房等保障房产品为主体的住房保障体系；第二，在农村，村民通过在宅基地上自建房屋的方式获得住房，因而我国的宅基地批划制度实际上取代了农村的住房保障制度，这表明我国农村目前尚未建立现代住房社会保障制度，而只是针对特殊人群如"五保户"提供一定的住房保障。

3. 存在的历史合理性、现实弊端与未来发展

客观上讲，我国历史形成的房地产社会保障制度安排具有一定的合理性。这种保障制度考虑到了我国城镇和农村的实际情况。住房制度改革后，城镇居民住房需求旺盛，住房投入比较大，但中低收入阶层的居民很难凭借自己的力量购买商品房，这些人居住条件恶劣，为实现"居者有其屋"的目标，国家对城镇居民的住房社会保障有必要投入更多的财力、精力。而农民可以无偿获得宅基地，并自建房屋，因此国家对农村居民的住房关注较少。而且，这种做法是历史形成的。但是，随着我国城镇化进程的推进，以及城乡统筹的房地产市场的构建，这种二元制度安排的弊端日趋明显，比如，宪法赋予的平等权在房地产社会保障领域没有得到很好的体现；农村居民依靠自己经营土地的收入保障自己的居住权益，并不是真正意义上的现代社会保障制度。总之，农村要进

行城镇化建设，实现城乡区域一体化，这种把城镇居民和农村居民区分开来加以考虑，并给予不同待遇的房地产社会保障制度，显然不符合我国经济和社会的发展趋势。

2015 年 11 月，中共中央办公厅、国务院办公厅出台了《深化农村改革综合性实施方案》，该方案的目标就是通过改革，更好地保障农村居民的居住需求，实现好、维护好、发展好广大农民的根本利益。党的十九大报告中指出，农业农村农民问题是关系国计民生的根本性问题，必须始终把解决好"三农"问题作为全党工作的重中之重，实施乡村振兴战略。2021 年 4 月，住房城乡建设部、财政部、民政部、国家乡村振兴局联合发布的《关于做好农村低收入群体等重点对象住房安全保障工作的实施意见》明确提出，要逐步建立健全农村低收入群体住房安全保障长效机制。《乡村振兴促进法》第 38 条规定要"建立农村低收入群体安全住房保障机制"。2023 年 1 月，中共中央、国务院《关于做好2023 年全面推进乡村振兴重点工作的意见》提出，要赋予农民更加充分的财产权益，深化农村土地制度改革，让农民更多分享改革红利。

第二节　我国住房社会保障制度的演进与立法展望

鉴于房地产社会保障主要是住房社会保障，故本节以我国住房社会保障制度为中心进行阐述。

一、我国住房社会保障制度发展历程

自邓小平同志 1980 年 4 月发表关于建筑业和住宅问题的重要讲话之后，我国住房制度改革的大幕由此拉开，住房社会保障制度的改革也因此而启动。

（一）住房制度改革前的住房社会保障制度

这个时期的住房制度依附于计划经济体制，住房投资规模很小。1949 年，我国城镇居民人均居住面积为 5.4 平方米，到 1978 年反而下降为 3.6 平方米。城镇住房投资都由政府集中控制，资金基本上都来自财政拨款，以各种方式建造的住房多为公有住房，住房按照级别和特定的标准分配。住户不享有住房所有权，只享有使用权，住房管理单位负责向住户收取低租金。国家实行一种以低房租、高补贴为表现形式的实物福利制。这种住房保障总体上是一种低层次的住房保障。

（二）住房制度改革后的住房社会保障制度

1. 公房出售（1980—1985 年）

1980 年 6 月，中共中央、国务院批转《全国基本建设工作会议汇报提纲》，正式宣布实行住房商品化政策，我国城镇住房制度改革正式展开。部分城市以全价售房和补贴售房两种方式试售住房，之后补贴售房成为主要方式，但却造成企业和地方政府负担沉重，公房出售在实践中受挫。

2. 提租补贴（1986—1990 年）

1988 年年初，国务院召开了第一次全国住房制度改革工作会议，并于当年 2 月印发《关于在全国城镇分期分批推行住房制度改革实施方案的通知》，要求全面提高租金，实行住房补贴，以实现住房资金的良性循环，并抑制不合理的住房需求，但这一方案后来并未全面推行。

3. 以售代租（1991—1993 年）

1991 年 6 月，国务院发布《关于继续积极稳妥地进行城镇住房制度改革的通知》（国发〔1991〕30 号），提出在合理调整现有公房租金、出售公有住房的同时，强调实行新房新政策，使新建住房不再进入旧的住房体制。同年 10 月 17 日，国务院批转了《关于全面推进城镇住房制度改革的意见》，提出改革公房低租金制，将现行的公房实物福利分配制度逐步转变为货币工资分配制度。但由于低价售房情况严重，1992 年 6 月，国务院房改工作会议再次提出制止低价售房。

4. 深化改革（1994—2013 年）

1994 年 7 月发布的《国务院关于深化城镇住房制度改革的决定》，对进行城镇住房制度改革的根本目的、基本内容以及近期的改革重点等作了原则性规定：一是全面推行住房公积金制度；二是积极推进租金改革；三是稳步出售公有住房；四是加快建立经济适用住房的开发建设，大力发展房地产交易市场和社会化的房屋维修、管理市场。此后，我国真正意义上的住房社会保障制度才全面启动，各种类型的保障性住房建设逐步展开，住房保障体系基本形成。

1994 年 12 月，建设部、国务院住房制度改革领导小组、财政部发布的《城镇经济适用住房建设管理办法》确立了经济适用住房制度。1998 年 7 月，国务院发布《关于进一步深化城镇住房制度改革加快住房建设的通知》，提出建立和完善以经济适用住房为主的多层次城镇住房供应体系。2003 年 11 月，建设部等部门发布了《城镇最低收入家庭廉租住房管理办法》，提出实施社会保障，向具有城镇户口的最低收入家庭提供租金相对低廉的普通住房，以保障公民基本居住权利。2006 年 5 月，国务院办公厅转发建设部、发改委等部门《关于调整住房供应结构稳定住房价格意见的通知》，提出建设限套型、限房价的限价商品住房。2010 年 6 月，住建部等七部委发布《关于加快发展公共租赁住房的指导意见》，明确了涵盖中等收入群体的公共租赁住房制度在我国住房保障制度中的地位。2011 年 9 月，国务院办公厅发布《关于保障性安居工程建设和管理的指导意见》，提出要大力推进以公共租赁住房为重点的保障性安居工程建设，标志着公共租赁住房建设进入快速发展阶段。

5. 加强保障性住房建设（2013—2019 年）

党的十八大以来，党中央基于中国住房市场的基本情况和住房领域的现实问题，提出了一系列重要论述。党的十八大报告明确提出，要建立市场配置和政府保障相结合的住房制度，加强保障性住房建设和管理，满足困难家庭基本需求。国家逐步深入探索和健全符合国情的住房保障和供应体系，重点发展公共租赁住房，加快建设廉租住房，加快实施各类棚户区改造，加快推进住房保障和供应体系建设。2016 年 6 月，国务院办公厅出台《关于加快培育和发展住房租赁市场的若干意见》，首次提出实行租售同权，培育和发展住房租赁市场。2017 年 8 月，国土资源部、住房城乡建设部联合印发《利用集体建设用地建设租赁住房试点方案》。2017 年 9 月，住房城乡建设部发布了《关于支持北京市、上海市开展共有产权住房试点的意见》。

党的十九大报告提出加快建立多主体供给、多渠道保障、租购并举的住房制度，让全体人民住有所居。2019 年 1 月，中共中央、国务院发布《关于支持河北雄安新区全面深化改革和扩大开放的指导意见》，指出雄安新区个人产权住房以共有产权房为主。2019 年 1 月，财政部、住房城乡建设部发布《关于开展中央财政支持住房租赁市场发展试点的通知》，北京、长春、上海、南京、杭州、合肥、福州、厦门、济南、郑州、武汉、长沙、广州、深圳、重庆、成都成为开展住房租赁市场发展的试点城市。2019 年 12 月，住房城乡建设部印发了《关于印发完善住房保障体系工作试点方案的函》，试点推行政策性租赁住房。

6. 完善住房保障体系（2020年至今）

2021年，《国民经济和社会发展第十四个五年规划和2035年远景目标纲要》明确提出要因地制宜发展共有产权住房。2021年6月，国务院办公厅印发《关于加快发展保障性租赁住房的意见》，第一次明确了国家层面住房保障体系的顶层设计，提出加快完善以公租房、保障性租赁住房、共有产权住房为主体的住房保障体系。保障性租赁住房主要解决符合条件的新市民、青年人等群体的住房困难问题，以建筑面积不超过70平方米的小户型为主，租金低于同地段同品质市场租赁住房租金，准入和退出的具体条件、小户型的具体面积由城市人民政府按照保基本的原则合理确定。2022年，党的二十大报告再次强调要加快保障性住房的建设与管理，明确了现阶段我国住房保障制度的发展方向是要建立住房长效机制，扩大住房保障体系保障范围，努力实现住房保障全覆盖，完善住房保障体系。

值得注意的是，我国楼市进入新发展阶段的背景下，完善住房保障体系，创新存量住房的更新模式将是未来几年的重点。2023年7月，国务院办公厅转发《国家发展改革委关于恢复和扩大消费措施的通知》，提出完善住房保障基础性制度和支持政策，扩大保障性租赁住房供给，着力解决新市民、青年人等住房困难群体的住房问题。2023年出台的《国务院关于规划建设保障性住房的指导意见》（国发〔2023〕14号，以下简称"14号文"）指出："以习近平新时代中国特色社会主义思想为指导，深入贯彻落实党的二十大精神，完整准确全面贯彻新发展理念、加快构建新发展格局。落实中国式现代化总要求，用改革创新的办法，在大城市规划建设保障性住房，加大供保障性住房建设和供给。加快解决工薪收入群体住房困难。""14号文"明确了两大目标：一是加大保障性住房建设和供给，"规划建设保障性住房，着力解决工薪收入群体买不起商品住房、保障性住房又供给不足的突出问题"，"让工薪收入群体逐步实现居者有其屋，消除买不起商品住房的焦虑，放开手脚为美好生活奋斗"；二是推动建立房地产业转型发展新模式，让商品住房回归商品属性，满足改善性住房需求，促进稳地价、稳房价、稳预期，推动房地产业转型和高质量发展。不同于之前的租赁型和配售型保障房，未来规划建设的保障房应有如下特点：第一，保障对象。重点将针对住房有困难且收入不高的工薪收入群体，以及城市需要的引进人才等群体。第二，公正配售。各地区须按照"保基本"原则，合理确定城镇户籍家庭、机关事业单位人员、企业引进人才等不同群体的保障面积标准。以家庭为单位，保障对象只能购买一套保障房。如果是已享受过房改房等政策性住房的家庭申请保障房，需按规定腾退原政策性住房。第三，封闭流通。保障房必须实施严格的封闭管理，禁止以任何方式违法违规将保障房变更为商品房流入市场。工薪收入群体购买的保障房不得长期闲置，如长期闲置、确需转让、因辞职等原因离开机关事业单位或企业的，由各地政府按规定予以回购。第四，项目开发。以划拨方式供应土地，支持利用闲置低效工业等非住宅用地，项目保持微利。为了防止出现"大干快上"、盲目建设等现象，"14号文"强调稳慎有序、以需定建、尽力而为、量力而行。"支持城区常住人口300万以上的大城市率先探索实践，具备条件的城市，要加快推进，暂不具备条件的要做好政策和项目储备。"[①]2023年9月4日，"规划建设保障性住房工作部署电视电话会议"在北京召开，会议指出规划建设保障性住房是以习近平同志为核心的党中央站在促进实现共同富裕和中国式现代化战略全局高度作出的重大工作部署，有利于缓解大城市住房矛盾、有力有序有效推进房地产转型和高质量发展、更好拉动投资消费、促进宏观经济持续向好。

　　总之，经过四十多年的发展，我国建造了多类型的保障性住房产品，进一步完善了以公租房、保障性租赁住房、共有产权住房为主体的住房保障体系。而"14号文"的出台表明我国已形成保障房和商品房并轨运行的格局。其中，配租型保障房（包括公租房、保障性租赁住房）和配售型保障房（保障性住房）将成为我国保障房建设中的"主打"产品。未来，让商品住房回归商品属性的同时，应进一步加大保障性住房建设和供给，让工薪收入群体逐步实现居者有其屋，消除买不起商品住房的焦虑。正如党的二十大报告指出，党的十八大以来，十年里，"我们深入贯彻以人民为中心的发展思想，在幼有所育、学有所教、劳有所得、病有所医、老有所养、住有所居、弱有所扶上持续用力，人民生活全方位改善"，"改造棚户区住房四千二百多万套，改造农村危房二千四百多万户，城乡居民住房条件明显改善"，"人民群众获得感、幸福感、安全感更加充实、更有保障、更可持续，共同富裕取得新成效"。2024年7月18日的《中国式现代化的决定》指明了未来我国保障房制度的发展方向，即"加快建立租购并举的住房制度，加快构建房地产发展新模式。加大保障性住房建设和供给，满足工薪群体刚性住房需求"。

---

　　①　参见《国务院关于规划建设保障性住房的指导意见》（国发〔2023〕14号）。

二、我国住房社会保障立法的未来展望

我国住房社会保障制度正处于逐步健全和完善的发展阶段，亟待得到法律强有力的保障，迫切需要住房社会保障领域相关立法的出台和完善。

（一）住房社会保障制度的法律原则

1. 坚持城乡融合发展原则

城乡融合发展就是要把工业与农业、城市与农村、城镇居民与农村居民作为一个整体，统筹谋划、综合研究，通过体制改革和政策调整，促进城乡在规划建设、产业发展、市场信息、政策措施、生态环境保护、社会事业发展等方面的一体化，改变长期以来形成的城乡二元结构，实现城乡在政策上的平等、产业发展上的互补、国民待遇上的一致，让农民享受到与城镇居民同样的文明和实惠，使整个城乡经济社会全面、协调、可持续发展。随着农村城镇化进程的加快和农村居民生活水平的提高，农村居民对住房的需求将不再满足于低质量的自建住房，农村的发展将逐步压缩自建住房存在的空间，取而代之的是有规划的、高质量的住房；同时，在城镇工作的原农村居民也需要在城镇获得住房，但这类房屋是那些中低收入农村居民的购买力所难以承受的。所以，在城乡融合发展过程中，必须把这些农村居民纳入房地产社会保障体系之中，真正建立城乡一体化的住房社会保障制度。

2. 尊重住房社会保障权利原则

尊重住房社会保障权利原则包括两项内容，一是要对城乡居民进行平等保护，农民作为我国公民当然应当享有与其他人尤其是与城市公民同等的权利和待遇，这就需要在整合和制定住房社会保障制度、政策时严格遵守宪法的规定，平等保护每个适格居民获得住房社会保障的权利；二是要完善住房社会保障权利保护机制，通过立法确认相关权利，并为权利提供尽可能多的救济渠道。

3. 住房社会保障法治性原则

住房社会保障涉及人最基本的生存权利，因此社会保障制度的构建与践行对法治性提出了更高的要求。通过立法，有针对性地明确住房社会保障体制的目标，并随社会经济的发展和宏观政策的变更而适时调整，使其具有连续性和可操作性。各种具体的住房社会保障制度都由相关立法来构建，并切实依据法律实施，运用法律的权威确立住房社会保障制度的严肃性，并保障其执行力。

然而，我国现行调整住房社会保障制度的规范性文件或为部门规章，或为政策性文件，法律和行政法规缺位。这种状况显然不足以确保住房社会保障制度走向规范化，住房社会保障制度化任重而道远。

（二）完善住房社会保障法律体系

随着房地产业的快速发展，住房社会保障制度体系逐步建立，调整住房社会保障的法律政策文件日益增多。以建立和谐社会为目标，住房社会保障制度法律体系也应该是一个和谐的法律体系。

1. 宪法层面

《宪法》第 14 条明确了公民的基本性和原则性权利——社会保障权，这就为进行社会保障方面的立法确立了最高的立法根据和法律准则；第 45 条规定了各种具体的社会保障、社会福利制度，但未明确为公民提供各种房地产方面的福利和保障。住房问题是我国社会一个非常急迫、敏感的问题，公民的住房保障问题不容忽视，这就需要在我国根本大法——《宪法》中明确住房社会保障制度，增加住房社会保障制度的内容。

2. 基本法层面

我国尚缺乏一部统一的社会保障法。社会保障制度的建立和实施，首先必须明确国家、社会、个人的权利和义务，这一点正是现在的社会保障制度包括住房社会保障制度不健全、不够成熟的情况下急需解决的问题。零散的社会保障立法难以清晰地回答在社会保障领域各个主体承担什么样的责任，享有什么样的权利，很容易导致社会保障主体对自身责任的逃避，住房社会保障领域更是如此，这就需要制定一部统一的、指导性的、基础性的社会保障法来指导住房社会保障制度的立法和运行。

3. 专门立法层面

一个制度体系的形成，必须有一系列专门立法来支撑，而我国现行住房社会保障方面多是政府部门规章，立法规格不高，规范性文件内容混乱，协调性较差。目前，我国的住房社会保障制度的立法建设还不太成熟，制定专门立法亦不太可行。未来，应当制定一部统一的住房保障法。

4. 行政法规及其他规范性文件层面

目前，国务院已经出台了《住房公积金管理条例》，但公共租赁住房、保障性租赁住房、共有产权住房等住房保障制度仍然是由国务院各部门出台的部门规章进行调整。由于部门之间往往偏向部门利益，其制定的规范性文件与其他相关法律法规和其他部门规章协调性不够，因此应当由国务院制定城镇住房保障条例，[①] 把住房公积金、公共租赁住房、保障性租赁住房等内容纳入其中，形成基本法和专门立法指导下的住房社会保障制度行政法规体系，具体详细地规定住房社会保障的各项具体制度。在宪法、基本法、专门法和行政法规之下，国务院各部委、各地区可根据本部门和本地区的具体情况再细化具体的住房社会保障领域的规则。在上述高位阶的法律尚未出台之前，各种规章、地方性法规当然可以在摸索中先验先行。

住房保障制度比较发达的国家，在制度和立法建设上也经历了一个漫长的发展过程。我国的住房社会保障制度正在逐步从不成熟走向成熟，其间肯定会出现这样或那样的问题。随着住房社会保障制度的发展以及相关法律的健全，我国住房社会保障制度必然会给国民提供更高的住宅质量和水平，实现真正的城乡一体化的住房社会保障。

第三节　我国基本住房保障制度的类型与主要内容

我国《宪法》虽然没有就住房社会保障作出明确规定，但政府在建立和实施具体社会保障制度时，也把住房社会保障列入了社会保障的范畴。[②] 尽管这些制度设计还不够完善，但与住房制度改革之前的住房社会保障制度相比，其进步无疑相当显著，也初步建构了具有我国特色的住房社会保障体系。

一、住房公积金

1991 年，上海市率先建立并推行住房公积金，其后我国各地先后践行。

---

① 为了规范城镇住房保障工作，住房城乡建设部起草了《城镇住房保障条例（送审稿）》，国务院法制办公室在征求各方面意见的基础上，形成了《城镇住房保障条例（征求意见稿）》，于 2014 年 3 月 28 日公开发布并征求意见，2023 年，住房城乡建设部住房保障司在全国工作会议中提出要加强立法工作，启动住房法立法研究，推动《城镇住房保障条例》的立法进程。国务院 2024 年立法工作计划，已将《城镇住房保障条例》《住房租赁条例》列为预备制定的行政法规。

② 国务院新闻办公室：《中国的社会保障状况和政策白皮书》，2004 年 9 月。

1999 年 4 月，国务院发布并施行《住房公积金管理条例》，标志着我国住房公积金管理步入规范化、法治化轨道。

在住房公积金的缴存、提取等方面，2022 年末，住房公积金缴存总额 256927.26 亿元，缴存余额 92454.82 亿元。2022 年，住房公积金提取额 21363.27 亿元，其中，住房消费类提取 16916.96 亿元，非住房消费类提取 4446.31 亿元。截至 2022 年末，累计向 373 个试点项目发放贷款 872.15 亿元，累计回收试点项目贷款 870.64 亿元，试点项目贷款余额 1.51 亿元①。

在住房公积金的制度建设方面，2002 年 3 月，国务院对《住房公积金管理条例》进行了第 1 次修订；2019 年 3 月对《住房公积金管理条例》进行了第 2 次修订。2022 年 5 月，住房城乡建设部、财政部、人民银行联合发布《关于实施住房公积金阶段性支持政策的通知》。

经过三十多年的发展，住房公积金制度为加快城镇住房制度改革，完善住房体系，改善中低收入家庭在购买住房等方面作出了很大贡献。

（一）住房公积金的特征

依据《住房公积金管理条例》第 2 条第 2 款的规定，住房公积金是指国家机关、国有企业、城镇集体企业、外商投资企业、城镇私营企业及其他城镇企业、事业单位、民办非企业单位、社会团体及其在职职工缴存的长期住房储金。住房公积金是一种义务性长期储蓄，但其本质又不同于个人储蓄，其特征如下：

（1）普遍性。《国务院关于深化城镇住房制度改革的决定》要求所有行政和事业单位及其职工均应缴纳住房公积金，而《住房公积金管理条例》第 2 条规定的缴存公积金的主体则更为广泛。

（2）强制性。所有城镇机关和企事业等单位及其职工都必须按时足额缴纳公积金；逾期不缴或者少缴的，住房公积金管理中心可责令其限期缴存；逾期仍不缴存的，可申请法院强制缴存。

（3）专用性。《住房公积金管理条例》第 5 条规定："住房公积金应当用于职工购买、建造、翻修、大修自住房，任何单位和个人不得挪作他用。"

（4）返还性。职工离休、退休或完全丧失劳动能力，与单位终止劳动关系或户口迁出所在的县、市以及出境定居的，可以支取职工个人住房公积金账

---

① 参见住房城乡建设部、财政部、中国人民银行关于印发《全国住房公积金 2022 年年度报告》的通知。

户内的资金余额；职工死亡或者宣告死亡的，职工的继承人、受遗赠人可以提取职工住房公积金账户内的存储余额。

（二）住房公积金制度的基本内容

（1）缴存对象及所有权。住房公积金的缴存对象有两类：单位和职工个人，二者均须按月足额交纳。《住房公积金管理条例》第3条规定，职工个人和单位缴存的住房公积金归职工个人所有。

（2）管理者。住房公积金管理体系中存在三个主体：住房公积金管理委员会、住房公积金管理中心和受托银行。住房公积金管理委员会是住房公积金管理的决策机构，由政府负责人、有关专家、职工代表和单位代表按照一定比例构成，负责公积金管理政策和具体缴存比例、额度、归集、使用计划方案的制订等。住房公积金管理中心负责公积金的具体管理运作，是公积金的实际管理机构，是直属城市人民政府的不以营利为目的的独立事业单位，具体负责管理政策，具体缴存比例、额度，归集、使用计划方案的执行等工作。受托银行受住房公积金管理中心委托进行住房公积金的资金管理。

（3）公积金的使用。公积金使用方式主要有：第一，缴存住房公积金的职工或其继承人、受遗赠人，在购买、建造、翻建、大修自住房时，可以向住房公积金管理中心申请住房公积金贷款；第二，缴存住房公积金的职工离休、退休、完全丧失劳动能力并与单位终止劳动关系、出境定居、偿还购房贷款本息、房租超出家庭工资收入的规定比例的情形下，可以提取职工住房公积金账户内的存储余额。①

4. 增值收益的处分

住房公积金的增值收益应当存入住房公积金管理中心在受委托银行开立的住房公积金增值收益专户，用于建立住房公积金贷款风险准备金、住房公积金管理中心的管理费用和建设城市廉租住房的补充资金。根据《住房公积金管理条例（2019年修订）》和《住房公积金财务管理办法》的规定，为了促进资金保值增值，住房公积金管理中心在保证住房公积金提取和贷款的前提下，经住房公积金管理委员会批准，可以将住房公积金用于购买国债。

---

① 《住房公积金管理条例（2019年修订）》第24条拓宽了公积金的使用范围，规定"房租超出家庭工资收入的规定比例的"，可以提取公积金账户内的存储余额。

二、公共租赁住房

公共租赁住房，简称"公租房"，是由国家提供政策支持、限定建设标准和租金水平，面向符合规定条件的城镇中等偏下收入住房困难家庭、新进就业无房职工和在城镇稳定就业的外来务工人员出租的保障性住房。

（一）公共租赁住房发展背景

随着廉租住房、经济适用住房建设和棚户区改造力度的逐步加大，城市中低收入家庭的住房条件得到较大改善。但是，由于有的地区住房保障政策覆盖范围比较小，大中城市商品住房价格较高、上涨过快、可供出租的小户型住房供应不足等原因，一些中低收入住房困难家庭无力通过市场租赁或购买住房的问题比较突出。同时，随着我国城镇化快速发展，新职工的阶段性住房支付能力不足的矛盾日益显现，外来务工人员居住条件也急需改善。大力发展公共租赁住房，是完善住房供应体系，培育住房租赁市场，满足城市中等偏下收入家庭基本住房需求的重要举措，是引导城镇居民合理进行住房消费，调整房地产市场供应结构的必然要求。

（二）公共租赁住房制度基本内容

1. 供应对象

2010 年颁布的《关于加快发展公共租赁住房的指导意见》规定："公共租赁住房供应对象主要是城市中等偏下收入住房困难家庭。" 2012 年 7 月 15 日施行的《公共租赁住房管理办法》则将公共租赁住房的供应对象规定为"符合规定条件的城镇中等偏下收入住房困难家庭、新就业无房职工和在城镇稳定就业的外来务工人员"。根据《公共租赁住房管理办法》第 7 条的规定，上述人员申请公共租赁住房，"应当符合以下条件：（一）在本地无住房或者住房面积低于规定标准；（二）收入、财产低于规定标准；（三）申请人为外来务工人员的，在本地稳定就业达到规定年限。具体条件由直辖市和市、县级人民政府住房保障主管部门根据本地区实际情况确定，报本级人民政府批准后实施并向社会公布。"已享受廉租住房实物配租和经济适用住房政策的家庭，不得承租公共租赁住房。公租房只能用于承租人自住，不得出借、转租或闲置，也不得从事其他经营活动。

2. 租金控制

市、县级人民政府住房保障主管部门应当会同有关部门，按照略低于同地段住房市场租金水平的原则，确定本地区的公共租赁住房租金标准，报本级人民政府批准后实施。公共租赁住房租金标准应当向社会公布，并定期调整。公共租赁住房租赁合同约定的租金数额，应当根据市、县级人民政府批准的公共租赁住房租金标准确定。如果承租人收入低于当地规定标准的，可以依照有关规定申请租赁补贴或者减免。

3. 房源筹集

目前，各地公租房筹集房源主要有以下途径：第一，新建公共租赁住房以配建为主，也可以相对集中建设；第二，通过改建、收购、在市场上长期租赁住房等方式筹集；第三，依法收回、长期租赁、社会捐赠[①]；第四，在外来务工人员集中的开发区和工业园区，市、县人民政府应当按照集约用地的原则，统筹规划，引导各类投资主体建设公共租赁住房，面向用工单位或园区就业人员出租。公共租赁住房，可以由政府投资，也可以由政府提供政策支持、社会力量投资。

4. 公共租赁住房管理

在公共租赁房管理方面，国家建立了申请、审核、公示、轮候、配租和租后管理制度。具体内容和程序如下：

（1）符合条件的申请人应当根据市、县级人民政府住房保障主管部门的规定，提交申请材料，并对申请材料的真实性负责。申请人应当书面同意市、县级人民政府住房保障主管部门核实其申报信息。对在开发区和园区集中建设面向用工单位或者园区就业人员配租的公共租赁住房，用人单位可以代表本单位职工申请。

（2）符合条件的申请人登记为公共租赁住房轮候对象，对登记为轮候对象的申请人，应当在轮候期内安排公共租赁住房。直辖市和市、县级人民政府住房保障主管部门应当根据本地区经济发展水平和公共租赁住房需求，合理确定公共租赁住房轮候期，报本级人民政府批准后实施并向社会公布。轮候期一般不超过5年。

（2）公共租赁住房房源确定后，市、县级人民政府住房保障主管部门应

---

① 参见《天津市基本住房保障管理办法》第13条。

当制定配租方案并向社会公布。配租方案公布后，轮候对象可以按照配租方案，到市、县级人民政府住房保障主管部门进行意向登记。对复审通过的轮候对象，市、县级人民政府住房保障主管部门可以采取综合评分、随机摇号等方式，确定配租对象与配租排序。综合评分办法、摇号方式及评分、摇号的过程和结果应当向社会公开。配租对象与配租排序确定后应当予以公示。公示无异议或者异议不成立的，配租对象按照配租排序选择公共租赁住房。配租结果应当向社会公开。

（4）配租对象选择公共租赁住房后，公共租赁住房所有权人或者其委托的运营单位与配租对象应当签订书面租赁合同。公共租赁住房租赁期限一般不超过 5 年。[①] 承租人应当根据合同约定，按时支付租金。公共租赁住房的所有权人及其委托的运营单位应当负责公共租赁住房及其配套设施的维修养护，确保公共租赁住房的正常使用。

5. 公共租赁住房的退出与腾退

根据《公共租赁住房管理办法》第 27 条的规定："承租人有下列行为之一的，应当退回公共租赁住房：（一）转借、转租或者擅自调换所承租公共租赁住房的；（二）改变所承租公共租赁住房用途的；（三）破坏或者擅自装修所承租公共租赁住房，拒不恢复原状的；（四）在公共租赁住房内从事违法活动的；（五）无正当理由连续 6 个月以上闲置公共租赁住房的。承租人拒不退回公共租赁住房的，市、县级人民政府住房保障主管部门应当责令其限期退回；逾期不退回的，市、县级人民政府住房保障主管部门可以依法申请人民法院强制执行。"

根据《公共租赁住房管理办法》第 31 条的规定："承租人有下列情形之一的，应当腾退公共租赁住房：（一）提出续租申请但经审核不符合续租条件的；（二）租赁期内，通过购买、受赠、继承等方式获得其他住房并不再符合公共租赁住房配租条件的；（三）租赁期内，承租或者承购其他保障性住房的。承租人有前款规定情形之一的，公共租赁住房的所有权人或者其委托的运营单位应当为其安排合理的搬迁期，搬迁期内租金按照合同约定的租金数额缴纳。搬迁期满

---

① 具体期限通常依地方规定，如《天津市基本住房保障管理办法》第 37 条规定："公共租赁住房承租人初次承租期不超过 3 年。租赁合同期限届满需要继续承租的，应当在租赁合同期限届满前 3 个月向区县住房保障实施机构申请续租。经区县房屋行政主管部门审核符合条件的，每次续租期限不超过 1 年。租赁合同期限届满未申请续租或者经审核不符合条件的，承租人应当自行腾退住房。"

不腾退公共租赁住房，承租人确无其他住房的，应当按照市场价格缴纳租金；承租人有其他住房的，公共租赁住房的所有权人或者其委托的运营单位可以向人民法院提起诉讼，要求承租人腾退公共租赁住房。"

（三）廉租住房与公共租赁住房并轨

2013 年 12 月，住房城乡建设部、财政部、国家发展改革委联合印发了《关于公共租赁住房和廉租住房并轨运行的通知》，要求从 2014 年起，各地公共租赁住房和廉租住房并轨运行，廉租住房并入公共租赁住房，合并后统称公共租赁住房。

廉租住房，简称"廉租房"，是指政府以租金补贴或实物配租的方式，向符合城镇居民最低生活保障标准且住房困难的家庭提供社会保障性质的住房。廉租房的分配形式以租金补贴为主，实物配租和租金减免为辅，是依据原建设部 1999 年出台的《城镇廉租住房管理办法》，解决城镇最低收入家庭住房困难的社会保障制度。廉租住房具有以下特征：

第一，保障性。城镇廉租住房是政府为履行住房社会保障职能而提供的租金补贴或者以低廉租金配租的具有社会保障性质的普通住宅，目的是满足居民住房的最低需求。

第二，社会救济性。廉租房是具有社会救济性质的住房。廉租房制度属于行政给付的范畴，是政府对特殊困难居民，依照有关法律、法规的规定，赋予其一定的物质权益或者与物质有关权益的制度。

第三，政府主导性。廉租房制度由政府建立和组织实施，各级人民政府财政、民政、国土资源、税务等部门按照本部门职责分工，负责城镇最低收入家庭廉租住房的相关工作。

三、保障性租赁住房

保障性租赁住房是指是指由政府给予土地、财税、金融等政策支持，充分发挥市场机制作用，引导多主体投资建设运营，主要解决符合条件的新市民、青年、各类人才等群体，特别是从事基本公共服务的新市民阶段性住房困难问题的小户型、低租金保障性住房。保障性租赁住房引导多主体投资、多渠道供给，坚持"谁投资、谁所有"，是保障性住房的一个重要领域和范畴。

（一）保障性租赁住房发展背景

近年来，住房保障的方式和形式在不断创新。2015 年 1 月 6 日，住房城乡建设部出台《关于加快培育和发展住房租赁市场的指导意见》，提出在我国发展住房租赁市场，将住房保障的重心转向住房租赁市场。2016 年 6 月 30 日，国务院办公厅发布《关于加快培育和发展住房租赁市场的若干意见》，首次提出实行租售同权，培育和发展住房租赁市场。2017 年 7 月 18 日住房城乡建设部等九部委联合出台《关于在人口净流入的大中城市加快发展住房租赁市场的通知》、2017 年 8 月 21 日国土资源部联合住房城乡建设部出台的《利用集体建设用地建设租赁住房试点方案》，创新了我国租赁住房的供给和保障方式，提出利用集体建设用地建设租赁住房。2019 年 12 月 25 日，住房城乡建设部印发《关于印发完善住房保障体系工作试点方案的函》，决定在广州、深圳市等 13 个城市开展完善住房保障体系试点工作，试点推行政策性租赁住房。

2021 年 6 月 24 日，国务院办公厅发布《关于加快发展保障性租赁住房的意见》，提出扩大保障性租赁住房供给，缓解住房租赁市场结构性供给不足，推动建立多主体供给、多渠道保障、租购并举的住房制度。2022 年 2 月 16 日，中国银保监会、住房城乡建设部联合印发《关于银行保险机构支持保障性租赁住房发展的指导意见》。2023 年 2 月 28 日，国家统计局发布《中华人民共和国 2022 年国民经济和社会发展统计公报》，经初步核算，2022 年全国保障性租赁住房开工建设和筹集共 265 万套（间）。

（二）保障性租赁住房的基本内容

1. 保障性租赁住房的房源筹集

保障性租赁住房的房源可以通过新建、改建和转化三种方式筹集。新建项目是指利用产业园区配套用地、集体经营性建设用地、企事业单位依法取得的自有土地和新供应国有建设用地建设的项目；改建项目是指利用存量闲置房屋改建（造）（含居住类和非居住类）的项目；转化项目是指已建成存量住房直接转化的项目。保障性租赁住房建设应当充分考虑城市基础设施和交通出行条件、周边产业布局、人口发展趋势和区域存量住房状况，合理选址布局。①

---

① 参见《曲靖市保障性租赁住房管理办法（试行）》第 7 条。

2. 保障性租赁住房的分配与出租

由主管部门根据当地住房发展年度实施计划，结合保障性租赁住房房源和住房需求等情况，制定保障性租赁住房年度供应计划。由政府组织配租的保障性租赁住房项目以批次受理、批次配租的方式，面向个人配租或者面向单位定向配租。由政府组织配租的保障性租赁住房，需明确配租的具体条件、配租的程序与租金确定标准，遵循公开、公平和公正的原则，采取抽签、摇号、综合评分等方式，根据实际情况组织线上或者线下选房。由社会主体出租的保障性租赁住房，应当按照市场化原则开展租赁活动，通过信息平台完成租赁合同备案或者信息申报，核查承租人是否符合承租条件，并由主管部门进行抽查，同时明确出租的具体条件与租金确定标准。①

3. 保障性租赁住房的监督管理

承租政府组织配租的保障性租赁住房的承租人不再符合承租条件时应当按照规定在一定期间内腾租退房，同时承租人在承租期间必须按照规定要求缴纳租金、维持房屋用途，不得擅自转租、互换、出借，不得将保障性租赁住房用于经营性用途、不得擅自改变保障性租赁住房使用功能的，不得擅自改建、扩建保障性租赁住房，违反相关规定的由产权单位或运营管理单位依法规收回房，并按照市场参考租金计收逾期退回住房期间的房屋占有使用费。承租社会主体出租的保障性租赁住房的承租人不得通过以租代购等方式变相购买保障性租赁住房，运营管理单位不得将保障性租赁住房上市销售或者变相销售、擅自改变保障性租赁住房用途。②

四、共有产权住房

共有产权住房，是指符合国家住房保障有关规定，由政府提供政策优惠，按照有关标准建设，限定套型面积和销售价格，限制使用范围和处分权利，实行政府与购房人按份共有产权，向符合规定条件的城镇中低收入住房困难家庭供应的保障性住房。其法律构造和思路是：用现行物权权利结构重塑经济适用住房产权，可以清晰界定其物权属性。③

---

① 参见《深圳市保障性租赁住房管理办法》第 8 条、第 13 条、第 18 条。

② 参见《深圳市保障性租赁住房管理办法》第 24 条、第 25 条、第 28 条。

③ 陈耀东,任荣庆.民法视野下产权型保障房退出机制的分析——以"有限产权"向"共有产权"理论的过渡为视角 [J].理论与现代化，2014（5）.

（一）共有产权住房发展背景

共有产权房自 2007 年起在江苏省淮安市进行试点。2014 年 4 月北京、上海、深圳、成都、黄石、淮安 6 个城市明确被列为全国共有产权住房试点城市。2017 年 9 月，住房城乡建设部发布了《关于支持北京市、上海市开展共有产权住房试点的意见》（建保〔2017〕210 号），明确指出"通过推进住房供给侧结构性改革，加快解决住房困难家庭的基本住房问题"。2018 年起，全国多个城市探索并建立了共有产权住房制度，深圳、上海、北京、兰州、广州、烟台、宁波、大连、杭州、无锡陆续出台了共有产权住房管理的地方政府规章。2019 年 1 月 24 日，国务院发布《关于支持河北雄安新区全面深化改革和扩大开放的指导意见》，指出雄安新区个人产权住房以共有产权房为主。2021 年，《国民经济和社会发展第十四个五年规划和 2035 年远景目标纲要》明确提出要因地制宜发展共有产权住房。

（二）共有产权住房的基本内容

目前，国家层面尚未出台统一、专门调整共有产权住房的法律文件，对共有产权住房的立法规制以地方性法规为主。有代表性的调整共有产权房的地方政府规章是：《北京市共有产权住房管理暂行办法》（2017 年 9 月 20 日颁布）《上海市共有产权保障住房管理办法》（2016 年 3 月 16 日颁布、2019 年 12 月 9 日修正）《深圳市共有产权住房管理办法》（2023 年 6 月 7 日颁布）。由于共有产权住房制度仍处于试点阶段，各地的规定并不统一，相应的制度安排也因此不尽相同。例如，深圳供应的共有产权住房侧重于人才住房；上海、北京更注重对本地中低收入群体的保障。

1. 共有产权住房的性质

共有产权住房为由政府提供政策支持，采用市场化方式建设筹集，按照有关标准建设，限定套型面积、销售价格、使用和处分权利等，面向住房困难的群体供应，实行政府与购房人按份共有产权的保障性住房。虽然有的城市将共有产权房定位为"政策性商品住房"，但从住房城乡建设部《关于支持北京市、上海市开展共有产权住房试点的意见》来看，将之定位为保障性住房更为合理。[①]

① 根据《北京市共有产权住房管理暂行办法》第 2 条的规定，北京市将共有产权房定位为"政策性商品住房"。

2. 共有产权住房的产权人与共有比例

共有产权住房由购房人取得部分产权，政府产权份额由市、区住房保障实施机构代表政府持有和管理。购房人产权份额按照项目销售均价占同期同区域同品质商品住房市场参考价格的比例确定。

3. 共有产权住房的准入条件

申请共有产权住房主要有以下条件：第一，户籍条件，申请人需具有共有产权住房所在地城镇常住户口，且户口在提出申请所在地达到规定年限；第二，住房条件，共有产权住房要求申请人在申请所在地无自有住房或住房面积低于规定限额；[①] 第三，收入财产条件，共有产权住房要求申请人可支配收入和财产低于规定限额。

4. 共有产权住房的供应标准

共有产权住房的供应标准为一个家庭只能购买一套共有产权住房，3 人以下家庭或者单身居民配售建筑面积为 65 平方米左右；4 人以上家庭配售建筑面积为 85 平方米左右，建筑面积为 85 平方米左右的房源，可以根据实际情况面向 3 人家庭配售。[②]

5. 共有产权住房的出售价格

共有产权住房的出售价格应低于同地段、同品质普通商品住房的价格，以项目开发建设成本和适当利润为基础，并考虑家庭购房承受能力等因素综合确定。

6. 共有产权住房的转让

共有产权住房购房人取得不动产权证满 5 年的，可按市场价格转让所购房屋产权份额。同等价格条件下，政府指定的机构享有优先购买权；放弃优先购买权的，方可向他人转让。转让对象应为其他符合共有产权住房购买条件的家庭。新购房人获得房屋产权性质仍为"共有产权住房"，所占房屋产权份额比

[①] 具体要求依地方规定。如《北京市共有产权住房管理暂行办法》第 9 条第 2 款规定"申请家庭应符合本市住房限购条件且家庭成员在本市均无住房"，《上海市共有产权保障住房管理办法》第 19 条规定的申请条件为"住房面积低于规定限额"。

[②] 参见《深圳市共有产权住房管理办法》第 17 条。

例不变。购房人不能购买政府共有产权份额。[①]

值得注意的是，依据《国务院关于规划建设保障性住房的指导意见》（国发〔2023〕14 号）之"四、组织实施"之"（八）做好政策衔接"的要求，"要协调好保障性住房与商品住房、保障性租赁住房等的关系"，"城市人民政府应当对用于销售的人才住房、共有产权住房等政策性住房的政策进行梳理，将新建项目调整为本指导意见规定的用于配售的保障性住房或商品住房"。可见，共有产权房也将成为保障房产品体系下的过渡种类。

下表系对北京市、上海市共有产权制度的主要内容比较。

北京市、上海市共有产权住房比较

城市	北京	上海
名称	共有产权住房	共有产权保障房（经济适用房）
依据	《北京市共有产权住房管理暂行办法》（京建法〔2017〕16 号）	《上海市共有产权保障住房管理办法》（沪府令 39 号）
部门分工	市住建委负责本市共有产权住房工作协调推进机制，负责政策、规划和计划等重大事项决策和协调，区人民政府负责组织本行政区域内共有产权住房的土地供应、建设、配售、使用、退出及监管等工作	市住房保障行政管理部门是共有产权住房的行政主管部门，区人民政府负责组织实施本行政区域内的共有产权住房建设、供应、使用、退出及监管等工作。建设用地紧张的区可以向市人民政府申请调配统筹房源，通过财政转移支付等方式承担相关费用
住房性质	政府提供政策支持，由建设单位开发建设，销售价格低于同地段、同品质商品住房价格水平，并限定使用和处分权利，实行政府与购房人按份共有产权的政策性商品住房[①]	符合国家住房保障有关规定，由政府提供政策优惠，按照有关标准建设，限定套型面积和销售价格，限制使用范围和处分权利，实行政府与购房人按份共有产权，面向本市符合规定条件的城镇中低收入住房困难家庭供应的保障性住房
供地方式	"限房价，竞地价""综合招标"等多种方式"招拍挂"出让	集中建设项目为划拨，配建项目为"招拍挂"出让

---

① 参见《北京市共有产权住房管理暂行办法》第 25 条。

② 值得注意的是，根据《北京市共有产权住房管理暂行办法》第 2 条的规定，北京市将共有产权房定位为"政策性商品住房"，但从该办法规定的具体内容，以及住房城乡建设部的《关于支持北京市、上海市开展共有产权住房试点的意见》来看，将之定位为保障性住房更为合理。

城市		北京	上海
准入条件	户籍条件	申请家庭应符合本市住房限购条件且家庭成员在本市均无住房；单人申请的需年满30周岁	家庭成员在本市实际居住，具有本市城镇常住户口连续满3年，且在提出申请所在地的城镇常住户口连续满2年
	住房条件		家庭人均住房建筑面积不超过15平方米
	收入财产条件		3人及以上家庭人均年可支配收入低于6万元、人均财产低于15万元；2人及以下家庭人均年可支配收入和人均财产标准按前述标准上浮20%，即人均年可支配收入低于7.2万元、人均财产低于18万元
配售方式		优先配售给项目所在区户籍和在本区工作的本市其他区户籍无房家庭，以及符合本市限购条件、在项目所在区稳定工作的非本市户籍无房家庭	采用公开摇号、抽签等方式对申请人进行选房排序
供应标准		一个家庭只能购买一套共有产权住房	单身人士或者2人家庭，购买一套一居室；3人家庭或者原有住房建筑面积低于规定限额（15平方米×申请家庭人员数－原有住房建筑面积≥15平方米）的2人家庭，购买一套二居室；4人及以上家庭，购买一套三居室
核价流程		代持机构委托房地产估价机构进行评估，并由市住建委会同市发展改革委、市财政局、市规划国土委共同审核后确定	市级筹建房源由市住房保障实施机构拟订，报市价格管理、住房保障管理部门审核批准，区筹建房源由区住房保障实施机构拟订，经区价格管理、住房保障管理部门审定后，报区人民政府审核批准，并向市价格管理、住房保障管理部门备案

续表

城市	北京	上海
出售价格	应低于同地段、同品质普通商品住房的价格，以项目开发建设成本和适当利润为基础，并考虑家庭购房承受能力等因素综合确定。销售均价在土地供应文件中予以明确	销售基准价格＝周边房价 × 折扣系数。周边房价：按经济适用住房周边一定时期、一定区域内，新建普通商品住房的市场平均成交价格或市场评估价格确定。折扣系数：以本市经济适用住房的开发建设成本为基础，综合考虑保障对象经济承受能力和周边普通商品住房市场成交价格等因素确定
共有比例	购房人产权份额，参照项目销售均价占同地段、同品质普通商品住房价格的比例确定	购房人产权份额 = 销售基准价格 / （周边房价 ×90%）
产权人	购买家庭取得部分产权，政府产权份额，原则上由项目所在地区级代持机构持有，也可由市级代持机构持有。代持机构为市、区政府确定的保障房专业运营管理机构	购买家庭取得部分产权，政府产权份额由区（县）住房保障实施机构持有。
转让规定	共有产权住房购房人取得不动产权证满 5 年的，可按市场价格转让所购房屋产权份额。同等价格条件下，代持机构可优先购买。代持机构放弃优先购买权的，转让对象应为其他符合共有产权住房购买条件的家庭。新购房人获得房屋产权性质仍为"共有产权住房"，所占房屋产权份额比例不变。购房人不能购买政府共有产权份额	取得房地产权证满 5 年后，共有产权保障住房可以上市转让或者由购房人、同住人购买政府产权份额，区（县）住房保障实施机构或者区（县）人民政府指定的机构在同等条件下有优先购买权；放弃优先购买权的，方可向他人转让。共有产权保障住房被上市转让或者优先购买的，购房人按照其产权份额获得转让总价款的相应部分
维修资金	共有产权住房购房人应当按照本市商品住宅专项维修资金管理规定，全额缴纳住宅专项维修资金	购房人应当按照本市商品住宅专项维修资金的有关规定，全额缴纳住宅专项维修资金
实施效果	2017 年 9 月 20 日，正式印发《通知》，9 月 30 日起正式实施	上海市自 2011 年起共有产权保障住房已推出 6 批次，累计签约 12 万户左右，管理模式较为成熟

第九章

五、经济适用住房

经济适用住房的是 1994 年原建设部、国务院住房制度改革领导小组、财政部发布《城镇经济适用住房建设管理办法》以来，开始推行的一种配售型保障房。从运行的实践来看，经济适用住房制度对于解决中低收入居民家庭住房难的问题起到了重要作用。

（一）经济适用住房定位从普通住房到政策性住房的演变

1994 年《城镇经济适用住房建设管理办法》将经济适用房的性质表述为"以中低收入家庭住房困难户为供应对象，并按国家住宅建设标准（不含别墅、高级公寓、外销住宅）建设的普通住宅"；2002 年《经济适用住房价格管理办法》规定，经济适用住房是享受政府提供的优惠政策，向城镇中低收入家庭供应的普通居民住房。

2004 年颁布的《经济适用住房管理办法》将经济适用住房定义为：政府提供政策优惠，限定建设标准、供应对象和销售价格，具有保障性质的政策性商品住房。2007 年修订的《经济适用住房管理办法》（以下简称《07 办法》）将经济适用住房（简称"经济适用房"）定义为：政府提供政策优惠，限定套型面积和销售价格，按照合理标准建设，面向城市低收入住房困难家庭供应，具有保障性质的政策性住房。

我国对经济适用房的定位从普通居民住房演变成承担公民住房社会保障功能的政策性商品房，又从兼具政策性住房和商品房的双重功能"醇化"为具有保障性质的政策性住房。这样，经济适用房逐渐被纳入解决城市低收入家庭住房困难的社会保障住房政策体系。

（二）经济适用房制度的基本内容

1. 经济适用房购房人拥有有限产权

经济适用房的有限产权属性体现在三个方面：一是购买不满 5 年，不得直接上市交易，购房人因特殊原因确需转让经济适用住房的，由政府按照原价格并考虑折旧和物价水平等因素进行回购。二是购买满 5 年，购房人上市转让的，应按照届时同地段普通商品住房与经济适用住房差价的一定比例向政府交纳土地收益等相关价款，具体交纳比例由市、县人民政府确定，政府可优先回购。三是个人购买的经济适用住房在取得完全产权以前不得用于出租经营。购房人按照政府所定的标准向政府交纳了土地收益等相关价款的，有限产权可以转化为完全产权。

正是因为经济适用房申购主体的特定性，性质的有限产权属性等，近些年来实践中出现的一些纠纷，诸如借名购买经济适用房的合同效力、物权归属，购买经济适用房之人转让该房的转让合同的效力等，成为争论的焦点和值得关注的问题。[①]

2. 经济适用房制度的保障对象

1994 年的《城镇经济适用住房建设管理办法》和 1995 年的《国家安居工程实施方案》都规定，经济适用房的供应对象是城市中低收入家庭，而《07 办法》规定的保障对象则为城市低收入住房困难家庭。

3. 经济适用房建设

建房用地以划拨方式供应，经济适用住房单套建筑面积控制在 60 平方米左右，采取竞标方式优选规划设计方案，其施工和监理应当采取招标方式。

4. 经济适用房的购买

经济适用房价格以保本微利为原则，实行明码标价，由有定价权的价格主管部门会同经济适用房主管部门，依据经济适用房价格管理的有关规定，在综合考虑建设、管理成本和利润的基础上确定并向社会公布。购买经济适用房实行申请、审批、公示和轮候制度。申请人向市、县人民政府经济适用房主管部门提出申请，经政府有关部门审核，适格的申请人与经济适用房销售企业签订销售合同。

5. 经济适用房质量保证机制

经济适用房实行工程质量保证制度。开发建设单位对经济适用房工程质量负最终责任，销售住房时须向买受人提供《住宅质量保证书》和《住宅使用说明书》，并承担保修责任。

（三）特殊的经济适用房——单位集资建房

单位集资建房也叫"单位自建经济适用房"。在我国，单位集资建房的模式历史悠久，自 20 世纪 90 年代中期实行住房制度改革后，国家对单位集资建

---

① 陈耀东.借名购买经济适用房合同效力及物权归属研究［J］.法治现代化，2017（2）.

房开始进行严格界定和限制。之后，单位集资建房逐渐减少，但有些单位仍有保留。

我国实行严格的土地用途管制，原则上讲不能在工业用地、商业用地、教育用地等土地上建造住宅房屋，但《07办法》规定，距离城区较远的独立工矿企业和住房困难户较多的企业，在符合土地利用总体规划、城市规划、住房建设规划的前提下，经市、县人民政府批准，可以利用单位自用土地进行集资合作建房。集资建房均按照经济适用房的有关规定严格执行，参加单位集资合作建房的对象，必须限定为本单位符合市、县人民政府规定的低收入住房困难家庭。

（四）《07办法》对经济适用房制度存在问题的改进

（1）《07办法》之前的规定虽然明确了经济适用房的社会保障功能，把经济适用房定性为政策性商品房，但其仍属于广义商品房的范畴。这种错位产生了两种结果：一是经济适用房不可能完全按照商品房规则进行开发建设、交易经营；二是经济适用房的开发建设主体——房地产商这一市场"经济人"直接面对保障对象，过多介入了经济适用房的开发、建设过程，其逐利目的使得经济适用房的保障功能被弱化。《07办法》虽然进一步明确了经济适用房的政策性定位，但对上述矛盾结果的改进仍不充分。

（2）《07办法》之前的规定没有明确政府是住房社会保障的主要责任主体，因而很难对政府与承建单位在经济适用房开发建设过程中的权利义务关系进行准确定性；政府以优惠政策扶植经济适用房开发建设，但难以形成有效的监督，加上承建单位更注重自己的利益，导致政府对公民住房保障的投入并不能有效地落实到中低收入阶层。《07办法》将销售权由开发企业收归政府，由市、县人民政府按限定的价格，统一组织向符合购房条件的低收入家庭出售，以实现保障的有效性。

（3）经济适用房的购买价格比普通商品房的市场销售价低，其建造的主要目的是解决中低收入家庭的住房困难，但中低收入家庭的实际收入很难准确计算；加之，单位出具的收入证明可信度较低，如此，将大量真正的中低收入家庭排除在购买群体之外，致使实践中产生了"倒卖"经济适用房"房号"的怪现象。《07办法》从产权归属上一定程度上遏制和杜绝了利用经济适用房牟利的行为。

另外，《07办法》规定经济适用房行政划拨优先供应土地，并且免除各种行政事业收费，这样极大地降低了经济适用房的建设成本，使经济适用房变得更"经济"。尽管经济适用房制度在运行中不断改进、完善，但经济适用房自诞生以来就问题不断，一直处在争论之中。鉴于经济适用房存在诸多难以调和的矛盾，建议取消经适房的声音持续不断。实践中，很多城市已经不再建造经济适用房。2021 年，国务院办公厅发布的《关于加快发展保障性租赁住房的意见》中明确指出要建设"以公租房、保障性租赁住房和共有产权住房为主体的住房保障体系"，由此可见，除了公租房、保障性租赁住房这两种租赁型保障房，产权型保障房中的经济适用房已不再是今后住房保障体系建设的重点，其地位在产权型保障房中逐步被共有产权住房和保障性住房所取代。

六、限价商品房

限价商品房，简称限价房，是 2006 年以来出现的"带有保障性质"的住房产品，根据原建设部、发展和改革委员会等九部委制定的《关于调整住房供应结构稳定住房价格的意见》，北京、天津、广州、青岛、宁波等地都先后制定了限价房管理办法。

（一）限价房的概念和特征

限价房是经城市人民政府批准，在限制套型比例、限定销售价格的基础上，以竞地价、竞房价的方式（即"限套型、限房价、竞地价、竞房价"），招标确定住宅项目开发建设单位，由中标单位按照约定标准建设，按照约定价位面向符合条件的居民销售的中低价位、中小套型的普通住房。由于限价房既限房价，又限地价，故也被称作"两限"房。

限价房的特征有三：一是政府控制土地价格；二是政府对销售价格和套型面积进行限定；三是限定销售对象。

（二）限价房制度的主要内容

（1）价格控制。限价房销售价格实行政府指导价，通过竞标确定平均销售价格和最高销售价格。

（2）开发建设。限价房建设采取市场化运作，建设项目、施工和监理应当采取招标方式，这与普通商品房开发建设的模式相同。

（3）购买程序。购买限价房实行申请、审批、公示和轮候制度，这与购买经济适用房的程序基本相同。

（4）登记和交易。限价房购房人进行房屋权属登记时，不动产登记机构应在不动产权利证书上注明"限价商品住房"字样，购房人取得不动产权利证书5年内不得转让所购住房。确需转让的，可向户口所在区、县住房保障管理部门申请回购，回购价格按购买价格并考虑折旧和物价水平等因素确定。回购的房屋继续作为限价房向符合条件的家庭出售。购房人在取得不动产权利证书5年后转让所购住房的，应按届时同地段普通商品住房和限价房差价的一定比例交纳土地收益等价款。

（三）限价房的性质

限价房是限制高房价的一种房屋，其土地供应方式、销售对象等不同于经济适用房，限价房按照"以房价定地价"的思路，采用政府组织监管、市场化运作的模式；限价房在土地出让时就已被限定房屋价格、建设标准和销售对象，政府对开发商的开发成本和合理利润进行测算后，设定土地出让的价格范围，从源头上对房价进行调控。因此，限价房既不属于经济适用房范畴，又与一般商品房不同，它应该是具有住房保障性质的商品房，不应是政策性商品房。

七、合作建房

合作建房制度产生于1992年的国务院住房制度改革领导小组、原建设部、国家税务总局联合发布的《城镇住宅合作社管理暂行办法》。1998年，《国务院关于进一步深化城镇住房制度改革加快住房建设的通知》（国发〔1998〕23号）从建立分层次、不同保障水平的住房保障制度出发，提出建立住宅合作社制度。经过工会组织、房地产行政管理部门以及热心合作事业的社会人士的推动，我国住宅合作事业在发展过程中形成了北京模式、上海模式、深圳模式等著名的住宅合作社发展个案。

（一）住宅合作社的概念与特征

住宅合作是开发建设住房的一种方式，而住宅合作社是由低收入家庭共同集资建房，并享受政府一定优惠的具有法人资格的建房组织形式。住宅合作建房制度主要依托住宅合作社运行。

依据《城镇住宅合作社管理暂行办法》，住宅合作社的特征有以下几点：

（1）住宅合作社是不以营利为目的的公益性社会组织，合作住宅不能向合作社社员以外的其他人出售，不得用于营利。

（2）住宅合作社具有法人资格，合作社是资合法人，属于非营利法人，是社员为集资合作建房而成立的法人组织。

（3）住宅合作社是合作经济组织，社员之间是平等的合作关系，合作社实行民主管理，各成员之间是平等的民事法律关系。

（二）住宅合作社制度的主要内容

1. 住宅合作社的类型

（1）由当地人民政府的有关机构组织本行政区域内城镇居民参加的社会型住宅合作社。

（2）由本系统或本单位组织所属职工参加的系统或单位的职工住宅合作社。

（3）当地人民政府房地产行政主管部门批准的其他类型的住宅合作社。

2. 住宅合作社成立的条件

（1）程序要求。组建住宅合作社须经组建单位上级主管部门同意，成立筹建机构并由其向县级以上（含县级）人民政府房地产行政主管部门提出书面申请。经审查批准，方可设立住宅合作社。

（2）成员要求。住宅合作社社员必须具有城镇正式户口，其家庭为中低收入家庭且住房困难。

3. 合作住宅的建设

住宅合作社向房地产行政主管部门申请建房计划、用地指标；县级以上人民政府房地产行政主管部门制订合作建房的年度计划和发展规划；土地管理部门划拨建设用地；国家在税收政策上给予减免优惠，地方人民政府也相应减免市政建设配套费等有关费用。

4. 住宅合作社住宅的所有权

合作住宅产权由合作社所有、社员个人所有、住宅合作社与社员个人共同所有等形式。住宅全部由住宅合作社出资（含政府和社员所在单位给予的优惠和资助，下同）建设的，其产权为住宅合作社所有；合作住宅由社员个人出资建设的，其产权为社员个人所有；合作住宅由住宅合作社和社员个人共同出资建设的，其产权为住宅合作社与社员个人共同所有。

（三）住宅合作社与合作建房的问题与未来法律进路

住宅合作社本应是增加住宅供应的重要渠道，是商品房、保障性住房之外住宅供给的另一条道路。然而，我国住宅合作社经过 20 世纪八九十年代的短暂发展，便因种种原因（例如，住宅合作社成立审查流于形式，合作社运行缺乏足够的法律保障；现行法未给住宅合作社提供一种合适的取得建设用地的妥当途径，更未对住宅合作社的建房资质给予特殊对待等），迅速进入了停滞期，许多原来挂靠在政府部门和企业的住宅合作社已经消失或者变更为房地产开发公司。在新的历史时期，新型城镇化为我国住宅合作社的重生提供了"人""地"支撑：其一，进入城镇的农村人口可以成为住宅合作的合格社员，特别是各类农村集体经济组织与住宅合作社高度契合，可以便捷转变为住宅合作社进行运作；其二，通过宅基地流转、留用地安置等措施形成的土地资源可以为住宅合作社提供土地保障。此外，新型城镇化建设中政府提供的各项扶持政策，也将成为我国住宅合作社发展的新契机。

2017 年 10 月 18 日，习近平总书记在党的十九大报告中深刻指出："坚持房子是用来住的、不是用来炒的定位，加快建立多主体供给、多渠道保障、租购并举的住房制度，让全体人民住有所居。"合作建房是一种通过住宅合作社供给住房的较为理想的方式，但我国对于住宅合作社的法律调整，目前只有《城镇住宅合作社管理暂行办法》。经过三十多年的发展，我国的社会经济条件、法律环境等已经发生了重大变化，该办法早已不适应当今社会的发展需要。当前，我国亟待结合新的形势对《城镇住宅合作社管理暂行办法》进行修订，制定覆盖农村地区的法律位阶较高的住宅合作社条例。通过住宅合作社推行合作建房模式，要遵循国际惯例，合作建房以最终实现"人人有适当住宅"为目标。这一目标的实现过程要体现民主决策以及社员共同追求"适当住房"的目标和品位；隐含着追求社会民主与公平、经济发展多样化的多重意义。在具体的规则设计上，住宅合作社条例应明确住宅合作社的组织性质与治理结构，确立社员的法律地位，规范住宅合作社的成立、变更与终止，为住宅合作社在我国的重新崛起提供法律保障。[1] 此外，在土地取得、立项等方面政府应为住宅合作社提供较宽松的政策环境；在税收和财政上提供优惠政策；鼓励金融保险等企业积极扶持住宅合作社的发展等，切实为住宅合作社进行合作建房的发展创造

---

[1]　闫海.新型城镇化背景下我国住宅合作社的制度回归刍议 [J].理论导刊, 2014（9）.

一个良好的环境。

八、个人建房

为了解决城镇居民住房问题，1983 年 6 月 4 日原城乡建设环境保护部出台了鼓励城镇个人建造住房的《城镇个人建造住宅管理办法》（2008 年 1 月 15 日国务院令第 516 号明文废止）。

（一）个人建房的概念与主要内容

个人建房是指城镇符合条件的居民，经批准以自筹自建、民建公助、互助自建等形式在城镇建造一定标准住宅的行为。[①] 个人建房主要有以下内容：

第一，建房方式。城镇个人建造住宅，可以采取自筹自建、民建公助、互助自建等形式。

第二，条件限制。个人在城镇有正式户口，且住房确有困难；夫妇一方户口在农村的，一般不得申请在城镇建造住宅。

第三，申请程序。城镇个人建造住宅，须由建造人所在单位或所在地居民委员会开具证明，向所在地房地产管理机关提出申请，经审核同意后，履行征地、规划等手续，办理各种许可证后，才准建造住宅。

（二）个人建房制度运行中的问题

个人建房制度的建立初衷是为住房有特殊困难的城镇居民提供一种住房福利，而个人建房在我国城镇住房制度改革中并未得到充分的发展。对公民个人来说，履行申请手续，获得土地非常困难，个人建房在实践中很难实施。究其原因在于：第一，现行法并未对个人建房提供一种可行的获得建房用地的方式。第二，有雄厚资金和足够专业技术人员的房地产开发企业进行房地产开发，要履行征地、规划等手续，办理各种许可证后，才能建造住房。对城镇个人也要求同样的条件，显然对资金和人力都不充裕的城镇个人来讲太过苛刻，这使得个人建房制度并不具有实践操作性。加之其他原因，《城镇个人建造住宅管理办法》被明文废止。

[①] 自筹自建，即城镇居民或职工自己投资、投料、投工，新建或扩建住宅；民建公助，即以城镇居民或职工自己投资、投料、投工为主，人民政府或职工所在单位在征地、资金、材料、运输、施工等方面给予适当帮助，新建或扩建住宅；互助自建，即城镇居民或职工互相帮助，共同投资、投料、投工，新建或扩建住宅。

第四节　我国农村房地产社会保障制度

一、农村房地产社会保障现状

（一）农村土地社会保障制度

"土地社会保障"是学界基于目前我国农村土地对农村居民具有的特殊保障作用而提出的一个概念。鉴于农地关系高度紧张的严峻现实，我国通过为农民提供土地解决了农民就业、生存和居住问题，完成了体现农民集体内的成员权和农村土地社会保障功能的制度安排，这就是土地社会保障。

1. 农村土地社会保障制度的主要内容

（1）土地社会保障的方式。依"土地社会保障"相关制度的安排，农民获得社会保障的主要方式是土地承包制。我国《宪法》《民法典》《农村土地承包法》等规定了土地家庭承包经营制度，即以户为单位承包农民集体所有和国家所有由农民集体使用的耕地、林地、草地以及其他用于农业的土地。家庭承包制使我国农村社会保障由集体保障转化为以土地为核心的家庭保障。

（2）农村土地社会保障的参与主体。①国家贯彻"父爱主义"，通过立法赋予农户土地承包经营权，因此主流观点认为，是国家在为农民提供土地社会保障。②集体经济组织在土地社会保障中主要是贯彻国家的法律和政策，在国家和农民之间扮演"传话人"角色，自主的余地很小。

（3）农村土地社会保障的保障对象。农村土地社会保障制度的保障对象是农民，城镇居民很难加入到这种社会保障体系中来，这种制度的形成源于城乡分割的二元社会结构，在社会保障领域城市和农村出现了不同的制度安排，形成了农村相对封闭的社会保障体系。

需要说明的是，《民法典》《农村土地承包法》规定了承包地的"三权分置"（即承包地集体土地所有权、农户土地承包经营权、社会主体土地经营权），如此，本集体经济组织成员以外的城镇居民、工商业主体亦可经营承包地。

2. 对农村土地社会保障制度的评价

（1）土地社会保障是通过生产系统来完成对农民的社会保障的制度安

排。土地是农民主要的生产资料，农村的生产系统主要依靠土地来支撑。国家通过把土地使用权赋予农民，农民则通过自己的劳动和家庭经营，保障自己的居住、就业和生活，土地承担了为农民提供社会保障的功能，从而土地承担着农业生产和农民保障的双重功能，是农村生产系统和社会保障系统的统一。

（2）土地社会保障是低层次保障。现行农村土地制度曾经极大地调动了农民的生产积极性，也确实在一定程度上解决了农民的生存、生活问题，发挥了显著的保障功能，表现在：第一，就业保障，土地承包使每个农民都拥有一定的土地，所以农民不存在失业问题；第二，生存保障，土地是农户获得生存需要的生活资料的基础之一。但农村土地社会保障制度提供的只是就业、基本生活、居住方面的保障，不足以满足农民养老、生育、发展等保障需求，因此农村土地提供的保障是低层次的。

（3）土地社会保障的现实和观念基础。土地社会保障作为城乡社会保障领域的一个差别点，并不是一个临时性问题，而是根源于我国长期以来形成的二元社会结构，而二元社会结构的形成有现实、制度和观念三方面的支撑。

第一，城乡二元经济结构是二元社会结构形成的经济基础。在新中国成立初期，为了实施优先发展重工业的战略，城市和工业成了全民生产和生活的中心，使得在经济领域农村和城市形成了两个截然不同的体系，从而导致我国社会经济的二元结构性矛盾十分突出。

第二，城乡居民在文化、个人素质、经济实力等方面的差异使国家不得不考虑实行城乡分治，也拉大了在社会保障领域的城乡差别。

第三，在制度层面，户籍管理制度在维护二元社会结构中起着重要作用，户口划分、迁移和转换的有关规定，赋予了个人的户籍身份以不同的价值，维护和巩固着二元社会结构。

第四，在观念层面，农村土地制度以及保障制度存在以下观念误区：①农民有土地，政府没有必要为农民建立社会保障；②国家没有财力兼顾城市和农村，农村社会保障成为国家的一个沉重负担。[1]

---

[1]　陈云.探寻农保新路——访劳动社会保障部农村社会保险司副司长赵殿国［J］.中国社会保障，2004（12）.

（二）农村房屋社会保障制度

1. 农村宅基地制度

农村宅基地制度是以无偿方式把集体土地分配给农村集体经济组织成员，使其可以依靠自己的收入，在宅基地上自建住房的制度。农村居民获得宅基地使用权后，可以以相对低廉的价格自建住房。因此，这种保障模式的实质是依靠土地制度给农村居民提供住房社会保障，用以解决农村居民的基本居住问题。《民法典》《土地管理法》等法律，以及《关于进一步加强农村宅基地管理的通知》《深化农村改革综合性实施方案》等政策文件对农村宅基地制度进行了详细规定。

（1）宅基地使用权的物权性。根据《民法典》的规定，宅基地使用权人依法对集体所有的土地享有占有和使用的权利，有权依法利用该土地建造住宅及其附属设施。宅基地使用权的取得、行使和转让，适用土地管理的法律和国家有关规定。宅基地因自然灾害等原因灭失的，宅基地使用权消灭。对失去宅基地的村民，应当重新分配宅基地。已经登记的宅基地使用权转让或者消灭的，应当及时办理变更登记或者注销登记。

（2）一户一宅。申请使用宅基地的，应当为宅基地所在地的农村集体经济组织成员。每个农户只能申请一处宅基地，特定的宅基地仅限集体经济组织特定的成员享有使用权。特定村民申请取得宅基地后只可自己建房，不可将其出卖、转让。农村村民将原有住房出卖、出租或赠与他人后，再申请宅基地的，不得批准。

（3）宅基地制度改革试点。2015年11月，中共中央办公厅、国务院办公厅印发的《深化农村改革综合性实施方案》指出，要开展宅基地制度改革试点，宅基地制度改革的基本思路是：在保障农户依法取得的宅基地用益物权基础上，改革完善农村宅基地制度，探索农民住房保障新机制，对农民住房财产权作出明确界定，探索宅基地有偿使用制度和自愿有偿退出机制，探索农民住房财产权抵押、担保、转让的有效途径。2018年1月2日，中共中央、国务院发布的《关于实施乡村振兴战略的意见》指出："完善农民闲置宅基地和闲置农房政策，探索宅基地所有权、资格权、使用权'三权分置'，落实宅基地集体所有权，保障宅基地农户资格权和农民房屋财产权。"2020年5月11日，中共中央、国务院《关于新时代加快完善社会主义市场经济体制的意见》要求"深化农村宅基地改革试点"。2023年中央一号文件中进一步强调"稳慎推进农村宅基地制度改革试点"。

2. 农村"五保户"制度

"五保户"制度始于农村合作化时期，是对农村无劳动能力、无依无靠和无生活来源的老人、残疾人和孤儿提供物质帮助的制度，其具体内容为"保吃、保穿、保住、保医、保葬"。1956 年，黑龙江拜泉县兴华乡办起了全国第一个敬老院，供养了 11 位"五保"老人。但是，由于缺少法律保护，"五保户"制度在"文化大革命"中受到了很大冲击。改革开放以后，"五保户"制度得到了恢复和发展。至 2012 年，"五保"对象已达 551 万人。

为了将"五保户"制度规范化、法治化，2006 年 1 月 11 日国务院颁布了《农村五保供养工作条例》（该条例同年 3 月 1 日生效实施，1994 年 1 月 23 日废止）。其第 6 条规定："老年、残疾或者未满 16 周岁的村民，无劳动能力、无生活来源又无法定赡养、抚养、扶养义务人，或者其法定赡养、抚养、扶养义务人无赡养、抚养、扶养能力的，享受农村五保供养待遇。"第 9 条规定了农村"五保"供养的内容，即供给粮油、副食品和生活用燃料；供给服装、被褥等生活用品和零用钱；提供符合基本居住条件的住房；提供疾病治疗，对生活不能自理的给予照料；办理丧葬事宜。可见，我国的"五保户"制度也为"五保户"提供了"符合基本居住条件的住房"，享受到了一定的住房保障。

二、农村房地产社会保障制度分析

近些年来，土地收益在农民收入中的比重逐渐降低，农民对土地的依赖程度不断减弱，在市场经济和城乡一体化浪潮的冲击下，农村的土地保障功能在不断"虚化"。因此，改革农村房地产社会保障制度被提上日程，这需要从法律的角度重新审视现行房地产社会保障制度。

（一）农村房地产社会保障制度不能体现宪法赋予公民的平等权

公民在法律面前一律平等。农村居民作为公民应当享有和城市公民同等的权利和待遇，但在社会保障领域农民与城市公民却享受着不同的甚至差距很大的保障待遇。相对于城市社会保障制度的日渐完备，农村社会保障制度总体呈现出低层次、低水平、差别大、地区性强和不规范等特点，农村房地产社会保障制度的存在也间接导致农村社会保障问题难以得到足够重视。农村和城市的差距在社会保障领域清晰地显露出来，这是我们必须正视、必须剔除的社会不公平现象。

（二）农村房地产社会保障制度不是现代意义上的社会保障制度

农村房地产社会保障制度是我国二元社会结构的产物，与现代社会保障制度有很大的区别，主要体现在：

1. 保障方式的差别

现代社会保障制度存在两种类型的社会保障：一是国家作为责任主体通过国民收入再分配方式进行的单向社会保障，如国家对公民的最低生活保障制度；二是私人之间通过各种互助方式进行相互保障的社会保障，如社会保险制度等。在上述两种社会保障中，国家社会保障占主导地位，互助社会保障起辅助作用。农村房地产社会保障制度直接把土地使用权赋予农民，农民依靠自己的经营所得获得生活保障，建造自己的住宅；而现代社会保障制度主要是国家通过国民收入再分配的形式，使国民收入在公民之间合理流动，从而为低收入国民提供各种社会保障。

2. 保障对象的差别

从各国社会保障的实践来看，发达国家如瑞典、英国等，保障对象不分城镇和农村居民；而我国农村房地产社会保障的对象只是农民。

3. 性质上的差别

现代社会保障制度属于独立于生产系统的社会服务系统，功能、目的明确；而农村房地产社会保障制度则是由农村生产系统承担社会保障功能，即生产系统与社会服务系统合二为一。

可见，农村房地产社会保障制度不是真正意义上的现代社会保障制度。依现代社会保障的原理解剖农村房地产社会保障制度，也可以看出现行房地产社会保障制度并没有把农民纳入其保障范围，这就需要建立和健全针对农村居民的房地产社会保障制度，使农村生产系统不再承担社会保障功能。

（三）农村土地社会保障制度与民事基本法的冲突

国家为农民提供土地社会保障，其法律逻辑前提即国家须对农村土地拥有所有权或者处分权，但这与现行法律明显不符，同时因为征收导致土地所有权发生转变也会使得农村土地社会保障功能弱化。

1. 农村土地所有权归集体组织所有

无论我国《宪法》《民法典》还是《城市房地产管理法》《土地管理法》《农村土地承包法》都承认并维护着一个基本的事实：城市土地属国家所有，农村和城市郊区的土地属于农民集体所有。集体所有的土地依照法律属于农民集体所有，国家不是农村土地的所有者。所有权是所有人依法对自己的财产享有的占有、使用、收益和处分的权利。农村集体经济组织系独立的主体，为民法中的特别法人，可以排他地行使对拥有所有权的土地的占有、使用、收益和处分的权利，包括把土地承包给农民，把宅基地提供给农民。集体土地的所有权属于集体经济组织，国家不能代替集体行使土地所有权，因此国家给予农民土地保障的观点在逻辑上难以自洽。

2. 征收导致农村土地社会保障功能弱化

伴随着城镇化的推进，农地非农化现象持续发生，中国社会科学院发布的《2011年中国城市发展报告》指出，目前我国失地农民总数达4000万—5000万人，且每年新增300多万人，预计到2030年我国失地农民将增至1.1亿人。[①]2021年8月25日，国务院第三次全国国土调查领导小组办公室、自然资源部、国家统计局发布的《第三次全国国土调查主要数据公报》显示，在第二次全国国土调查以来的10年间，全国耕地地类减少了1.13亿亩。土地被征收导致农村土地社会保障功能随之弱化。随着对失地农民的社会保障政策日益完善，土地换保障政策已经成为失地农民获取各种社会保障的政策保障。但这种做法违背了社会保障权的权利主体平等性、义务主体特定性，侵犯了宪法赋予农民平等的社会保障权利，同时也阻碍了城乡一体化社会保障体系的构建。

综上所述，农村房地产社会保障的制度安排仍存在一些问题，需要构建更完善的制度来保障农民的利益。因此有必要改革农村房地产社会保障制度，积极建设多层次农村社会保障体系，对于农民需要结合土地与社保功能，探索农村新发展局面下的新型保障体系。

本章小结

房地产社会保障是房地产法律体系的一个重要组成部分，具有特殊意义。我国房地产社会保障起步较晚，但已初步形成了具有中国特色的房地产社会保

---

① 中国城市发展报告编委会.中国城市发展报告[M].北京：中国城市出版社，2012.

障制度体系。现行房地产社会保障制度呈现出二元社会划分的特点，在城镇主要是住房社会保障制度，在农村则是土地社会保障制度和住房社会保障制度。

我国逐步形成了主要包括宅基地、住房公积金、经济适用住房、公有住房、廉租住房、公共租赁住房、限价商品房、合作建房等内容的房地产社会保障制度，未来将不断完善以公租房、保障性租赁住房和配售型的保障性住房为主体的住房保障体系。我国在发展过程中和社会转型时期形成的房地产社会保障制度尚有许多需要改进之处，例如住房公积金缺乏配套制度，公共租赁住房分配制度不完善，保障性租赁住房立法中政府职能部门权责不明确，共有产权住房规范性文件效力低且规定内容不统一，农村房地产保障制度需向构建城乡融合发展的住房保障制度的过渡等。对此，有必要通过完善房地产社会保障立法，进一步明确我国房地产保障制度的发展方向，健全房地产社会保障制度体系，完善各项房地产社会保障制度的具体内容。

思考题

1. 什么是住房保障制度？
2. 简述我国城镇住房社会保障的主要内容。
3. 如何评价我国当前的农村房地产社会保障制度？
4. 思考我国保障性住房的发展方向。

参考文献

1. 蔡荣生，吴崇宇.我国城镇住房保障政策研究［M］.北京：九州出版社，2012.

2. 符启林.住房保障法律制度研究［M］.北京：知识产权出版社，2012.

3. 王雷.房地产法学［M］.北京：中国人民大学出版社，2021.

4. 张群.居有其屋——中国住房权历史研究［M］.北京：社会科学文献出版社，2009.

第十章

房地产税收

[知识要求]

通过本章的学习, 掌握:

● 房地产税的概念与特征:

● 我国几个主要房地产税种的简要内容。

[技能要求]

通过本章的学习, 能够了解:

● 我国房地产税收的相关法律规定;

● 我国未来征收房产税的法律设想。

第一节　房地产税收基本知识

一、房地产税的概念和特征

（一）房地产税的概念

房地产税收，是以房地产为纳税依据或者以房地产开发经营活动中的特定行为为纳税依据的税目总称。征收房地产税不仅能够增加政府财政收入，而且是调节房地产占有关系、流转关系和收益分配，控制房地产开发商投机行为，促进房地产市场健康发展的有效手段。

房地产税有广义和狭义之分。狭义的房地产税，是指与房地产直接相关，以房产和土地，以及房地产开发流转等特定行为为直接课税对象的税目，主要包括城镇土地使用税、耕地占用税、土地增值税、房产税、契税。广义的房地产税，不仅包括与房地产直接相关的税目，还包括房地产企业在开发建设经营流转活动中可能涉及的其他税种。这些其他税目虽与房地产活动有关，但并非只针对房产和土地，而在其他商业行为中亦普遍存在，即在狭义房地产税基础上还包括增值税、企业所得税、个人所得税、城市维护建设税、印花税等。本书所述房地产税收主要指狭义的房地产税。

（二）房地产税的主要特征

房地产税除了具有一般税收所共同具有的强制性、无偿性和固定性的特征以外，还有其特有的、区别于其他税收的特征，主要有：

1. 纳税主体多样性

房地产税的纳税主体既包括房地产所有权人、他物权人或者经营管理人，也包括房地产投资建设人和房地产经营机构。

2. 征税对象复杂性

房地产税的征税对象既包括房地产本身，也包括房地产的开发、转让等房地产行为。

3. 征税目的多重性

国家征收房地产税的目的，除了获得财政收入，调节社会分配以外，还在于引导、保证作为国民经济重要产业的房地产业的健康发展。

二、房地产税的分类与作用

（一）房地产税的分类

狭义房地产税按不同标准可以有不同分类，对于梳理房地产税目，核算税收成本具有重要意义。

按照课税对象不同，可以将房地产税分为以土地为课税对象的税目和以房产为课税对象的税目。以土地为课税对象的税目较多，主要包括城镇土地使用税、耕地占用税、土地增值税和契税。以房产为课税对象的税目包括房产税和契税等。需要说明的是，契税是发生在土地和房屋权属转移中的，既涉及土地也涉及房产，具体可分为土地契税和房产契税。土地契税主要指土地使用权出让、转让（包括出售、赠与、互换等）中须缴纳的税金；房产契税主要指房屋买卖、赠与、互换中须缴纳的税金。

按照税收征缴发生在房地产活动不同环节划分，可将房地产税分为房地产流转环节税和房地产保有环节税。房地产流转环节主要有取得房地产开发用地环节、房地产开发建设环节和房地产交易环节。在上述三个流转环节中主要涉及耕地占用税、土地增值税和契税等。房地产保有环节指持有、使用土地或房产期间，主要涉及城镇土地使用税和房产税等。

（二）房地产税的作用

1. 税源充足，税收稳定，有助于加强国家的宏观调控能力

众所周知，房地产是物质财产的重要内容，与一般的财产相比，具有价值大、不能移动、耐久性等特点。就其用途而言，它既是生活资料，又是生产资料，兼有消费品和投资品的双重特征。房地产的占有和使用是一切生产、生活得以顺利进行的前提条件，它涉及人民社会生活的方方面面。因此，合理的房地产税收不仅可以保证国家取得稳定的财政收入，而且可以加强国家对国民经济的宏观调控，合理调节各方面的经济利益，引导资金流向，调整产业结构，协调经济发展。在一些发达国家和地区，来自房地产税的税收收入通常占年度财政

第十章

收入的 1/3 或者 1/4。

2. 平衡税收负担，缩小社会贫富差距

房地产税既有直接税，也有间接税。其中，直接税的税负是不能转嫁的，如房产税，其征税的主要依据是房地产的价值。由于房产税实行的是累进税制，这种税收的征收结果是占有的房产越多，税率就越高，税负也就越重，从而起到调节纳税人的可支配收入，缩小社会各阶层贫富差距的作用。

3. 引导土地利用方向，促进土地资源的合理利用，抑制土地投机行为

土地是宝贵的生产资料和自然资源，房地产税收中的耕地占用税是促进土地资源合理利用的有效手段，通过土地税的征收，对需要限制的土地利用课以重税，对需要鼓励的土地利用给予适当的税收减免，可以正确引导和调整土地的利用方向，优化土地利用结构，提高土地的利用效率。以土地占有量为依据征收的税收，可以限制过多占用土地，减少土地资源的浪费。

在当今市场经济条件下，土地的所有者或者使用者不但可以凭借其对土地的占有获得土地的自然增值，而且还可以通过囤积土地、待价而沽，投机土地而牟取暴利。征收土地增值税，可以有效地调节土地级差收益，保证土地级差收益在不同的利益主体之间进行合理分配，并在一定程度上抑制土地投机行为。

三、我国房地产税法规现状

（一）几部主要房地产税收法律简介

1. 《耕地占用税法》

为有效保护耕地，解决城镇发展占地需要与基本农田保护之间的矛盾，国务院于 1987 年 4 月 1 日颁布并实施了《耕地占用税暂行条例》。该条例明确规定了所要保护的耕地是指用于种植农作物的土地，包括种植粮食作物、经济作物的土地，以及园地、鱼塘和其他农用土地。同时，该条例还将"占用前三年内曾用于种植农作物的土地亦视为耕地"加以保护。2007 年 12 月，国务院制定了新的《耕地占用税暂行条例》，自 2008 年 1 月 1 日起实施，新条例的最大变化是大幅度调高了征税税额。2018 年 12 月，全国人大常委会审议通过《耕地占用税法》，自 2019 年 9 月 1 日起施行。同时施行的还有财政部、税务总局、自然资源部、农业农村部、生态环境部联合发布的《耕地占用税法实施办法》，对《耕地占用税法》条文作出进一步细化规定。

2. 《城镇土地使用税暂行条例》

《城镇土地使用税暂行条例》颁布于 1988 年 9 月 27 日，并于 1988 年 11 月 1 日起施行。开征城镇土地使用税，目的是使国家能够向在城镇或工矿区范围内使用国家土地和集体所有土地的单位或者个人，按照其占用土地的面积，分等定额地征收一定的土地使用税，以保证城市建设对土地的需要，也有利于有效防止多占少用、浪费土地的现象发生。《城镇土地使用税暂行条例》历经四次修订。2006 年 12 月第一次修订，进一步明确了纳税人范围，并提高了税额标准；2011 年 1 月第二次修订，将"征用"改为"征收"。2013 年 12 月第三次修订，2019 年 3 月第四次修订，这两次修订都只涉及第 7 条，将减免土地使用税的批准机关最终修改为县以上税务机关。

3. 《土地增值税暂行条例》

《土地增值税暂行条例》颁布于 1993 年 12 月 13 日，1994 年 1 月 1 日起生效施行。根据该条例第 2 条的规定，凡转让国有土地使用权、地上建筑物及其附着物并取得收入的单位和个人，为土地增值税的纳税义务人。纳税人以转让房地产所得的增值额作为计算土地增值税的计税依据。所谓的"增值额"是指纳税人转让房地产所得的收入减去依税法规定扣除的项目金额后的余额；纳税人转让房地产取得的收入包括其所得到的全部收入，货币收入、实物收入、其他收入等均应计算在内。1995 年 1 月 27 日，财政部颁布了《土地增值税条例实施细则》，对土地增值税作了更为细化的具体规定。为了统一法律术语，2011 年 1 月修订的《土地增值税暂行条例》第 8 条第 2 款将"征用"改为"征收"。

4. 《房产税暂行条例》

1986 年 9 月，国务院颁布《房产税暂行条例》；同年，《关于房产税若干具体问题的解释和暂行规定》对条例作出解释。2011 年 1 月，该条例进行了修订，明确了在"城市、县城、建制镇和工矿区"征收房产税，并明确"房产税依照房产原值一次减除 10% 至 30% 后的余值计算缴纳"，同时也规定了可减征或免征房产税的情形。该条例制定时间较早，虽经 2011 年的修订，但此次修订仅调整了引用法规的名称，未有实质性改动。因此，该条例规范的诸多内容已不适应飞速发展的房地产业实践，亟待修改。

5. 《契税法》

《契税暂行条例》颁布于 1997 年 7 月，2019 年 3 月修订。2020 年 8 月，全国人大常委会通过《契税法》，自 2021 年 9 月 1 日起施行，原《契税暂行条例》同时废止。《契税法》规定在我国境内转移土地、房屋权属的，承受的单位或个人应当缴纳契税，税率为 3%—5%。随着土地出让金和房屋买卖价格的上涨，土地、房屋权属转移成交总价很高，也就导致契税税额较大，对购买方利益有很大影响。这也是将契税规定从行政法规提升为法律层级的原因之一。

（二）简要总结

我国房地产税收制度是随着经济的发展而逐渐确立和完善的。从 1950 年到 1956 年，我国征收的房地产税只有房地产增值税和印花税。1956 年，随着我国生产资料社会主义改造的完成，按照"基本上在原有税负的基础上简化税制"的方针对工商税收制度进行了改革，除统一征收城市房地产税外又设立了房地产契税。1973 年，进一步变革了工商税收制度，把对国内企业征收的房地产税合并到工商税中统一征收，而城市房地产税只对房产管理部门和个人以及外侨征收。党的十一届三中全会后，国家对税制进行了全面改革，一方面改革工商税收制度和农业税收制度，另一方面着重抓国有企业利改税，推行依法治税，逐步建立了一套具有中国特色的税收体系和税法制度，房地产税也渐趋完善。1984 年 10 月，国务院决定对国有企业实行第二步利改税，恢复征收房地产税，并正式将房地产税从城市房地产税中划分出来，更名为城镇土地使用税，确立为一个单独的新税种。1990 年以后的税制改革在房地产税收中又增设了土地增值税和土地使用权转让及建筑物出售营业税。特别是 2004 年以来我国房地产市场出现过热现象，为了控制日益上涨的房价，伴随着"国六条""国八条"等一系列调控房价政策的出台，国家税务总局也先后出台了《国家税务总局关于房地产开发业务征收企业所得税问题的通知》《关于加强住房营业税征收管理有关问题的通知》等相关文件，并对房地产税收的征收方式和相关税率进行了相应的调整，并逐步形成了有中国特色的房地产税收制度。2009 年，国务院决定废止《城市房地产税暂行条例》，并按照《房产税暂行条例》的规定统一对外商投资企业、外国企业和外国人征收房产税，也标志着我国对内外资分设税种的历史彻底终结，税制由此统一。

2011 年 1 月，根据国务院常务会议精神，上海、重庆两地设立了房产税改革试点，对个人住房开始征收房产税。2013 年 11 月，中共十八届三中全会通过的《中共中央关于全面深化改革若干重大问题的决定》进一步提出"加快房地产税立法并适时推进改革"，使房产税改革再次成为关注焦点。2021 年 10月 23 日，第十三届全国人民代表大会常务委员会通过《关于授权国务院在部分地区开展房地产税改革试点工作的决定》，房产税试点改革工作再度开启。在总结上海、重庆试点改革经验的基础上，提出由"立法先行"变为"先试点后立法"，且试点工作由全国人大常委会授权国务院办理，较此前改革更为稳妥务实。2024 年，《中国式现代化的决定》指出，要"完善房地产税收制度"。

第二节　土地税

土地税主要包括耕地占用税、城镇土地使用税、土地增值税等，下面主要从纳税人、征税范围、计税依据、税额计算及税收的加收与减免等几个方面进行介绍。

一、耕地占用税

耕地占用税，是对占用耕地建设建筑物、构筑物或者从事其他非农业建设的单位和个人征收的一个税种。征收耕地占用税的目的和意义在于合理利用土地资源，加强土地管理，保护农用耕地。

（一）纳税人

占用耕地建设建筑物、构筑物或者从事非农业建设的单位或者个人，为耕地占用税的纳税人，应当依照规定缴纳耕地占用税。这里的单位包括国有企业、集体企业、私营企业、股份制企业、外商投资企业、外国企业以及其他企事业单位、社会团体、国家机关、部队及其他单位；个人包括个体工商户及其他个人。

（二）征税范围

耕地占用税的征税范围包括进行建筑物、构筑物建设和其他非农建设占用耕地的情况。耕地是指用于种植农作物的土地。占用耕地建设农田水利设施的，不在征税范围。纳税人临时占用耕地，应当按照规定缴纳耕地占用税；纳税人在批准临时占用耕地的期限内恢复所占用耕地原状的，全额退还已经缴纳的耕地占用税。占用园地、林地、草地、农田水利用地、养殖水面、渔业水域滩涂以及其他农用地建设建筑物、构筑物或者从事非农业建设的，比照耕地征收耕地占用税，但建设直接为农业生产服务的生产设施的，不征收耕地占用税。

（三）计税依据与税额计算

耕地占用税以纳税人实际占用的耕地面积为计税依据，按照规定的适用税额一次性征收。应纳税额的计算公式为：计征税额 = 计税面积（平方米）× 适用税额（元 / 平方米）。

耕地占用税的一般适用税额如下：①人均耕地不超过 1 亩的地区（以县、自治县、不设区的市、市辖区为单位，下同），每平方米为 10—50 元（原标准为 2—10 元）；②人均耕地超过 1 亩（1 亩 = 0.0667 公顷）但不超过 2 亩的地区，每平方米为 8—40 元（原标准为 1.6—8 元）；③人均耕地超过 2 亩但不超过 3 亩的地区，每平方米为 6—30 元（原标准为 1.3—6.5 元）；④人均耕地超过 3 亩的地区，每平方米为 5—25 元（原标准为 1—5 元）。

各地区耕地占用税的适用税额，由省、自治区、直辖市人民政府根据人均耕地面积和经济发展等情况，在前款规定的税额幅度内提出，报同级人民代表大会常务委员会决定，并报全国人民代表大会常务委员会和国务院备案。各省、自治区、直辖市耕地占用税适用税额的平均水平，不得低于所附《各省、自治区、直辖市耕地占用税平均税额表》规定的平均税额。

各省、自治区、直辖市耕地占用税平均税额表（附表）

省、自治区、直辖市	平均税额（元 / 平方米）
上海	45
北京	40
天津	35
江苏、浙江、福建、广东	30
辽宁、湖北、湖南	25
河北、安徽、江西、山东、河南、重庆、四川	22.5
广西、海南、贵州、云南、陕西	20
山西、吉林、黑龙江	17.5
内蒙古、西藏、甘肃、青海、宁夏、新疆	12.5

（四）税收的加收与减免

在人均耕地低于 0.5 亩的地区，省、自治区、直辖市可以根据当地经济发展情况，适当提高耕地占用税的一般适用税额，但提高的部分不得超过适用税额的 50%。占用基本农田的，应当按照一般适用税额或者前述人均耕地低于 0.5 亩地区的提高适用税额，按 150% 加征。

军事设施、学校、幼儿园、社会福利机构、医疗机构占用耕地的，免征耕地占用税。铁路线路、公路线路、飞机场跑道、停机坪、港口、航道、水利工程占用耕地的，按每平方米 2 元的税额减征耕地占用税。前述用途占用耕地的纳税人改变原占地用途，不再属于减免情形的，应当按照当地适用税额补缴耕地占用税。农村居民在规定用地标准以内占用耕地新建自用住宅，按照当地适用税额减半征收耕地占用税；其中，农村居民经批准搬迁，新建自用住宅占用耕地不超过原宅基地面积的部分，免征耕地占用税。农村烈士遗属、因公牺牲军人遗属、残疾军人以及符合农村最低生活保障条件的农村居民，在规定用地标准以内新建自用住宅，免征耕地占用税。根据国民经济和社会发展的需要，国务院可以规定免征或者减征耕地占用税的其他情形，并报全国人民代表大会常务委员会备案。

（五）纳税义务时间

耕地占用税的纳税义务发生时间为纳税人收到自然资源主管部门办理占用耕地手续的书面通知的当日。纳税人应当自纳税义务发生之日起 30 日内申报缴纳耕地占用税。

自然资源主管部门凭耕地占用税完税凭证或者免税凭证和其他有关文件发放建设用地批准书。

（六）小结

（1）耕地占用税是土地资源税中的一种，其征税对象是依法确定为耕地而被非农建设占用的土地。

（2）耕地占用税按纳税人所占耕地的面积分等从量定额计征。

（3）耕地占用税不论纳税人使用该耕地多长时间，一次性缴纳应缴耕地占用税后，均不再征收耕地占用税。

二、城镇土地使用税

城镇土地使用税，是指对在城市、县城、建制镇、工矿区范围内使用土地的单位和个人按照其实际占有的土地面积征收的一种房地产税。征收城镇土地使用税的目的和意义在于合理利用城镇土地，调节土地级差收入，提高土地利用效益，加强土地管理。

（一）纳税人

在城市、县城、建制镇、工矿区范围内使用土地的单位和个人为城镇土地使用税的纳税义务人。这里的单位包括国有企业、集体企业、私营企业、股份制企业、外商投资企业、外国企业以及其他企事业单位、社会团体、国家机关、军队及其他单位；个人包括个体工商户及其他个人。

（二）计税依据

城镇土地使用税以纳税人实际占用的土地面积为计税依据，按照规定税额计算征收。土地占用面积的组织测量工作，由各省、自治区、直辖市人民政府根据实际情况确定。

（三）税额计算

应纳税额的计算公式为：计征税额＝实际占地面积（平方米）×年征收额（元/平方米）。

城镇土地使用税每平方米的年征收额如下：①大城市为 1.5—30 元（原标准为 0.5—10 元）；②中等城市为 1.2—24 元（原标准为 0.4—8 元）；③小城市为 0.9—18 元（原标准为 0.3—6 元）；④县城、建制镇、工矿区为 0.6—12 元（原标准为 0.2—4 元）。

省、自治区、直辖市人民政府应当在上述所列税额幅度内，根据市政建设状况、经济繁荣程度等条件，确定所辖地区的适用税额幅度。市、县人民政府应当根据实际情况，将本地区土地划分为若干等级，在省、自治区、直辖市人民政府确定的税额幅度内，制定相应的适用税额标准，报省、自治区、直辖市人民政府批准执行。经省、自治区、直辖市人民政府批准，经济落后地区土地使用税的适用税额标准可以适当降低，但降低额不得超过最低税额的 30%。经济发达地区土地使用税的适用税额标准可以适当提高，但须报财政部批准。

（四）免征情形

下列情况可以免征城镇土地使用税：①国家机关、人民团体、军队自用的土地；②由国家财政部门拨付事业经费的单位自用的土地；③宗教寺庙、公园、名胜古迹自用的土地；④市政街道、广场、绿化地带等公共用地；⑤直接用于农、林、牧、渔业的生产用地；⑥经批准开山填海整治的土地和改造的废弃土地，从使用的月份起免缴土地使用税 5—10 年；⑦由财政部另行规定免税的能源、交通、水利设施用地和其他用地。纳税人缴纳土地使用税确有困难需要定期减免的，由县以上税务机关批准。

（五）纳税期限与地点

土地使用税按年计算，分期缴纳。缴纳期限由省、自治区、直辖市人民政府确定。

新征收的耕地，自批准征收之日起满 1 年时开始缴纳土地使用税；新征收的非耕地，自批准征收次月起缴纳土地使用税。

土地使用税由土地所在地的税务机关征收。自然资源主管部门应当向土地所在地的税务机关提供土地使用权属资料。

（六）小结

（1）城镇土地使用税是一种从量定额税，它将纳税人实际占用土地的面积作为计税依据，并按规定税额计算征收。

（2）城镇土地使用税根据地区差额分等开征。不同土地因地理位置、基础设施、经济与社会发展程度等方面的差异会导致使用者级差收入的差别，城镇土地使用税对不同城市以及同一城市中不同地区的土地按不同税额征收。这样，可以削减或消除因土地级差影响而给纳税人带来的不公正。

（3）城镇土地使用税与耕地占用税不同，它不是一次性征收应缴税额，而是规定了每平方米年税额，按面积按年计算，分期缴纳。

三、土地增值税

土地增值税，是以房地产转让取得的增值额为征税对象的一种税。开征土地增值税对规范土地和房地产市场交易秩序，合理调节土地增值收益，维护国家权益意义重大。

（一）纳税人

转让国有土地使用权、地上建筑物及其附着物并取得收入的单位和个人，为土地增值税的纳税义务人，应当缴纳土地增值税。

（二）征税对象

土地增值税按照纳税人转让房地产所取得的增值额和相应税率计算征收。所谓增值额，是指纳税人转让房地产所取得的收入减除法律规定扣除项目金额后的余额。转让房地产所取得的收入，包括货币收入、实物收入和其他收入。计算增值额的扣除项目包括：①取得土地使用权所支付的金额；②开发土地的成本、费用；③新建房及配套设施的成本、费用，或者旧房及建筑物的评估价格；④与转让房地产有关的税金；⑤财政部规定的其他扣除项目。

纳税人有下列情形之一的，按照房地产评估价格计算征收：①隐瞒、虚报房地产成交价格的；②提供扣除项目金额不实的；③转让房地产的成交价格低于房地产评估价格，又无正当理由的。

（三）税率及税额计算

土地增值税实行四级超额累进税率：①增值额未超过扣除项目金额50%的部分，税率为30%。②增值额超过扣除项目金额50%，但未超过扣除项目金额100%的部分，税率为40%。③增值额超过扣除项目金额100%，但未超过扣除项目金额200%的部分，税率为50%。④增值额超过扣除项目金额200%的部分，税率为60%。

应纳税额的计算公式为：计征税额＝土地增值额 × 适用税率＝（出售房地产的总收入－扣除项目金额）× 适用税率。

（四）免征和减征情形

属下列情形之一的，可免征土地增值税：①纳税人建造普通标准住宅出售，增值额未超过扣除项目金额20%的。②因国家建设需要依法征收、收回的房地产。

（五）缴纳期限与地点

纳税人应当自房地产转让合同签订之日起 7 日内向房地产所在地主管税务机关办理纳税申报，并在税务机关核定的期限内缴纳土地增值税。

土地增值税由税务机关征收。自然资源主管部门、房产管理部门应当向税务机关提供有关资料，并协助税务机关依法征收土地增值税。纳税人未按规定缴纳土地增值税的，自然资源主管部门、房产管理部门不得办理有关的权属变更手续。

（六）小结

（1）土地增值税是房地产流转领域内的主要税种。

（2）土地增值税以建设用地使用权的有偿转让及转让房地产的过程中所形成的收益增加值作为该税种的开征依据。只对发生收益增值的房地产转让行为征税，通过继承、赠与等方式没有取得增值收入的转让行为不在该税种征税范围之内。

（3）土地增值税是针对转让行为一次性征收的。

（4）土地增值税纳税人转让房地产取得的收入为不含增值税收入。[①]

第三节　房产税

从广义的房地产税来看，在房产保有和流通环节，主要涉及房产税、契税、印花税、城市维护建设税、企业所得税、个人所得税等，本节主要介绍其中最主要的两种：房产税与契税。下面依然是从纳税人、征税范围、计税依据、税额计算及税收的减免等几个方面进行阐述。

一、房产税

房产税是以房产为征税对象，依据房产余值或租金向房产所有权人征收的一种税。其特点是税源比较稳定，目前世界上大多数国家都征收此税。征收房产税不但能增加地方财政收入，支持地方市政建设，而且也便于对房屋实施管理，促进房屋的合理使用。

我国于2011年在上海和重庆设立房产税试点，后于2021年10月，第十三届全国人民代表大会常务委员会第三十一次会议决定：授权国务院在部分地区开展房地产税改革试点工作。试点地区的房地产税征税对象为居住用和非居住用等各类房地产，不包括依法拥有的农村宅基地及其上住宅。授权试点期限为5年。该决定指出，条件成熟时，及时制定法律。关于房产税的计税和征

---

① 参见2016年4月25日发布的《财政部 国家税务总局关于营改增后契税 房产税 土地增值税个人所得税计税依据问题的通知》，财税〔2016〕43号。

收现仍以 2011 年修订的《房产税暂行条例》为依据。

（一）纳税人

房产税在城市、县城、建制镇和工矿区征收。房产税由房屋产权所有人缴纳。产权属于全民所有的，由经营管理的单位缴纳。产权出典的，由承典人缴纳。产权所有人、承典人不在房产所在地的，或者产权未确定及租典纠纷未解决的，由房产代管人或者使用人缴纳。产权所有人、经营管理单位、承典人、房产代管人或者使用人，统称为纳税义务人。

（二）计税依据

（1）从价计征，即按照房产原值一次减除 10%—30% 后的余额计算缴纳；具体减除幅度，由省、自治区、直辖市人民政府规定。如果没有房产原值作为依据则由房产所在地税务机关参考同类房产核定。

（2）从租计征，对出租房产，以房产租金收入作为计税依据。

（三）税率及税额计算

房产税实行的是比例税率，根据计税依据的不同而分设两种税率：依照房产余值计算缴纳的，税率为 1.2%；依照房产租金收入计算缴纳的，税率为 12%。

（四）税收的减免

下列情形可以免缴房产税：①国家机关、人民团体、军队自用的房产；②由国家财政部门拨付事业经费的单位自用的房产；③宗教寺庙、公园、名胜古迹自用的房产；④个人所有非营业用的房产；⑤经财政部批准免税的其他房产。纳税人确有困难的，可由省、自治区、直辖市人民政府确定，定期减征或免征房产税。

（五）缴纳期限与地点

房产税实行按年计征，分期缴纳，具体纳税期限由省、自治区、直辖市人民政府规定。房产税由房产所在地的税务机关征收。

（六）小结

（1）房产税是一种直接税，原则上由房屋所有人承担，纳税人不能直接向其他人转嫁税收负担。

（2）房产税以房屋为征税对象，按期征收，税源稳定。

（3）房产税是一种按期征收、从价计征的税种，按年计征，或分季度、半年、全年一次，分期征收。

二、契税

契税是在土地、房屋权属发生转移时，就当事人订立的房地产转移契约，按交易房地产的成交价格、赠与房地产的市场价格或互换房地产的价格差额的一定比例向房地产取得人一次性征收的税。需要说明的是，由于我国法律不允许土地所有权的买卖、赠与，因此，房地产契税只适用于房屋所有权和土地使用权的转移。

（一）纳税人

契税的纳税人是通过房地产的买卖、赠与、交换等方式而取得房地产物权的受让人，包括建设用地使用权的受让人，房屋的买受人、受赠人和交换人等。

（二）征税对象

契税的征税对象是房地产的转移行为，即转移土地、房屋权属的行为，主要指：①土地使用权出让；②土地使用权转让，包括出售、赠与、互换，但不包括土地承包经营权和土地经营权的转移；③房屋买卖、赠与、互换等。以作价投资（入股）、偿还债务、划转、奖励等方式转移土地、房屋权属的，也应当依照规定征收契税。

（三）税率

契税税率为3%—5%。具体适用税率由省、自治区、直辖市人民政府在上述税率幅度内提出，报同级人民代表大会常务委员会决定，并报全国人民代表大会常务委员会和国务院备案。省、自治区、直辖市可以对不同主体、不同地区、不同类型的住房的权属转移确定差别税率。

（四）计税依据

契税的计税依据分以下几种情形：①土地使用权出让、出售、房屋买卖，为土地、房屋权属转移合同确定成交价格，包括应交付的货币以及实物、其他经济利益对应的价款；②土地使用权互换、房屋互换，为所互换的土地使用权、房屋价格的差额；③土地使用权赠与、房屋赠与以及其他没有价格的转移土地、房屋权属行为，为税务机关参照土地使用权出售、房屋买卖的市场价格依法核定的价格。纳税人申报的成交价格、互换价格差额明显偏低且无正当理由的，由税务机关按税收征收管理法规核定。

应纳税额的计算公式为：计征税额 = 计税依据 × 税率。

（五）税收的减免

有下列情形之一的，免征契税：①国家机关、事业单位、社会团体、军事单位承受土地、房屋权属用于办公、教学、医疗、科研、军事设施；②非营利性的学校、医疗机构、社会福利机构承受土地、房屋权属用于办公、教学、医疗、科研、养老、救助；③承受荒山、荒地、荒滩土地使用权用于农、林、牧、渔业生产；④婚姻关系存续期间夫妻之间变更土地、房屋权属；⑤法定继承人通过继承承受土地、房屋权属；⑥依照法律规定应当予以免税的外国驻华使馆、领事馆和国际组织驻华代表机构承受土地、房屋权属。根据国民经济和社会发展的需要，国务院对居民住房需求保障、企业改制重组、灾后重建等情形可以规定免征或者减征契税，报全国人民代表大会常务委员会备案。

省、自治区、直辖市可以决定对下列情形免征或者减征契税：①因土地、房屋被县级以上人民政府征收、征用，重新承受土地、房屋权属；②因不可抗力灭失住房，重新承受住房权属。前述免征或者减征契税的具体办法，由省、自治区、直辖市人民政府提出，报同级人民代表大会常务委员会决定，并报全国人民代表大会常务委员会和国务院备案。

纳税人改变有关土地、房屋的用途，或者有其他不再属于上述免征、减征契税情形的，应当缴纳已经免征、减征的税款。

（六）征收期限和地点

契税的纳税义务发生时间为纳税人签订土地、房屋权属转移合同的当日，或者纳税人取得其他具有土地、房屋权属转移合同性质凭证的当日。纳税人应当在依法办理土地、房屋权属登记手续前申报缴纳契税。纳税人办理纳税事宜后，税务机关应当开具契税完税凭证。纳税人办理土地、房屋权属登记，不动产登记机构应当查验契税完税、减免税凭证或者有关信息。未按照规定缴纳契税的，不动产登记机构不予办理土地、房屋权属登记。在依法办理土地、房屋权属登记前，权属转移合同、权属转移合同性质凭证不生效、无效、被撤销或者被解除的，纳税人可以向税务机关申请退还已缴纳的税款，税务机关应当依法办理。

契税的征收机关为土地、房屋所在地的税务机关。税务机关应当与相关部门建立契税涉税信息共享和工作配合机制。自然资源、住房城乡建设、民政、公安等相关部门应当及时向税务机关提供与转移土地、房屋权属有关的信息，协助税务机关加强契税征收管理。税务机关及其工作人员对税收征收管理过程中知悉的纳税人的个人信息，应当依法予以保密，不得泄露或者非法向他人提供。

（七）小结

（1）契税是针对不动产物权的转移而开征的税种。

（2）契税是由不动产的受让人缴纳的一种税。

（3）契税的征收以发生土地使用权、房屋所有权转移为条件，而不管其是否有增值收益。

（4）计征契税的成交价格不含增值税。[①]

第四节　我国房地产税收制度的评价与房产税改革

一、我国现行房地产税收制度的检讨与改革

我国的房地产税收体制是新中国成立以后按照经济发展形势的要求，在各单一房地产税种开征并叠加的基础上逐步形成的。目前，我国实际征收的房地产税收种类占我国实际总开征税种数量的一半。如前所述，按照征税发生的环节划分，房地产税可以分为房地产流转和保有两个环节的税收。流转环节税在房地产开发用地取得中主要有耕地占用税；在房地产开发建设和交易中主要有土地增值税和契税。从广义房地产税来看，流转环节税还涉及增值税、企业所得税、个人所得税、城市维护建设税和印花税等。房地产保有环节税主要指城镇土地使用税和房产税。

在城市土地出让制度中，地方政府实际上控制了城镇土地使用权的出让环节，并收取土地使用权出让金。除了以上房地产税收和城镇土地使用权出让金以外，我国地方政府还有名目繁多的各种收费，一般在几十种，多的地方甚至超过百种。前些年，我国房地产税收在地方税收中的比重约为20%—25%，如果将土地使用

---

① 参见《财政部 国家税务总局关于营改增后契税 房产税 土地增值税 个人所得税计税依据问题的通知》。

权出让金作为一种特殊的土地税收计算在内，房地产税收则达到地方财税收入的50%。尽管近两年房地产收入在地方财政收入中占比有所下滑，但仍占据高位。也正因如此，房地产业成为地方政府财政收入的重要来源，有"第二财政"之称。

从近些年我国的税收制度来看，依然存在一些问题，例如部分税种过时，税种政策设计不合理，不能适应市场经济发展的客观要求；税种繁杂，重流转，轻保有，重复征税现象严重；租税费界定不清，费大税小，税费关系扭曲等等。一般而言，税收制度应遵循效率、公平原则和财政原则等基本原则。但就目前我国房地产税收制度来说，在调节土地资源优化配置方面尚未起到相应的作用。税收流失问题严重，导致征地成本较高；税收负担不合理，在调节个人财富收入方面也收效甚微；税费使用往往受益于全体居民，但只向新购房屋者征取，利益的享受和成本付出不对等，收支构成不尽合理。因此，改革我国房地产财税体制，迫在眉睫。根据税收公平和效率两大原则，我国房地产财税制度应当力求公平与效益的统一与协调，充分发挥房地产税收的作用。未来，我国房地产税制改革的基本思路应在系统理清房地产经济活动不同环节税种之间关系的基础上，结合土地制度改革，统筹设计房地产税种，尽量将各类收费改为单一性税收，并纳入公共财政预算体制。在同一环节既要避免重复征收，又要避免遗漏征收。税种设计和税负大小要在房地产取得、交易和保有的不同环节上形成有效衔接和平衡分布。我国房地产税制改革的方向应是："明租、正税、清费"，即清理各类房地产税费，去除不合理费用和重复征税，合理设置税种和收费项目。"正税"即合理设置新税制，统一内外税制，避免重复征税，改变流转环节畸重、保有环节畸轻的现状；尽量向宽税基、少税种、低税率的国际通行方向靠拢。"明租"即土地出让金有必要从现在的一次性收取改为分年收取，以明确其地租性质。"清费"则是除少数确有必要的服务性收费外，其他收费或取消或合并为某一个固定的税种。①

二、我国房产税改革试点情况

2021年10月，第十三届全国人民代表大会常务委员会第三十一次会议通过《全国人民代表大会常务委员会关于授权国务院在部分地区开展房地产税改革试点工作的决定》（以下简称《决定》），启动了房地产税的新一轮改革。解读该《决定》的试点改革之目的可以看出，"引导住房合理消费"，意在从

---

① 王者洁，陈耀东.房地产法［M］.天津：南开大学出版社，2015：267-268.

保有环节调节、平衡房价及地价，增加炒房成本，落实中央"房子是用来住的，不是用来炒的"的政策；"引导土地资源节约集约利用"，迫使地方政府转变职能，降低地方财政对土地出让收入的过度依赖，拓展财政收入渠道，同时影响开发商投资决策，引导投资重回实体经济，最终达到"促进房地产市场平稳健康发展"的目标。

《决定》指出，试点地区的房地产税征税对象为居住用和非居住用等各类房地产，但不包括依法拥有的农村宅基地及其上住宅。土地使用权人、房屋所有权人为房地产税的纳税人。非居住用房地产继续按照《中华人民共和国房产税暂行条例》《中华人民共和国城镇土地使用税暂行条例》执行。国务院按照积极稳妥的原则，统筹考虑深化试点与统一立法、促进房地产市场平稳健康发展等情况确定试点地区，报全国人民代表大会常务委员会备案。

从目前开展新一轮房地产税改革情况来看，明确对个人住宅开征房产税举措的试点仍以2011年即先试先行的上海和重庆两个地区为主。下面主要介绍上海和重庆房产税试点情况。

（一）上海房产税试点情况

2011年1月27日，上海市人民政府根据当时国务院第136次常务会议有关精神，发布《上海市开展对部分个人住房征收房产税试点的暂行办法》，并于次日生效，正式开启对个人住房征收房产税的试点改革。2022年12月27日，上海市人民政府发文延长上述暂行办法有效期，指出暂行办法经评估需继续实施，继续按照执行。可见，2021年新一轮房地产税改革下，上海市继续坚持先前改革举措，目前尚未有所变化。

上海自2011年试点征收房产税即持较为审慎的态度。征收对象为本市居民家庭在本市新购且属于该居民家庭第二套及以上的住房（包括新购的二手存量住房和新建商品住房）和非本市居民家庭在本市新购的住房。纳税人为应税住房产权所有人。计税依据为参照应税住房的房地产市场价格确定的评估值，评估值按规定周期进行重估。试点初期，暂以应税住房的市场交易价格作为计税依据。房产税暂按应税住房市场交易价格的70%计算缴纳。适用税率分为两档，一般情况暂定为0.6%；应税住房每平方米市场交易价格低于本市上年度新

---

① 高档住房是指建筑面积交易单价达到上两年主城九区新建商品住房成交建筑面积均价2倍（含2倍）以上的住房。

第十章

建商品住房平均销售价格 2 倍（含 2 倍）的，税率暂减为 0.4%。同时，暂行办法还规定了税收减免的若干情况，其中最主要的减免情形是对于本市居民家庭在本市新购且属于该居民家庭第二套及以上住房的，合并计算的家庭全部住房面积人均不超过 60 平方米的，新购住房免征房产税；人均超过 60 平米的，仅对属新购住房超出部分的面积征收房产税。

可见，上海对个人住房房产税的征收只针对增量房，不包含存量房，并给予上海市户籍居民家庭首套免征及人均面积不足 60 平方米免征的优惠。在税率上根据交易价格不同采取两档固定税率，并未对多套房实行差别税率。上海试点个人住房房产税以来，运行良好，在一定程度上增加了市财政收入。尽管从税收收入较低占比来看，短期尚无法替代土地出让收入，还达不到以此保证地方财政收入的效果，但其对于优化上海地区房地产资源布局，整合城市资源等方面发挥了积极作用。也应当看到，上海市的个人住房房产税制度仍在探索阶段，尚有进一步完善的空间。

（二）重庆房产税试点情况

2011 年 1 月 27 日，重庆与上海同步，市人民政府发布《重庆市关于开展对部分个人住房征收房产税改革试点的暂行办法》，并于次日起实施。重庆试点房产税改革以来，多次调整政策，于 2017 年 1 月、2023 年 9 月和 2024 年 1 月对上述暂行规定进行了三次修改，在征收对象、计税依据、税率和应纳税额计算等方面不断变化，具体可参见下面表格。

关于征收对象	
2011 年	（一）试点采取分步实施的方式。首批纳入征收对象的住房为： 1. 个人拥有的独栋商品住宅。 2. 个人新购的高档住房。[①] 3. 在重庆市同时无户籍、无企业、无工作的个人新购的第二套（含第二套）以上的普通住房。 （二）未列入征税范围的个人高档住房、多套普通住房，将适时纳入征税范围
2017 年	3. 改为：在重庆市同时无户籍、无企业、无工作的个人新购的首套及以上的普通住房。 其他无变化
2023 年	3. 改回到 2011 年的规定，即在重庆市同时无户籍、无企业、无工作的个人新购的第二套（含第二套）以上的普通住房。 其他无变化
2024 年	无变化

续表

关于计税依据	
2011 年	应税住房的计税价值为房产交易价。条件成熟时，以房产评估值作为计税依据。 独栋商品住宅和高档住房一经纳入应税范围，如无新的规定，无论是否出现产权变动均属纳税对象，其计税交易价及适用的税率均不再变动。 属于本办法规定的应税住房用于出租的，按本办法的规定征收房产税，不再按租金收入征收房产税
2017 年	无变化
2023 年	无变化
2024 年	第一款改为：应税住房的计税价值为房产交易价。房产税暂按房产交易价的70% 计算缴纳。条件成熟时，以房产评估值作为计税依据。 其他无变化
关于税率	
2011 年	（一）独栋商品住宅和高档住房建筑面积交易单价在上两年主城九区新建商品住房成交建筑面积均价 3 倍以下的住房，税率为 0.5%；3 倍（含 3 倍）至 4 倍的，税率为 1%；4 倍（含 4 倍）以上的税率为 1.2%。 （二）在重庆市同时无户籍、无企业、无工作的个人新购首套及以上的普通住房，税率为 0.5%
2017 年	无变化
2023 年	无变化
2024 年	不再区分不同情况，全部修改为：应税住房税率为 0.5%
关于应纳税额计算与缴纳	
2011 年	（一）个人住房房产税应纳税额的计算。 应纳税额 = 应税建筑面积 × 建筑面积交易单价 × 税率 应税建筑面积是指纳税人应税住房的建筑面积扣除免税面积后的面积。 （二）免税面积的计算。 扣除免税面积以家庭为单位，一个家庭只能对一套应税住房扣除免税面积。 纳税人在本办法施行前拥有的独栋商品住宅，免税面积为 180 平方米；新购的独栋商品住宅、高档住房，免税面积为 100 平方米。纳税人家庭拥有多套新购应税住房的，按时间顺序对先购的应税住房计算扣除免税面积。 在重庆市同时无户籍、无企业、无工作的个人的应税住房均不扣除免税面积。 （三）税款缴纳 个人住房房产税的纳税义务发生时间为取得住房的次月。税款按年计征，不足一年的按月计算应纳税额。个人住房房产税由应税住房所在地的税务机关负责征收
2017 年	无变化
2023 年	无变化

第
十
章

续表

2024年	（一）应纳税额计算改为：应纳税额 = 应税建筑面积 × 建筑面积交易单价 × 70% × 税率。 （二）新购房免税面积改为：新购的独栋商品住宅、高档住房，免税面积为180平方米。 其他无变化

此外，重庆上述暂行办法中还明确了试点区域为主城九区。纳税人为应税住房产权所有人，产权人为未成年人的，由其法定监护人纳税；产权出典的，由承典人纳税；产权所有人、监护人、承典人不在房产所在地的，或者产权未确定及租典纠纷未解决的，由代管人或使用人纳税；应税住房产权共有的，共有人应主动约定纳税人，未约定的，由税务机关指定纳税人。在税收减免与缓缴方面规定，对农民在宅基地上建造的自有住房，暂免征收房产税；在重庆市同时无户籍、无企业、无工作的个人拥有的普通应税住房，如纳税人在重庆市具备有户籍、有企业、有工作任一条件的，从当年起免征税，如已缴纳税款的，退还当年已缴税款；因自然灾害等不可抗力因素，纳税人纳税确有困难的，可向税务机关申请减免税和缓缴税款；市政府认为需要减税或者免税的其他情形。个人住房房产税收入全部用于公共租赁房的建设和维护。该暂行办法还规定了一些如新建商品房成交建筑面积均价发布等配套措施。

从重庆房产税试点暂行办法可以看出，房产税征收对象有限，且随着房地产经济发展状况适时调整。2017年之前一段时间，全国房地产价格上涨较快，为控制房价涨幅，重庆调整房产税征收范围，将"三无"个人的应税新购住房从第二套扩大至首套房，以调节新购房价格。后因新冠疫情、房价调控等原因，全国房地产市场普遍低迷，活跃度不高，重庆于2023年和2024年再次调整房产税征收办法。一方面缩小征税范围，将"三无"个人的应税新购住房从首套改回第二套及以上；另一方面调低应纳税额，将计税依据从房产交易价改为交易价的70%，税率从差别税率改为低档统一税率，同时将新购房免税面积从100平方米扩大到180平方米。这一系列举措都表明重庆欲通过降低房产税以刺激房市。

从上海和重庆试点房产税改革来看，仅两地的方案就差别较大，且随着房地产市场变化不断进行调整。可见，房产税试点方案仍不成熟，距离房地产税统一立法还任重道远，期待更多试点切实推行房产税，以积累更丰富的可推广、可复制的经验，为房地产税收制度改革和立法提供实践支撑。

三、我国开征个人住房房产税的困境

通过上海、重庆房产税试点地区的探索，总结上海、重庆模式，由此可以

归纳总结出我国个人住房房产税改革进入深水区将面临的一些问题，这将为我国进一步全面开征个人住房房产税提供宝贵的经验。

1. 开征个人住房房产税通常会导致住房价格下跌

通常情况下，财产税构成财产的负债，除非持有财产者能有效转嫁此负担给他人，否则将减少财产投资的收益率。当房屋脱离住宅功能演化为金融投资产品时，则成为了奢侈品。目前，遑论我国的一、二线城市，即使是普通规模的三线城市，房价可能也是工薪阶层倾一生之力才能购买到的。在很多民众购买力不足的情况下，开征个人住房房产税，一定程度上可能会控制炒房行为，但也会带来房屋交易量的下降，从而进一步诱发房产价格的下跌。

2. 开征个人住房房产税可能会减少投资意愿，进而冲击房地产市场

在我国目前的产业布局中，房地产产业系投资的主要拉动力，牵一发而动全身。征收个人住房房产税，可能会伤害投资的积极性，并在一定程度上损害房地产市场繁荣的局面，带来一系列负面影响，直接表现为经济指数的下跌，并产生连锁反应，进而冲击整个房地产利益链条。

3. 开征个人住房房产税有可能违反量能课税原则

房产税改革重点是向保有环节倾斜。在保有环节征收房产税注定会损害特定主体的利益。拥有财产的人，不等于有经常性的所得收入，更不一定具备缴纳财产税的能力。价格高昂的房地产可能是很多人年轻时缴纳所得税后的储蓄，购房人年老退休后，财产税反而成为老年人的经济负担，长此以往不利于社会的稳定。

四、我国开征个人住房房产税的必要性

1. 开征个人住房房产税是引导房地产市场健康发展的需要

鉴于前些年房价飙升，我国很多地区都出台了限购令，来限制炒房投机行为，比如天津市 2016 年 9 月 30 日下发了《关于进一步促进我市房地产市场平稳健康发展的实施意见》。资料显示，2017 年天津以 22584 元 / 平方米的均价位列全国第六，环比上涨 10.62%。[①] 天津房价在限购令背景下不降反升，从侧面反映我国房价调控的难度和复杂度。开征个人住房房产税，对房屋持有人征

---

① 《限购后的廊坊、天津房价现状房价趋于平稳》，http: //bj.house.163.com/17/0505/06/CJLEEE3R0007823B.html，最后访问日期：2017-07-17.

税，将有效打击炒房等投机性购房行为，有利于从源头上解决房屋囤积的问题；此外，迫使房屋持有人将空置房屋流入市场，从而减轻持有的压力，无论是出租、出卖，还是其他形式流入市场，都将有效打破房地产市场供需关系，建立新的供需平衡，促进房地产市场平稳健康发展。

2. 开征个人住房房产税是调整收入分配，缩小贫富差距的需要

房产税在调节贫富差距上具有不可代替的作用，重庆房产税试点改革的做法对于高档住房和别墅课税在调节贫富差距方面就有所体现。[①]我国在建的公租房、保障性住房等都需要巨大的财政投入，超过一定面积的豪宅或者多数房产的持有者有义务承担相应的税负责任。房产税作为调整社会财富平衡的杠杆，可以对收入和财富进行再分配，有效促进公共设施的建设，从而促进整个社会收入水平和幸福度的提升。

3. 开征个人住房房产税是深化地方财政和税收体制改革的需要

土地出让金一直是地方政府的主要财政收入来源，但伴随可利用土地面积的锐减，土地资源的稀缺，土地财政越来越难以支撑地方发展。房产税是针对保有环节财产征收的税种，一方面，个人住房存量和保有量较大，房产价值显现，房产税能够成为地方政府重要财税来源；另一方面，房地产税收从重流转环节税向开征保有环节税的转变，符合我国税制改革的大方向，有利于财税制度的进一步完善。

五、我国开征个人住房房产税的建议

我国应积极稳妥推进房地产税立法与改革，引导住房合理消费和土地资源节约集约利用，促进房地产市场平稳健康发展。对此，应科学确定试点地区，先试先行个人住房房产税征收，待条件成熟，及时制定法律。在房产税制度设计上，应平衡好政府、社会、纳税人等各方利益，亦应兼顾好统一立法和因地制宜的关系。对于房产税制度改革，具体建议如下：

1. 明确将个人住房纳入房产税征收对象

现行《房产税暂行条例》规定的房产税只针对营业用房征收，而将个人所有非营业用的房产排除在征收对象之外。自2011年开启房产税试点以来，改革的方向就是要试征个人住房的房产税，从2021年再次开展的房地产税改革

---

① 参见《重庆市关于开展对部分个人住房征收房产税改革试点的暂行办法》，重庆市人民政府令第247号，2011-01-27已废止。

试点工作及其方案来看，开征个人住房房产税势在必行。现房产税征收范围过窄，应当明确房产税征税对象为居住用和非居住用房产，将个人住房纳入房产税征税范围。值得说明的是，依法拥有的农村宅基地上的住宅暂时不应征缴房产税，但随着农村宅基地财产价值的逐步显现，宅基地上的住房在条件成熟时亦应与城镇住宅一同被纳入房产税征税范围。

2. 坚持首套住房不征房产税

从试点方案来看，重庆房产税主要向存量和增量高档房及外来人口增量第二套普通住房产权人征缴；而上海房产税征收对象仅限于新购住房，区别是本市居民对家庭第二套及以上住房征税，非本市居民新购第一套即征税。可见，重庆和上海方案主要针对增量住房征税，存量房征税范围很小。开征个人住宅房产税是基于稳定房地产市场的考量，对新购增量房征收房产税能最直接调控房产市场价格。但从税收公平角度来看，存量房应与增量房同等对待，一并纳入房产税征缴范围。需要区别的应是家庭首套房，还是第二套及以上住房。通常来说，居民首套房一般是用来居住的，且是刚需。为保障民生，实现户有所居，减轻居民负担，首套住房不宜征收房产税，但对第二套及以上住房应纳入房产税征缴范围，以落实"房子是用来住的，而不是用来炒的"住房政策。

3. 采用差别税率计征房产税

在美国，每一个州都要交房产税，并由各州政府征收、自行决定税率的高低。在我国，现行房产税率单一且偏低。从重庆和上海试点来看，个人住房房产税税率现规定在0.4%—0.6%之间，重庆是统一税率，上海则根据房产价格实行差别税率。我国各地经济水平差异巨大，这为房产税改革后的统一立法提出挑战。按照统一税率征收房产税，是一种貌似公平，实则并不公平的做法。我国各地区经济发展水平不均衡，房产税作为地方政府的重要收入来源应根据各地实际情况分别制定标准，并由国务院进行审批。而针对多套房屋的征收，应该采用递进税率，房产越多，课税越多。针对未来宅基地入市的可能性，农村房屋和城市房屋税率也应有所区分。税率划分越细，实施越规范，越能从各个层级稳定市场，实现不动产资源的优化配置。

本章小结

房地产税收法律制度是国家税法的重要组成部分。房地产税收具有纳税主体多样性、征税对象复杂性及征税目的多重性等特征。合理的房地产税收不但可以保证国家取得稳定的收入，加强国家的宏观调控能力；而且，还可以调节社会各个阶层的经济利益，引导资金流向，实现产业结构的优化升级，实现国民经济的可持续健康发展。随着我国房地产业的迅速发展，我国的房地产税收法律制度逐渐完善，并已成为国家税收体系中相对独立、具有特色的一部分。

按照课税对象不同，可以将房地产税分为以土地为课税对象的税目和以房产为课税对象的税目。以土地为课税对象的税目较多，主要包括城镇土地使用税、耕地占用税、土地增值税和契税。以房产为课税对象的税目包括房产税和契税。需要说明的是，契税发生在土地和房屋权属转移中，既涉及土地也涉及房产，具体可分为土地契税和房产契税。土地契税主要指土地使用权出让、转让（包括出售、赠与、互换）中须缴纳的税金；房产契税主要指房屋买卖、赠与、互换中须缴纳的税金。我国的土地税主要包括耕地占用税、城镇土地使用税、土地增值税等；房产税主要包括房产税、契税等。本章从纳税人、征收范围、计税依据、税额计算及税收的加收与减免等几个方面对房地产各税种的主要内容进行了细致的阐述。

目前，我国积极推进房地产税收制度改革，改革的方向应是"明租、正税、轻费"。对于社会关注的房产税问题，上海市、重庆市作为试点地区积累了很多经验。我国房地产市场各地区差异很大，实际情况十分复杂，房地产税的改革和立法工作需要循序渐进、稳妥推进。

思考题

1. 如何理解房地产税收的含义、特征与作用。

2. 试述几种具体的土地税及其内容，并对其征收范围、计税依据、适用税率进行全方位的比较。

3. 试述几种具体的房产税及其内容，并对其征收范围、计税依据、适用税率进行全方位的比较。

4. 你认为我国开征房产税有哪些困境，并简要谈谈解决的办法及未来设想。

参考文献

1. 高富平，黄武双. 房地产法学 [M]. 5 版. 北京：高等教育出版社，2023.

2. 房绍坤. 房地产法 [M]. 6 版. 北京：北京大学出版社，2020.

3. 何杨. 中国房地产税改革 [M]. 北京：中国税务出版社，2017.

4. 张平. 中国房地产税改革：实证分析与实施策略 [M]. 上海：复旦大学出版社，2023.

第十一章

房地产纠纷与解决

[知识要求]

通过本章的学习，掌握：

● 房地产纠纷的概念及特点；

● 处理房地产纠纷应遵循的基本原则；

● 仲裁在解决房地产纠纷中的特点；

● 房地产民事诉讼与房地产行政诉讼的区别。

[技能要求]

通过本章的学习，能够了解：

● 房地产纠纷的基本类型；

● 房地产纠纷解决的方式和基本程序。

第一节　房地产纠纷

一、房地产纠纷的特点与类型

房地产纠纷一般指当事人在房地产的权利归属、开发建设、交易服务、社会保障等方面发生的关于权利义务关系的争议。房地产作为民事财产之一种，其所独具的自然、经济、法律和社会属性决定了其与其他民事财产相比，具有长期性、高资本性、社会效应性等特点。

"随着我国经济发展进入新常态、产业结构优化升级以及国家房地产政策的调整，房地产纠纷必然出现新情况，发生新变化、产生新问题。"[①] 同时，作为人们最基本的生活资料和生产资料，房地产又因其具有稀缺性、经济价值大等特点，使得房地产活动中容易发生纠纷。加之我国正处于经济和社会的转轨时期，房地产法律法规尚不健全，导致近几年我国房地产纠纷的数量呈上升趋势，纠纷类型也呈现出多元化特征。

正是由于房地产在诸多方面的特殊性质，因之发生的纠纷通常也体现出不同于一般财产纠纷的特点。

（一）房地产纠纷的特点

1. 纠纷类型多且新颖

我国目前房地产纠纷的类型主要有：房地产权属纠纷，如建设用地使用权、房屋所有权的确权纠纷；农村土地流转纠纷；以房屋和土地为标的物的建设工程承包、房地产合作开发、不动产中的补偿安置、联营、入股、代理居间等合同纠纷；与房屋相关联的房屋装修、附属设施的归属等纠纷；房屋买卖中的"一房二卖"（甚至"一房多卖"）、借名购房、以房抵债、房屋抵押、"小产权房"买卖等引发的纠纷；住房改革中出现的房屋有限产权、公房使用权买卖，房屋按揭、保障性住房建设与购买、公租房分配等纠纷；物业服务中业主与物业服务公司之间的纠纷；涉及不动产登记的纠纷；因国家调控房地产政策引发的房地产纠纷等。尤其自 2021 年以来，受新冠疫情、经济下行等多种因素影响，我国的房地产企业爆发债务危机的数量大幅增加，部分已售住宅项目停工烂尾、

---

① 参见《最高人民法院 2015 全国民事审判工作会议纪要》。

逾期交付。房地产企业的债务危机持续蔓延传导，如果解决不好将会影响民生保障、金融安全乃至社会稳定。上述纷繁复杂的纠纷既有传统房地产纠纷，也有新类型纠纷，虽给我国房地产法律实务带来了困惑，但也促进了我国房地产法律的完善。

2. 纠纷解决的高度复杂性

这是房地产纠纷区别于其他财产性纠纷的基本特性所在。房地产纠纷自身所涉及的法律关系极其复杂，就单起纠纷而言，其涉及面之广泛，影响之深远，也是其他一般民事纠纷所不能比拟的。房地不可分离及其利益复合性的特点，决定了房屋权益纠纷或土地权益纠纷往往不是单纯的房屋或土地的法律关系纠纷，而是涉及多种多样的法律关系。比如，农村房地产买卖涉及主体类型和土地性质的关系；商品房预售涉及购房者与开发商的房屋买卖关系，购房者与银行的楼宇贷款及按揭关系，开发商与银行的回购保证关系，开发商与承包商的工程建设合同关系，购房者与保险公司的保险合同关系等等。再如破产案件中，房地产企业在偿债资源极其有限的情况下，商品房消费者、预告登记购房人、以房抵债权利人等各类权利主体可能围绕同一标的物展开争夺，权利冲突尤为激烈。《企业破产法》第113条规定了职工债权、社保及税款债权、普通债权的清偿顺位，但对房地产企业破产案件中各类优先权的保护顺位规则尚不明确，实践中妥善解决冲突矛盾的依据不足。可见，其中任何一个环节出现差错，都会牵扯并引发其他法律关系的争议，这无疑会使当事人之间的权利义务关系变得错综复杂。

此外，由于我国调整房地产关系的相关法律法规及政策文件庞杂，且极不统一、不系统、不规范，司法机关和仲裁机关在处理房地产纠纷时，要么面对立法的空白，无法可依，要么会对大量相互不协调甚至冲突的规范而无所适从。房地产纠纷的复杂性，使得很多房地产纠纷陷入旷日持久的马拉松式审理。例如，河南省焦作市高永善诉焦作市影视器材公司房产纠纷引起的一系列案件，该案被称为"超级马拉松诉讼"，经过河南省三级法院在民事、行政程序中的三轮审理，历时10年，作出判决、裁定18份。

3. 纠纷当事人的对抗意志强烈

由于房地产价值较大，与金融业联系密切，且在相当程度上具有保障人类安居的作用，涉及人的基本权利，因此一旦发生房地产纠纷，对当事人的影响十分重大，迟延解决或妥协让步可能会导致不可逆转且难以弥补的损失，当事人通常迫切希望迅速解决。所以，产生房地产争议后，当事人通常不会采取像对待普通小额商品的态度那样息事宁人，在不能及时得到圆满解决的情况下，一般会将纠纷的解决诉诸法律，并且在相互对立的过程中对抗意志十分强烈，普通的调解往往无法解决问题，极易引发极端事件。

4. 纠纷当事人之间力量对比不平衡

民事主体的法律地位平等是民事活动所遵循的基本准则，这一点在房地产业也不例外。然而，与其他一般民事纠纷不同的是，房地产纠纷的当事人虽然享有平等的法律地位，但其相互之间的实力对比往往十分悬殊，例如在房地产二级市场中，作为纠纷一方的房地产经营者往往在信息、资本、法律等方面具有优势，而作为另一方的购房者由于缺乏专业知识、经验、资金，在与房地产经营者的周旋中往往容易产生生理和心理的超负荷疲劳，在短时间内无法对大量信息作出正确判断，自我保护能力相对薄弱。

5. 纠纷产生和处理的地域性强

房地产商品不能移动的物理特征决定了房地产市场的地域性特点，这一特点在房地产发生纠纷时表现得尤为突出。由于我国各地的社会经济条件、地理环境、投资因素、居住习惯、人文风貌差异显著，各地从本地区出发制定了不同的房地产法规和政策，且各地区房地产开发水平成熟度不同，各地的法律环境亦存在差异，这样相同性质、内容的纠纷会因其发生的地域不同而产生不同的裁决结果，异地异判的情况相当严重。此外，由于我国对房地产纠纷解决的司法程序实行专属管辖，当事人对此没有选择的余地，只能适用房地产所在地的房地产规范和政策对其纠纷进行调整。因此，房地产纠纷的地域性在房地产纠纷的司法处理过程中起着举足轻重的作用。

6. 纠纷救济结果的相对性（不彻底性）

如前所述，一个房地产项目往往涉及纷繁复杂的法律关系，牵涉众多关系人的利益，且标的价值巨大。但是，纠纷的焦点却通常出现在其中的某一个环节，如果因为对一个环节的法律救济适用而推翻其他相关的一切既有利益体系，虽然从法理上讲无可厚非，但却不得不考虑所引发的社会效果，社会稳定和安定团结往往也是人民法院在处理这一类纠纷时的重要考量因素。例如，在采光权纠纷中争议涉及的房屋虽然确实不正当地阻碍了相邻人房屋的光线，如果按照法律规定的排除妨碍而对其进行拆除，显然代价太高，是非常不经济的。所以，对这类案件的裁决一般都是以经济上的补偿来弥补采光权所持续受到的影响。另外，由于大量地方性房地产政策的存在，弱化了一些一般性法律的适用，在对很多纠纷的处理上不得不考虑地方的特殊情况，所以，基于房地产自身的性质和地方性法规、政策的强力，司法实践中通常会对那些直接针对房地产的救济请求作相对弱化的处理，这也使房地产纠纷的解决具有相对性和不彻底性。因此，对于那些严重资不抵债、失去经营能力的房地产企业，要按照法治化、市场化的原则该破产的破产，该重组的重组。否则，极易引发后续连锁问题。

7. 纠纷涉及的部门多且影响深远

房地产纠纷往往涉及众多行政主管部门，如规划部门、土地部门、城建部门、房管部门、环保部门等，部门众多就会导致部门之间工作不协调，加之各种法律法规、部门规章也经常出现矛盾，所以平等主体之间、管理者和被管理者之间、行政主管部门之间极易发生争执。在很多方面，房地产纠纷早已超出各个阶层的限制，成为整个社会的利益聚焦点，一旦发生纠纷往往涉及众多阶层、群众和团体。如果处理不当，将会影响当地的社会的稳定和经济的平稳发展。

8. 纠纷的政策适用性强

由于我国现行房地产法尚不健全，所以在处理房地产纠纷时往往出现"无法可依"，甚至规定与规定之间相互矛盾的情况，这时房地产政策就为纠纷解决提供依据。房地产业作为国民经济的重要产业，关乎国家的经济发展和社会稳定。房地产问题不单是法律问题，更是经济问题和社会问题，国家需要经常出台新的房地产政策予以宏观调控。例如，2013 年国务院出台"国五条"之后，因担心地方政府细则出台增加交易成本，二手房市场出现了恐慌性交易现象，房屋成交量巨大，引发大批纠纷。[①] 中共中央政治局 2022 年 7 月 28 日会议明确提出要稳定房地产市场，坚持房子是用来住的、不是用来炒的定位，因城施策用足用好政策工具箱，支持刚性和改善性住房需求，压实地方政府责任，保交楼、稳民生。在"保交楼"这一政策背景下，如何在房地产企业破产案件中更加有效地推进在建工程续建，保障人民群众合理居住需求和债权人合法权益，促进房地产市场平稳健康发展，成为受到高度关注的重要课题。所以，处理房

---

① 参见最高人民法院:《2014 年全国法院审理民商事案件情况分析》,《人民法院报》,2015 年 5 月 15 日。

地产纠纷必须在遵守法律的前提下充分考虑时下的房地产政策。①

（二）房地产纠纷的类型

房地产纠纷依照不同的标准可以分为不同的类型。

1. **按照房地产市场标准，房地产纠纷可分为房地产一级市场纠纷、房地产二级市场纠纷和房地产三级市场纠纷。**

（1）房地产一级市场纠纷。房地产一级市场纠纷是发生在建设用地使用权出让市场中的纠纷，这一类纠纷的突出特点是其主体的特殊性。国有土地出让的一级市场中，国家作为国有土地的所有者，是国有土地出让的特定主体。因国家具有土地所有者和公权力行使者的双重身份，关于出让行为的法律属性以及出让纠纷的诉讼类型，理论界和司法界均有争议。② 在集体经营性建设用地允许入市的现行法规下，房地产一级市场中集体也是集体土地上房地产纠纷的一方主体，亦具有特定性和特殊性。

（2）房地产二级市场纠纷。这一市场中产生的纠纷多发生在取得建设用地使用权的开发商或其他建设单位与建设工程承包合同中的承包人、分包人，以及与不特定的广大购房者之间，也有一些是发生在开发商与其他购买建设用地使用权及房屋所有权的经营者之间。就法律关系而言，涉及的应是平等主体之间的民事法律关系，但如前所述，法律地位的平等并不意味着对抗实力的平等，尤其是在房地产开发商与广大普通购房者之间，很难形成对等的抗衡。因此，房地产二级市场纠纷中普遍存在的一个的特点是：当事人之间法律地位平等，而对抗实力却相对不平等。

（3）房地产三级市场纠纷。与前两个市场中的纠纷相比，这一市场中的纠纷既发生在房地产经营者之间，也大量发生在非房地产经营者之间，彼此不但法律地位平等，而且在交易中并无绝对凌驾于对方的优势可言，因此，房地产三级市场纠纷是一种当事人之间的法律纠纷，与房地产二级市场纠纷相比较，

---

① 2017年3月15日通过的《民法总则》第10条对民法法源的规定以"习惯"取代了《民法通则》第6条对"国家政策"的规定。后来，《民法典》延续了《民法总则》的规定。如此，房地产领域的国家政策不再能成为人民法院裁决案件的直接适用依据了。

② 对于国有建设用地使用权出让合同，行政法学界主张其为行政合同，民商法学界主张其为民事合同，我们认为其应属于民事合同。但就司法机关审理此类纠纷的实际情况而言，各地区并不统一，有的将之纳入行政纠纷之内，有的则将其归于民商事纠纷范畴。

当事人之间的对抗实力相对均衡。

2. 按照主体标准，房地产纠纷可以分为房地产民事纠纷和房地产行政纠纷

（1）房地产民事纠纷。房地产民事纠纷，是作为平等主体的自然人、法人、非法人组织之间因房地产民事权利义务关系而发生的争议，例如商品房买卖纠纷、房屋租赁纠纷、建设用地使用权转让纠纷、物业服务纠纷等。此类纠纷的当事人法律地位平等，涉及纠纷的权益属于民事权益，争议的处理适用民事法律，争议解决的程序适用民事诉讼法，当事人承担的责任类型也属于民事法律责任。从整体上看，房地产民事纠纷的数目占房地产纠纷数目的大部分。

（2）房地产行政纠纷。房地产行政纠纷，是非平等主体之间，即民事主体与房地产行政主管单位之间因主管单位行使房地产行政管理权而发生的纠纷。例如，房地产行政主管部门没收开发商的违法所得，开发商不服就会与房地产行政主管部门之间发生纠纷。此类纠纷的当事人之间系管理与被管理的关系，争议的内容主要是国家公权力是否存在不当行使或者不作为的情况等，解决争议所遵循的实体法律系行政法，解决争议所遵循的程序法属于行政复议法、行政诉讼法等行政程序法，当事人承担的法律责任类型属于行政法律责任。

3. 按照客体标准，房地产纠纷可以分为土地纠纷和房屋纠纷

（1）土地纠纷。土地纠纷是当事人之间就土地的归属、土地权利的变动和其他涉及土地权益的事项而发生的争议。其中既包括平等主体之间的民事权益争议，也包括不平等主体之间的土地行政纠纷。土地归属纠纷是当事人之间发生的，就土地所有权、建设用地使用权、宅基地使用权、土地承包经营权等权利主体是谁的问题而发生的争议。例如，就土地所有权归属纠纷而言，既包括国家和集体之间的纠纷，也有集体和集体之间的纠纷。土地权利变动纠纷，多表现在建设用地使用权出让、转让方面，例如出让或转让合同是否有效，是否按照法律规定办理了批准或登记手续等。其他涉及土地权益的纠纷多表现为各种侵权纠纷，例如侵犯土地相邻权、侵犯土地所有权和使用权等。侵权纠纷最终往往会影响到土地权利的归属，两者有密切联系。

（2）房屋纠纷。房屋纠纷是当事人之间基于房屋的权利义务关系而发生的争议。房屋纠纷主要包括房屋物权纠纷、房屋开发建设纠纷、房屋交易纠纷、保障房的纠纷等。房屋物权纠纷主要是由于确权不准确、登记信息有争议等原因所致，当然也包括一些历史上政治运动的原因。房屋开发建设纠纷主要是房屋建设过程中涉及的工程质量、工程进度、工程款等纠纷以及相关行政主管部门对房屋建设主体的行政许可、监控监管等纠纷。房屋交易纠纷包括房屋的买卖、租赁、典当、抵押、借用等纠纷。保障房纠纷主要包括各种具有社会保障功能的房屋的购买或租赁资格、价格、申购或申租程序以及再交易问题的纠纷和争议。

应特别指出的是，由于房屋和土地在物理上和法律权属上的不可分离，实践中出现的绝大部分房地产纠纷均属于土地和房屋的混合纠纷。在处理这类纠纷时，有必要将土地和房屋作为一个整体加以考虑。

4. 按照房地产民事纠纷所涉及的民事权利性质，房地产纠纷可划分为房地产物权纠纷、房地产债权纠纷等民事权益纠纷

（1）房地产物权纠纷。房地产物权纠纷是当事人之间由于对房地产的占有、使用、收益、处分而发生的纠纷，如各种房地产的权属纠纷。房地产物权主要包括房地产所有权、房地产用益物权、房地产担保物权等。凡是基于这些权利而发生的纠纷，都可划归房地产物权纠纷的范畴。此外，诸如房地产继承纠纷、房地产知识产权纠纷等，也都是房地产物权纠纷的延伸。

（2）房地产债权纠纷。房地产债权纠纷是当事人针对房地产进行交易或者合作等行为而发生的民事权益争议，主要包括各种房地产合同纠纷，如土地使用权转让合同纠纷、房屋买卖合同纠纷、房地产租赁合同纠纷、房屋装修装饰纠纷等。

在很多情形中，房地产物权纠纷和债权纠纷往往发生在同一起纠纷中，侵犯房地产债权的通常也会侵犯房地产物权，但区分物权纠纷与债权纠纷仍然是十分必要的。其最大的意义在于侵犯房地产物权与侵犯房地产债权的法律要件不同，适用的请求权基础不同，所要承担法律责任的性质和内容也不同，如果不加以区分，就难以准确理顺其间的法律关系，也不便于人民法院正确界定案由，更不利于对房地产权利人合法权益的保护。

二、处理房地产纠纷的基本原则

房地产纠纷涉及房地产各个领域。为此，国家制定的大量法律法规、部门规章，最高人民法院的司法解释等，对于处理已经进入诉讼程序的房地产纠纷是可以直接适用的，这也使得我国房地产纠纷的处理基本上"有法可依"。

也应该看到，由于我国在各个不同历史时期受当时政治、经济、文化条件的制约，虽然有关房地产的各种法律、行政法规、部门规章、政策、司法解释

浩如烟海，但总体而言，国家调控房地产的法律滞后于房地产业的发展，一些行政法规零乱、不系统、不规范。在新形势下对一些新型案件的处理往往在法律中找不到适用的具体条款，只能依据一些基本原则进行处理。国务院各部委虽然颁布了许多行政法规，但有些法规已然过时；有些内容简单、抽象；有的甚至与国家的部门法和单行法相抵触；有些法规授权地方作出具体规定，而地方性法规又迟迟不能出台；等等。因此，为了正确、有效、及时地调处房地产纠纷，需要从宏观与微观的结合上探寻其适用的依据，以保护当事人的合法权益，促进房地产业的发展。

正确处理房地产纠纷，总体上应把握以下几点：第一，对于法律有明文规定的，应当适用法律规定。第二，对于法律没有明文规定的或虽有规定但已被废止的，应当适用交易习惯，但适用的习惯不得违背社会主义核心价值观，不得违背公序良俗；同时还要参考有关房地产政策，包括有关的司法政策。第三，对于既无法律明文规定又无习惯可以适用，也无政策可以参考的，应根据市场经济的规则和民法、房地产法等法律的基本原则，乃至公认的学理，结合房地产具体纠纷的实际情况，公平、合理地加以处理。

正确处理房地产纠纷，应遵循以下基本原则：

（一）法治原则

法治原则是我国宪法的基本原则之一。习近平总书记在2013年2月23日中共中央政治局第四次集体学习时的讲话深刻指出："努力让人民群众在每一个司法案件中感受到公平正义。"在处理房地产纠纷中，要严格遵循法治原则。在实体上，解决纠纷要严格依照实体法的规定确认权利义务关系，做到实体合法；在程序上，要严格保障程序法落到实处，要让正义以看得见的形式运行，达到程序公正的目标。在处理纠纷过程中，对于没有法律法规或者法律法规规定不明确的，可以适用习惯，并参照当时的房地产政策和司法政策来处理，但要防止以政策替代法律的倾向。在处理结果上也要体现法治原则，即要保护和平衡各方合法权益，做到结果公正。如果按照法律的规定进行逻辑演绎和处理，最后导致明显不公正的结果，就应摒弃这种推演处理方法，依照法治原则的公平正义精神处理纠纷。

（二）稳定原则

房地产纠纷的客体主要是影响到国计民生的土地资源和与人民生活息息相

关的房屋，其价值巨大，关系到人的基本生存需要，一旦处理不当就会导致严重后果，不利于社会和经济的稳定。坚持稳定原则，首先要坚持依法处理纠纷；其次要综合考虑纠纷形成的前因后果，杜绝机械适用法律；最后应当顾全大局，平衡各方利益，不能让利益对比严重失衡，使人民丧失对法律和公正的信仰；最后，政府机关、司法机关要切实负起责任，一方面坚决杜绝自身违反法律的各种做法；另一方面要及时、公平地处理房地产纠纷，切实关心民间疾苦，不办"关系案""人情案"，不"因人易法"，更不能与利益集团合谋，激化矛盾。例如，2024 年的《最高人民法院工作报告》谈到"助力保交楼稳民生"时，总结道："出台司法解释，明确商品房已售难交付纠纷债权受偿顺序，优先保障购房群众权益。发出 1 号司法建议，推动健全合同网签备案与预告登记衔接机制、加强商品房预售资金监管、强化预售信息查询和购房风险提示，促进做实保交楼、防纠纷。湖南某民营地产企业资金链断裂，法院审理推动重整引资、复工续建，促成 13 家关联企业成功合并重整，盘活资金 168 亿元，解决 1.6 万户交房难题。"再如，建设用地使用权期限届满地上物如何处理，建设用地使用权如何续期，以及续期是否续交土地使用权出让金等问题，涉及民生与社会稳定，民众高度关注。对此，原国土资源部办公厅对浙江省国土资源厅的请示复函如下："《物权法》第 149 条规定：'住宅建设用地使用权期间届满的，自动续期'。《中共中央 国务院关于完善产权保护制度依法保护产权的意见》（中发〔2016〕28 号）提出，'研究住宅建设用地等土地使用权到期后续期的法律安排，推动形成全社会对公民财产长久受保护的良好和稳定预期'。在尚未对住宅建设用地等土地使用权到期后续期作出法律安排前，少数住宅建设用地使用权期间届满的，可按以下过渡性办法处理：一、不需要提出续期申请。少数住宅建设用地使用权期间届满的，权利人不需要专门提出续期申请。二、不收取费用。市、县国土资源主管部门不收取相关费用。三、正常办理交易和登记手续。此类住房发生交易时，正常办理房地产交易和不动产登记手续，涉及'土地使用期限'仍填写该住宅建设用地使用权的原起始日期和到期日期，并注明：'根据《国土资源部办公厅关于妥善处理少数住宅建设用地使用权到期问题的复函》（国土资厅函〔2016〕1712 号）办理相关手续'。"① 采取"两不一正

---

① 参见：《国土资源部办公厅关于妥善处理少数住宅建设用地使用权到期问题的复函》（国土资厅函〔2016〕1712 号）。此外，原《物权法》第 149 条第 1 款的规定与《民法典》第 359 条第 1 款前句的规定相同。

常"的过渡做法，妥善解决了温州地区 20 年住房土地使用权到期的实际问题，维护了购房者的应有权益，防止了社会纠纷的发生，推动形成全社会对公民财产长久受保护的良好和稳定预期。

（三）平等保护原则

市场经济的特点是参与民事活动的主体地位平等、公平竞争、机会均等。房地产案件中的当事人，不论是自然人还是法人，也不论是本地人还是外地人，抑或是中国人还是外国人，他们在房地产交易中的合法权益都应公平地依法予以保护，反对歧视待遇和超国民待遇。应制止不公平竞争和转嫁经营风险的行为，制止破坏公平竞争原则的地方保护主义。

（四）历史与现实相结合原则

房地产纠纷往往情况复杂、跨时长久，很多纠纷形成的原因、背景要向前追溯几年、十几年甚至几十年。这些纠纷既包括许多新型纠纷，也包括过去历史背景下形成的纠纷。处理这些房地产纠纷，必须尊重历史，同时也要面对现实。第一，不能随意变更依照当时的政策法规已经确认的历史事实；第二，不能以现行法律政策否认历史上发生的房地产法律事实的合法性；第三，应当切实考察纠纷形成时的历史背景和法治状况，搞清楚整个纠纷的来龙去脉，依照法治精神处理，不能一味地将现行法律法规生硬地套用于当时背景下形成的纠纷，而应坚持法不溯及既往的原则；第四，在不违反法律禁止性规定的前提下，尊重历史形成的且为群众所认可的房地产处理规则。

（五）促进发展原则

在处理房地产纠纷问题上，应当坚持促进发展的原则，用发展的眼光看待实际中出现的问题。坚持促进发展的原则，就是要遵循市场经济规律，用市场经济观念判断哪些行为有利于房地产业的发展，哪些行为不利于房地产业的发展。凡是有利于房地产业健康发展的，应予以保护；否则，不予以保护。

第二节　房地产纠纷的解决

房地产案件往往十分复杂，且涉及多方主体，牵扯巨大利益，在纠纷解决上应多管齐下，多元调处，不能只依靠诉讼这一条路径。习近平总书记强调，坚持把非诉讼纠纷解决机制挺在前面，从源头上减少诉讼增量；要推动更多法治力量向引导和疏导端用力，完善预防性法律制度，坚持和发展新时代"枫桥经验"，完善社会矛盾纠纷多元预防调处化解综合机制。这一重要论述对房地产纠纷解决意义重大，为房地产矛盾的有效化解提供了强大思想武器和科学行动指南。

一、协商与调解

协商和调解是房地产纠纷解决的最前端，也是能将矛盾化解在萌芽状态的有效途径，是多元解纷机制的重要组成部分。

（一）协商

房地产纠纷的协商，是房地产纠纷的当事人在平等自愿的基础上，根据实际情况，自行商议解决纠纷的一种方式。协商是解决房地产纠纷常见的一种方式，它最大限度地尊重当事人的意志，调动当事人制订解决方案、处理纠纷的积极性。

当事人进行协商，应当遵循自愿、合法原则。协商是最友好的矛盾化解方式，不需要他人介入，当事人通过相互谅解、让步，达成一致意见解决问题，是最有效率且总体利益最大化的解纷途径。

（二）调解

调解，是指在第三方的主持下，房地产纠纷当事人通过平等协商，自行解决纠纷的方式。根据第三方的身份和调解协议的效力，调解可以分为三种。第一，民间调解。这种方式下，任何第三方都可以在双方认可的前提下成为调解的主持人。人民调解是民间调解最主要形式，是以人民调解委员会为主持人的民间调解。民间达成的调解协议一般没有强制执行力。第二，行政机关的调解。行政机关可以调解房地产当事人的纠纷，但须以当事人申请为前提。第三，人民法院和仲裁机构在诉讼和仲裁程序中的调解。这种调解一旦达成并生效后，就具有法律效力和强制执行力。

调解是具有中国特色的矛盾纠纷化解方式。人民调解作为民间调解最主要的形式，是维护社会和谐稳定的"第一道防线"，在矛盾纠纷预防化解中发挥着基础性作用。2011 年实施的《人民调解法》规定，人民调解是指人民调解委员会通过说服、疏导等方法，促使当事人在平等协商基础上自愿达成调解协议，解决民间纠纷的活动。人民调解委员会是依法设立的调解民间纠纷的群众性组织。村民委员会、居民委员会设立人民调解委员会。企业事业单位根据需要设立人民调解委员会。当事人可以向人民调解委员会申请调解；人民调解委员会也可以主动调解。当事人一方明确拒绝调解的，不得调解。人民调解员调解民间纠纷，应当坚持原则，明法析理，主持公道。调解民间纠纷，应当及时、就地进行，防止矛盾激化。人民调解员调解纠纷，调解不成的，应当终止调解，并依据有关法律、法规的规定，告知当事人可以依法通过仲裁、行政、司法等途径维护自己的权利。经人民调解委员会调解达成调解协议的，可以制作调解协议书。当事人认为无须制作调解协议书的，可以采取口头协议方式，人民调解员应当记录协议内容。经人民调解委员会调解达成的调解协议，具有法律约束力，当事人应当按照约定履行。人民调解委员会应当对调解协议的履行情况进行监督，督促当事人履行约定的义务。经人民调解委员会调解达成调解协议后，当事人之间就调解协议的履行或者调解协议的内容发生争议的，一方当事人可以向人民法院提起诉讼。经人民调解委员会调解达成调解协议后，双方当事人认为有必要的，可以自调解协议生效之日起 30 日内共同向人民法院申请司法确认，人民法院应当及时对调解协议进行审查，依法确认调解协议的效力。人民法院依法确认调解协议有效，一方当事人拒绝履行或者未全部履行的，对方当事人可以向人民法院申请强制执行。人民法院依法确认调解协议无效的，当事人可以通过人民调解方式变更原调解协议或者达成新的调解协议，也可以向人民法院提起诉讼。

2023 年 9 月，最高人民法院、司法部联合印发《关于充分发挥人民调解基础性作用推进诉源治理的意见》，指出要坚持以习近平新时代中国特色社会主义思想为指导，全面贯彻落实党的二十大精神，深入学习贯彻习近平法治思想，认真贯彻落实习近平总书记关于调解工作的重要指示精神。在上述指导思想基础上提出"六个坚持"工作原则，即坚持党的领导，坚持人民至上，坚持预防为主，坚持协调联动，坚持实质化解，坚持创新发展。该意见提出夯实人民调解"第一道防线"的"四个加强"具体要求，即要加强矛盾纠纷排查预防，加强基层矛盾纠纷化解，加强重点领域矛盾纠纷化解，加强重大疑难复杂矛盾纠纷化解。在此方面，特别提到对房地产相关纠纷加强人民调解的具体要求，如，要进一步加强物业等领域人民调解工作；加大对邻里、房屋宅基地、山林土地等基层常见多发的矛盾纠纷的调解力度，坚持抓早抓小、应调尽调、法理情相结合，防止因调解不及时、不到位引发"民转刑""刑转命"等恶性案件。该文件还对加强诉调对接工作、强化调解工作保障、加强组织领导等方面提出意见要求。2024 年《最高人民法院工作报告》谈到，最高人民法院"会同全国总工会、全国工商联、金融监管总局等 13 家单位建立矛盾纠纷预防化解机制，携手发挥行业专业调解优势，努力把各类纠纷化解在成诉之前。全国法院通过委托人民调解、行政调解、行业专业调解组织等成功调解纠纷 1199.8 万件，同比增长 32%，占同期诉至法院民事行政案件总量 40.2%"。可见，具有中国特色的调解工作值得大力弘扬。

总之，在房地产纠纷解决中应当充分发挥调解特别是民间调解的重要作用，坚持把调解这一非诉讼纠纷解决机制挺在前面，抓前端、治未病，深入推进诉源治理，从源头上减少诉讼增量，减少房地产纠纷向矛盾更为激化的司法诉讼转化。

二、行政复议

房地产纠纷的行政复议，是指房地产纠纷当事人不服行政机关的处理决定，而依法向有复议权的行政机关请求审查和裁决的行政法律行为。行政复议对于防止和纠正违法或者不当的具体行政行为，保护当事人的合法权益，保障和监督行政机关依法行使职权有着重要意义。

依《行政复议法》的规定，房地产纠纷的行政复议须经下列程序：

1. 行政复议申请

当事人认为房地产行政机关的行政行为侵犯其合法权益的，可以自知道或者应当知道该行政行为之日起 60 日内提出行政复议申请；但法律规定的申请期限超过 60 日的除外。因不可抗力或者其他正当理由耽误法定申请期限的，申请期限自障碍消除之日起继续计算。行政机关作出行政行为时，未告知公民、法人或者其他组织申请行政复议的权利、行政复议机关和申请期限的，申请期限自公民、法人或者其他组织知道或者应当知道申请行政复议的权利、行政复议机关和申请期限之日起计算，但是自知道或者应当知道行政行为内容之日起最长不得超过 1 年。因不动产提出的行政复议申请自行政行为作出之日起超过20 年，其他行政复议申请自行政行为作出之日起超过 5 年的，行政复议机关不予受理。

申请人申请行政复议，可以书面申请，也可以口头申请。当事人认为行政机关的行政行为所依据的规范性文件不合法，在对行政行为申请行政复议时，可以一并向行政复议机关提出对该规范性文件的附带审查申请。

县级以上各级人民政府以及其他依照本法履行行政复议职责的行政机关是行政复议机关。行政复议机关办理行政复议事项的机构是行政复议机构。行政复议机构同时组织办理行政复议机关的行政应诉事项。

2. 行政复议受理

行政复议机关收到行政复议申请后，应当在 5 日内进行审查，对符合《行政复议法》规定的，行政复议机关应当予以受理；对不符合《行政复议法》规定的行政复议申请，行政复议机关应当在审查期限内决定不予受理并说明理由；对不属于本机关管辖的，应当在不予受理决定中告知申请人有管辖权的行政复议机关。行政复议申请的审查期限届满，行政复议机关未作出不予受理决定的，审查期限届满之日起视为受理。

3. 行政复议审理

行政复议机关受理行政复议申请后，依照《行政复议法》适用普通程序或者简易程序进行审理。行政复议机构应当指定行政复议人员负责办理行政复议案件。

4. 行政复议决定

行政复议机关依照《行政复议法》审理行政复议案件，由行政复议机构对行政行为进行审查，提出意见，经行政复议机关的负责人同意或者集体讨论通过后，以行政复议机关的名义作出行政复议决定。经过听证的行政复议案件，行政复议机关应当根据听证笔录、审查认定的事实和证据，依照《行政复议法》作出行政复议决定。提请行政复议委员会提出咨询意见的行政复议案件，行政复议机关应当将咨询意见作为作出行政复议决定的重要参考依据。

适用普通程序审理的行政复议案件，行政复议机关应当自受理申请之日起 60 日内作出行政复议决定；但是法律规定的行政复议期限少于 60 日的除外。情况复杂，不能在规定期限内作出行政复议决定的，经行政复议机构的负责人批准，可以适当延长，并书面告知当事人；但是，延长期限最多不得超过 30 日。适用简易程序审理的行政复议案件，行政复议机关应当自受理申请之日起 30 日内作出行政复议决定。行政复议机关作出行政复议决定，应当制作行政复议决定书，并加盖行政复议机关印章。行政复议决定书一经送达，即发生法律效力。

当事人经调解达成协议的，行政复议机关应当制作行政复议调解书，经各方当事人签字或者签章，并加盖行政复议机关印章，即具有法律效力。调解未达成协议或者调解书生效前一方反悔的，行政复议机关应当依法审查或者及时作出行政复议决定。

三、仲裁

（一）房地产仲裁的概念和特征

1. 概念

房地产仲裁，指民事主体之间在房地产纠纷发生前或发生后达成协议，自愿将争议提交仲裁机构进行裁决的活动。

2. 特征

（1）以双方当事人自愿为前提。自愿即双方当事人在纠纷发生前或发生后都愿意将争议提交仲裁机构裁决。若一方不同意仲裁，就无法引起房地产仲裁程序的发生。仲裁协议或仲裁条款应当以书面形式订立。

（2）具有强制性。当事人一旦选择用仲裁的方式解决其争议，仲裁机构所作的裁决即具有法律效力，对双方当事人都有约束力，当事人应当履行，否则仲裁申请人可向人民法院申请强制执行。

（3）具有保密性。和诉讼程序不一样，仲裁原则上是不公开进行的。应当事人的请求，仲裁也可以公开进行。

（4）仲裁员可以由当事人自由选择。仲裁庭由三名仲裁员组成的，双方当事人可以在仲裁员名单中各自由选择一人。首席仲裁员由当事人双方共同选择或者由仲裁委员会主任指定。仲裁庭采取独任仲裁的，独任仲裁员由双方共同选定或由仲裁委员会主任指定。

（5）不实行地域管辖和级别管辖。和诉讼实行地域管辖和级别管辖不同，选择仲裁的争议双方当事人可以自由选择任何级别、任何地区的任何仲裁机构进行仲裁。

（6）一裁终局。我国的诉讼程序实行两审终审制，仲裁实行一裁终局制，即仲裁庭就争议事项作出的仲裁裁决生效之后，当事人不得就同一争议事项再次提起仲裁或者向法院提起诉讼。

鉴于仲裁解决纠纷的特点，当事人越来越多地选择通过仲裁来解决房地产纠纷。

（二）房地产仲裁的一般程序

房地产仲裁程序是房地产仲裁活动必经的过程。主要有下列程序：

1. 仲裁申请

申请仲裁是法律赋予当事人的权利，任何单位和个人不得干涉。当事人申请仲裁须符合的条件是：①有仲裁协议；②有具体的仲裁请求和事实、理由；③属于仲裁委员会的受理范围。

当事人递交的仲裁申请书应载明下列事项：①当事人的基本情况，包括当事人姓名、性别、年龄、职业、工作单位和住址，法人或者非法人组织的名称、住所、法定代表人或者主要负责人的姓名和职务等；②仲裁请求和所根据的事实、理由；③证据和证据来源、证明目的，证人姓名和住所等。

2. 仲裁受理

仲裁委员会收到仲裁申请书之日起5日内，认为符合受理条件的，应当受理，并通知当事人。受理申请后，仲裁委员会应当在仲裁规则规定的期限内将仲裁规则和仲裁员名册送达申请人，并将仲裁申请书副本和仲裁规则、仲裁员名册送达被申请人。被申请人应在仲裁规则规定的期限内向仲裁委员会提交答辩书。

需说明的是，当事人达成仲裁协议，一方向人民法院起诉未声明有仲裁协议，人民法院受理后，另一方在首次开庭前提交仲裁协议的，人民法院应当驳回起诉，但仲裁协议无效的除外；另一方在首次开庭前未对人民法院受理该案提出异议的，视为放弃仲裁协议，人民法院应当继续审理。

3. 组成仲裁庭

仲裁庭可以由3名仲裁员或者1名仲裁员组成。

由3名仲裁员组成的，设首席仲裁员。当事人应当各自选定或者各自委托仲裁委员会主任指定一名仲裁员，第三名仲裁员由当事人共同选定或者共同委托仲裁委员会主任指定。第三名仲裁员为首席仲裁员。

由1名仲裁员成立仲裁庭的，应当由当事人共同选定或者共同委托仲裁委员会主任指定仲裁员。当事人没有在仲裁规则规定的期限内选定仲裁员的，由仲裁委员会主任指定。

4. 开庭和裁决

仲裁委员会应当在仲裁规则规定的期限内将开庭日期通知双方当事人。当事人有正当理由的，可以在仲裁规则规定的期限内请求延期开庭。是否延期，由仲裁庭决定。

仲裁应当开庭进行，当事人协议不开庭的，仲裁庭可以根据仲裁申请书、答辩书以及其他材料作出裁决。当事人同意线上开庭的，仲裁庭可以线上开庭审理。仲裁不公开进行，当事人协议公开的，可以公开进行，但涉及国家秘密的除外。

当事人申请仲裁后，可以自行和解。达成和解协议的，可以请求仲裁庭根据和解协议作出裁决书，也可以撤回仲裁申请。当事人达成和解协议，撤回仲裁申请后反悔的，可以根据仲裁协议申请仲裁。

仲裁庭在作出裁决前，可以先行调解。当事人自愿调解的，仲裁庭应当调解。调解不成的，应当及时作出裁决。调解书与仲裁书有同等法律效力。

裁决应当按照多数仲裁员的意见作出，少数仲裁员的不同意见可以记入笔录。仲裁庭不能形成多数意见时，裁决应当按照首席仲裁员的意见作出。裁决书应当写明仲裁请求、争议事实、裁决理由、仲裁费用的负担和裁决日期等。当事人协议不愿写明争议事实和裁决理由的，可以不写。

5. 执行裁决

当事人应当履行裁决。一方当事人不履行的，另一方当事人可以按照民事诉讼法的有关规定向人民法院申请强制执行。

（三）友好仲裁在解决房地产纠纷中的适用

为满足市场主体对民事纠纷解决方式多元化的需求，一些地区的仲裁机构努力尝试推行友好仲裁制度。例如，天津市仲裁委员会2005年颁布了《天津仲裁委员会友好仲裁暂行规则》（以下简称《暂行规则》），并于同年9月1日起生效。《广州仲裁委员会仲裁规则》《上海仲裁委员会仲裁规则》《中国（辽宁）自由贸易试验区仲裁规则》《中国（上海）自由贸易试验区仲裁规则》等都规定了友好仲裁。友好仲裁制度在运行的过程中，由于各行业间的差异明显，对仲裁工作的专业性提出了更高的要求，而房地产行业突出的行业特性要求一个专门的仲裁机构来为其提供更加专业化的服务。

所谓友好仲裁（Amiable Composition）制度，是指仲裁员根据当事人的授权，在不违背法律和公共政策的前提下，不必拘泥于法律的规定，根据公平正义原则和仲裁员的良知对案件作出裁决，当事人不得以此对裁决进行抗辩的一项法律制度。

例如，天津的《暂行规则》第 4 条规定："房地产友好仲裁应当遵循当事人自愿、诚实信用、公平合理、不违反法律法规及不违背公序良俗的原则。"这就意味着房地产友好仲裁庭在对当事人的纠纷进行仲裁时，主要以互谅互让的方式，依公平交易和诚实信用原则对实质问题作出裁决。

友好仲裁制度起源于法国，并在 1988 年巴黎《国际商会调解和仲裁细则》中得到明确体现。另外，许多仲裁规则中虽然没有明确提及"友好仲裁"一词，但却使用了"公平原则"的提法，达到了与友好仲裁异曲同工的效果。这一制度最初得以设立主要是纠纷当事人基于"降低谈判成本"和"加速协议达成"的一种妥协策略，对于提高合意效率和降低协商成本大有裨益。友好仲裁制度的运用在我国房地产纠纷的解决中，除上述益处之外，还另有其独特的功效：由于我国房地产纠纷产生和处理存在强烈的地域性和政策性，地方立法及房地产政策的适用在很大程度上可能会与纠纷当事人的自治意思相背，此种情况下如果将纠纷提交友好仲裁庭依公平和善意等原则进行裁判，无疑是一种很好的选择。

当然，友好仲裁并不意味着当事人和仲裁员能够肆意妄为，其至少应受到两方面的控制：第一，须基于当事人的真实意思表示，这是友好仲裁制度得以适用的基础；第二，须受法律的强制性规定和公共政策的限制，也即《暂行规则》中所强调的"不违反法律法规及不违背公序良俗的原则"。

（三）快速仲裁在解决房地产纠纷中的适用

我国《仲裁法》尚没有规定快速仲裁程序，但从国际贸易仲裁规则和国内部分地区的仲裁机构规则设置来看，都有快速程序的规定，并在房地产纠纷的解决中发挥了重要作用。2021 年联合国国际贸易法委员会通过了《联合国国际贸易法委员会快速仲裁规则》，并以附录形式出现在《联合国国际贸易法委员会仲裁规则》中。《深圳国际仲裁院仲裁规则》（2022 年修正）、《上海仲裁委员会仲裁规则》（2022 年修订）、《太原仲裁委员会仲裁规则》（2021 年修订）等亦规定了快速仲裁程序。从上述规则来看，在快速仲裁的适用和程序方面，各仲裁机构存在差异，但主要都会涉及以下制度：

第一，快速仲裁的适用。《上海仲裁委员会仲裁规则》规定，凡争议金额不超过人民币 500 万元的，或争议金额超过人民币 500 万元但经当事人书面同意的，或当事人约定适用快速程序或简易程序的，适用快速程序。争议金额不明确的，由仲裁委根据案件的复杂程度、涉及权益的情况以及其他有关因素综合考虑决定是否适用快速程序。《深圳国际仲裁院仲裁规则》将适用快速程序的争议金额标准设定为人民币 300 万元，其他规定与上海基本相同。《太原仲裁委员会仲裁规则》与上海和深圳规定不同，明确快速仲裁适用的前提是经双方当事人同意，规定以下案件可以适用快速仲裁程序：①事实清楚、权利义务关系明确、争议不大的简单给付类案件，标的额为人民币 30 万元以下；②事实清楚、权利义务关系明确，当事人请求确认合同效力；③事实清楚，权利义务关系明确，双方争议的标的物处于紧急状态；④当事人在本会之外已经就争议达成和解协议或者调解协议，请求本会制作裁决书或调解书；⑤其他经本会同意可以适用快速仲裁的案件。

第二，快速仲裁的仲裁庭组成和审理方式。《上海仲裁委员会仲裁规则》规定，适用快速程序的案件，组成独任仲裁庭审理案件，但仲裁委另行决定的除外。仲裁庭可以按照其认为适当的方式审理案件。仲裁庭可以决定根据当事人提交的书面材料和证据进行书面审理，也可以决定开庭审理。其他机构仲裁规则基本与上海规定相同。《太原仲裁委员会仲裁规则》特别指出，适用快速仲裁程序的案件，具体程序和期限可以不受本规则其他条款限制。

第三，快速仲裁的程序及程序变更。在快速仲裁的各项程序方面，《上海仲裁委员会仲裁规则》规定了快速仲裁中答辩和反请求提交材料的程序和时限，开庭通知和审理延期开庭的程序等。深圳规定与上海相同。《太原仲裁委员会仲裁规则》指出适用快速仲裁程序的案件，可以比照简易程序进一步优化立案、组庭、庭审、调解、裁决、送达等程序。从比照的简易程序来看，太原规定也基本与上海相同。在程序变更方面，《上海仲裁委员会仲裁规则》规定：①仲裁请求的变更或者反请求的提出，不影响快速程序的继续进行。②变更后的仲裁请求或反请求所涉及的争议金额超过人民币 500 万元的，经一方当事人申请或仲裁庭提议，仲裁委认为有必要的，可以决定不再适用快速程序，并应当根据本规则其他章的规定进行仲裁。③原适用普通程序的案件，仲裁庭组成前，申请人变更仲裁请求的，变更后的仲裁请求所涉及的争议金额不超过人民币 500 万元的，适用快速程序；仲裁庭组成后，仲裁请求的变更或者反请求的提出，不影响普通程序的继续进行。深圳规定只是在争议金额标准上规定为人民币 300 万元，与适用范围保持一致，其他基本与上海相同。《太原仲裁委员会仲裁规则》对于程序变更的规定更尊重当事人意见，即仲裁庭不能在规定期限作出裁决，经当事人共同申请或者一方当事人申请、其他当事人同意的，可以将快速程序变更为简易程序或者普通程序。仲裁庭可以做出变更程序的决定。程序变更后，已进行的仲裁程序是否重新进行，由当事人协商决定，不能达成一致时，由仲裁庭决定。

第四，快速仲裁的裁决。《上海仲裁委员会仲裁规则》规定，除非当事人另有约定，仲裁庭可以决定在快速程序中作出简易裁决，并在裁决书中以其认为适当的方式说明裁决理由。《太原仲裁委员会仲裁规则》对裁决作出期限进行了规定，仲裁庭应当自组成之日起 10 日内作出裁决。有特殊情况的，由独任仲裁员提请本会批准，可以延长审理期限。《深圳国际仲裁院仲裁规则》则规定，适用快速程序的，仲裁庭应当在组庭之日起 2 个月内作出裁决。

快速仲裁程序更能体现仲裁制度的高效性和便捷性，对于法律关系简单且争议金额不大的房地产纠纷可以采取快速程序处理，以尽快解决矛盾。值得说明的是，快速仲裁程序在我国的仲裁机构中还尚未普及和统一，一些仲裁规则以简易程序替代快速程序，或混淆简易程序和快速程序。2021 年修订版的《太原仲裁委员会仲裁规则》是少有的既规定了简易程序又规定了快速程序的代表，明确了二者的区别和适用上的不同，与国际仲裁规则接轨，具有借鉴意义。

（四）临时仲裁制度在涉外房地产纠纷中的应用

临时仲裁，也称为非机构仲裁或特别仲裁，是与机构仲裁相对应的一种仲裁形式。在临时仲裁制度下，仲裁庭没有固定的办公地点、章程和程序规则。仲裁庭的组成、仲裁程序和仲裁规则均由双方当事人商议决定，最大限度地赋予了当事人自主决定权。与机构仲裁相比，临时仲裁所提供的程序具有更高的灵活性。

临时仲裁在国际仲裁中被广泛应用，但我国现行《仲裁法》并没有承认临时仲裁制度，《仲裁法》第 16 条、第 18 条，乃至《民事诉讼法》第 248 条、第 288 条等规定均仅直指机构仲裁，尚无当事人适用临时仲裁的法律依据。然而随着"一带一路"倡议的深入推进，我国对外基础设施等房地产领域投资日益活跃，涉外商事纠纷以国际仲裁方式解决的需求不断增加，为与国际规则接轨，我国也在尝试推进临时仲裁制度建设。

2016 年底最高人民法院发布《关于为自由贸易试验区建设提供司法保障的意见》，其中第 9 条规定，在自贸试验区内注册的企业相互之间约定在内地特定地点、按照特定仲裁规则、由特定人员对有关争议进行仲裁的，可以认定该仲裁协议有效。该条没有将必须有明确的仲裁委员会作为仲裁协议有效的条件，实际上突破了我国《仲裁法》关于临时仲裁的限制。尽管该条将临时仲裁适用限定在了"三特定"的狭小空间，但仍被认为是我国对临时仲裁的首次尝试。在此基础上，我国不少地区积极探索临时仲裁制度，具有代表性的是2017年4月珠海仲裁委员会发布的《横琴自由贸易试验区临时仲裁规则》。横琴规则突破了最高人民法院司法保障意见中关于适用临时仲裁主体的限制，除了在自由贸易试验区注册的企业之间可以适用外，其他当事人依据双方约定的解决财产权益纠纷的法律可以采用临时仲裁方式的，亦可约定适用该规则。此外，横琴规则还作了将临时仲裁向机构仲裁转化的设计，解决了临时仲裁在现行仲裁制度框架下的执行问题。

2021年7月，司法部公布《仲裁法（修订）（征求意见稿）》，其中第91条至第93条专门规定了临时仲裁制度，但将临时仲裁的适用限于具有涉外因素的商事纠纷。尽管《仲裁法（修订）（征求意见稿）》尚未通过，但表明临时仲裁入法已被提上日程，且将首先应用于涉外商事纠纷。临时仲裁因其高度灵活性和自治性，将在涉外房地产纠纷解决中发挥越来越重要的作用。

四、诉讼

（一）房地产诉讼的基本类型

房地产纠纷的诉讼解决，是指人民法院在房地产纠纷当事人和其他诉讼参与人的参加下，通过诉讼程序，解决房地产纠纷的一种方式。

房地产诉讼分为两大类：一是房地产纠纷的民事诉讼，二是房地产纠纷的行政诉讼。房地产民事诉讼与行政诉讼具有较为密切的联系，在同一起纠纷中往往会同时涉及两种性质的诉讼。实践中，因不动产和自然资源登记纠纷引发的民行交叉案件就存在适用民事诉讼还是行政诉讼的问题，加之理论上对于不动产登记的属性亦有"行政行为""民事行为""民行综合行为"等观点纷争，不动产和自然资源登记纠纷是由人民法院的行政庭还是民庭受理不无争议。《房屋登记案件司法解释》第8条规定："当事人以作为房屋登记行为基础的买卖、共有、赠与、抵押、婚姻、继承等民事法律关系无效或者应当撤销为由，对房屋登记行为提起行政诉讼的，人民法院应当告知当事人先行解决民事争议，民事争议处理期间不计算在行政诉讼起诉期限内；已经受理的，裁定中止诉讼。"

而《民法典物权编司法解释（一）》第 1 条则采取了不同的态度，即"因不动产物权的归属，以及作为不动产物权登记基础的买卖、赠与、抵押等产生争议，当事人提起民事诉讼的，应当依法受理。当事人已经在行政诉讼中申请一并解决上述民事争议，且人民法院一并审理的除外"。《森林资源民事纠纷案件适用法律的解释》第 2 条明确列举了哪些案件属于民事诉讼，哪些案件属于行政诉讼。

房地产纠纷的民事诉讼与房地产纠纷的行政诉讼也存在很大区别，主要表现在以下几方面。

1. 解决纠纷的性质不同

房地产民事诉讼所要解决的是作为平等主体的当事人之间基于房地产而发生的关于民事权利义务关系的争议；房地产行政诉讼所要解决的是作为行政相对人的自然人、法人、非法人组织认为作为行政主体的房地产行政主管部门作出的或者应当作出而不作出的具体行政行为侵犯其合法权益的纠纷。

2. 提起诉讼的主体不同

房地产民事诉讼是发生在平等主体之间的诉讼，当事人各方都有权起诉对方，即使原告起诉，被告还可以反诉，任何一方当事人都既可能成为原告亦可能成为被告；行政诉讼则是发生在行政主体与行政相对人即管理者和被管理者之间的诉讼，原告与被告是特定的。原告只能是处于被管理者地位的、作为行政相对人的自然人、法人或其他非法人组织，被告只能是处于管理者地位的、作为行政主体的房地产行政主管部门，二者的位置不得转换。另外，行政诉讼中被告的确定有一些特殊规则。一般来讲，行政诉讼的被告是作出具体行政行为的行政主体，但如果属于经复议的案件，复议机关决定维持原具体行政行为的，作出原具体行政行为的行政机关是被告；复议机关改变原具体行政行为的，复议机关是被告。

3. 诉讼目的不同

房地产民事诉讼通过对民事纠纷的处理，确认民事权益归属及民事法律关系，以保障一方当事人的房地产民事合法权益不被另一方的民事违法行为所侵犯；而房地产行政诉讼的目的则是通过对行政纠纷的处理，实现对房地产行政主管部门的监督，以保障民事主体的房地产合法权益免受违法或不当具体行政行为侵害，同时也可依法督促房地产行政主管部门及时、合法地行使职权，防止出现被管理者权益受损的情况。

4. 诉讼的原则与方式不同

房地产民事诉讼中当事人可以直接向人民法院起诉；房地产行政诉讼中的当事人起诉前须弄清是否需要首先进行房地产行政复议。房地产民事诉讼实行"谁主张谁举证"的原则；房地产行政诉讼则实行"被告负举证责任"的原则。

5. 适用的法律不同

在实体法方面，房地产民事诉讼所依据的实体法主要有《民法典》《土地管理法》《城市房地产管理法》等；房地产行政诉讼依据的实体法则主要是房地产行政法律、法规或规章等。在程序法方面，房地产民事诉讼适用的是《民事诉讼法》，而房地产行政诉讼则适用《行政诉讼法》。

6. 是否进行调解也存在不同

民事诉讼中，在依法作出判决之前可以对当事人双方的纠纷进行调解，调解不成的，依法裁判；行政诉讼中，不得进行调解。

此外，房地产民事诉讼与行政诉讼在诉讼时效、审判组织、裁判内容、解决纠纷的方式及执行等方面也存在着区别。

（二）房地产民事诉讼基本程序

1. 起诉和受理

（1）起诉。根据《民事诉讼法》的规定，起诉必须符合如下条件：①原告是与本案有直接利害关系的公民、法人和其他组织；②有明确的被告；③有具体的诉讼请求和事实、理由；④属于人民法院受理的民事诉讼的范围和受诉人民法院管辖。起诉的方式有口头和书面两种，实践中房地产纠纷的起诉绝大多数采取书面方式。当然，也包括进入"法院网上诉讼服务平台"，采取网上立案起诉的方式。起诉状应当载明当事人的基本情况、诉讼请求和所依据的事实和理由、证据和证据来源等。

起诉必须向有管辖权的人民法院提起。因房地产民事纠纷提起诉讼的，是指房地产的权利确认、分割、相邻关系等引起的物权纠纷，由房地产所在地人民法院专属管辖，农村土地承包经营合同纠纷、房屋租赁合同纠纷、建设工程施工合同纠纷、保障性和政策性房屋买卖合同纠纷，按照不动产纠纷确定管辖。房地产已登记的，以不动产登记簿记载的所在地为房地产所在地；房地产未登记的，以房地产实际所在地为房地产所在地。因房地产合同纠纷提起的诉讼，由被告住所地或合同履行地人民法院管辖；房地产合同的双方当事人可以在书面合同中协议选择被告住所地、合同履行地、合同签订地、原告住所地、标的物所在地等与争议有实际联系的地点的人民法院管辖，但不得违反《民事诉讼法》对级别管辖和专属管辖的规定。

（2）受理。人民法院应当保障当事人依照法律规定享有的起诉权利。对符合起诉条件的，必须受理，应当在 7 日内立案，并通知当事人；不符合起诉条件的，应当在 7 日内作出裁定书，不予受理；原告对裁定不服的，可以提起上诉。

2. 审理前的准备

人民法院应当在立案之日起 5 日内将起诉状副本送达被告，被告应当在收到之日起 15 日内提交答辩状。被告提出答辩状的，人民法院应当在收到之日起 5 日内将答辩状副本发送原告。被告不提交答辩状的，不影响人民法院审理。审判人员确定后，应当在 3 日内告知当事人。

3. 开庭审理

人民法院审理民事案件，除涉及国家秘密、个人隐私或者法律另有规定的以外，应当公开进行。人民法院应在开庭 3 日前通知当事人和其他诉讼参与人。公开审理的，应当公告当事人姓名、案由和开庭的时间、地点。

开庭审理前，书记员应当查明当事人和其他诉讼参与人是否到庭，宣布法庭纪律。开庭审理时，由审判长或独任审判员核对当事人，宣布案由，宣布审判人员、法官助理、书记员等的名单，告知当事人有关的诉讼权利义务，询问当事人是否提出回避申请。

法庭调查按照下列顺序进行：①当事人陈述；②告知证人的权利义务，证人作证，宣读未到庭的证人证言；③出示书证、物证、视听资料和电子数据；④宣读鉴定意见；⑤宣读勘验笔录。

法庭辩论按照下列顺序进行：①原告及其诉讼代理人发言；②被告及其诉讼代理人答辩；③第三人及其诉讼代理人发言或者答辩；④互相辩论。法庭辩论终结，由审判长或者独任审判员按照原告、被告、第三人的先后顺序征询各方最后意见。

书记员应当将法庭审理的全部活动记入笔录，由审判人员和书记员签名。法庭笔录应当当庭宣读，也可以告知当事人和其他诉讼参与人当庭或者在 5 日内阅读。当事人和其他诉讼参与人认为对自己的陈述记录有遗漏或有差错的，有权申请补正。如果不予补正，应当将该申请记录在案。法庭笔录由当事人和其他诉讼参与人签名或者盖章。拒绝签名盖章的，记明情况附卷。

4. 作出裁决

人民法院对公开审理或者不公开审理的案件，一律公开宣告判决。当庭宣判的，应当在 10 日内发送判决书；定期宣判的，宣判后立即发给判决书。宣告判决时，必须告知当事人上诉权利、上诉期间和上诉的法院。人民法院适用普通程序审理的案件，应当在立案之日起 6 个月内审结。有特殊情况需要延长的，经本院院长批准，可以延长 6 个月；还需要延长的，报请上级人民法院批准。

判决书应当写明判决结果和作出该判决的理由。判决书内容包括：①案由、诉讼请求、争议的事实和理由；②判决认定的事实和理由、适用的法律和理由；③判决结果和诉讼费用的负担；④上诉期间和上诉的法院。判决书由审判人员、书记员署名，加盖人民法院印章。

在人民法院做出裁判前，应当进行调解。调解必须自愿、合法，调解协议内容不得违反法律规定。无法达成调解协议的，人民法院应当及时做出裁判，不能久调不决。

5. 上诉

当事人不服一审判决或者裁定的，可以依法提起上诉，启动二审程序。

（1）提起上诉。当事人不服地方人民法院第一审判决的，有权在判决书送达之日起 15 日内向上一级人民法院提起上诉。当事人不服地方人民法院第一审裁定的，有权在裁定书送达之日起 10 日内向上一级人民法院提起上诉。

上诉应当递交上诉状。上诉状应当通过原审人民法院提出，并按照对方当事人或者代表人的人数提供副本。当事人直接向第二审人民法院上诉的，第二审人民法院应当在 5 日内将上诉状移交原审人民法院。原审人民法院收到上诉状，应当在 5 日内将上诉状副本送达对方当事人，对方当事人在收到之日起 15 日内提交答辩状。人民法院应当在收到答辩状之日起 5 日内将副本送达上诉人。对方当事人不提出答辩状的，不影响人民法院审理。原审人民法院收到上诉状、答辩状，应当在 5 日内连同全部案卷和证据，报送第二审人民法院。

（2）二审审理。第二审人民法院应当对上诉请求的有关事实和适用法律进行审查。第二审人民法院对上诉案件应当开庭审理。经过阅卷、调查和询问当事人，对没有提出新的事实、证据或者理由，人民法院认为不需要开庭审理的，可以不开庭审理。第二审人民法院审理上诉案件，可以在本院进行，也可以到案件发生地或者原审人民法院所在地进行。

（3）二审裁判。第二审人民法院对上诉案件经过审理，按照下列情形分别处理：①原判决、裁定认定事实清楚，适用法律正确的，以判决、裁定方式驳回上诉，维持原判决、裁定；②原判决、裁定认定事实错误或者适用法律错误的，以判决、裁定方式依法改判、撤销或者变更；③原判决认定基本事实不清的，裁定撤销原判决，发回原审人民法院重审，或者查清事实后改判；④原判决遗漏当事人或者违法缺席判决等严重违反法定程序的，裁定撤销原判决，发回原审人民法院重审。原审人民法院对发回重审的案件作出判决后，当事人提起上诉的，第二审人民法院不得再次发回重审。

第二审人民法院对不服第一审人民法院裁定的上诉案件的处理，一律使用裁定。第二审人民法院审理上诉案件，可以进行调解。调解达成协议，应当制作调解书，由审判人员、书记员署名，加盖人民法院印章。调解书送达后，原审人民法院的判决即视为撤销。第二审人民法院的判决、裁定，是终审判决、裁定。

人民法院审理作出判决的上诉案件，应当在第二审立案之日起 3 个月内审结。有特殊情况需要延长的，由本院院长批准。人民法院审理对裁定的上诉案件，应当在第二审立案之日起 30 日内作出终审裁定。

（三）房地产行政诉讼基本程序

1. 起诉和受理

对属于人民法院受案范围的行政案件，公民、法人或者其他组织可以先向行政机关申请复议，对复议决定不服的，再向人民法院提起诉讼；也可以直接向人民法院提起诉讼。法律、法规规定应当先向行政机关申请复议，对复议决定不服再向人民法院提起诉讼的，依照法律、法规的规定。

《行政复议法》第 23 条规定，有下列情形之一的，申请人应当先向行政复议机关申请行政复议，对行政复议决定不服的，可以再依法向人民法院提起行政诉讼：①对当场作出的行政处罚决定不服；②对行政机关作出的侵犯其已经依法取得的自然资源的所有权或者使用权的决定不服；③认为行政机关存在本法第十一条规定的未履行法定职责情形；④申请政府信息公开，行政机关不予公开；⑤法律、行政法规规定应当先向行政复议机关申请行政复议的其他情形。对上述规定的情形，行政机关在作出行政行为时应当告知公民、法人或者其他组织先向行政复议机关申请行政复议。

公民、法人或者其他组织不服复议决定的，可以在收到复议决定书之日起15日内向人民法院提起诉讼。复议机关逾期不作决定的，申请人可以在复议期满之日起15日内向人民法院提起诉讼，但法律另有规定的除外。公民、法人或者其他组织直接向人民法院提起诉讼的，应当自知道或者应当知道作出行政行为之日起6个月内提出。法律另有规定的除外。因不动产提起诉讼的案件自行政行为作出之日起超过20年，其他案件自行政行为作出之日起超过5年提起诉讼的，人民法院不予受理。公民、法人或者其他组织因不可抗力或者其他不属于其自身的原因耽误起诉期限的，被耽误的时间不计算在起诉期限内。公民、法人或者其他组织因其他特殊情况耽误起诉期限的，在障碍消除后10日内，可以申请延长期限，是否准许由人民法院决定。

提起行政诉讼应当符合下列条件：①原告是符合《行政诉讼法》第25条规定的公民、法人或者其他组织；②有明确的被告；③有具体的诉讼请求和事实根据；④属于人民法院受案范围和受诉人民法院管辖。

人民法院在接到起诉状时对符合起诉条件的，应当登记立案。对当场不能判定是否符合起诉条件的，应当接收起诉状，出具注明收到日期的书面凭证，并在7日内决定是否立案。不符合起诉条件的，作出不予立案的裁定。裁定书应当载明不予立案的理由。原告对裁定不服的，可以提起上诉。人民法院既不立案，又不作出不予立案裁定的，当事人可以向上一级人民法院起诉。上一级人民法院认为符合起诉条件的，应当立案、审理，也可以指定其他下级人民法院立案、审理。

2. 审理和判决

（1）审理。人民法院公开审理行政案件，但涉及国家秘密、个人隐私和法律另有规定的除外。涉及商业秘密的案件，当事人申请不公开审理的，可以不公开审理。

诉讼期间，不停止行政行为的执行。但有下列情形之一的，裁定停止执行：①被告认为需要停止执行的；②原告或者利害关系人申请停止执行，人民法院认为该行政行为的执行会造成难以弥补的损失，并且停止执行不损害国家利益、社会公共利益的；③人民法院认为该行政行为的执行会给国家利益、社会公共利益造成重大损害的；④法律、法规规定停止执行的。当事人对停止执行或者不停止执行的裁定不服的，可以申请复议一次。

在涉及行政许可、登记、征收、征用和行政机关对民事争议所作的裁决的行政诉讼中，当事人申请一并解决相关民事争议的，人民法院可以一并审理。在行政诉讼中，人民法院认为行政案件的审理需以民事诉讼的裁判为依据的，可以裁定中止行政诉讼。人民法院对行政案件宣告判决或者裁定前，原告申请撤诉的，或者被告改变其所作的行政行为，原告同意并申请撤诉的，是否准许，由人民法院裁定。

在举证责任和调解问题上，房地产行政诉讼与房地产民事诉讼有所不同。在举证责任方面，被告对作出的行政行为负有举证责任，应当提供作出该行政行为的证据和所依据的规范性文件。被告不提供或者无正当理由逾期提供证据，视为没有相应证据。但是，被诉行政行为涉及第三人合法权益，第三人提供证据的除外。在行政诉讼过程中，被告及其诉讼代理人不得自行向原告、第三人和证人收集证据。被告在作出行政行为时已经收集了证据，但因不可抗力等正当事由不能提供的，经人民法院准许，可以延期提供。原告或者第三人提出了其在行政处理程序中没有提出的理由或者证据的，经人民法院准许，被告可以补充证据。原告可以提供证明行政行为违法的证据。原告提供的证据不成立的，不免除被告的举证责任。在调解方面，人民法院审理行政案件，不适用调解。但是，行政赔偿、补偿以及行政机关行使法律、法规规定的自由裁量权的案件可以调解。

（2）判决。人民法院经过审理，根据不同情况，分别作出以下判决：①行政行为证据确凿，适用法律、法规正确，符合法定程序的，或者原告申请被告履行法定职责或者给付义务理由不成立的，人民法院判决驳回原告的诉讼请求。②行政行为有下列情形之一的，人民法院判决撤销或者部分撤销，并可以判决被告重新作出行政行为：主要证据不足的；适用法律、法规错误的；违反法定程序的；超越职权的；滥用职权的；明显不当的。人民法院判决被告重新作出行政行为的，被告不得以同一的事实和理由作出与原行政行为基本相同的行政行为。③人民法院经过审理，查明被告不履行法定职责的，判决被告在一定期限内履行。④人民法院经过审理，查明被告依法负有给付义务的，判决被告履行给付义务。⑤行政行为有下列情形之一的，人民法院判决确认违法，但不撤销行政行为：行政行为依法应当撤销，但撤销会给国家利益、社会公共利益造成重大损害的；行政行为程序轻微违法，但对原告权利不产生实际影响的。⑥行政行为有下列情形之一，不需要撤销或者判决履行的，人民法院判决确认违法；行政行为违法，但不具有可撤销内容的；被告改变原违法行政行为，原告仍要求确认原行政行为违法的；被告不履行或者拖延履行法定职责，判决履行没有意义的。⑦ 行政行为有实施主体不具有行政主体资格或者没有依据等重大且明显违法情形，原告申请确认行政行为无效的，人民法院判决确认无效。⑧ 人民法院判决确认违法或者无效的，可以同时判决责令被告采取补救措施；给原告造成损失的，依法判决被告承担赔偿责任。⑨ 行政处罚明显不当，或者其他行政行为涉及对款额的确定、认定确有错误的，人民法院可以判决变更。人民法院判决变更，不得加重原告的义务或者减损原告的权益。但利害关系人同为原告，且诉讼请求相反的除外。⑩ 被告不依法履行、未按照约定履行或者违法变更、解除《行政诉讼法》第 12 条第 1 款第 11 项规定的协议的，人民法院判决被告承担继续履行、采取补救措施或者赔偿损失等责任。被告变更、解除本法第 12 条第 1 款第 11 项规定的协议合法，但未依法给予补偿的，人民法院判决给予补偿。

人民法院应当在立案之日起 6 个月内作出第一审判决。有特殊情况需要延长的，由高级人民法院批准，高级人民法院审理第一审案件需要延长的，由最高人民法院批准。

3. 上诉及第二审基本程序

当事人不服人民法院第一审判决的，有权在判决书送达之日起 15 日内向上一级人民法院提起上诉。当事人不服人民法院第一审裁定的，有权在裁定书送达之日起 10 日内向上一级人民法院提起上诉。逾期不提起上诉的，人民法院的第一审判决或者裁定发生法律效力。

人民法院对上诉案件，应当组成合议庭，开庭审理。经过阅卷、调查和询问当事人，对没有提出新的事实、证据或者理由，合议庭认为不需要开庭审理的，也可以不开庭审理。人民法院审理上诉案件，应当对原审人民法院的判决、裁定和被诉行政行为进行全面审查。

人民法院审理上诉案件，应当在收到上诉状之日起 3 个月内作出终审判决。有特殊情况需要延长的，由高级人民法院批准，高级人民法院审理上诉案件需要延长的，由最高人民法院批准。

人民法院审理上诉案件，按照下列情形，分别处理：①原判决、裁定认定事实清楚，适用法律、法规正确的，判决或者裁定驳回上诉，维持原判决、裁定；②原判决、裁定认定事实错误或者适用法律、法规错误的，依法改判、撤销或者变更；③原判决认定基本事实不清、证据不足的，发回原审人民法院重审，或者查清事实后改判；④原判决遗漏当事人或者违法缺席判决等严重违反法定程序的，裁定撤销原判决，发回原审人民法院重审。原审人民法院对发回重审的案件作出判决后，当事人提起上诉的，第二审人民法院不得再次发回重审。人民法院审理上诉案件，需要改变原审判决的，应当同时对被诉行政行为作出判决。

本章小结

　　房地产纠纷的数量近些年逐年增加。鉴于房地产本身具有的特殊性质，房地产纠纷也呈现出纠纷类型新颖、法律关系复杂、当事人对抗意志强烈且力量对比不平衡、纠纷产生和处理的地域性强、救济结果不彻底、政策适用性较之法律更强等诸多特点。对房地产纠纷，必须充分考虑房地产纠纷的类型和特点，坚持法治、稳定、平等保护、历史与现实相结合、促进发展等原则，通过协商、调解、行政复议、仲裁、诉讼等多种渠道和程序，依照法律法规加以解决。

思考题

　　1. 如何理解房地产纠纷的特点？

　　2. 如何划分房地产纠纷的类型？

　　3. 处理房地产纠纷的原则有哪些？

　　4. 房地产纠纷的解决有哪几种基本方法和程序？其基本内容是什么？

　　5. 如何适用仲裁制度解决房地产纠纷？

参考文献

　　1. 杨家学. 房地产法经典案例评析 [M]. 北京：法律出版社，2013.

　　2. 张卫平. 民事诉讼法 [M]. 6 版. 北京：法律出版社，2023.

　　3. 李延荣. 房地产法原理与案例教程 [M]. 3 版. 北京：中国人民大学出版社，2021.

　　4. 姜明安. 行政法与行政诉讼法 [M]. 7 版. 北京：北京大学出版社，2019.

　　5. 肖建国. 仲裁法学 [M]. 北京：高等教育出版社，2021.

第十一章

本书缩略语表

一、宪法与法律

《宪法》——《中华人民共和国宪法》

《民法典》——《中华人民共和国民法典》

《民法总则》——《中华人民共和国民法总则》

《物权法》——《中华人民共和国物权法》

《民法通则》——《中华人民共和国民法通则》

《合同法》——《中华人民共和国合同法》

《土地管理法》——《中华人民共和国土地管理法》

《乡村振兴促进法》——《中华人民共和国乡村振兴促进法》

《城市房地产管理法》——《中华人民共和国城市房地产管理法》

《担保法》——《中华人民共和国担保法》

《继承法》——《中华人民共和国继承法》

《立法法》——《中华人民共和国立法法》

《婚姻法》——《中华人民共和国婚姻法》

《妇女权益保障法》——《中华人民共和国妇女权益保障法》

《未成年人保护法》——《中华人民共和国未成年人保护法》

《老年人权益保护法》——《中华人民共和国老年人权益保护法》

《建筑法》——《中华人民共和国建筑法》

《城乡规划法》——《中华人民共和国城乡规划法》

《农村土地承包法》——《中华人民共和国农村土地承包法》

《招标投标法》——《中华人民共和国招标投标法》

《土地改革法》——《中华人民共和国土地改革法》（已失效）

《行政诉讼法》——《中华人民共和国行政诉讼法》

《行政复议法》——《中华人民共和国行政复议法》

《民事诉讼法》——《中华人民共和国民事诉讼法》

《消费者权益保护法》—《中华人民共和国消费者权益保护法》

《海域使用管理法》——《中华人民共和国海域使用管理法》

《矿产资源法》——《中华人民共和国矿产资源法》

《信托法》——《中华人民共和国信托法》

《水法》——《中华人民共和国水法》

《仲裁法》——《中华人民共和国仲裁法》

《渔业法》——《中华人民共和国渔业法》

《森林法》——《中华人民共和国森林法》

《草原法》——《中华人民共和国草原法》

《文物保护法》——《中华人民共和国文物保护法》

《野生动物保护法》——《中华人民共和国野生动物保护法》

《海商法》——《中华人民共和国海商法》

《侵权责任法》——《中华人民共和国侵权责任法》

《拍卖法》——《中华人民共和国拍卖法》

《公司法》——《中华人民共和国公司法》

《合伙企业法》——《中华人民共和国合伙企业法》

《个人独资企业法》——《中华人民共和国个人独资企业法》

《证券投资基金法》——《中华人民共和国证券投资基金法》

《民用航空法》——《中华人民共和国民用航空法》

《价格法》——《中华人民共和国价格法》

《反垄断法》——《中华人民共和国反垄断法》

《劳动法》——《中华人民共和国劳动法》

《企业破产法》——《中华人民共和国企业破产法》

二、行政法规

《城镇集体所有制企业条例》——《中华人民共和国城镇集体所有制企业条例》

《土地管理法实施条例》——《中华人民共和国土地管理法实施条例》

《房屋征收与补偿条例》——《国有土地上的房屋征收与补偿条例》

《房屋拆迁条例》——《城市房屋拆迁管理条例》（已失效）

《企业劳动争议处理条例》——《中华人民共和国企业劳动争议处理条例》（已失效）

《土地使用权出让和转让暂行条例》——《中华人民共和国城镇国有土地使用权出让和转让暂行条例》

《矿产资源法实施细则》——《中华人民共和国矿产资源法实施细则》

《房地产开发经营条例》——《城市房地产开发经营管理条例》

《城镇土地使用税暂行条例》——《中华人民共和国城镇土地使用税暂行条例》

《房产税暂行条例》——《中华人民共和国房产税暂行条例》

《耕地占用税暂行条例》——《中华人民共和国耕地占用税暂行条例》

《土地增值税暂行条例》——《中华人民共和国土地增值税暂行条例实施细则》

《契税暂行条例细则》——《中华人民共和国契税暂行条例细则》

《土地增值税条例实施细则》——《中华人民共和国土地增值税条例实施细则》

三、部门规章

《房屋征收评估办法》——《国有土地上房屋征收评估办法》

《招拍挂规定》——《招标拍卖挂牌出让国有建设用地使用权规定》

《不动产登记条例细则》——《不动产登记暂行条例实施细则》

四、司法解释

《民法通则若干问题的意见》——《最高人民法院关于贯彻执行〈中华人民共和国民法通则〉若干问题的意见》

《建工合同司法解释（一）》——《最高人民法院关于审理建设工程施工合同纠纷案件适用法律问题的解释（一）》

《适用合同法司法解释（二）》——《最高人民法院关于适用〈中华人民共和国合同法〉若干问题的解释（二）》

《担保法司法解释》——《最高人民法院关于适用〈中华人民共和国担保法〉若干问题的解释》

《土地使用权合同司法解释》——《最高人民法院关于审理涉及国有土地

使用权合同纠纷案件适用法律问题的解释》

《申请人民法院强制执行房屋征收补偿决定的规定》——《最高人民法院关于办理申请人民法院强制执行国有土地上房屋征收补偿决定若干问题的规定》

《买卖合同司法解释》——《最高人民法院关于审理买卖合同纠纷案件适用法律问题的解释》

《房屋登记案件司法解释》——《最高人民法院关于审理房屋登记案件若干问题的规定》

《建筑物区分所有权司法解释》——《最高人民法院关于审理建筑物区分所有权纠纷案件具体应用法律若干问题的解释》

《城镇房屋租赁合同司法解释》——《最高人民法院关于审理城镇房屋租赁合同纠纷案件具体应用法律若干问题的解释》

《商品房买卖合同司法解释》——《最高人民法院关于审理商品房买卖合同纠纷案件适用法律若干问题的解释》

《物权法司法解释（一）》——《最高人民法院关于适用〈中华人民共和国物权法〉若干问题的解释（一）》

《房地产管理法施行前房地产开发经营司法解释》——《最高人民法院关于审理房地产管理法施行前房地产开发经营案件若干问题的解答》（已失效）

《物业服务纠纷司法解释》——《最高人民法院关于审理物业服务纠纷案件具体应用法律若干问题的解释》

《建设工程施工合同纠纷司法解释》——《最高人民法院关于审理建设工程施工合同纠纷案件适用法律问题的解释》

《建设工程施工合同纠纷司法解释》（一）——《最高人民法院关于审理建设工程施工合同纠纷案件适用法律问题的解释（一）》

《最高人民法院拍变卖规定》——《最高人民法院关于人民法院民事执行中拍卖、变卖财产的规定》

《行政诉讼法若干问题的司法解释》——《最高人民法院关于适用〈中华人民共和国行政诉讼法〉若干问题的解释》

《查封扣押冻结规定》——《最高人民法院关于人民法院民事执行中查封、扣押、冻结财产的规定》

《民事诉讼法司法解释》——《最高人民法院关于适用〈中华人民共和国民事诉讼法〉的解释》

《行政协议案件若干问题的规定》——《最高人民法院关于审理行政协议案件若干问题的规定》

《担保制度司法解释》——《最高人民法院关于适用〈中华人民共和国民法典〉有关担保制度的解释》

《民法典总则编司法解释》——《最高人民法院关于适用〈中华人民共和国民法典〉总则编若干问题的解释》

《民法典物权编司法解释（一）》——《最高人民法院关于适用〈中华人民共和国民法典〉物权编的解释（一）》

《民法典合同编通则司法解释》——《最高人民法院关于适用〈中华人民共和国民法典〉合同编通则若干问题的解释》

《森林资源民事纠纷案件适用法律的解释》——《最高人民法院关于审理森林资源民事纠纷案件适用法律若干问题的解释》

《民法典侵权责任编司法解释（一）》——《最高人民法院关于适用〈中华人民共和国民法典〉侵权责任编的解释（一）》

注：未列入本书缩略语表的，准用上述缩略语表达方法。

南开大学"十四五"规划精品教材丛书

哲学系列

世界科技文化史教程（修订版）　　　李建珊 主编；贾向桐、张立静 副主编

实验逻辑学（第三版）　　　　　　　李娜 编著

模态逻辑（第二版）　　　　　　　　李娜 编著

经济学系列

货币与金融经济学基础理论 12 讲　　李俊青、李宝伟、张云 等编著

数理马克思主义政治经济学　　　　　乔晓楠 编著

旅游经济学（第五版）　　　　　　　徐虹 主编

法学系列

知识产权法案例教程（第二版）　　　张玲 主编；向波 副主编

新编房地产法学（第三版）　　　　　陈耀东 主编

法理学案例教材（第二版）　　　　　王彬 主编；李晟 副主编

环境法学（第二版）　　　　　　　　史学瀛 主编；

　　　　　　　　　　　　　　　　　申进忠、刘芳、刘安翠 副主编

环境法案例教材（第二版）　　　　　史学瀛 主编；

　　　　　　　　　　　　　　　　　刘芳、申进忠、刘安翠、潘晓滨 副主编

文学系列

西方文明经典选读　　　　　　　　　李莉、李春江 编著

管理学系列

旅游饭店财务管理（第六版）　　　　徐虹、刘宇青 主编

信息咨询概论　　　　　　　　　　　柯平 主编